케인스 경제학을 찾아서

JOHN MAYNARD KEYNES 1ST edition
by M. G. HAYES

This edition is published by arrangement with Polity Press Ltd., Cambridge

John Maynard Keynes

The Art of Choosing the Right Model

케인스 경제학을 찾아서

주류 경제학이 가르치지 않는 정통 케인스 경제학 입문

마크 G. 헤이스 Mark G. Hayes 지음 | 현동균 옮김

한울
아카데미

차례

그림·표 차례

일러두기

- 단순히 케인스 이론이 현대에도 과연 적용 가능한지에 대해서만 궁금한 독자들은 1장과 8장만 별도로 읽고, 그 이후 7장에 기술된 역사적 배경 등을 읽으면 된다. 경제학을 전공하는 학생들은 최소한 3장과 4장을 읽기를 권한다. 경제학에 입문하는 학생들, 기타 사회과학도, 그리고 일반인들은 3장에 들어가기에 앞서 최소한 2장을 읽고, 기존의 고전학파 경제학에 대한 기초 지식을 먼저 다지는 것이 좋다. 용어 색인은 다소 기술적인 용어들에 대해 쉽게 참조할 수 있도록 구성했다. 5장과 6장은 케인스가 그의 생애에 걸쳐 발전시켜 나간 좀 더 심도 깊은 문제들을 다루고 있다.

옮긴이 일러두기

- 이 책에서 [고급]이라고 표시한 부분은 비전문가들에게 조금 어려운 내용이므로 일반 독자들은 읽지 않아도 무관하다.
- 6장, 7장을 제외한 장 뒤 부록은 옮긴이가 추가한 해설이다. 특히, 3장과 5장의 경우 좀 더 상세한 부록을 첨가했는데, 그 부분은 일반 독자들은 생략해도 무관하다.
- 원문에서 중요한 개념은 홑낫표로 표시했다.
- 고유명사는 작은따옴표로 표시했다.
- 볼드 명조체로 강조한 부분은 옮긴이 강조이다.
- 용어와 영문 대조는 색인을 참고하면 된다.

서문

이 책은 가급적 평이한 방식으로, 존 메이너드 케인스(John Maynard Keynes)의 경제사상의 핵심과 그 함의를 설명하기 위해 쓰였다. 경제학을 포함해 사회과학을 전공하는 학부 학생들을 대상으로 하고 있으나, 종래의 경제학 교과서에서 찾아볼 수 있는 고급 수학은 지양한다. 따라서 교양과정을 이수하는 학생이나 지적 관심이 많은 일반 대중도 읽을 수 있도록 구성했다.

경제학을 강의하는 분들이나 혹은 경제 전문가들은 왜 이 책과 같은 케인스 경제사상에 대한 입문서를 읽어야만 하고, 또 학생들에게 추천해야 하는지 묻기 마련일 것이다. 이 서문은 그러한 분들을 위해 준비된 것이다. 일면 이 책은 조안 로빈슨(Joan Robinson, 1937), 더들리 딜라드(Dudley Dillard, 1948), 앨빈 한센(Alvin Hansen, 1953) 혹은 마이클 스튜어트(Michael Stewart, 1967) 같은 기존의 책들과 가장 최근의 폴 데이빗슨(Paul Davidson, 2017)의 책과 같은 흐름으로 쓰였다. 그러한 각각의 책들은 나름의 스타일과 접근 방식에 차이가 있다. 이 책은 케인스가 그의 생애 중 지속적으로 발전시켜 나간 생각의 흐름에서 가장 핵심적인 요소들을 찾아내 강조하고, 동시에 단순히 그의 『고용, 이자 및 화폐에 관한 일반이론(The General Theory of Employment, Interest and Money)』(이후부터 『일반이론』이라고 쓰고, 본문 괄호주에서는 CW 7로 표기한다.)뿐만 아니라 그가 저술한 모든 경제학 관련 서적이나 논문들을 포괄하려고 시도했다. 그리고 마지막 장에서는 케인스가 살았던 시대를 좀 더 장기적인 역사적 맥락하에서 조명하고, 케인스의 이론이 현대의 경제 이론 및 정책에 대해 갖는 함의에 대해 고찰한다. '추가 도서 목록'에는 좀 더 심도 깊게 공부하려는 학생들을 위해 필요한 서적 목록을 제시했다. 다른 한편으로는 이 책은 존 콜린스(John Collins, 2017)의 기존 저술에 아주 적합한 보조 참고 서적이 될 것으로 예상한다. 콜린스의 책은 개론 수준의 대학 강의용에 적합하도록 아주 쉽게 쓰였고, 그 구조면에서도 아주 잘 짜인 입문서이다.

비록 수십 년이 지났지만 케인스의 사상은 그 사상적 풍부함이나 복잡성(complexity)을 고려할 때 현대에도 새로운 방향을 제시하고 있다. 이 책은 저자가 지난 40년 동안 케인스에 관해 연구한 성과를 바탕으로 하는데, 그 40년이라는 기간은 케인스가 저술했던 기간보다 다소 긴 시간이다. 이 책은 특히 케인스의 핵심 사상 중 「기대」(expectation), 「유동성」(liquidity), 그리고 「유효수요」(effective demand)에 대한 독특한 이해를 기반으로 하는데, 이는 기존의 앨런 코딩턴(Alan Coddington, 1976)의 책에서 볼 수 있는 개략적인 분류 방식과는 상이하다. 이 책은 케인스가 (종래 주류 경제학 교과서에서 주장하는 바와 달리 — 옮긴이) 「가격경직성」을 고집하지 **않았고**, 오히려 가격은 신축적으로 움직인다고 생각했으며, 또한 소득(income), 임금 그리고 이자율이 모두 근본적으로 **화폐적 현상**이라고 인식했다는 점에 주목한다. 또한 케인스가 「유동성」을 논의했을 때 토지는 「유동성」을 갖는 반면, 주식은 「유동성」이 오히려 낮다는 (상식적으로 「유동성」을 이해하고 있는 독자들에게는 — 옮긴이) 일견 패러독스와 같이 여겨 질 수 있는 언급에 대해 주목한다. 이러한 문제들에 대한 좀 더 심도 깊은 논의는 저자의 기존 발표 논문 등을 참고하면 된다(특히 2006년 및 2018년의 논문). 이러한 저자의 관점은 케인스는 당시 존재했던 「고전학파」 이론을 배척한 것이 아니라 그것들을 **특수한** 경우로 포괄하는 좀 더 **일반적**인 이론을 제시하고자 노력했다는 점을 다시 한번 강조하는 것이다. 이는 현대 주류 경제학에서 케인스 이론이 자신들의 이론에 비해 오히려 특수한 경우라고 강변하는 것과 대비된다고 할 수 있다.

2019년 3월 18일

케임브리지대학 로빈슨칼리지

마크 G. 헤이스(Mark G. Hayes)

옮긴이의 글

이 책은 「포스트 케인지언」의 분파인 「근본주의 케인지언」[1]으로 알려진 헤이스가 2019년 12월 암으로 작고하기 직전에 출간한 『존 메이너드 케인스(John Maynard Keynes: The Art of Choosing the Right Model)』를 완역하고, 옮긴이가 필요한 해설을 첨가한 것이다. 대부분 케인스에 관련된 책들은 전기적인 기술에 의존하고 있기에 그보다는 조금 더 이론적이면서, 동시에 대중성도 있는 이 책이 케인스를 진정으로 이해하는 데 큰 도움이 될 것이라고 생각해 번역에 임하게 되었다.

많은 사람들이 1946년에 사망한 케인스를 아직도 이야기하고 있다. 경제학 교과서에는 다양한 케인스학파의 이름이 거론되고, 교수들은 강단에서 케인스를 언급한다. 다양한 주류 경제학파들이 케인스의 이름을 남용해 「네오 케인지언」, 「올드 케인지언」, 「뉴 케인지언」 등으로 자신들을 지칭한다. 정부 정책에서도 그의 이름은 항상 거론된다. 그런데 문제는 대다수의 경제학자들은 케인스를 직접 읽어 보지 않았다는 점이다. 혹은 케인스를 읽으면서 흔히들 그러하듯이 자기가 보고 싶어 하는 것만 보는 오류를 범한다. 즉, 케

---

1 그 외의 분파로는 칼레츠키언(Kaleckian), 칼도리언(Kaldorian), 민스키언(Minskian) 등이 있다. 22쪽 거시경제학 계보도상 「포스트 케인지언」 분파를 참고하라.

인스에게서 새로운 발견을 하는 것이 아니라 이미 자기 자신에게 확고한 믿음 혹은 편견으로 고착되어 있는 바를 케인스 저서 중 거두절미한 단어나 문장에서 발견하고 스스로 흡족해 하는 경우도 많다. 이에는 노벨 경제학을 수상했던 소위 '대'경제학자들도 예외는 아니다.

노벨상 수상자인 조지 애컬로프(George Akerlof)와 로버트 실러(Robert Shiller)는 얼마 전 베스트셀러 반열에 오른 그들의 공동 저서에서 케인스에서 유래된 「동물적 본능」이라는 단어를 책 제목으로 삼았다.[2] 그런데 그 두 저자는 케인스의 「본원적 불확실성」하에서의 「동물적 본능」이 마치 **비합리적**이고 **비경제적**인 동기에 의존하는 것으로 혼동하면서 케인스를 철저히 곡해하고 있다. 그러면서 다음과 같이 말한다.

> 만일 사람들이 완전히 **합리적**이라면, 그리고 그들이 전적으로 경제적 동기에 의해서만 행위를 하는 경우에는 우리 또한 정부가 금융시장에 있어서 수행할 수 있는 역할이 거의 없다고 믿으며, 아마도 「총수요」의 수준을 결정하는 것에 있어서도 그러할 것이다(Akerlof and Shiller, 2009: 173).

그런데 이것을 케인스 자신의 목소리와 비교해 보자.

> 어떠한 결정의 충분한 결과가 미래 수일 후 발생하는 경우, 그 결정은 아마도 「동물적 본능」의 결과로 취해지는 것이다. 즉, 비행위가 아닌 행위를 하고자 하는 자발적 충동에 의한 것이며, **어떤 계량적인 확률과 계량적인 이익을 곱한 기대 값의 결과가 아닌 것이다**. 기업가는 일견 솔직하고 성실한 것처럼 보이는 사업설명서에 기재되어 있는 내용들을 단지 실행하는 척하는 것에 불과하다. 그 사업에서 취할 수 있는 이득을 예상함에 있어서는 마치 남극 탐험에서 얻을 수 있는 것을 예상함과 다를 바 없다.

---

2 Akerlof and Shiller(2009). 한국에는 『야성적 충동』으로 번역되었다(애컬로프·실러, 2009).

따라서 만약 「동물적 본능」이 빛을 바래고 자발적 낙관주의가 주춤거리고, **그리고 단지 수학적 기대치에만 기업의 결정을 의존하는 순간, 기업은 시들고, 결국 사멸한다.** 손실을 입을 공포감이 전에 가지고 있던 이윤을 창출할 희망보다 더 이성적인 것은 물론 아님에도 불구하고 말이다(CW 7: 161~162).[3]

이어서 그는 다음과 같이 합리성에 대해 명확하게 말하고 있다.

이러한 사실로부터 우리는 **모든 것이 비합리적인 심리에 의존한다고 결론 내려서는 안 된다.** 그와 달리 우리의 「장기적 기대」는 종종 안정적인 것이며, 그렇지 않다고 하더라도 그것을 보완하는 다른 요소들이 개입된다. 단지 우리가 상기시키고자 하는 것은 인간의 결정이라는 것은 그것이 개인적이든 정치적이든 혹은 경제적이든 그러한 것과 무관하게 **단순히 엄밀한 수학적 기대치에 의존하지는 않는다는 것이다.** 왜냐하면 그러한 계산을 할 수 있는 그러한 기초는 존재하지 않기 때문이다. 그리고 바퀴를 굴리는 것은 우리 내부에 존재하는 타고난 충동이며, 우리가 할 수 있는 가능한 한 최선의 선택지 간에 선택을 하는 우리의 **합리적 자아인데,** 가끔 우리의 동기는 변덕이나 기분이나 혹은 우연에 의지하기도 하는 것이다(CW 7: 162~163).[4]

사실 애컬로프와 실러의 책 제목인 「동물적 본능」은(그들의 의도와는 반대로) 케인스와는 무관한 내용이고, 그것은 자신들 스스로 만들어 낸 신조어로서의 「동물적 본능」일 뿐이다.[5] 애석하게도 이렇듯 케인스는 자신의 입맛에 맞게 각자의 생각을 정당화하는 도구로 전락해 버린 것이다. 주류 경제학에서 말하는 케인스에는 그의 사상의 가장 핵심인 「유효수요의 원리」, 「본원적

3 이 인용문에서 볼드명조체는 옮긴이 강조이다.

4 이 인용문에서 볼드명조체는 옮긴이 강조이다.

5 좀 더 자세한 논의는 Jefferson and King(2010: 211~234)를 참조하라.

불확실성」은 존재하지 않고, 케인스의 경제 이론에서 핵심을 차지하는 **화폐는 고용이나 산출에 영향을 주지 못하는 베일**에 불과하다(이 책 2장 7절 참고).

반면, 케인스가 정말로 어떠한 생각을 가졌는지를 궁금해 하는 현대 독자들이 선뜻 케인스의 『화폐론』이나 『일반이론』을 접했을 때는 혼란과 좌절감을 느낄 수밖에 없다. 그 이유는 간단하다. 그 책들은 현대의 독자들을 위해 쓰인 책이 아니기 때문이다. 그 책들은 케인스 당대의 소위 주류 경제학자들을 설득하기 위해 집필된 책이며, 케인스 이전의 경제학으로부터 새로운 경제학으로의 패러다임의 전환점에 놓여 있는 과도기적인 성격을 가지고 있기에 낡은 것과 새로운 것들이 공존하고 있다. 따라서 현대의 독자들이 그러한 낡은 것과 새로운 것을 구분해 내기에는 무리가 따를 수밖에 없는 것이다. 반면 현대의 주류 경제학자들은 새로운 것을 보지 않고 낡은 것에 주목하면서 케인스를 이해했다고 자화자찬하는 것이 현실이다. 결국 현대의 일반 독자는 물론이고, 강단의 경제학자들조차 그것을 이해하기에는 무리가 있다. 어쩌면 가장 무책임한 태도는 케인스의 『일반이론』을 '고전'이기 때문에 무턱대고 읽어보라고 강조하는 것이다. 그러한 태도는 좌절이나 곡해만을 초래할 수 있는 위험이 있다. 이 책의 집필 목적은 그러한 난점을 어느 정도 극복하고 케인스를 좀 더 잘 읽기 위한 지침서 역할을 하기 위한 것이다.

도대체 이미 과거의 유물로 생각될 수 있는 케인스를 왜 다시 읽으면서 그 사상을 공부하는가? 일견 복잡하고 정교한 것처럼 보이는 현대 경제학이 결여하고 있는 인간과 자본주의 경제에 대한 통찰을 제공하기 때문이다. 케인스는 경제학자로 전환하기 이전에 철학자였고, 위대한 확률철학의 대가였으며, 그의 출발점은 인간과 인간의 인지 체계, 인간의 행위, 그리고 사회에 대한 통찰에 있었다.

반면 주류 경제학의 모델에서 비춰지는 개인은 현실에서 볼 수 없는 소위 「합리적기대」를 갖는 「대표적 경제주체」(「RARE」: Representative Agents with Rational Expectations)적 인간이며, 사회는 그러한 원자론적인 「RARE」한 인간들의 단순한 합이다. 그리고 **세상은 계량화될 수 있는 확률분포에 의해 좌우되며, 케인스가 말하는 「본원적 불확실성」이라는 것은 존재하지 않는다.** 그런데 그 가정들은 현실을 설명하기보다는 수학적 도식화를 쉽게 하기 위한 방편일 뿐이다. 즉, 그들에게 중요한 것은 수학적 도식화이지 현실적인 타당성은 아닌 것이다. 현대경제학에서 가장 정교하다고 자랑하고 실제 중앙은행 등에서 경제 예측에 동원되는 소위 「동태확률 일반균형모형」(dynamic stochastic general equilibrium: DSGE)이라는 것은 이름부터 복잡해 일반인들에게는 소위 경제 전문가들만을 위한 금단의 영역처럼 여겨지는데, 그 모델의 수학적 복잡성은 사실 어처구니없이 천진난만하고 비상식적인 사상적 기반과 가정들을 은폐하는 것일 뿐이며 더욱이 경험적으로도 검증된 바 없다. 현대 금융경제학에서 애용하는 소위 「자본자산 가격결정 모형」(CAPM: Capital Asset Pricing Model)도 존재할 수 없는 비상식적 가정에 근거하고 있다.

이러한 단순히 수학적으로만 정교한 모델들에 공통된 것은 인간과 사회에 대한 '**사고의 빈곤**'과 그에 따른 과도한 단순화이다. 현대 주류 경제학은 이러한 비상식적인 가정과 과도한 단순화를 소위 '도구주의적' 관점에서 옹호하는데, 그들의 논거는 그러한 가정들이 비현실적이라도 그것을 이용해 만들어낸 모델이 현실을 잘 예측하면 된다는 주장이다. 일단 이러한 방법론적 주장은 사실 종교적 교리와 다름없고, 더욱이 더 심각한 문제점은 그러한 모델들은 그들의 바람과는 달리 경험적으로 검증된 바가 없고, 현실에 응용하기 위해서는 극도로 자의적인 판단이 개입되기에 이미 정해진 결론을 정당화하기 위해 언제든지 조작 가능한 수단으로 전락할 위험에 노출되어 있다.

옮긴이는 아주 오래전 케임브리지대학에서 수학할 때 지금은 작고하신 프랑크 한(Frank Hahn) 교수의 강의를 수강한 적이 있었다. 그는 케네스 애로(Kenneth Arrow), 제라르 드브뢰(Gérard Debreu)와 더불어 주류 경제학의 최첨단이라고 할 수 있는 「일반균형이론」의 대가라고 존경받는데, 그가 수업시간 중 거듭 강조했던 바가 기억이 난다. 「일반균형」이나 「이시점간 일반균형」

(異時點間一般均衡, intertemporal general equilibrium)이라는 개념들은 단순히 **'지적 유희'**이고 현실과는 무관한 것이라는 것을 잊지 말라고. 그런데 대부분의 강단 경제학자들은 대가의 지적은 망각하고, 단순히 가상 세계에서의 '지적 유희'와 현실을 동일시하는 오류를 범하고 있다. 옮긴이가 해외 금융 허브의 미국 및 유럽계 대형 투자은행에서 30년 이상 몸담은 경험에 의하면 주류 경제학 이론은 현실을 설명하거나 처방하는 목적에는 실로 유용성이 지극히 제약되어 있으며 많은 강단 주류 경제학자들은 현실적 경험이 지극히 부족하다. 2008년 영국 여왕은 도대체 왜 어떠한 경제학자들도 금융위기가 도래할 수 있다는 것을 예상하지 못했는가 하는 질문을 던져 경제학자들을 당황시킨 바 있었다. 그로부터 10년이 지난 2018년, 금융위기 이후 10년을 되돌아보는 국제 경제학 심포지엄에 옮긴이가 참석했을 때 발제를 하는 경제학자 중 어느 누구도 「금융불안정성」(Financial Instability)과 하이만 민스키(Hyman Minsky)를 언급하는 사람은 없었고, 실무 금융인들이 들으면 실소할 정도의 비상식적인 주장을 반복해 민망스러울 정도였다.

인간은 사회에 '편입(embedded)'되어 있는 존재로서 상호작용을 하며 끊임없이 '모방'을 한다. 사회는 개별적 인간 행동의 단순한 합이 아니다. 사회는 개인으로 구성되어 있지만, 동시에 개인을 규정한다. 또한 「구성의 오류」(the fallacy of composition)는 우리 주위에 흔히 존재한다. 예를 들면, 임금을 삭감하면 개별 자본가 입장에서는 당장 이익이 될 수 있지만, 모든 자본가들이 동일하게 행동한다면 「유효수요」가 감소해 결국 자본가 모두가 손해를 볼 수 있다. 그리고 주기적으로 발생하는 공황은 그러한 「RARE」한 인간들의 단순 합계로 이루어진 경제 모델로는 설명할 수 없다. 또한 옮긴이가 지난 30여 년 동안 대형 국제 금융기관에서 대규모 투자 사업을 자문하면서 체득한 바는 투자라는 것은 주류 경제학에서 천진난만하게 가정하는 바에 따라 단순히 이자율 하락이나 감세를 통해 자극되지 않는다는 것이다. 또한 CAPM이라는 것은 현실을 설명하는 이론이 아니라 금융 실무자들이 자신들의 주관적 판단을 무비판적으로 '정당화'시키는 종교적 도구라는 점이다.

이 책은 경제학이나 사회과학을 전공하는 3~4학년 학부 학생들은 물론, 대학원생이나 실제 현실 세계의 문제에 접하고 있는 기업인과 금융인, 그리고 공무원 모두를 대상으로 삼고 있다. 물론 도그마에 사로잡히지 않고 좀 더 '열린' 마음을 가지고 있는 강단의 주류 경제학자들에게도 유익한 안내서가 될 수 있을 것이다. 대학에서는 거시경제학이나 경제학설사의 보조 교재로서, 학생들이 기존 주류 강단 경제학에서의 이론을 절대적 진리로 수동적으로 수용함을 지양하면서 스스로 사고하고 균형 잡힌 경제관을 수립하는 데 유용하게 활용될 수 있을 것으로 믿는다. 옮긴이는 독자들이 본 입문서를 통해 주류 강단 경제학에서 철저히 도외시하거나, 혹은 왜곡하고 있는 진정한 케인스 경제학에 대한 관심을 가질 수 있는 계기를 마련하고, 본 입문서를 마친 후 실제로 케인스를 직접 읽으면서 주류 경제학이 도외시하고 있는 좀 더 근본적인 문제들에 주목하고, 그의 통찰에 비춰 현실을 이해할 수 있는 계기가 되기를 희망한다.

마지막으로 이 책을 출판하는 데 도움을 주신 여러 분들께 감사드린다. 경성대학교 전용복 교수님, 고려대학교 박만섭 교수님, KDI국제정책대학원 유종일 원장님께서는 이 책에 대해 여러 조언을 주셨다. 그리고 이 책의 출판에 힘써 주신 한울엠플러스(주) 편집부 여러분들에게 감사의 마음을 전하고 싶다. 마지막으로 학부 시절 케인스 강독이라는 과목을 통해 처음으로 케인스에 직접 접할 수 있게 기회를 주셨던 은사 조순 선생님께 감사드린다.

2021년 11월

현동균

용어 해설

거시경제학(macroeconomics)	경제 전체를 다루는 경제학의 분야
경상수지(current account)	(수출 + 해외에서 벌어들인 소득) - (수입 + 국내에서 외국인 거주자가 벌어들인 소득)
경쟁적균형(competitive equilibrium)	시장에서의 수요와 공급 간 경쟁에 의해 양자가 일치하게 되는 수준의 가격이 도출되는 상태
공급	재화나 용역을 제공하고자 하는 의사인데, 실제 생산물과 혼동하지 말아야 한다
「공급함수」 혹은 「공급곡선」(supply function or curve)	가격과 공급의 관계를 나타내는 수학적 관계로, 설명의 편의를 위해 종종 직선으로 그려진다
국제수지(balance of payments)	한 국가의 대외 경상수지와 자본수지의 합
「금본위제도」(gold standard)	어떤 국가의 통화가 금의 양으로 정의되어 있는 화폐 체제
「기대」(expectation)	미래의 가격, 수량 혹은 소득의 예상 가치
「단기기대」(short-term expectation)	「고용주」가 그들이 이미 주문을 받았다고 가정했을 때 그 주문을 충족시키기 위해 생산과 고용을 하고 생산을 완성했을 때 「기대」되는 소득
금융계정(financial account)	외국인으로부터의 차입과 외국에 대한 대출의 차이
무역 적자(trade deficit)	수출을 초과하는 수입
미시경제학(microeconomics)	기업과 개인의 경제적 결정을 다루는 경제학 분야
베르사유조약(Versailles)	1919년 파리 근교 베르사유궁전에서 거행된 제1차 세계대전 종전 후의 평화 회담
브레턴우즈 체제(Bretton Woods)	1944년 미국 뉴햄프셔의 브레턴우즈에서 열린 국제회의로, 국제통화기금(IMF)과 세계은행(World Bank)을 탄생시킴
선물시장(forward market)	미래의 일정 시점에 재화나 용역 등을 이전하기로 하는 계약
소득(income)	「순산출」의 화폐 가치
수요	새로운 재화나 용역을 구입하고자 하는 의사. 실제 지출과 혼동하지 말아야 한다

수요함수 혹은 수요곡선 (demand function or curve)	가격과 수요의 관계를 나타내는 수학적 관계로, 설명의 편의를 위해 종종 직선으로 그려진다
「순산출」(net output)	「총산출」에서 생산과정 중 소진된 상품이 양을 공제한 것. 즉, 곡물의 경우, 「총산출」에서 종자로 소진된 양을 공제한 것
유동성(liquidity)	만일 「기대상태」(the state of expectation)가 변화한 경우 어떤 자산의 판매가격의 변동 여부를 가늠하는 척도
「유효수요」(effective demand)	「고용주」들이 자신들의 이윤을 극대화하는 수준을 달성하기 위해 노동자들을 고용할 때 그때의 총고용량과 대응하는 수준의 총소득
자본(capital)	생산과정에서 사용되는 내구재, 또는 「가치저장수단」으로 사용되는 내구재
「장기기대」(long-term expectation)	투자자가 그들이 투자하는 자본 설비 등을 이용해 재화나 용역을 생산할 때 「기대」되는 소득
재정적자(budget deficit)	정부의 소득을 초과하는 지출
정부 수지(current budget)	정부의 수입에서 정부 소비지출을 제한 부분
정부 자본 예산(capital budget)	정부의 투자와 그를 위한 조달
「중기기대」(medium-term expectation)	「중개상」이 고객들의 미래의 지출로부터 「기대」하는 소득
지출(expenditure)	재화나 용역의 구입
총(aggregate)	경제 전체를 지칭
「총공급」(aggregate supply)	각 「고용주」들이 자신들이 생각할 때 가장 이윤을 극대화할 수 있다고 생각하는 어떤 고용 수준이 있으며, 그 고용에 상응해 생산할 때 일정 소득을 창출할 것. 이러한 각 「고용주」들의 소득을 경제 전체로 합산(aggregate)한 것이 「총공급」이다
「총공급함수」 혹은 「총공급곡선」(aggregate supply function or curve)	「총공급」과 그에 상응하는 총고용과의 관계를 나타내는 수학적 관계
「총산출」(output)	어떠한 기간 동안 생산된 완제품의 양
「총수요」(aggregate demand)	미래에 「기대」(예상)하는 총소득을 경제 전체로 합산한 것인데, 이 총소득은 「고용주」들의 투자와 소비의 지출로부터 발생한다.
「총수요함수」 혹은 「총수요곡선」(aggregate demand function, curve)	총수요와 그에 상응하는 총고용과의 관계를 나타내는 수학적 관계
투자	자본을 생산하기 위한 지출

한계생산물(marginal product)	자본이나 노동을 한 단위 증가시켜 투입했을 때 그로 인해 추가로 얻어지는 「순산출」
현물시장(spot market)	재화나 용역을 당장 지불을 대가로 이전하는 시장
SDR	국제통화기금에서 운영되는 「특별인출권」의 단위

주: 홑낫표로 강조된 단어는 다른 항목으로도 설명되어 있는 것들이다.

거시경제학 계보도 (포스트 케인지언 vs. 주류 거시경제학)

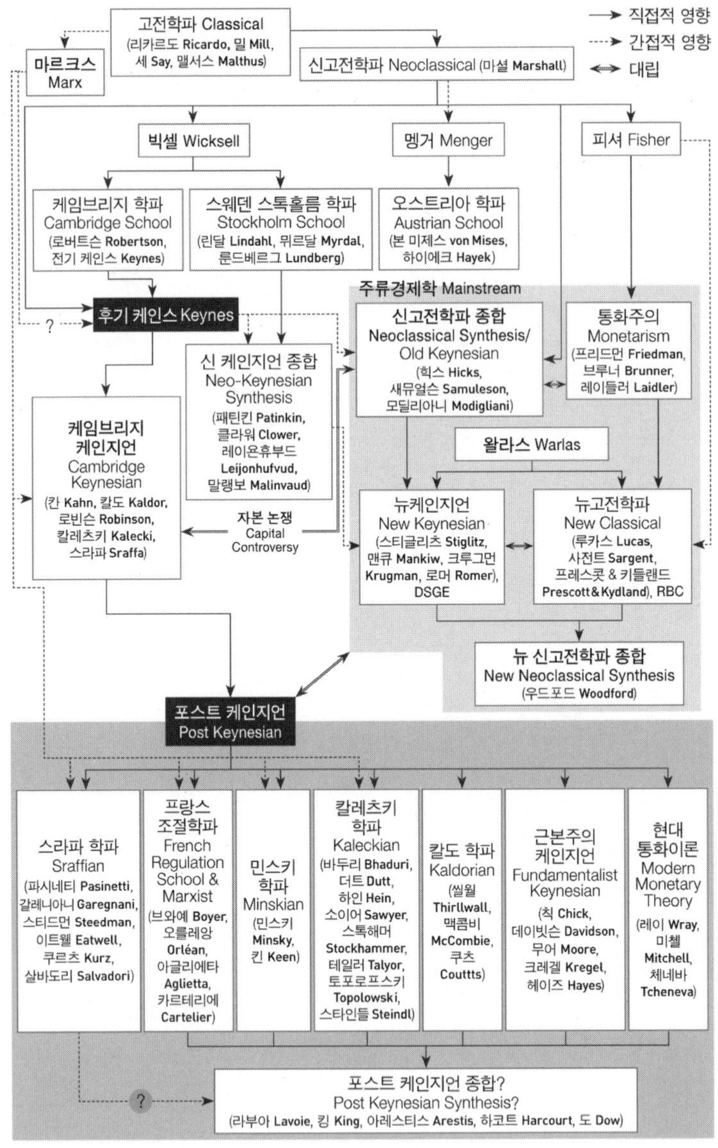

주: 이 계보도는 옮긴이가 독자의 혼란을 피하기 위해 대표적인 「포스트 케인지언」(Post-Keynesian)인 존 킹(John E. King) 교수와 상의를 거쳐 완성했다. 굵은 실선은 직접적 계보 관계, 점선은 영향 관계, 그리고 화살표가 있는 점선은 서로 반대되는 입장을 나타낸다.

1장

왜 케인스를 공부하는가

1. 들어가기

아무도 케인스가 20세기 역사상 가장 위대한 경제학자였다는 사실에 의문을 제기하지는 않는다. 그가 가진 명성은 비단 경제학뿐만 아니라 사회적 공인으로서의 명성, 신문 저널리스트, 방송인 그리고 두 차례에 걸친 세계대전 중 영국 정부를 대표한 관료 등 다방면에 걸쳐 있다. 물론 틸톤의 케인스 경(Lord Keynes of Tilton)이라는 작위로도 알려져 있다. 하지만 경제학 분야에서의 그의 명성은 다소 논란의 여지가 있는 것도 사실이며, 또한 다양한 분야에서의 명성에도 불구하고 그는 무엇보다도 케임브리지의 경제학자였다. 그는 경제학에 대해 그리고 경제학자에 대해 다음과 같이 기술했다.

> 쉬운 주제임에도 불구하고 진정으로 그 분야에 탁월한 자는 없다. 이 패러독스의 근원은 아마도 경제학의 대가가 되기 위해서는 다양한 재능을 겸비해야 하는데, 그러한 사람들이 많지 않기 때문일 것이다. 대가는 여러 가지 다양한 방향에 있어서 최

고 수준을 갖추고 있어야 할 뿐 아니라 대체로 함께 나타나기 쉽지 않은 다종의 재능을 결합해야만 한다. 즉, 수학자, 역사학자, 정치학자, 그리고 어느 정도 철학자적 소양이 있어야만 하는 것이다. 기호들을 이해할 수 있어야 함과 동시에, 그것들을 말로 명확히 풀어 이야기할 수 있어야 한다. 일반성의 원칙하에 특수성을 고찰할 수 있어야만 하며, 추상적인 것과 구체적인 것을 같은 차원에서 동시에 다룰 수 있어야 한다. 또한 미래를 위해 과거를 기반으로 현재를 연구해야 한다. 그의 관심 영역 내에는 모든 인간의 본성 혹은 제도가 들어 있어야만 한다. 어떠한 뚜렷한 지향점은 가지고 있되 동시에 치우치지 않고 객관적으로 볼 수 있는 자세를 유지해야 하고, 예술가처럼 고고하고 또한 속세에 물들지 않으면서 가끔은 정치가로서 현실의 토양에 가급적 가까워야 한다(CW 10: 173~174).[6]

케인스는 그의 스승인 알프레드 마셜(Alfred Marshall)을 염두에 두고 이와 같이 말했지만 사실 그때 등장하는 자질을 가진 대가는 바로 그 자신에 다름 아니었다. 사실 그러한 자질을 가진 경제학자는 드물고, 기껏해야 애덤 스미스(Adam Smith), 데이비드 리카도(David Ricardo), 존 스튜어트 밀(John Stuart Mill), 혹은 칼 마르크스(Karl Marx)뿐이었을 것이다. 오늘날의 경제학자 중 역사학자는 아주 드물다. 그리고 그중에서도 아주 극소수만이 철학자이며, (현실 참여를 주장하는 — 옮긴이) 정치가도 많지 않다. 대다수는 그저 수학자일 뿐이다.[7]

---

6 본문에서 케인스의 저작 모음집을 지칭하기 위해 사용되는 부호(CW)에 대해서는 참고문헌에 설명되어 있다.

7 케인스를 공부하기에 앞서 독자들이 최소한 알고 있어야 하는 점은 케인스는 처음에는 경제학자가 아니었다는 사실이다. 케인스의 출발점은 수학, 철학 그리고 『확률론(A Treatise on Probability)』(CW 8)이었다. 케인스의 사상에는 철학자 조지 무어(George E. Moore)가 지대한 영향을 끼쳤다. 그는 대 철학자 버트런드 러셀(Bertrand Russel)과 친분이 두터웠고, 루트비히 비트겐슈타인(Ludwig Wittgenstein)과도 그러했는데, 특히 비트겐슈타인이 나치를 피해 영국에 체류할 수 있도록 로비를 하기도 했다. 또 케인스는 요절한 천재 프랭크 램지

2. 경제학에서의 모델과 수학의 사용

사실 경제학이 여타 학문과 구별되는 가장 큰 특징은 그것이 탐구하는 대상에 차이가 있는 것이 아니라 단지 수학의 사용이라고 할 수 있다. 수학과 단순한 숫자에는 물론 차이가 존재한다. 그리고 경제학은 계량화 가능한 인간 행위의 측면을 탐구하는 것이 사실이다. 그런데 여타 사회과학 분야의 학생들이나 나름 지적인 독자들은 다양한 차트나 표식 등을 쉽게 이해할 수는 있지만, 그 외의 사람들은 경제학에서 애용하는 수학적 언어에서는 철저히 소외되어 있는 것이 현실이다.

경제학자들은 현실 세계를 이해하기 위한 모델을 만들기 위해 수학을 사용한다. 그것이 물리학이든 수학이든 상관없이 어떠한 모델은 필연적으로 현실 세계로부터 추상화시킨 것들이다. 예를 들어, 지도라는 것은 지형을 표시하기 위한 모델인데, 그 축도가 1:1인 경우라면 무용지물일 것이다. 닐스 보어(Niels Bohr)가 개발한 전자가 핵의 주위를 돌고 있는 아주 미세한 원자의 세계의 모델은 사실 실재에 대한 완전한 묘사와는 거리가 멀지만, 그럼에도 불구하고 고급 화학에 적용하기에 충분히 유용하며 원자의 성격에 대한 이해를 도와주는 것이다.

대학원생은 말할 것도 없고 학부 수준의 경제학에서는 많은 시간을 단지 복잡한 수학적 모델을 배우는 것에 할애하고 있기에 우리를 둘러싼 세계를 설명하기 위한 도구로서 그러한 모델들이 갖는 한계에 대해 깊이 성찰할 어떠한 시간적 여유나 에너지도 남아 있지 않은 것이 현실인 것이다. 그래서 영국 정부의 재무성이나, 혹은 영란은행(Bank of England)과 같은 경제학자들을

(Frank P. Ramsey)와 쌍벽을 이루는 확률론의 대가였다. 케인스의 『확률론』을 이해하지 못하면 『일반이론』에 나오는 「불확실성」(uncertainty)의 개념을 충분히 이해할 수 없다. ―옮긴이 주

필요로 하는 기관에서는 경제학 학위라는 것 자체는 학생들로 하여금 단순히 자신들만의 좁은 학문적 영역을 넘어서서 현실을 분석하는 자질을 함양하지 못한다고 불평하고 있는 것이다. 따라서 많은 경제학 학도들은 이러한 현실을 개탄스럽게 생각하고, 동시에 이러한 단말마적인 불평을 지양하고자 좀 더 지속적인 국제적 협회 등을 만들어 한계를 넘어서고자 노력하는데, 예를 들어 '새로운 경제학을 위해(Rethinking Economics)' 등의 단체가 그러한 경향을 대변해 준다. 이 단체는 말 그대로 '경제학의 재편'을 요구하는 것이다.

그런데 케인스 자신도 모델을 애용했다. 그는 로이 해로드(Roy Harrod)에게 다음과 같이 고백한 바 있다.

> 나는 경제학은 일종의 논리학의 분과라고 생각하고 있다. 그런데 경제학을 사이비 자연과학화하려는 시도를 쉽게 떨쳐 버릴 수 없다. … 경제학에서의 진보를 달성하기 위해서는 그 사용하는 모델의 선정에 있어서 지속적으로 그리고 점진적으로 개선해야만 한다. 아서 피구(Arthur Pigou)와 같은 경제학자들로 대변되는 후기 '「고전학파」' 경제학[8]에서 저지른 가장 큰 실수 중 하나는 너무도 단순하고 또한 시대착오적인 모델에만 집착하고, 그러한 모델들을 개선함으로써만 경제학의 진보가 가능하다는 사실을 외면한 데 있다 ….
>
> 경제학이라는 것은 우리가 사는 지금의 세상을 이해하기에 타당한 모델을 선택하는 기술이 전제되는 한 그러한 모델을 통해 생각하는 과학이라고 할 수 있다. 여타

---

8 케인스에 있어서 「고전학파」라는 용어의 사용상 혼동을 피하는 것이 중요하다. 이 책에서 「고전학파」 경제학이라고 지칭했을 때 그것은 스미스, 리카도 혹은 마르크스 경제학과 같은 우리가 통상 「고전학파」라고 부르는 경제학만이 아니다. 케인스적 용법에 있어서의 「고전학파」는 우리가 현재 「신고전학파」(neo-classical)라고 부르는 경제학을 말하는 것이며, 이에는 마셜의 경제학도 포함된다. 반면, 케인스가 『일반이론』에서 「신고전학파」라는 용어를 사용했을 때는 실업을 화폐적 불균형에 의해 설명하는 특정 이론들을 지칭하는 것이다(Hayes, 2006: 2). 이 책에서 「고전학파」라고 지칭하는 경우는 마셜 이후의 「신고전학파」도 포함한다. —옮긴이 주

자연과학과는 달리 경제학에서 탐구하는 대상은 시간에 따라 불변하는 것이 절대로 아니고, 그렇기에 이러한 타당한 모델을 선택하는 기술이 필수적인 것이다. 모델이 지향하는 목적은 준영구적인 혹은 비교적 고정 불변한 요소들로부터 일시적이거나 혹은 변동하는 요소들을 구별해 내고, 후자에 대해 논리적으로 사고할 수 있는 방법을 개발해 내는 바에 있다. 그리고 또한 후자가 어떤 특정 상황에서 연출해 내는 시간적 전개에 대한 이해를 하는 것이다. 훌륭한 경제학자는 아주 드물다. 왜냐하면 철저한 관찰을 통해 올바른 모델을 선정하는 그 자질은 비록 그 자체가 아주 전문화된 지적인 기술을 요구하지는 않더라도 사실 아주 드물기 때문이다(CW 14: 296~297).

그렇지만 경제학이 논리학의 분과, 즉 모델을 통해 사고하는 과학이라고 하더라도 그 모델이라는 것은 필연적으로 수학이라는 형식을 통해야만 하는 것은 절대로 아니다. 이 점에 관해 케인스는 다음과 같이 말을 잇는다.

우리가 행하는 분석의 목표라는 것은 어떠한 자동적인 기계 장치를 제공하는 것이나, 혹은 맹목적으로 조작할 수 있는 방법을 제시하는 것은 절대로 아니다. 따라서 후자들이 함의하는 것처럼 어떤 경우에 있어서도 틀릴 수 없는 정답을 제공하는 것은 절대로 아니다. 그 목표는 우리가 당면한 특정한 문제들에 대해 좀 더 조직화되고 정돈된 사고의 방법을 제공하는 것이라고 할 수 있다. 최근에 유행하고 있는 '수리' 경제학의 많은 부분들은 단순히 모든 것을 두서없이 혼합시켜 버린 것에 불과하고, 그것들이 의거하는 기초 가정들처럼 부정확하기만 한 것이며, 그럼으로써 그 수리경제학에 대한 논문들은 가식에 가득 차고 무용지물인 기호들에 둘러싸여서 실재 세계의 복잡성과 상호 의존성을 외면하는 것이다(CW 7: 297~298).

케인스는 더 나아가서 경제학이라는 것은 타인을 설득함에 있어서 다소 에세이적 성격을 가질 수밖에 없음을 말하고 있다.

우리는 다소 형식적인 방식으로 경제 이론에 대해 써 내려가기 마련이다. 그런데 그러한 방식의 단점에도 불구하고 그것은 우리가 가지고 있는 생각을 타인에게 전달하기 위해 가능한 최상의 방법임에는 틀림이 없다 …. 하지만 경제학에 있어서는 다른 이론을 가진 자들을 죄가 있다는 식으로 '기소'할 수는 없는 법이다. 단지 그들을 '설득'시킬 수 있을 뿐이다. 우리가 설사 옳다고 하더라도 우리의 설득력이나 혹은 설명 방식이 미약하거나, 혹은 타인들의 머리는 이미 자신들이 집착하고 있는 생각들로 가득 차 있어서 그들은 우리가 그들에게 던지려고 하는 생각들에 대해 어떠한 단서도 포착할 수 없는 경우가 있다. … 그래서 논쟁보다는 오히려 시간의 흐름만이 옳고 그름을 판별해 낼 수 있을 지도 모른다(CW 13: 469~471).

3. 이 책에서 말하고자 하는 모델이란?

이미 주목한 것처럼 사실 현대 경제학은 모델로 가득 채워져 있고, 그리고 그러한 모델들은 대부분이 일반 비전공 독자들은 알아들을 수 없는 이상한 수학적 기호로 도배되어 있는 것이 사실이다. 그러나 이 책에서 말하는 모델은 그러한 것들이 아니고 단순한 것들이다. 단지 몇 개의 표, 차트, 그리고 다소 이상해 보이는 방정식들이 있는데, 그것들은 대체로 중학교 3학년이나 고등학교 1학년 정도 수준의 실력만 있으면 충분히 이해 가능한 것들이다. 경제학은 어떤 것들을 논리정연하게 설명하기 위해서는 필히 모델을 사용할 수밖에 없는데, 왜냐하면 개별적인 사건들은 서로 연결되어 있고, 또한 같이 변화하기 마련이기 때문이다. 모델이라는 것이 없으면 아무리 단순하게 보이는 것들이라도 많은 변수들이 변화하는 상황에서는 우리는 시야를 잃게 될 수밖에 없다.

이 책에서 이러한 **단순한** 모델을 사용한다는 것에 대해 혹자는 어쩌면 그 모델 자체를 무너뜨리기 위해 의도적으로 엉터리 밀짚으로 만든 모델을 설치하는 것이라고 비난할 수 있다. 그러나 그것이 저자가 의도하는 바는 절대로 아님을 강조하고 싶다. 2장에서 우리는 곡물 생산 경제 모델을 가정해 「고전학파」의 경제 이론을 설명하는데, 사실 이것은 좀 더 복잡한 수학적 모델을 단순화한 것이지 왜곡하는 것이 절대로 아님을 말하고 싶다. 그러한 단순화된 모델을 상정하는 이유는 「고전학파」 경제학 분석의 정수를 좀 더 잘 드러내기 위함이며, 그것이 가지고 있는, 특히 「완전경쟁균형」[9]과 한계생산성이라는 개념으로 대변되는 그 중심적 사상의 힘을 좀 더 잘 설명해 주기 위함이다.

만약 이러한 「고전학파」 경제학에 대한 간단한 논의에 대해서도 불평스럽게 생각된다면, 스스로 진정 케인스의 경제학을 이해하고 싶은지 여부에 대해 반문할 필요가 있다. 그의 사상은 「고전학파」 경제학 모델의 핵심에 대한 이해가 전제되지 않고는 절대로 이해될 수 없는데, 특히 그의 이론은 「고전학파」 경제학의 복구를 시도하고 있다는 측면에서 그러하다. 케인스가 가지는 혁명적 성격은 그가 공격하려 했던 그 대상들에 대한 확고한 이해 없이는 이해될 수 없다. 그 자신이 직접 언급한 것들은 당연히 이해를 해야만 하는 것이다. 「고전학파」 경제학이나 혹은 케인스에 대한 비평의 많은 것들은 사실 몰이해에서 비롯된 것이다. 케인스 자신은 이에 대해 다음과 같이 말한다.

> 경제학에 있어서 최악은 그것이 기술적이고 복잡한 분야라는 것이다. 물론 일반 상식선에서 쉽게 이해할 수 있는 말로 비슷하게나마 이야기할 수는 있고, 그러한 설명들은 피상적으로는 만족스러운 설명이 될 수는 있다. 하지만 누군가가 좀 더 지적이고 철저한 질문을 제기하는 경우 그에 대답하기 위해서는 사실 좀 더 복잡한 방식에 의존해 대답할 수 있을 뿐인 것이다(CW 20: 469).

---

9 케인스에 있어서의 「균형」(equilibrium)에 대해서는 3장 부록 1을 참고하라. —옮긴이 주

그럼에도 불구하고 이 책은 독자가 가급적 고통 없이 이러한 기본적인 것을 배우면서 이해할 수 있도록 최대한의 노력을 하고 있다. 이미 완전경쟁이라든지, 혹은 한계생산성 등에 대해 잘 알고 있는 독자라면 2장의 내용은 아주 쉽게 느껴질 것이다. 2장의 목적은 경제학을 막 배우기 시작하는 학생들, 인접 사회과학을 공부하는 학생들, 그리고 일반인들이 진정한 문제점이 무엇인지 좀 더 잘 이해할 수 있기 위해 필요한 기본적인 지식들을 제공하는 데 있다.

4. 이 책의 성격

이 책은 일종의 전기적(傳記的)인 성격을 지닌다. 물론 케인스의 일생에 대한 전기는 아니다. 케인스에 대한 책은 많고 그 책들은 저자보다 훨씬 더 훌륭하게 케인스의 인생 그리고 사랑에 대해 서술하고 있다. 정치가, 저널리스트, 철학자, 과학자, 금융 전문가, 예술의 수호자, 그리고 훌륭한 삶을 영위했던 사람 등의 그 모든 자질을 놀랍게 겸비한 자로서 그를 묘사하고 있는 것이다. 그러한 케인스의 삶에 대한 전기는 참고문헌에 포함되어 있다.

이 책은 케인스의 경제사상이 그의 전 삶에 거쳐서 어떻게 발전되어 왔는가, 그리고 그것이 남긴 유산이 어떤 것인가를 고찰한다는 면에서 전기적이라고 할 수 있다. 그런데 이 책에서의 방법론은 분석적이다. 즉, 소위 그가 계승했다고 말하는 「고전학파」 이론에서부터 출발해 그의 경제 모델이 점진적으로 발전해 결국 그의 『일반이론』, 그리고 그것을 넘어서는 어떤 것(그의 생애 마지막 시점에 소위 브레턴우즈 체제 협정에 그가 기여했던 바에 암묵적으로 담겨 있는 모델)에 도달하는 모습을 추적하고 있는 것이다. 이러한 전기적인 모습들은 대부분 이 책의 5장과 6장에 담겨 있다. 단, 그 순서에 있어서 시간을 반영하지는 않았다.

이 책의 목적은 오늘날 경제학도와 여타 사회과학도들이 쉽게 이해할 수 있도록 케인스의 「고전학파」 경제학에 대한 비판을 다시 정리하는 것이다. 케인스와 「고전학파」 경제학을 가르는 각종 논증은 80년 전에 비해 지금은 훨씬 더 명확하게 보인다. 따라서 케인스와 케인스 당대의 소위 케인지언(Keynesian)과의 차이점, 혹은 케인스와 소위 '케인스의 불꽃'의 수호자라고 자처하는 「포스트 케인지언」과의 차이점 또한 명확히 드러날 수 있는 것이다.

하지만 이 책은 단순히 케인스가 생각한 모델과 케인스가 자신의 머릿속에서 생각했던 바에 한정해 서술하고 있지는 않다. 7장은 역사적 기록에 대해 좀 더 세밀히 살피고 있으며, 그 이후의 역사적 사실에 끼친 케인스의 영향을 고려한다. 마지막으로 8장은 그의 사상과 정책 제안이 현대가 당면한 문제들에 대해 갖는 타당성을 검토한다.

5. 이 책의 주요 내용에 대한 요약

케인스가 도달한 결론과 「고전학파」 경제학이 도달한 결론에 있어서 가장 중심적인 차이점은 무엇인가? 「고전학파」 경제학은 자유 경제에서는 현행의 임금 수준에서 일할 의사가 있는 자들은 모두 고용될 수 있다고 주장한다. 따라서 실업이라는 것은 노동시장이 충분히 기능하지 못한 데서 연유한다고 하며, 그를 위한 처방은 「노동시장의 유연성」(flexibility)을 보장하는 것, 즉 노동시장에서의 경쟁을 좀 더 도입하는 것이다. 반면, 케인스에 의하면 단지 불운한 노동자들에 기인하는 것이 아닌, 경제체제 전체의 실패의 결과로서 실업과 그 실업의 결과로 야기되는 국민소득의 감소가 나타나는 것이다.

그러나 케인스에 있어서의 해결 방안은 마르크스적인 혁명 노선이 아니었다. 실업에 대한 해법과 지속가능한 성장을 위한 전제 조건들은 금융과 화폐의 체제에서 찾아야 하는데, 그것도 일국의 경제에 한정되는 것이 아닌 국제적인 공조를 통해 가능하다고 주장했던 것이다. 그의 견해에 따르면 우리가 현명해서 적합한 제도들을 만들어 낼 수 있다면 자유로운 기업 활동이 모두를 위해 기능하도록 만들어 질 수 있다는 것이다. 물론 세상이 현명해서 그러한 제도들을 수용할 수 있어야 가능한 일이겠지만.

케인스와 「고전학파」 경제학은 서로 상이한 정책 제안을 보여 주는 것인가? 이 문제에 대한 해답은 2장부터 시작하는 5개의 장에서 논의되고 있다. 2장은 「고전학파」의 고용, 이자, 그리고 화폐를 아주 단순화된 모델을 이용해 설명한다. 3장은 케인스가 대안으로 제시한 고용, 이자, 그리고 화폐 이론을 제시하는데, 그것들은 그의 역작인 『일반이론』의 부제가 되었던 것이다. 이 책에서 제시하는 해답은 일반 경제학 교과서에서 기술되어 있는 바와는 근본적으로 상이하다. 근대 주류 「신고전학파」 경제학은 케인스가 제기한 기술적인 비평에도 불구하고 유지되고 있는데, 그 이유는 소위 저축과 화폐 간 관계에 대한 심각한 혼동에서 비롯된다. 4장은 이에 대해 언급할 것이다. 5장은 화폐와 인플레이션(물가상승을 의미)에 대해 케인스가 일생 동안 「고전학파」 경제 이론과 오랜 기간 투쟁하며 발전시켜 온 생각들을 추적할 것이다. 6장은 국제 경제를 다루는데, 그 국제 경제 상황이라는 것은 주권적인 국가들과 다종의 통화들이 공존하는 어쩌면 실재적인 세계라고 볼 수 있다. 6장에서는 케인스가 1919년 베르사유조약에서 걸어 나오게 한 입장에서 1944년 브레턴우즈 체제 협정에서는 일종의 타협을 지지하게 하게끔 노선을 전환하게 한 생각의 변천에 대해 설명한다.

6. 이 책이 따르는 논증 방법에 대해

현 단계에서는 너무 포괄적이라고 생각될 수 있는 위험을 감수하고라도 후속하는 장들에서 등장하는 논의들의 기본 골격을 정리하는 것이 도움이 될 것이다. 「고전학파」 경제 이론(2장)은 한계수확체감의 법칙과 한계생산성이라는 개념에 기반하고 있다. 완전경쟁이라는 가정하에서는 생산, 고용, 그리고 투자의 수준과, 그에 따라 임금과 다른 기타 소득 간 분배를 결정하는 데 이러한 개념이면 충분하다. 몇 개의 핵심 개념으로부터 아주 강력하고도 설득력 있는 결론을 도출해 냈다는 점에서 볼 때 「고전학파」 경제학은 어쩌면 놀라운 업적을 이루었다고도 볼 수 있다. 즉, 생산성에 따라 임금이 신축적이라면 일하고 싶은 누구나 고용을 얻을 수 있다는 것이다. 또한 같은 방식으로 이자율이라는 것은 생산성과 절약 간 균형을 달성하게 하는 힘이다. 저축하는 사람들이 현재의 달콤한 소비를 더 많은 미래의 달콤함을 위해 참고 연기하게끔, 그래서 소위 투자를 유인할 수 있도록 이자율이 조정되는 것이다.

그러한 「고전학파」 모델에 있어서 **화폐는 어떠한 본질적인 역할을 수행하지 않는다**. 그 이론에서 도출하는 모든 주요 결론들은 화폐 없이도 달성될 수 있는 것이다. 가치론과 분배이론은 화폐와 물가 이론과 별개의 것이며, 후자는 항상 나중에 등장한다. 이러한 분리는 소위 「세의 법칙」(Say' law)에 의해 정당화되는데, 그 법칙이란 다름 아니라 **전체적으로** 고려할 때 생산된 것에 비해 과잉수요나 혹은 과소 수요라는 것은 존재할 수 없으며 그것도 단지 「장기적」으로만 일치하는 것은 아니라는 것이다. 케인스가 주장하는 바는 시장경제에 있어서 화폐가 어떤 본질적 역할을 수행하는 것을 입증함으로써 「세의 법칙」이 오류라는 것을 입증하는 시도라고 이해될 수 있는 것이다.

『일반이론』에서 전개된 케인스의 「고전학파」에 대한 비평의 중심에는(3장) 「기대소득」(expected income)[10]이라는 개념이 있다. 「고용주」[11]들이 「기

---

10 이때 소득이라는 단어는 기업의 매출도 아니고, 기업의 이윤도 아니다. 소득은 어떠한 생산된 제품의 매출 금액과 그 제품을 생산하기 위해 사용된 원료 및 설비의 감가상각의 합[소위 「사용자비용」(使用者費用, user cost)]과의 차이이고, 그 부분이 생산에 참여한 각 개인(자본가, 노동자, 지주, 전대업자 등)에게 소위 「요소비용」(factor cost)으로 분배되는 것이다. 이 책에서 소득이라고 할 때 이 점을 기억해야만 한다. 케인스에 있어서 앞의 「사용자비용」과 「요소

대」하는 소득에 의해 생산 수준과 고용이 결정된다는 것이다. 화폐경제에서는 그 「기대」되는 소득 수준에서는 현행 임금 수준에서 기꺼이 일하려는 노동자 전부를 고용하기에는 충분한 이윤이 발생하지 않을 수 있다는 것이다. 「고전학파」 경제학 모델에 있어서는 노동자들이 기꺼이 받아들일 수 있는 임금 수준에 의해 생산과 고용이 결정되기 마련이다. 하지만 케인스의 모델에 있어서는 그때 「고용주」가 「기대」하는 소득은 투자하려는 사람들의 투자 수준과 소비자들의 지출 수준에 의존하기 마련인 것이다. 소비는 반대로 소득 수준에 의해 결정되기에 결국 투자에 의해 「기대」되는 소득이 궁극적으로 결정되는 것이다.

〈그림 1.1〉 고전학파 모델 인과관계

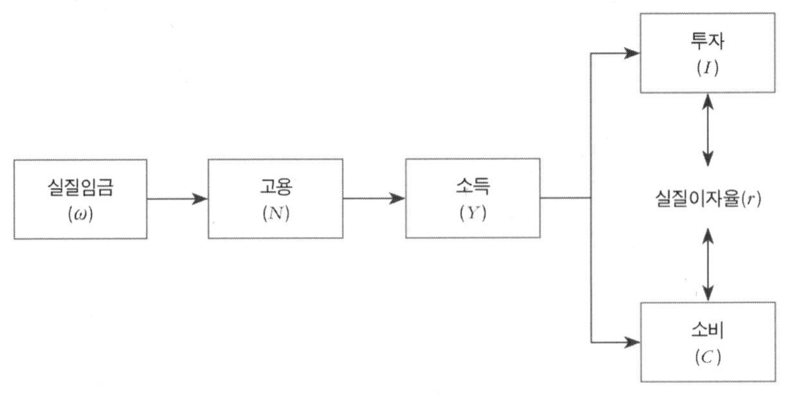

비용」, 그리고 소득에 대해서는 3장 부록 3을 참고하라. 그리고 케인스에 있어서의 「기대」의 의미는 3장 부록 1을 참고하라. —옮긴이 주

11 이 책은 기업, 혹은 케인스가 즐겨 사용했던 「기업가」(entrepreneur) 대신 「고용주」라는 단어를 계속 사용하고 있다. 이는 아마도 가장 중요한 논점이 고용이라는 측면이고, 노동을 고용하는 활동이 핵심이기 때문에 저자가 일부러 그 점을 강조하기 위해 사용한 것처럼 보인다. 이 책에서 「고용주」라는 단어는 기본적으로 생산활동을 하는 자본주의적 기업이라고 간주하면 되는데, 단, 기업으로부터 생산물을 구입해 유통시키는 「중개상」, 그리고 금융기관, 혹은 부동산 임대업자들도 물론 일반적 의미에서의 노동력을 고용하는 「고용주」이기는 하지만 이 책에서의 「고용주」의 정의에는 포함되지 않는다는 점을 기억해야 한다. —옮긴이 주

〈그림 1.2〉 케인스 모델 인과관계

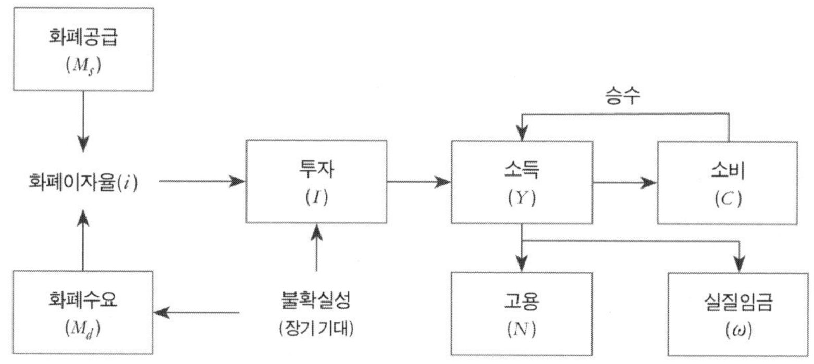

왜 투자가 「세의 법칙」을 따라서 완전고용을 보장하도록 자동적으로 조정되지 않는가. 이것이 4장에서 다루고자 하는 주제이다. 「고전학파」 경제 이론에 있어서는 이자율에 의해 투자와 소비의 결정이 이루어진다. 소득 수준이 먼저 결정되면 그 소득은 투자와 소비로 배분된다(〈그림 1.1〉). 반면, 케인스의 모델에 따르면 투자가 결정되면 소위 「승수효과」를 통해 소비가 결정된다. 즉, 투자가 먼저 결정되고 그다음에 소득과 소비가 따라오게 되는 것이다(〈그림 1.2〉).

이 두 가지 모델에 있어서 투자는 모두 이자율 수준에 의해 결정된다. 「고전학파」 경제 모델에 있어서 이자율은 투자와 저축(즉, 소비하지 않고 유보하는 결정)을 일치시킨다. 케인스 모델에 있어서는 이자율이라는 것은 **저축과는 독립적**이다. 이자율은 오히려 화폐의 공급과 수요의 균형을 달성시키는데, 즉, 화폐의 수요와 공급은 저축과는 독립적인 변수인 것이다. 그리고 이자율은 투자를 결정하고, 따라서 소득, 소비 그리고 고용과 실질임금을 결정하게 되는 구조이다.

그런데 이자율이라는 것은 본원적(fundamental)으로 불확실한 먼 미래에 대해 경제주체들이 가지고 있는 「기대」에 대한 「확신」(confidence)[12]의 정도를 반영하는 것이다. 미래라는 것은 현재나 혹은 과거의 경험의 연장으로 환원될 수 있는 것이 아니다. 그러한 「불확실성」하에서, 즉 「확신」이 부재하는 경우 사람들은 「유동성」 높은 화폐를 소지하기를 선호한다. 혹은 불확실한 미래에 대해 기꺼이 대출을 하거나 혹은 화폐를 지출하기 위해서는 그에 대한 보상으로 높은 이자율을 요구하기 마련인 것이다. 만일 화폐공급이 풍부하거나 혹은 미래에 대한 「확신」이 높은 경우 이자율은 하락하며, 동시에 투자도 증가하게 되는 것이다.

실상, 「장기적」인 미래에 대한 「기대」는 단순히 이자율을 매개해 간접적으로 투자에 영향을 미치는 것 외에도 투자에 직접적인 영향을 미친다. 환원 불가능하고, 계량화될 수 없는 「본원적 불확실성」(fundamental uncertainty)하에서는 기업가의 소위 「동물적 본능」(animal sprit)이 투자를 결정하게 되는데, 특히 새로운 상품의 개발이나 새로운 생산과정, 즉 자본주의의 성장 동력에 대한 결정을 할 때에는 그러한 경향이 현저해지는 것이다. 「확신」의 정도의 변화와 「장기기대」 수준 그 자체의 변동은 생산과 고용의 경기 변동을 야기한다. 따라서 시장 기능이나 혹은 이자율 변동에 의해서만 투자 수준이 조정될 수 없는 것이며, 따라서 투자 수준은 완전고용을 확립하기 위해 필요한 수준과 일치하지 않는 것이다. 즉, 「세의 법칙」은 성립되지 않는 것이다.

케인스가 화폐의 본질과 그 기능을 최종적으로 이해하기까지는 사실 그의 인생에서 연구에 전념했던 전 시간이 소요된 것이다(5장). 화폐는 〈그림 1.1〉의 「고전학파」 모델에서는 전혀 나타나지 않는다. 케인스는 사실 초기에는 데이비드 흄(David Hume)까지 거슬러 올라가는 소위 「케임브리지 화폐수량설」을 옹호했다. 즉, 물가상승이라는 것은 화폐의 과잉공급에 기인하는 것이라는 믿음이다. 그러한 믿음은 1920년대의 소위 하이퍼인플레이션(hyperin-

---

12 케인스의 용법에 있어서 「확신」이라는 것은 특별한 의미가 있다. 4장 각주 9를 참고하라. — 옮긴이 주

flation)의 경험과 일견 잘 부합하는 것 같이 여겨진 것이 사실이다.

그렇지만 케인스는 시간이 흐름에 따라 점점 소위 화폐의 본질과 그 화폐를 보유하고자 하는 동기에 대한 탐구에 들어가기 시작했다. 그러면서 화폐의 공급이라는 측면보다는 화폐수요라는 측면에 좀 더 강조점을 두기 시작했다. 화폐라는 것은 그것을 사용하는 한에서만 물가에 영향을 미칠 수 있는 것이며, 반면 소비라는 것은 생산과 고용에 동시에 영향을 미치게 된다. 그는 『일반이론』을 완성하기 전에 「고전학파」의 이론적 체계 내에서 여러 가지 정교한 모델들을 개발했고 또 그 모델들을 폐기하기를 반복했다. 그는 지속적으로 그 이후에도 인플레이션에 주의를 기울였고, 그의 분석은 제2차 세계대전 중 영국에서 인플레이션이 발생하는 것을 방지함에 기여했다.

케인스는 그의 전 인생에 걸쳐 국제 경제에서의 제 문제점들을 고찰했다(6장). 영국과 같은 경제는 국제적인 맥락하에서만 이해될 수 있는 것이다. 이러한 사실은 결국 다양한 통화 간 상호관계와 환율이라는 문제에 대한 이해를 필수적으로 요구하기 마련이다. 케인스가 「금본위제도」와 자유무역에 대해 가지고 있던 생각들은 지속적으로 변화하는 환경에 따라 국제통화제도가 일국의 경제에 미치는 영향에 대한 그의 견해를 반영하고, 또 그에 따라 변천해 왔다. 그가 베르사유조약에서 브레턴우즈 체제까지 주장한 정책들을 볼 때 그는 국제무역수지 혹은 경상수지의 중요성과 국가의 주권과 생존을 위해서는 외환보유고가 결정적으로 필요하다는 사실을 아주 고통스럽게 인지하고 있었다.

비록 『일반이론』 이후에는 병을 앓고 또 정책에 간여하게 되면서 시간적으로 여유가 없어 후속 저작을 발간하지 못했지만, 그가 국제 경제에 대해 가지고 있던 생각들은 전후 국제질서를 수립하기 위한 계획에 모두 녹아들어 있었다. 마치 한 국가 경제에서 저축의 과잉이 불황을 야기할 수 있는 것처럼 그는 어떤 한 국가가 지속적으로 국제수지상 흑자를 유지한다면 그로 인해 세계 전체의 경제 활동이 침체되는 결과를 야기할 수 있음을 뚜렷하게 인식하고 있었다. 그가 가지고 있던 화폐의 본질에 대한 이해는 국제수지흑자가 궁극적으로는 완전고용 달성을 저지하는 장애물이라는 인식에 도달하게 했고, 따라서 그로 하여금 그것을 제거하는 과격한 제안을 하게끔 했는데, 물론 이에 대해 그 당시 미국이 반가워할 이유가 없었다. 그럼에도 불구하고 국제적인 IMF나 세계은행의 탄생, 그리고 세계무역기구(WTO)를 탄생시킨 일련의 협약에 케인스가 공헌한 바가 지대했음을 부인할 수는 없다.

7. 케인스의 유산

이 책 7장은 케인스의 사상이 그의 사후 30년간, 즉 소위 「케인지언시대」에 어떻게 세계에 영향을 끼치게 되었는지에 대해 검토한다. 7장에는 1894~2013년의 약 140년간 세계 각지 17개국과 1874~2015년까지 영국 경제의 각종 경제 지표를 보여 주는 차트들이 수록되어 있다. 그 기간은 경제정책 상 중대한 변환점에 따라 대략 5개의 시대로 다시 구분되어 있다. 즉, 「금본위시대」, 「전간기」(戰間期, interwar)[13], 「케인지언시대」, 「신자유주의시대」, 그리고 「긴축재정시대」가 그것이다.

단순한 사실은 「케인지언시대」에는 케인스가 추구했던 바대로 평균적으로 가장 높은 성장률과 가장 낮은 실업률을 기록했으며, 또한 과다한 인플레이션이나 추가적인 국가 채무의 증가도 없었다는 점이다. 케인스가 제시했던 기본적인 처방은 통화정책을 효율적으로 운영함으로써 장기이자율을 낮추고 동시에 투자를 부양하는 것이었다. 이 같은 처방은 「케인지언시대」와 「긴축재정시대」 모두에 받아들여졌다. 「케인지언시대」에 기록한 높은 고용 수준

13 제1, 2차 세계대전의 중간에 놓인 1925~1937년의 기간이다. —옮긴이 주

과 투자 수준은 높은 재정 지출과 브레턴우즈 체제 이후에 형성된 자유무역 체계에 힘입은 높은 수출성장률에 의해 뒷받침되었다.

물론 역사적 사건들은 어느 한 가지 원인에 의해서만 야기되는 것은 아니다. 하지만 「케인지언시대」가 종언을 고하게 된 가장 중요한 요인 중 하나는 1971년의 「금본위제도」를 폐기하려고 한 미국의 결정이다. 물론 그 같은 결정의 배후에는 여러 가지 정치적·경제적 변화의 상황이 존재했다. 1973~1979년에는 인플레이션과 실업률이 그 이전과 비교했을 때 유래 없이 동반 상승했다. 즉, 소위 스태그플레이션(stagflation) 현상이 발생하게 된 것이다. 1976년의 경우 영국 수상은 영국은 더 이상 완전고용을 추구하지 않겠다고 선언했다. 미국의 지미 카터(Jimmy Carter) 행정부는 그 이후로도 몇 년간은 버티려고 노력했지만, 결국은 영국과 같은 노선을 추구할 수밖에 없었다.

대략 1980년 이후부터 케인스가 경제 이론에 미친 영향은 2개의 주요 흐름으로 양분되기 시작했는데, 그것은 1950년대부터 케인스의 경제학과 「고전학파」의 경제학을 '종합'하려는 시도들이 가진 일종의 내적인 모순성을 극복하는 과정에서 나타나는 서로 상이한 방향을 나타내는 것이었다. 한 가지 방향은 수요와 공급의 「균형」에 입각한 「고전학파」 경제 이론을 다소 수정하는 것으로서, 이는 케인스가 제시한 핵심적인 통찰 자체를 부인하고 그것을 단순히 특수한 경우로 간주해 버리는 것이었는데, 당연히 이는 케인스가 생각했던 것과는 정반대의 경로였다.[14] 또 다른 방향은 물론 새롭게 바뀌고 있

---

14 소위 「올드 케인지언」(Old Keynesian) 혹은 「뉴 케인지언」(new Keynesian)을 지칭한다. 독자들은 이 케인지언이라는 말 앞에 붙어 있는 다양한 수식어에 혼돈스러울 것이다. 참고로 케인스의 『일반이론』의 메시지에 끌렸던 사람들 중 『일반이론』이 주장하는 과거 이론과의 근본적인 단절의 필요성에 대해서는 공감하지 않는 사람들이 있었는데, 이들은 케인스의 통찰이 1936년 이전의 교조적인 이론과 화해할 수 있다고 주장하면서 「신고전학파 종합(neoclassical synthesis)」으로 알려지게 된 경제 이론을 구축했다. 이들을 「올드 케인지언」이라고 지칭한다. 대표적인 학자들에는 존 힉스(John Hicks), 프랑코 모딜리아니(Franco Modigliani), 로버트 솔로(Robert Solow), 폴 새뮤얼슨(Paul Samuelson) 등이 있으며, 일반

는 현실에 좀 더 적합한 새로운 형태의 모델을 개발함으로써 점진적으로 이론의 진보를 달성해야 한다는 케인스의 통찰력은 수용하고, 대체로 수요와 공급의 「균형」에 입각한 이론을 폐기하고 소위 마셜의 경제 이론 체계를 실질적으로 현저히 벗어나 그것을 넘어선 어떠한 방향을 향하는 것이었다.[15]

마지막으로 8장에서는 케인스의 사상이 현대에 갖는 타당성에 대해 분석한다. 이 장에서는 케인스 자신의 목소리와 케인스를 추종해 왔던 다양한 분파의 목소리를 구분하려고 노력했다. 케인스가 추구한 것은 「고전학파」 이론을 개선하려는, 일종의 시장 친화적인 경제학이었으며 시장을 버리자는 노선과는 거리가 멀었다. 그는 실용적이였고, 정책적 처방에 있어서 정치적으로 빈틈이 없었으며, 또한 영국 기준으로 생각했을 때 정치적으로 자유주의자라 할 수 있었다. 그는 그 당시 주어진 제도하의 소위 엘리트 계층에 속해 있었고, 노동자와 어떤 특별한 연대는 없었다. 그럼에도 불구하고 실업이 야기하는 우매함과 낭비를 혐오했다. 오늘날의 경제정책은 일반적으로 인정되는 것보다 훨씬 더 케인스적이라고 보는 것이 옳다. 하지만 경제학계의 분위기는 여전히 그가 제시한 통찰력에 대해 고집스럽게 저항하고 있는 것이 사

경제학 교과서에 나오는 주류적인 설명, 특히 소위 「IS-LM 모델」과 솔로(Solow) 성장 모델이 그들의 이론이다. 반면, 「뉴 케인지언」은 종종 불완전주의(imperfectionism)라고 불린다. 그들은 상품 시장이 완전히 경쟁적인 경우는 드물며, 임금과 물가는 하방경직성이 있고, 상품과 (특히) 노동시장에는 불완전성이 널리 존재한다는 점을 지적하며 임금과 가격의 조정은 단지 천천히 이뤄지고, 따라서 「균형」이 연속적으로 달성될 수 없다고 주장한다. 하지만 만일 노동시장이나 생산물시장에서 경쟁이 철저히 관철되는 경우에는 케인스의 「유효수요원리」(the principle of effective demand)가 적용되지 않는다고 주장한다. 그레고리 맨큐(Gregory Mankiw), 노부히로 키요타키(Nobuhiro Kiyotaki), 조지프 스티글리츠(Joseph Stiglitz), 폴 크루그먼(Paul Krugman) 등이 대표적인 학자들이다. 이 같은 「올드 케인지언」이나 「뉴 케인지언」의 공통적인 특징은 케인스 이론의 핵심인 「유효수요」 이론과 「불확실성」이라는 요소를 철저히 간과하고 있으며, 이들의 이론은 대부분 새로운 것도 아니고 케인스의 것도 아니라는 것이다. 22쪽 거시경제학 계보도를 참고하기 바란다. —옮긴이 주

15 소위 「포스트 케인지언」이라고 불리는 학파를 말한다. 이들은 케인스의 정통 계승자라고 자처하고 있고 미국의 「올드 케인지언」 등을 소위 케인스의 '사생아'라고 간주한다. —옮긴이 주

실이다.

현재의 지정학적 환경하에서는 케인스가 권장했던 국제통화 체제의 개혁은 그가 이상적이라고 생각했던 바가 아니라 단지 그가 생각하기에 현실적으로 타협할 수밖에 없는 수준에만 그칠 수 있다고 생각한다. 특히 그가 살아 있다면 현재의 유럽 통화 체계는 시급히 개혁되어야만 하는 가장 중요한 과제로 생각했을 것이다. 이 같은 개혁은 단순히 유럽 공동체뿐만 아니라 전 인류의 번영을 위해 시급한 과제일 것이다. 이 책에서 전개한 분석을 통해 저자는 케인스가 살아 있다면 현재 우리가 처한 환경에 대해 그가 어떤 제안을 제시했을지 조심스럽게 예상해 볼 것이다.

이 책의 마지막 장을 다 읽어 내려갈 무렵에는 과연 케인스가 현대의 우리에게 어떠한 의미를 부여하는지에 대해 독자 각자 자신만의 결론을 내릴 수 있으리라 믿는다. 이 책은 케인스의 경제사상을 발판으로 해서 위로 향하는 도정이라고 할 수 있다. 그가 계승했고 또한 그의 출발지였던 「고전학파」 경제 이론에서부터 우리도 출발하려고 한다. 그것들은 2장의 과제이다. 올라가는 길은 간혹 어떤 장소에서는 경사가 가파를 수 있다. 그럼에도 불구하고 정상에 오른 순간의 기쁨은 올라가는 노정의 괴로움에 대한 충분한 보상이 될 수 있을 것이다.

2장

고전학파의 고용, 이자 그리고 화폐

1. 들어가기

1935년 『일반이론』을 발간하기 전날 밤 케인스는 조지 버나드 쇼(George Bernard Shaw)에게 다음과 같은 편지를 보냈다. "나는 지금 대체로 세상이 경제 문제에 대해 생각하는 방식을 단지 잠시 한 번이 아니라 아마도 향후 10년간 지속적·혁명적으로 바꿀 경제 이론에 관한 책을 쓰고 있다고 믿습니다" (CW 13: 492). 『일반이론』의 짧은 1장은 다음과 같이 시작한다.

> 나는 이 책을 고용, 이자, 화폐에 관한 『일반이론』이라고 칭할 것인데, 나의 방점은 **일반**에 있다. 이렇게 책 제목을 정한 목적은 내 논증과 결론의 특징을 같은 주제에 관한 「고전학파」 이론과 대비하기 위함인데, 사실 그 「고전학파」 경제학 속에서 내가 자랐고, 실천적·이론적 측면 모두에서 과거 100년 동안과 마찬가지로 그것은 지금 세대의 정부나 혹은 학문에 종사하는 사람들의 사고를 지배하고 있다. 내가 주장하고자 하는 바는 그러한 「고전학파」 경제학은 단지 **특수**한 경우에만 적용될 수 있

> 는 것이며, **일반**적인 경우에 항상 타당하지는 않다는 것이다. 더욱이 그 「고전학파」 경제학이 상정하는 그 특수한 경우의 특성은 우리가 현재 살고 있는 경제 사회의 특성을 반영하지 못하고 있고, 따라서 그러한 「고전학파」 경제학을 가르치는 것은 우리를 잘못된 길로 인도하며, 또한 그 이론을 우리가 지금 경험하는 사태에 적용하려고 하는 경우 가히 큰 재난적인 결과를 초래할 것이다(CW 7: 3).

이러한 대담한 주장은 바로 그의 동료 선배 격인 당시 케임브리지대학의 정치경제학 교수였던 피구로부터의 신랄한 응수에 접하게 되는데, 피구 교수는 "케인스는 자신이 마치 아인슈타인이 뉴턴의 결과를 특수한 경우로 포섭하는 좀 더 광범위한 일반화를 이뤄 물리학을 위해 공헌했던 바와 비견되는 것을 경제학을 위해 달성했다고 믿고 있다"라고 언급한 바 있다(Pigou, 1936). 비록 『일반이론』이 미친 파장에 대한 케인스의 말이 옳았다고 하더라도 「고전학파」 경제학은 그가 예상했던 것보다 훨씬 더 생명력이 강했다. 소위 케인스 혁명은 1936년부터 대략 1975년까지 40년간 지속되었다. 그런데 국가는 완전고용을 달성할 수 있고, 또 그렇게 해야만 한다는 당시 전후의 사회 공감대가 퇴색해 감에 따라 1975년 이후부터는 밀턴 프리드먼(Milton Friedman)과 그가 이끄는 시카고학파가 「고전학파」 경제학을 성공적으로 부활시키게 되었다. 이와 동시에 케인스 이론은 기껏해야 「고전학파」 이론의 특수 경우로만 국한되는 것으로 간주되기 시작했던 것이다.

1980년이 되자 시카고학파의 경제학자였던 로버트 루카스(Robert Lucas)는 다음과 같이 써 내려 갔다. "케인스 경제학은 죽었다. 연구 세미나에서 사람들은 케인스에 근거한 이론화를 더 이상 아무도 심각하게 생각하지 않는다. 케인스 이야기가 나오면 사람들은 서로 귓속말을 주고받거나 키득거린다" (Lucas, 1980). 2008년의 금융위기조차도 「고전학파」 경제학이 재차 헤게모니를 수복하는 것을 저지하지 못했다. 케인스의 이름은 잠깐 동안만 헤드라인에 나타난 후 사라져 버린 것이다. 루카스는 다음과 같이 말했다. "극한 상황에서는 우리는 이제 모두 케인지언인데, 아직 우리가 그 상태에 도달한 것은 아니다”(Fox, 2008).

케인스 이론은 단순히 잘못된 것이기 때문인가? 이에 대한 답은 케인스가 출발점으로 삼은 「고전학파」 경제학을 명확히 이해하기 전까지는 케인스의 논증을 이해하고 평가하지 못할 것이라는 것이다. 이 책에서는 아주 단순화된 모델을 사용해 「고전학파」의 경제 이론들을 제시하려 한다. 단순화한다는 것은 단순히 쉽게 부서져 버릴 수 있는 밀집 모형을 만든다는 것이 아니라, 그 이론들을 좀 더 심각하게 분석하기 위한 것이다. 「고전학파」 경제 이론의 강한 생존력은 그것이 가진 사상들의 체계의 큰 힘을 반영하는 것이다. 「고전학파」 경제 이론은 정책을 이끄는 도구로서는 ‘호도할 수 있고, 재앙적 결과를 가져올’ 수는 있어도, 이론으로서는 정합성을 결여하고 있는 것은 절대 아니다.

다음에 제시하는 모델은 「고전학파」 경제 이론에 대한 완벽한 상을 제시하는 것은 결코 아니고 또한 실재를 반영하는 것도 아니지만, 그 이론이 가지고 있는 두 가지 가장 핵심적이면서 서로 연결되어 있는 주장들에 대해 설명할 수 있도록 해 준다. 첫 번째 주장은 자유로운 기업 활동은 통상적으로 완전고용을 달성하게 해 준다는 주장이다. 두 번째는 실업이라는 것은 그러한 자유로운 기업활동에 모종의 제약을 부과하기 때문에 일어나는 현상이라는 것이다. 주어진 정치적이고 사회적인 상황하에서 ‘보이지 않는’ 손은 언제나 가장 좋은 결과를 만들어 내기 때문이라는 것이다. 이러한 두 주장을 지탱하고 있는 이론들은 크게 세 가지 종류이다. 즉, 생산과 고용 수준의 결정에 대한 이론, 현재의 소비와 미래를 위한 투자로 생산물이 나누어지는 바에 관한 이론, 그리고, 임금, 이윤, 이자 그리고 지대라는 형태로 생산에서 나오는 소득을 분배하는 방식에 관한 이론이 그것이다.

2. 곡물 모델: 한계수확체감과 한계생산성

우리가 제시하는 모델의 첫 번째 가정은 다음과 같다. 경제에는 곡물이라는 단 한 가지 상품만 존재하며, 그것은 식량으로 소비되거나, 창고에 저장되거나, 다음 농사를 위한 종자로 사용된다. 곡물은 1년 동안 자라 연말에 추수되며, 다음 해를 위한 분배를 위해 사용되기 전에는 창고에 일단 저장된다. 따라서 각 추수 후에는 일정량의 곡물이 창고에 저장되기 마련이다. 그 곡물은 다음 해의 추수 전까지 식량이 되고, 다음 해의 농사를 위해 종자로서 파종 되고, 혹은 어려운 해를 위해 그냥 창고에 예비로 보관되기도 한다.

우리는 자본주의 경제하에서의 소유권이 확립되어 있다고 가정하는데, 이때 사람들은 지주나 혹은 기업농(그리고 임노동자)으로 구분된다. 지주는 토지를 소유하고 있으며 그 토지를 기업농에게 임대하고, 기업농은 생산을 조직하는데, 그 방식은 임노동자를 고용해 경작시키는 것이며, 이때 종자는 다른 사람에게 빌릴 수 있다. 한 해의 수확이 끝나면 다음 해를 위해 기업농은 얼마만큼의 토지를 경작하며, 얼마만큼의 종자를 파종할 것이며(필요하다면 얼마만큼을 타인에게서 빌릴 것이며), 파종하고 수확하는 데 어느 정도의 노동력을 고용할 것인가 등을 결정하는데, 이는 다음 해에 최대의 이윤을 창출하기 위함이다. 다시 말하자면 기업농은 생산 수준, 투자 그리고 고용 수준을 결정하는 것이다.

그러한 계획을 수립하는 데 있어서 기업농은 지주에게 지급해야 할 임대료, 임노동자의 급여, 그리고 종자를 빌려준 타인에 대해 이자로 지급할 곡물의 양을 계산한다. 이때 임노동자에게 지급하는 급여, 지주에게 지불하는 임대료, 종자를 빌려준 자에게 지급하는 이자, 마지막으로 자신에게 돌아가는 이윤은 어떻게 결정되는가? 다시 말하자면 전체에서 발생된 소득을 어떻게 분배하는가? 이에 대한 「고전학파」의 대답은 다음과 같은 두 가지 가장 핵심적인 개념에 의존하고 있는 것이다. 즉, 한계수확체감의 법칙과 한계생산력설이다.

케인스가 『일반이론』을 포함한 그의 저작 전역에 거쳐 이러한 「고전학파」의 개념들을 수용하고 있었다는 사실을 강조할 필요가 있다. 한계수확체감의 법칙은 어떠한 추가적인 부연 설명 없이 그저 주어진 것으로 받아들여진다. 한계생산력설은 그가 소위 「고전학파의 첫 번째 명제」(the first classical postulate)라고 명명했던 바에서 명시적으로 등장한다. 그에 따르면 임금은 노동의 한계생산성과 일치하게 된다. 물론 여러 가지 좀 더 추가적인 조건들이 필요하겠지만, 케인스의 소위 「자본의 한계효율」(marginal efficiency of capital)이라는 개념에서도 그 한계생산력설은 **어느 정도는** 나타나고 있다.[16] 케인스 자신의 해법을 살펴보기 전에 우선 이러한 「고전학파」의 개념들을 그 가장 기본적인 형태에서 살펴볼 필요가 있다.

왜 우리는 하필 농사 모델을 이용하는가. 물론 이는 타당한 질문이다. 곡물을 모델로 선정한 이유는 농사 모델은 「고전학파」의 가장 근간이 되는 개념들을 적용하기에 이상적인 상황이기 때문이다. 그 모델이 어떻게 작용하고 그래서 「고전학파」가 주장하는 어떠한 표준적인 결과를 만들어 내는가 하는 것을 살피기에 아주 용이하다는 것이다. 좀 더 정교화된 「고전학파」의 모델들도 이러한 곡물 모델과 아주 대동소이한 가정들을 부지불식간에 채용하기 때문에, 그로 인해 어떤 이론적 결과들이 도출될 수 있는가는 차후에 보여줄

---

16 [고급] 하지만 케인스의 「자본의 한계효율」이라는 개념은 주류 경제학 미시 교과서에 나오는 「자본의 한계생산성」(marginal productivity of capital)과는 다른 개념이다. 전자에서의 자본은 '화폐' 단위로 측정되고, 주류 미시경제학에 등장하는 자본은 '실물'로서의 자본 설비이다. 자본을 후자로 정의하는 경우 필연적으로 순환론적 모순에 빠지게 됨은 이미 자본의 개념에 관한 「자본논쟁」(capital controversy)으로 결론 난 바 있다(「자본논쟁」에 대해서는 4장 부록 1을 참고하라). 케인스의 경우는 그러한 모순은 피해 갈 수 있는데 그럼에도 불구하고 투자가 늘어남에 따라 다른 조건이 불변하다면 투자 수익률은 저하된다. 왜 그래야만 하는가? 그에 대한 이유는 없다. 규모의 경제(increasing returns to scale)가 작용할 수도 있는 것이다. 참고로 규모의 경제에 관해서는 Young(1928: 527~542)이 고전적인 논문이므로 관심 있는 독자들은 필히 참고하기 바란다. —옮긴이 주

예정이다.

한계수확체감의 법칙이 의미하는 바는 다음과 같다. 단위 경작 면적당 투입되는 노동자의 수를 달리 했을 때 1인당 생산량으로 측정한 생산성을 가장 높게 만드는 노동자의 물리적인 단위 수가 있다는 것이다. 투입되는 노동자의 수가 그보다 작을 때는 그 단위 토지에서의 생산량이 떨어질 것이며, 더 많은 노동자를 투입하는 경우에는 물론 전체 생산량은 증가할 수 있지만 생산성은 떨어진다는 것이다. 즉, 늘어난 생산량은 그 투입 「노동단위」(labor unit)당 비교 시 이전보다 더 어렵게 얻어지는 것이다. 나중에 명백해지겠지만 물리적으로 가장 최적인 수보다 더 많은 노동자를 고용한다면 생산은 더 증가할 수는 있겠지만, 각 노동자를 고용함으로써 얻는 추가적인 수확은 노동자의 수가 늘어날수록 감소한다는 것이다.

예를 들어 보자. 밭 80마지기의 토지에서 10명의 노동자를 고용했을 때 순산출은 총 480말의 곡물이라고 하자. 이때 순산출이라 함은 「총산출」에서 종자로 사용된 곡물을 제외한 것이다. 이 경우 노동자 1인당 생산량은 당연히 48말이 될 것이다(물론 이 48말 전부를 노동자가 소득으로 얻는 것은 결코 아니다). 〈표 2.1〉은 노동 투입을 증가시켰을 경우 노동자당 생산물이 감소하는 것을 보여 준다. 노동자 수가 10명에서 15명으로 증가했을 때 순산출은 480말에서 600말로 늘어난다. 하지만 노동자 1인당 순산출은 48말에서 40말로 하락하는 것이다. 만약 노동자 수를 더 늘려서 그 수가 20명이 되면 더 이상 순산출은 증가하지 않고 단지 1인당 순산출은 더욱 하락해 30말이 될 뿐이다.

〈표 2.1〉 노동의 평균 생산 기준 수확체감

총노동자 수	순산출(말)	노동자 1인당 순산출(말)
10	480	48
12	540	45
15	600	40
20	600	30

〈표 2.2〉 노동의 한계생산물 기준 수확체감

총노동자 수	곡물의 순산출	노동자 1인당 곡물 순산출	노동자 1인 추가 시 곡물 순산출의 증가분	총임금	총잉여
a	b	c=b/a	d	e=d×a	f=b-c
12	540	45	28	336	204
13	565	43	25(=565-540)	325	240
14	588	42	23(=588-565)	322	266
15	600	40	12(=600-588)	180	420
20	600	30	0(=600-600)	0	600

〈표 2.2〉는 한계생산물과 평균생산성의 차이를 보여 준다. 이번에는 투입되는 노동의 양을 12명에서 시작해 15명까지 1명씩 증가시켜 보겠다. 네 번째 열은 1명씩 노동력을 증가시키는 경우 추가적으로 얻게 되는 순산출을 표시한다. 이것이 노동자 1인을 추가시키는 경우 한계생산물이라고 정의한다. 이때 '한계'라는 표현을 사용하는 이유는 그 한 사람의 노동자가 기존의 한계에 비해 생산을 더 증가시키기 때문이다. 예를 들어 총노동자 수가 13명인 경우 한계생산물은 25말이 된다. 이 한계생산물은 노동자 평균 생산인 43말보다는 작다는 점에 유의하자. 왜냐하면 이때 고용량은 물리적으로 가장 최적인 수준보다 높고, 따라서 한계수확체감의 법칙이 작용하기 시작하기 때문이다.

14명의 노동자를 고용하게 되면 그로 인해 증가되는 한계생산물은 23말로, 그 이전의 한계생산물인 25말보다 작아진다. 왜냐하면 노동이 가지는 생산성은 계속 줄기 때문이다. 노동자가 15명이 되는 경우 한계생산물은 단지 12말에 불과하다. 그리고 15명 이상의 노동자를 고용하는 경우에는 한계생산물은 없어지고, 따라서 노동의 한계생산물은 0이 되어 버린다. 이때 20명의 노동자가 생산하는 양은 단지 15명이 생산하는 양과 똑같을 뿐이기 때문에 우리는 이때 노동력이 충분히 활용되지 않았다고 말할 수 있다(혹은 과잉고용되어 있다고 할 수 있다).

투자, 생산, 고용 그리고 생산물이 임금, 지대, 이자 그리고 이윤으로 분배되는 원칙은 모두 한계생산성에 의해 결정된다는 이론이 한계생산력설이다. 이것은 상대적으로 아주 단순한 단 1개만의 개념을 이용해 많은 것을 도출해 낸다는 점에서 아주 강력한 힘을 가지고 있다. 다른 관계들을 설명하기에 앞서 저자는 여기서 우선 임금과 고용 간 관계를 먼저 살펴보겠다. 하지만 향후 우리가 살피겠지만, 실제로는 다른 모든 것도 이와 동시에 결정된다.

3. 「고전학파」 경제학에서의 노동시장

자유로운 기업경제에서의 가장 중요한 핵심은 경쟁이다. 따라서 우리는 다수의 노동자와 기업농(=「고용주」)을 상정하겠다. 노동자들은 좋은 일자리를 찾아 서로 경쟁하고 기업농 또한 노동자를 모집하기 위해 서로 경쟁한다고 가정하자. 한계수확체감의 법칙이 작동하는 한 노동의 한계생산물은 노동자 1인당 평균 생산물보다 항상 작기 마련이다. 이때 기업농은 노동자 한 사람을 추가로 고용함으로써 추가적으로 곡물을 더 수확할 수 있게 되는데, 만일 동일한 토지 내에서 추가적으로 얻는 그 한계생산물이 임금을 상회한다면 당연히 이윤이 더 증가할 것이기 때문에 그 한계생산물이 임금과 같아지는 수준으로 떨어질 때까지 지속적으로 노동을 더 고용할 것이다. 무수히 많은 다수의 기업농이 존재하고 그들 간에 경쟁이 존재한다면 노동의 한계생산물보다 작은 임금을 지급하는 기업농은 노동력을 경쟁자에게 빼앗겨 버릴 것이고, 마찬가지로 기업농들이 필요로 하는 노동자보다 더 많은 노동력이 존재하는 경우 노동자 간의 경쟁으로 인해 임금은 하락할 것이다.

이제 임금으로부터 고용으로 이어지는 인과관계를 설명하겠다. 예를 들어 1인당 임금은 매년 23말로 고정되어 있다고 하자. 기업농이 13명의 노동자를 고용하는 경우 이때 한계생산물은 25말이 된다. 따라서 기업농은 임금을 지불하고 2말만큼의 추가적인 총이윤을 얻게 된다(이자와 임대료를 지불하기 전의 총이윤이다). 만약 기업농이 14명을 고용한다면 임금을 지불한 후 그로 인해 추가로 얻는 총이윤은 0이기 때문에 기업농의 입장에서는 13명을 고용하는 경우와 대비할 때 어떤 차이도 느끼지 못하게 된다. 만약 고용을 더 늘려서 15명이 되는 경우라고 한다면, 그로 인해 단지 12말만큼의 추가 생산이 기대되는 반면 임금을 23말 지불해야 하므로 그로 인해 11말만큼의 손해를 볼 수밖에 없다. 따라서 기업농은 14명의 노동자 이상은 절대로 고용하려고 하지 않을 것이다. 만약 임금이 어떤 이유로 낮아지는 경우라면 그 새로이 낮아진 임금과 한계생산물이 같아지는 수준까지 고용이 늘어날 것이다. 반면 임금이 높아진다면 그 반대의 결과가 나타나서 고용이 줄어들 것이다.

앞의 경우에 있어서 노동의 평균 생산물과 한계생산물 간에는 현격한 차이가 있음에 주목하자. 이것은 총소득에서 임금이 차지하는 부분과 총이윤이 차지하는 부분에 반영되어 있다. 예를 들어 노동자가 14명인 경우 평균 순산출은 42말인데, 반면 한계 순산출은 23말이다. 우리가 상정하는 모델에서 노동자는 자신의 한계생산물인 23말만큼을 임금으로 받고, 평균 순산출 42말과의 차이인 19말은 기업농에게 총이윤으로 귀속되는 것이다. 다시 〈표 2.2〉를 참조하면 노동자가 14명인 경우 순산출은 588말인데, 이 중 노동의 한계생산물만큼(23말) 총 322말(14×23)을 노동자에게 임금으로 지불한다면 나머지 266말의 잉여가 기업농에게 귀속되는 것이라고 할 수 있다.

앞의 경우에 있어서는(모든 경우에 일반적으로 적용되지는 않지만) 만약 고용이 늘어나게 되면 노동의 한계생산물도 하락하기 때문에 임금도 하락한다. 반면 고용이 증가하기 위해서는 임금은 하락해야 한다. 그 이유는 토지가 그만큼의 고용을 수용하지 못하는 것이 아니라 주어진 토지에서 노동은 점점 더 비생산적이 되기 때문이다. 예를 들어 노동자 수를 13명에서 15명으로 늘려 나감에 따라 한계생산물의 하락은 평균치의 하락보다 더 많아진다(평균치는 43에서 40으로 3말만큼 하락하는 데 반해 한계생산물은 25말에서 12말로 13말만큼 줄어드는 것이다).

그리고 고용은 15명 이상이 될 수 없다. 그 이상 고용하더라도 더 이상 생산이 증가하지 않고, 아무리 임금을 낮춘다고 하더라도 더 이상의 고용을 하게 되면 기업농의 이윤은 감소하기 마련이다. 물론 임금이 0인 경우라면 가능하겠지만 그 경우 모든 노동자는 굶어 죽기 마련이다. 이때 한계생산물이 0이거나 혹은 노동자가 생존을 위해 필요한 최저 수준 이하인 경우라도 고용이 가능하기 위해서는 노동자 자신들이 자영농인 경우, 즉 타인에 의해 고용되지 않은 경우인데, 예를 들어 가족 모두가 농사에 종사하는 경우 가족 구성원들은 전체 생산량을 똑같이(1인당 평균 생산에 의거해) 분배하면 그만이고, 굳이 한계생산물에 따라 분배하는 자본주의 원칙을 따를 필요가 없는 것이다. 이러한 예는 생산에 있어서 자본주의적 「고용주」와 임노동관계의 중요성을 보여 준다.

〈그림 2.1〉은 앞의 내용을 그래프로 보여 준다. 수직축은 한계생산물, 수평축은 노동자의 수를 표시한다. 고용이 증가함에 따라 하향하고 있는 선은 노동의 수요곡선이다. 이것은 각 임금 수준이 주어지는 경우 그에 따라 최대 고용 가능한 노동자의 수를 표시한다. 〈표 2.2〉의 내용이 〈그림 2.1〉에 표시되어 있다. 그 선은 아래로 하락하고 있다. 이때의 인과관계의 출발점은 임금인데, 그 임금과 한계생산물이 일치하는 점까지 「고용주」가 고용을 늘리기 때문에 한계생산성과 그에 상응하는 고용이 결정되는 것이다. 주어진 임금하에서 항상 노동이 시장에서 공급된다면, 그에 따라 기업농은 일정 수준의 노동자를 고용하는 것이다.

이제 어떤 특정 숫자 대신 기호를 사용하기로 하자. 이에 대해 너무 당황하지는 말기 바란다. 기호라는 것은, 예를 들어 「고용주」의 숫자 등은 단지 특정한 숫자를 대신 표현한 것에 불과하다. 〈그림 2.2〉의 수평축은 기호 N을 사용해 고용되는 노동자의 숫자를 표시하기로 한다. 그리고 수직축은 임금수준인데, 이는 기호로 w로 표기하기로 한다. 이 두 기호 N과 w는 통상적으로 사용하는 부호들이다.

〈그림 2.1〉 한 기업농에 있어서 노동의 수요

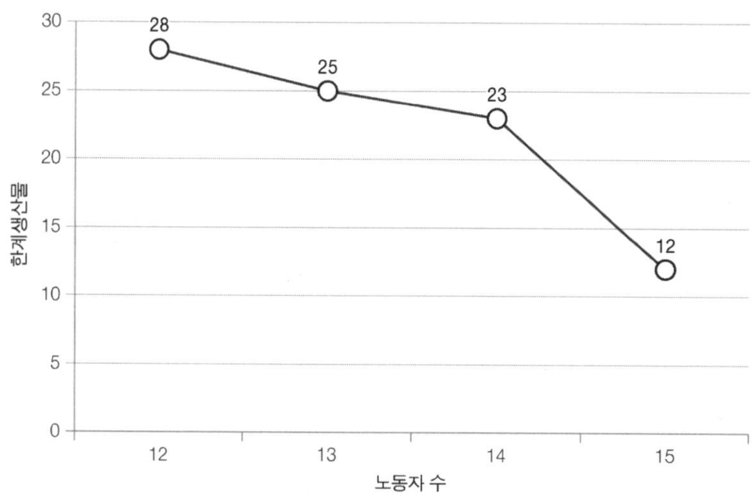

〈그림 2.2〉 전체 노동의 수요와 공급: 「고전학파」 경제학의 노동시장

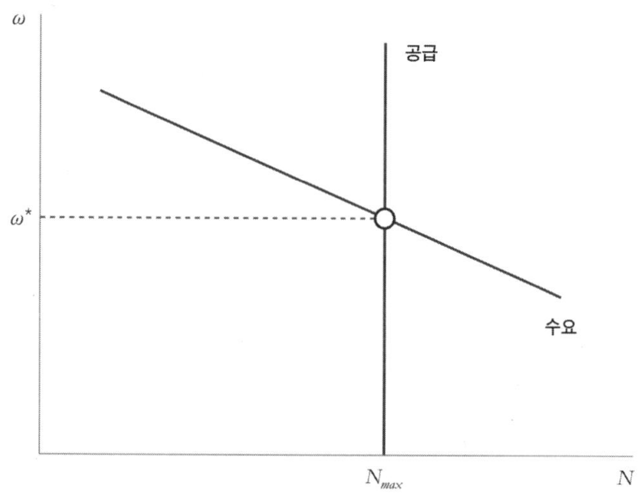

〈그림 2.1〉은 단 1개의 농장에 적용되는 그림인데, 사회에 존재하는 모든 농장들을 다 합산해 소위 총 노동의 수요곡선을 그려 볼 수 있다. 그 형태는 똑같고, 단지 수평축에 더 많은 노동자들이 표시될 뿐이다(〈그림 2.2〉).

단순화하기 위해 수요곡선은 곡선형태가 아니라 단지 직선으로 표시되어 있다. 그림 위에 표시되어 있는 수직선은 어느 시점에서 일을 하기를 원하는 노동자들의 총숫자를 나타낸다. 그 숫자를 *Nmax*라고 표시한다. 즉, 어느 시점에서 최대로 고용될 수 있는 사람들의 숫자인 것이다. 예를 들어 500만 명 등과 같이 어떤 단일 숫자로 표시된다(물론 이 시점에서 그 숫자를 명시할 필요는 없다). 편의상 그 숫자는 임금 수준과 상관없는 것으로 가정했다(즉, 임금 수준이 달라진다고 해서 최대 공급 가능한 노동자의 숫자는 변하지 않는다고 가정했다). 이러한 가정은 차후에 좀 더 현실적으로 보완하겠다. 이 두 선이 교차하는 지점에서 임금(w^*)이 결정되는데, 그 임금 수준하에서 기업농은 일하고 싶은 모든 자에게 취업을 제공할 수 있게 된다.[17]

이때 w^*를 균형임금이라고 부르는데, 그 균형임금하에서 노동의 수요와 공급이 일치하게 된다. 이 같은 상황은 마치 모든 노동자와 기업농이 어느 한 날(노동시장이라는) 한 장소에 모여 경매입찰을 통해 다음 해의 임금을 결정하는 모습을 상정하고 있다. 임금이 결정되기 전까지는 다들 그 자리에 모여 있고 아무도 집에 돌아가지 않으며, 그래서 경매입찰을 통해 임금이 결정이 되면 그 수준에서는 일할 수 있는 모든 자리가 다 채워지고, 실업 상태의 노동자는 아무도 없게 된다. 따라서 그 균형임금에서는 노동시장은 청산된다(청산된다는 의미는 더 이상 일자리를 찾는 사람도, 일자리를 제공하는 사람도 없다는 의미이다). 이때, 모든 가용한 노동력은 「고용주」가 고용하는 마지막 노동자의 한계생산물과 일치하는 수준의 임금을 받게 된다는 것이다.

---

17 물론 이 임금 수준이 노동자의 생존을 유지하기 위한 최소 수준 이상은 되어야 한다. —옮긴이 주

〈그림 2.3〉 고전학파 경제학에서의 실업

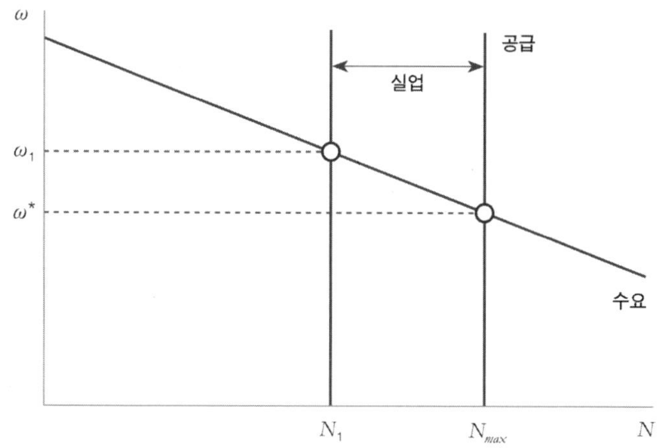

그런데 만약 어떠한 이유에서인지 임금이 그러한 균형임금보다 높은 수준에서 형성된다면 어떤 상황이 벌어지는가? 〈그림 2.3〉은 이 같은 상황을 묘사하고 있다. w_1에서 그린 점선 모양의 수평선은 그러한 높은 수준의 임금을 나타내는데, 그때 「고용주」는 N_1수준의 고용을 하는 것이 최선의 선택이 된다. 그렇다면 최대 가능한 노동력인 *Nmax*와 N_1 간의 괴리가 존재할 수밖에 없고, 그 차이 부분이 실업 상태에 놓이게 되는 것이다. 노동시장은 청산되지 못한다. 왜냐하면 일부 노동자들은 일자리를 찾지 못하기 때문이다.

이상의 내용이 「고전학파」 경제학에서의 임금, 생산, 고용, 그리고 실업에 대한 아주 간략한 설명이다. 임금이 신축적일 수 있다면 일하고 싶은 모든 사람들은 완전고용될 수 있다. 따라서 이러한 이론에 의하면 그것이 강성 노조에 의한 것이든, 혹은 그 균형임금이 가족들을 부양하기에 충분하지 않다는 근거에서 주장하는 것이든 간에 균형임금 이상으로 임금을 올리려는 시도는 잘못된 것이다. 자유시장경제에 대한 간섭은 단순히 실업만 야기할 뿐이고, 반대로 말하자면 만약 일반적인 실업이 사회에 존재하는 경우 그에 대한 유일한 해법은 아무리 가혹한 방법이라고 하더라도 임금을 삭감하거나 혹은 노동력의 공급을 줄이는 것이다.

4. 「고전학파」의 자본시장

이제까지는 생산, 고용, 그리고 임금 수준에 대해 설명했다. 그다음으로 설명이 필요한 관계들은 두 가지이다. 소비와 투자 간의 구분과 생산물을 이윤, 이자, 그리고 지대의 형태로 소득을 분배하는 방식이 그것들이다.

이자와 지대라는 두 개념은 사실 모두 자본에 대한 보상을 의미하는 것이다.[18] 유일한 차이점은 통상적으로 지대는 토지의 사용에 대한 보상이고, 이자는 돈의 사용에 대한 보상이라는 것이다. 그런데 우리의 곡물경제 모델에 있어서는 화폐라는 것은 존재하지 않기 때문에 이때 이자는 종자를 타인에게 빌려 경작하는 경우 기업농이 그에 대해 지불하는 대가를 의미하는 것이라고 보면 된다. 총이윤이라는 것은 노동자에게 임금을 지불하고, 지주에게 지대를 지불한 후 남는 부분인데 이 금액에서 이자가 공제된다.[19]

가장 중요한 명제는 자본은 그것의 희소성으로 인해 어떤 보상을 청구할 수 있다는 점이다. 각각의 토지는 다른 토지와 구별되고, 또한 공급은 고정되어 있다. 사회 전체로 볼 때 당장의 소비를 미루는 것에 대해 거부감이 있을수록, 그래서 미래의 소비를 위해 소득을 저축하거나 혹은 투자하고자 하는 마음이 줄어들수록 종자의 공급 또한 희소해진다. 결론을 먼저 말하자면 이자는 생산성과 절약 간 균형에 의해 결정되고, 지대라는 것은 각 토지가 가진

---

18 저자는 이 예에서 토지와 종자 모두를 광의의 자본으로 정의하고 있다. ―옮긴이 주

19 저자는 현대 회계기준으로 말하자면 소위 영업이익(이자 비용 공제 전)을 총이윤으로 정의하고 있다. ―옮긴이 주

비옥도의 차이에 의해 결정된다는 것이다. 즉, 지대, 이자, 그리고 임금은 모두 한계생산물이라는 동일한 방식에 의해 결정된다는 것이다.

이미 설명한 바 있는 〈그림 2.2〉의 노동의 한계생산물 곡선을 상기해 보자. 같은 방식으로 자본에 대한 한계생산물 곡선을 그릴 수 있는데, 물론 이

〈그림 2.4〉 투자수요

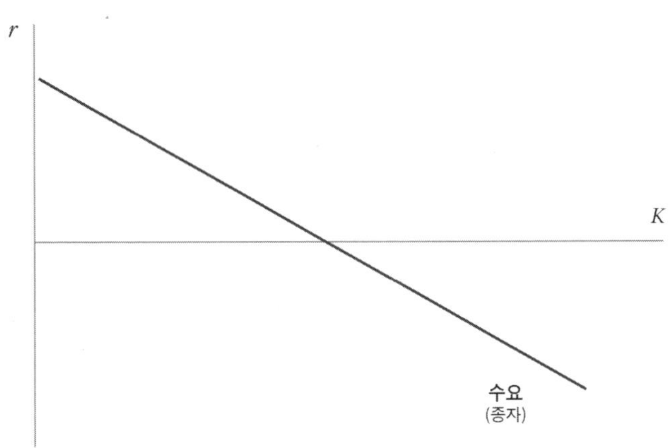

〈표 2.3〉 한계수확체감(자본의 순 한계생산)

노동자 1인당 종자(말)	1인당 생산물(말)	종자 1말을 추가 투입하는 경우 생산량의 증가분	종자 1말을 투입했을 때 추가적으로 얻는 기업농의 이윤율(%)
a	b	c	d=(c-1)/1
5	35.5	1.60	60(=0.6말)
6	37.0	1.50	50(=0.5말)
7	38.4	1.40	40(=0.4말)
8	39.7	1.30	30(=0.3말)
9	40.9	1.20	20(=0.2말)
10	42.0	1.10	10(=0.1말)
11	43.0	1.00	0(=0말)
12	43.9	0.90	-10(=-0.1말)
13	44.7	0.80	-20(=-0.2말)
14	45.4	0.70	-30(=-0.3말)
15	46.0	0.60	-40(=-0.4말)

때의 투입 자본은 종자이다(〈그림 2.4〉). 한계수확체감의 법칙은 단지 노동에만 적용되는 것이 아니라 자본에도 적용된다는 주장이다. 노동자의 숫자가 일정하다고 할 때 종자를 계속 늘려 가면 최초에는 추가적 종자 투입으로 인한 생산량의 증가분은 늘어나다가 어느 수준부터는 감소하게 된다. 노동을 논할 때와 마찬가지로 우리는 감소하는 부분만 보기로 하겠다.[20] (이 감소하는 부분에서만 기업농의 이윤이 극대화된다). 〈표 2.3〉은 숫자로 그러한 예를 보여 준다.

첫 번째 열은 각 노동자들이 파종하는 종자를 5말에서 15말까지 늘려가는 것을 보여 주고 있다. 그로 인해 기업농들이 예상하는 노동자 1인당 수확량이 두 번째 열에 표시되어 있다. 세 번째 열은 그렇게 종자의 투입을 늘려 가는 경우 노동자 1인당 수확량의 증가분을 표시하고 있다. 마지막으로 네 번째 열은 세 번째 열에서 종자로 투입된 만큼(1말)을 공제한 순 수확량의 증가를 나타낸다. 이 숫자가 음수가 될 수 있다는 점에 주의해야 한다. 음이 되는 경우는 노동자 1인당 수확량의 증가분이 투자된 종자 1말보다 적다는 것을 의미한다. 퍼센트(%)로 표현한 이유는 차후에 이자율과 비교하기 위함이다.

수확체감의 법칙하에서는 어떤 특정 투하량을 경계로 해 노동이나 종자를 추가로 투자했을 때 그것들은 그저 낭비되는 결과만 초래하고 어떠한 생산량의 증가도 없을 가능성이 있다. 노동력의 경우 노동의 한계생산물이 생존을 위한 최소한의 임금을 밑돌면 그 결과는 균형이 아니라 이민과 기아로 인해 전체 노동자 수가 감소하게 되는 것이다. 즉, 이는 다분히 맬서스적인 결과를 초래하게 되는 것이다. 종자의 경우 한계생산물은 0 이하가 될 수 있으며(〈표 2.3〉 4열의 마지막 네 가지 경우), 최악의 경우 추가된 종자들은 단지 낭비가 되고 추가 생산물은 없는 경우 마이너스 100%에 달할 수 있고, 이런 경우 추가

---

20 즉, 수확체감의 법칙이 작용하고 규모의 경제는 없다고 가정한다. —옮긴이 주

로 투자된 자본(종자)의 완전한 손실을 나타낸다.

여기에서도 이들 수치를 그래프로 그릴 수 있다(〈그림 2.4〉). 이 곡선은 투자수요곡선이라고 부르기로 하는데 노동수요곡선과 매우 흡사하다. 이 곡선으로 그려진 것은 먼저 노동자 1인당 곡물 1말 분량의 종자를 추가로 투입했을 때 기대되는 순 이윤, 즉 곡물의 한계생산물이다.

〈그림 2.4〉에서도 편의상 곡선을 직선으로 그려 보았다. 수익률은 r로 표시하며, 수직축에 표현된다. 수평축에 표현된 파종된 종자의 양을 k 로 표시했다. 수익률은 최초 파종하기 위해 사용된 종자 각 1말에 대해 그 사용된 부분을 공제한 후 얻어지는 수확의 순 이윤율(%)로 표시되어 있다. 더 많은 곡물이 심어지면 한계 수익률이 감소함에 따라 선은 아래쪽으로 기울어진다. 노동수요곡선과 투자수요곡선의 중요한 차이점은 이미 지적했듯이 자본의 수익률은 마이너스 100%까지 될 수 있다는 것이다.

노동의 경우와 마찬가지로 한계생산물을 나타내는 곡선은 수요곡선을 의미한다. 이 선은 단순히 예상 수익률과 투자된 자본의 양, 즉 파종된 종자의 관계를 나타내고 있다. 그런데 동시에 이 선은 종자 곡물에 대한 수요를 나타낸다. 왜냐하면 요구되는 수익률이 높다면 더 작은 양의 종자만 투자해야 그 수익률을 만족시킬 수 있을 것이고, 반면 요구되는 수익률이 작다면 더 많은 종자를 투입하는 것이 기업농의 전체 수익을 극대화할 수 있기 때문이다. 〈그림 2.5〉와 〈그림 2.6〉은 〈표 2.3〉에 나와 있는 숫자를 구체적으로 대입해 다시 그래프를 그린 것이다. 예를 들어 10%의 수익률이 요구되는 경우 노동자 1인당 10말의 종자 곡물을 투자하는 것이 유리하다. 그러나 「시장이자율」이 30%라면 8말만 투자하는 것이 유리하다.

그렇다면 최종적으로 실제 이윤과 파종할 종자의 양은 어떻게 결정되는가? 즉, 농민들은 투자수요곡선 중 어느 점을 선택할 것인가? 이를 위해 우리는 종자를 비축하고 있는 소위 저축자의 종자 공급을 나타내는 다른 곡선이 필요하다. 앞의 가정상 기업농들은 매년 소비하고 남는 곡물을 공동의 곡물

〈그림 2.5〉 투자수요(10% 이자율)

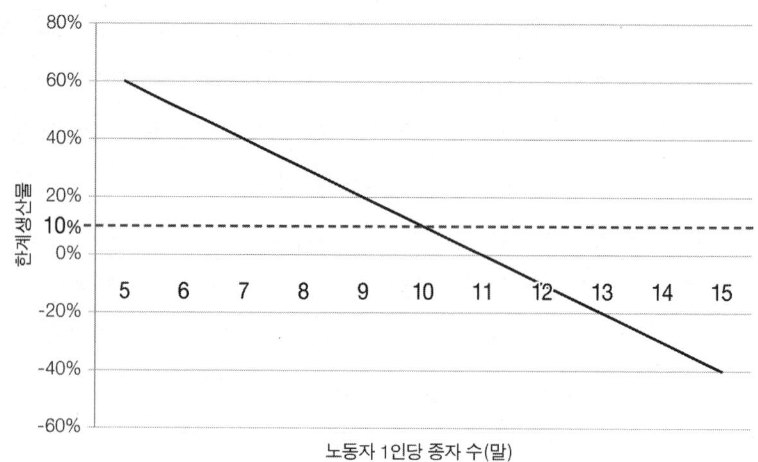

〈그림 2.6〉 투자수요(30% 이자율)

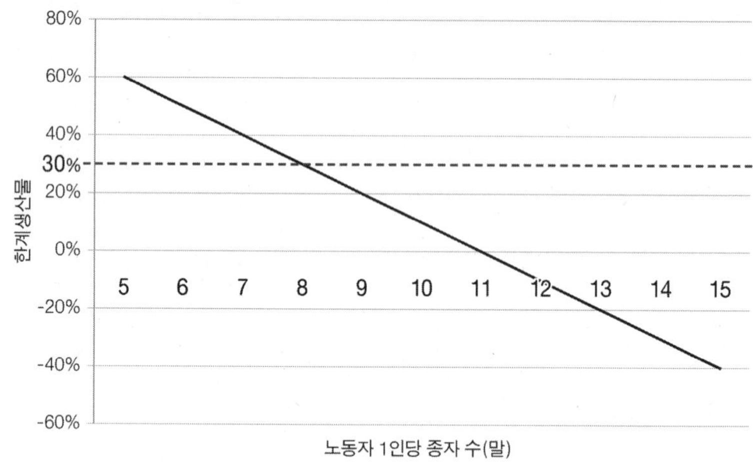

창고에 비축하고, 보관증을 받는다. 그리고 그 보관증은 언제든지 창고에서 종자와 교환될 수 있다고 하자. 보관증을 가지고 있는 사람은 그 보관증을 종자를 필요로 하는 사람에게 빌려주고 일정의 대가를 받는다고 가정하자.

기원전 3500년부터 메소포타미아와 이집트에서 신전들은 곡물 창고를 운영하고 농민들에게 보관증을 발행했는데, 어쩌면 신전은 최초의 은행가였다. 수메리아(Sumeria)에서는 영수증은 점토판에 새겨졌으며, 이 점토판에는 그 양이 새겨져 있었으며 함부로 변경할 수 없었다. 중세에 사용되던 탤리 스틱(tally sticks)[21]도 유사한 용도로 고안되었다.

다음과 같은 모습을 가정해 보자. 수확이 끝나면 노동자들은 기업농과 이전에 합의되었던 만큼의 곡물에 해당하는 보관증을 임금으로 받고 또한 내년 농사에 필요한 노동력을 팔기 위해 기업농들과 협상하기 위해 시장으로 모인다. 이 노동시장에서 기업농과 노동자들은 지난해와 같이 경매입찰을 통해 곡물의 양으로 표시된 노동력의 가격을 결정한다. 경매인에 의해 이 노동시장은 청산되고, 최종 균형가격이 결정된다.

동시에 농민들이 내년의 파종을 위해 필요한 종자를 경매입찰하는 자본시장도 있다. 물론 기업농들은 자신들도 종자를 소유하고는 있지만, 어떠한 경우에는 자신이 소유하고 있는 양보다 많이 수요할 수 있는 것이며, 어떤 기업농들은 자기가 필요로 하는 양보다 소유하고 있는 양이 많을 수 있으며, 따라서 상호간 모자라고 남는 부분을 빌려줄 수 있는 것이다. 이때 빌리는 사람의 입장에서는 자신들이 생각하는 예상 이윤보다 이자가 높지 않다면 종자를 빌리는 것이 유리하다고 느낀다. 이것은 화폐가 존재하지 않는 경제에서 발생하는 가장 단순한 형태의 금융이라고 할 수 있다

---

21 중세 영국에서 곡물 등으로 세금을 지불한 후 받은 일종의 세금영수증이다. 나무에 지불 양을 각인한 후 반으로 갈라 각자 보관함으로써 위조를 방지했는데, 이 탤리 스틱은 양도가 가능해 세금 납입 증서로 사용되었다. —옮긴이 주

종자를 빌리는 농민들은 다음 해의 수확 시 합의된 양을 상환할 것을 약속한다. 그때 이자는 수요와 공급의 균형에 달려 있다. 곡물을 빌려주지 않고 단지 곡물 저장고에 저장하는 경우에는 아무런 추가 소득 없이 보관료를 지불해야 하므로 가급적 종자로 빌려주는 것이 유리함은 당연하다. 만약 종자에 대한 수요가 아주 작더라도 잉여 종자를 가지고 있는 사람의 입장에서는 보관료를 지불하기보다는 그 보관료로 지불하는 것보다 손해가 크지 않은 한 이자율이 마이너스라고 하더라도 종자를 빌려주는 것이 유리하다고 생각할 수도 있고, 반면 수요가 아주 많다면 이자율은 당연히 높게 형성될 것이다.

따라서 남아도는 종자는 모두 타인을 위해 공급될 것이고, 이 관계가(〈그림 2.7〉)상의 수직선으로 표시되어 있다. 이때 두 선이 만나는 점에서 수요와 (고정된) 공급이 일치하고, 그때 종자의 한계생산물에 의해 수익률이 결정된다. 이자율이 만약 그 수익률보다 높다면 마지막 종자 단위를 투자할 때 손해가 나므로 그 이자율에서는 아무도 종자를 빌리려고 하지 않을 것이다. 따라서 과잉공급이 생기고, 종자를 공급하는 사람들은 이자율을 내리려고 할 것이

〈그림 2.7〉 저축과 투자의 「균형」: 「고전학파」의 자본시장

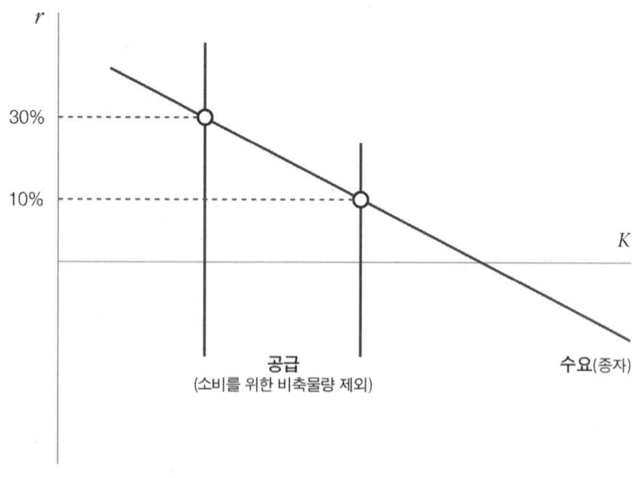

다. 반대로 이자율이 수익률보다 더 낮다면 과잉수요가 생길 것이고, 그렇다면 결국 다시 이자율은 올라갈 것이다. 따라서 이자율은 또한 양 곡선이 교차하는 점에서 형성된다.

이렇듯 어떤 지역 사회에 있어서 잉여 종자의 공급과 수요는 〈그림 2.7〉에서 볼 수 있는데, 만일 공급의 양이 적은 경우 이자율은 30%에서 형성되고, 공급하는 양이 많다면 10%에서 형성되고 시장은 청산된다. 예를 들어, 공급하는 양이 적어서 어떤 공급자가 31%의 이자율을 요구하는 경우에는 기업농들은 그 수준에서는 손해를 보게 되므로 그 공급자에 대한 수요는 사라질 것이고, 부득이 공급자는 이자율을 내려야만 할 것이며, 반대로 그가 29%의 이자율을 받겠다고 한다면 그 수준에서는 많은 기업농들이 모여들어서 경쟁적으로 이자율을 높이게 되므로, 결국 다시 30%에서 「균형이자율」이 결정된다는 것이다. 시장에서 형성되는 「균형이자율」은 양수가 되거나, 혹은 어떠한 경우에는 음수가 될 수도 있는 것이다.

5. 토지의 공급과 소득의 분배

노동 및 자본시장 외의 또 다른 시장, 즉 토지 시장을 고찰할 필요가 있다. 토지는 비옥도에 따라 여러 등급이 있다. 처음에는 비옥한 토지만 경작하다가 토지에 대한 수요가 증가할수록 점점 덜 비옥한 땅도 개간하게 된다. 이때 토지에서 발생하는 총소득은 이자율보다 높아야만 하고, 또한 생산에 투자된 자본에 대한 이윤율과 기업농 개인의 노동, 노력 및 위험에 대한 적절한 수익을 제공해야 한다. 그렇지 못한 토지는 그저 방치될 따름이다. 다양한 비옥도를 갖는 토지 중 간신히 그러한 이윤을 창출할 수 있는 토지를 한계토지라고 하는데, 그러한 한계토지보다 비옥한 토지를 경작하는 경우는 당연히 초과수익을 누리게 된다. 기업농 간 경쟁이 존재하는 한 누구나 다퉈서 비옥도가 높은 토지를 경작하려고 할 것이고, 그런 경우 토지를 소유하고 있는 지주는 지대라는 형태로 그에 대한 보상을 요구할 것인데, 결국 이러한 기업농 간 경쟁으로 인해 한계토지보다 비옥도가 높은 토지에서의 초과 수익은 지주의 몫이 되기 마련일 것이다. 즉, 노동과 자본처럼 지대를 결정하는 이론은 한계토지와 비교했을 때 상대적인 비옥도와 기업농 간의 경쟁에 달려 있다. 이때 한계토지에서의 지대는 거의 없게 된다.

〈그림 2.8〉의 세로축에는 경작지 면적당 지대(u), 그리고 가로축에는 경작지 면적(H)을 표시한다. 그때 토지는 그 비옥도의 순서에 따라 좌에서 우로 정렬시킨다고 하자. 필요한 경작지의 면적은 고용 수준에 따라 결정되는데, 그 이전에 쓸모없던 땅이라고 하더라도 그 땅 위에서 일하는 사람이 늘어나면 개간을 해 생산할 수 있기 때문이다. 가정상 그러한 방치된 땅이 충분하다고 하자. 전체 경작지의 크기는 고용에 의해 결정되고, 자본시장에서 동시에 결정되는 노동자 1인당 투하되는 종자가 주어졌을 때 고용은 노동시장에서 결정된다. 아래의 곡선에서 그 고용 수준하에서 필요한 경작지는 수평축과

〈그림 2.8〉 지대의 결정(토지 시장)

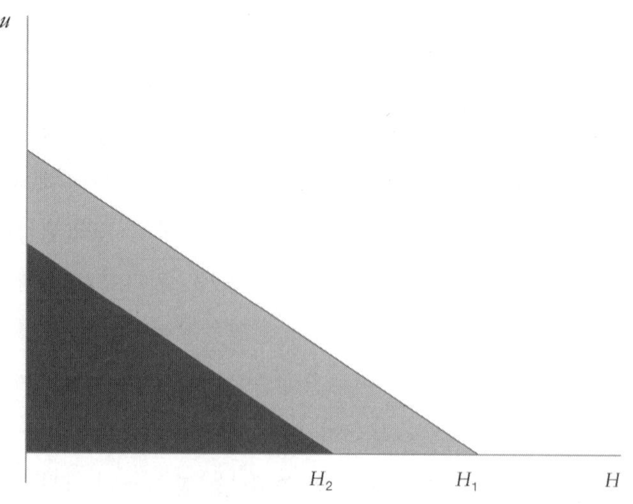

만나는 수준인 H_1이 된다. 만약 고용 수준이 떨어진다면 곡선이 이동해 기존의 H_1에서 H_2가 경작되는 토지이다. 만약 고용 수준이 증가한다면 이 곡선은 그에 따라 이동하게 된다. 한계 경작지는 더 우측으로 이동하게 된다. 그렇게 된다면 그 새로운 한계 경작지보다 비옥도가 우수한 토지는 과거에는 지대가 없었더라도 이제는 지대를 수취할 수 있게 되는 것이다. 어떠한 토지에서 발생하는 지대를 이 직선으로 나타내면 총 수취되는 지대는 회색 부분으로 표시된 삼각형의 면적이 될 것이다. 이러한 측면에서 봤을 때 지대라는 것은 한계 경작지에 비해 상대적으로 결정되는 것이다.

앞에서 이윤은 이미 시장에서 주어진 임금과 지대를 지불한 후 남는 잔액이라고 언급한 바 있다. 이것은 분명 개별 기업농의 경우에는 타당한 이야기라고 할 수 있다. 하지만 경제 전체를 살펴보면 지대라는 것은 다른 경제활동의 결과라는 의미에서 결정되는 변수이지 경제 활동을 결정하는 변수는 아니라는 것을 알 수 있다. 일단 농사를 지은 후 생산되는 수확은 정해져 있는데, 그 수확물 중 임금과 기업농의 노력에 대한 적정 보수를 제외하고 남는 부분은 지대와 이자로 지불되는 것이다. 그때 지대와 이윤의 배분은 자본시장에서 결정되는 시장이자율에 따라 달라지며 그것은 결국 저축 또는 절약하려는 의지에 달려 있다. 따라서 체계를 움직이는 인과관계는 대략 다음과 같다.

- 노동의 한계생산물은 고용 수준과 시장 임금을 결정한다.
- 자본(종자 곡물)의 한계생산물은 투자 수준과 시장이자율을 결정한다.
- 이 두 가지 요소는 경작할 토지의 양과 각 토지가 요구하는 지대를 결정한다.

이 모델을 경제정책에 대한 토론을 이해하는 첫 번째 연습으로 사용할 수 있다. 리카도와 맬서스는 '곡물법(Corn Law)'의 폐지 여부에 대해 논쟁했다. 이 법들은 곡물을 영국으로 수입하는 것을 막아서 점점 더 많은 한계토지를 경작함으로써 자국의 식량 수요를 충족시켜야 한다고 주장했는데, 그 결과 지주가 누리는 지대가 증가되었다. 이것은 〈그림 2.8〉에서 선이 H_2에서 H_1로 이동하는 것을 나타낸다. 반면 리카도는 '곡물법'을 폐지하면 저렴한 외국 곡물이 수입되어 곡물로 표시될 수 있는 노동자의 임금은 상승하게 되고, 따라서 영국 내에서 단위 면적당 생산되는 곡물에서 임금이 차지하는 몫이 늘어나며, 농업분야에 종사하는 노동자 수를 줄이는 효과가 있다고 봤다. 또한 종래 지주가 향유하던 지대가 줄어드는 결과를 초래하며 동시에 이렇게 농업에서 풀려나온 노동력이 산업에서 유용하게 활용된다고 주장했던 것이었다(물론 이러한 산업에의 영향에 대한 분석은 이 장에서 사용하고 있는 단순 모델로 설명하기는 불가능하다).

앞의 모델에서는 다수의 노동자, 기업농 및 지주 간 자유로운 경쟁을 가정했다. 노동자들은 노동시장에서 서로 경쟁하고, 기업농들은 자본시장에서 종자를 빌려주거나 빌리기 위해 경쟁할 수 있다. 지주들은 토지 시장에서 경쟁하는데, 그렇게 지대로 수취한 종자를 다시 대여함으로써 자본시장에서도 참여할 수 있다. 기업농은 이 세 종류의 시장 모두에서 경쟁하는데, 물론 자본

〈표 2.4〉 한계생산물에 의한 소득의 분배

1인당 임금	23
이자율과 이윤율(%)	30
총노동자의 수	14
노동자 1인당 종자 수	8
총 파종된 종자(투자)	112
총산출	700
순산출	588
분배	
임금=14×23	322
이자=30%×(322+112)	130
지대(받아들여야만 하는 부분)	46
이윤(남는 부분)	90
분배된 총산출	588

시장에서는 차입자이거나 혹은 대출자일 수도 있다. 생산의 기술적 조건과 함께 경쟁의 힘에 의해 생산, 생산의 분배, 고용, 투자 및 소비 수준을 결정하는 것이다.

〈표 2.4〉는 어떠한 단일 농장의 경우 앞에서 유추될 수 있는 소득분배를 나타낸다. 임금은 23말이고 30%가 이윤이다. 총 14명의 노동자가 고용되며, 112말의 종자 곡물이 파종되고(=8×14) 수확에서 예상되는 「총산출」은 700말이다. 이때 순산출 588말은(=700-112) 이미 보인 바와 같이 임금, 이자, 지대 및 이윤으로 나뉜다.

6. 「신고전학파」의 공헌

이제까지는 대략 1820년경 리카도가 제시한 「고전학파」 경제 이론을 다루었다. 이 이론은 19세기 후반 밀과 마셜을 포함한 소위 「신고전학파」 경제학자들이 더 발전시켰다. 그들은 지대 및 임금 분석에서 리카도가 성공적으로 채택한 한계의 원칙을 제러미 벤담(Jeremy Bentham)이 제안한 효용(utility) 개념과 접목시켰다. 지금까지 우리는 이용 가능한 노동량과 저축량이 고정되어 있다고 가정했다. 「신고전학파」 경제학자들은 이러한 공급량이 변할 수 있음을 보여 주었으며, 그에 따라 수요와 공급에 대한 이론을 확장시켰다.

곡물 모델로 다시 설명하자면 가장 큰 차이점은 〈그림 2.9〉와 〈그림 2.10〉에서 볼 수 있듯이 이전에는 고정되어 공급되는 노동력과 저축을 나타내는 수직선이 이제는 우 상향으로 기울어져 있게 되었다는 점이다. 이는 임금이 상승하면 노동자가 더 많이 노동을 제공하고, 이자율이 올라가면 사람들이 연간 소비를 줄여 더 많이 저축한다는 것을 의미한다. 반대로 임금이 너무 낮게 책정된다면 차라리 집에서 노는 것을 선호하며, 이자율이 너무 낮으면 사람들은 저축보다는 소비를 늘린다는 것을 의미한다. 그래서 대출은 줄어들게

〈그림 2.9〉「신고전학파」 노동시장

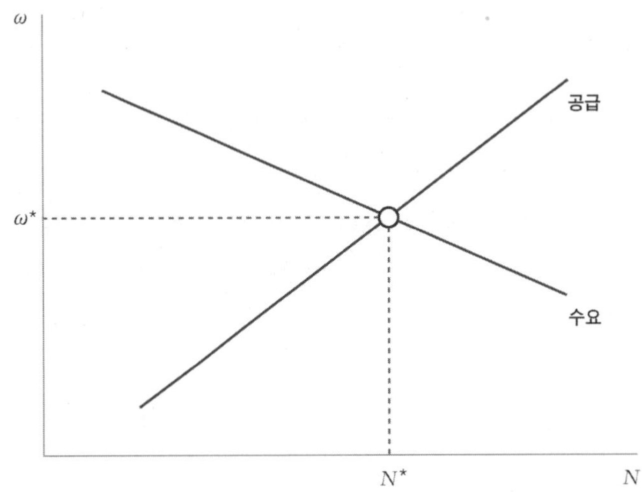

〈그림 2.10〉「신고전학파」 자본시장

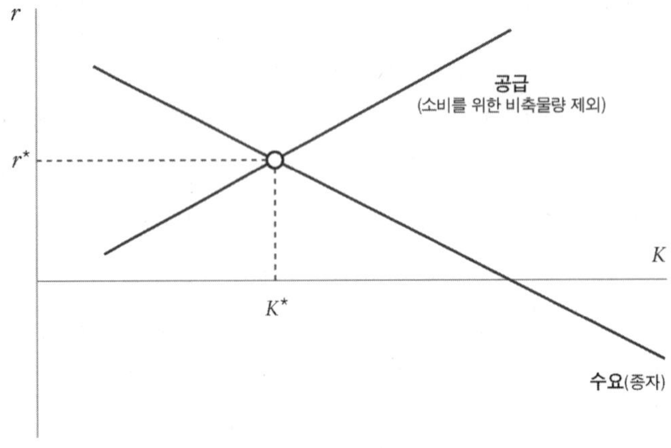

된다는 것이다.

결론적으로 「신고전학파」적 접근법은 「고전학파」 이론에 대해 한 가지 결정 변수를 추가로 도입한다(〈그림 2.9〉, 〈그림 2.10〉 참조). 노동의 경우 시장에서의 경쟁은 단순히 임금만을 결정하는 것이 아니라, 이제는 공급 가능한 노동량 또한 동시에 결정하게 되는 것이며, 마찬가지로 저축도 고정되어 있는 것이 아니고, 이자율 수준에 따라 공급 가능한 대출의 크기가 결정되는 것이며 이 모든 것의 배후에는 경쟁의 원칙이 작용하는 것이다. 각각의 경우 균형수량(N^*, K^*)은 균형가격(w^*, r^*)과 동시에 결정된다.

7. 「고전학파」 이론에서 화폐의 역할

지금까지 화폐에 대한 어떠한 언급도 하지 않았다. 즉, 지금까지 모든 것은 단순히 실물인 곡물로 표시되었던 것이다. 우리는 화폐를 전혀 사용하지 않고 「고전학파」의 가치론과 분배이론의 모든 핵심적 결과를 도출했다. 화폐는 화폐와 가격에 관한 이론에서 개별적으로 다루어 질 것인데, 이는 화폐수량은 평균 물가수준만을 결정하며, 실물 경제에 아무런 영향을 미치지 않는다는 것을 의미한다.

화폐와 가격에 대한 「고전학파」적인 이론을 설명하기 위해 먼저 수확 시 곡물 보관 영수증을 발행하는 대신 곡물 창고가 곡물을 화폐로 구입한다고 상상해 보자. 곡물 창고에서 영수증 1장을 발행하는 대신 곡물 창고는 kg당 1만 원에 곡물을 사서 농부의 계좌에 kg당 1만 원을 지불한다. (독점인) 곡물 창고는 중앙은행이라고 가정하자. 그런 다음 영수증을 가져오면 일정량의 곡물로 교환해 주는 제도 대신 화폐를 받고 1년 동안 곡물을 판매하는 곡물 창고를 상상해 보자.

곡물 창고에 있는 곡물의 화폐 가치가 은행 계좌의 가치와 일치한다면 영수증과 발행된 화폐 간 차이가 없다. 이때, 곡물가격은 안정적일 것이다. 사실, 곡물 창고가 자신이 발행한 화폐를 정해진 곡물과의 교환 비율로 고정시키면, 즉 '곡물' 본위 제도를 만든다면 둘 사이의 차이는 없는 것이다. 그런데 곡물 은행은 곡물을 구매할 뿐만 아니라 주정부에 화폐를 빌려줌으로써 화폐를 유통시킬 수 있다. 즉, 곡물 은행은 앞으로 화폐를 상환하는 계약에 근거해 사람들의 계좌로 화폐를 입금해 준다. 이를 통해 사람들은 당장 예금이 없다고 하더라도 곡물을 구입할 수 있다. 은행 계좌의 총화폐 가치는 이제 곡물 창고의 곡물 가치를 **초과할 수도 있다**.

만약 한 해 동안 모든 사람이 곡물을 구입하기 위해 화폐를 사용하려고 한다면 곡물이 충분하지 않거나 가격이 상승해 수요의 일부는 만족시킬 수 없다는 점을 알기는 어렵지 않다. 즉, 상품 수에 비해 그것을 구입하려는 화폐가 너무 많은 것이다. 그럼에도 불구하고 인플레이션은 생산 결정에 영향을 미치지 않는다. 인플레이션이 예상되는 경우에는 그 예상치는 임금 및 이자율을 계산할 때 고려된다. 인플레이션을 미리 예상하지 못한 경우에는 일회성으로 부의 재분배가 발생한다. 곡물 보유자, 특히 농민과 곡물 창고는 인플레이션으로 이익을 얻는데, 반면에 화폐 가치로 계약을 체결했던 노동자와 대출 기관은 그로 인한 손해를 볼 수 있다.

저자는 이제 케인스가 나중에 그의 '일반적인 이론'의 특별한 경우라고 생각한 「고전학파」 이론의 본질을 설명했다. 이러한 설명은 아주 단순화된 형태로 보이더라도 강력한 도구이다. 자유 기업은 생산의 기술적 조건 및 개인의 선호가 주어졌을 때 소득분배와 함께 생산, 고용, 투자 및 소비 수준을 결정한다. 주요 결과는 화폐를 참조하지 않고도 달성할 수 있다. 4장과 5장에서 고려할 좀 더 정교한 「고전학파」 모델에서는 금전적 변화는 「단기」 생산량과 가격에 영향을 줄 수 있다. 그럼에도 불구하고 「장기적」으로 화폐의 양의 변화는 가격, 즉 화폐의 가치에만 영향을 미칠 뿐이다. 「장기적」으로 화폐는 중립적이며 곡물만을 대상으로 한 분석 결과와 다름없는 것이다(「화폐의 중립성」). 가치 및 분배이론과 화폐와 가격 이론 사이의 이러한 구분은 전통적으로 「고전학파적 이분법」(classical dichotomy)이라고 불리는데, 케인스는 이에 대해 의문을 제기하는 것이다.

8. 세의 시장의 법칙

곡물 모델에서는 「순산출」에 대한 수요와 공급 사이에 차이가 없다. 이자율은 「순산출」을 투자와 소비로 배분하는 것은 결정하지만 전체 「순산출」에 대한 「총수요」에 영향을 끼치지는 못한다. 노동자들이 자신의 한계생산물과 동일한 수준의 임금을 받는다면 기업농들은 그 임금하에서 일을 할 수 있는 의지가 있는 모든 근로자를 고용하는 것이 항상 유리하다. 「고전학파」 경제학자들은 이러한 결론을 그대로 화폐경제에까지 적용시킨 것이다. 이의 배후에는 장 바티스트 세(Jean-Baptiste Say)가 주장한 시장의 법칙이 강력한 영향력을 발휘했다.

세는 시장 가치가 있는 어떠한 새로운 가치가 창출되면 그로 인해 상품의 추가 공급이 생기는 것뿐만 아니라 추가 「구매력」(purchasing power)도 동시에 창출한다고 지적했다. 그들이 생산한 새로운 상품을 판매하고 그 대가로 화폐를 취득하면 그 화폐는 결국 다른 사람이 생산한 상품을 구매하기 위해 지불된다는 것이다. 즉, 「구매력」과 공급이 같이 증가하므로 실업으로 이어지는 전체 수요의 부족이나 상품의 과잉공급을 두려워 할 필요가 없다. 간단히 말해 '공급은 자체 수요를 창출한다'.

그런데 어떠한 특정 유형의 재화에 한해서는 공급 과잉 상태일 수 있으므로 그 과잉공급된 생산물이 판매되기 위해서는 그 상품의 가격이 하락해야한다. 따라서 이미 이전에 생산되었던 제품의 가격은 하락할 수밖에 없는데, 새로 생산되는 제품들에 관해서는 시장이 조정되어 여전히 생산된 제품들의 가치와 「구매력」은 동일하게 회복될 것이다. 즉, 현재 존재하는 생산자들은 가격 하락으로 인해 소득이 감소하겠지만, 반면 이것은 다른 구매자들의 입장에서는 「구매력」이 더 커지는 것이며, 결국 「총구매력」은 여전히 공급에 비례해 증가한다. 화폐는 물론 지출되지 않고 장롱 속에 숨겨져 있을 수도 있지만, 이것은 소수의 구두쇠들에 한정되는 이야기일 뿐이고 사람들은 지출하기 위해 돈을 버는 것이고, 따라서 그렇게 번 돈은 소비에 사용되거나 혹은 투자를 위해 지출되기 마련이라는 것이다. 즉, 사람들이 시장에 재화와 용역을 공급했을 때 그렇게 공급된 재화와 용역은 결국 타인이 제공하는 재화나 용역과 교환되어 소비되거나, 혹은 그것들에 투자되는 것에 불과하다는 것이다. 이러한 「세의 법칙」이 작동하는 경로 중 소비의 경우에는 비교적 명확하다. 화폐소득이 소비에 지출된다면 그 소득을 번 사람은 다른 형태의 생산물과 교환한다고 말할 수 있다. 그런데 저축과 투자라는 관점에서는 상황이 그다지 명확하지 않다.

곡물 모델에서는 가계와 기업농이 각기 독립적으로 행동하더라도 저축과 투자의 형태는 물리적으로 동일한 곡물의 형태를 취한다. 가계 전체는 단지 곡물 형태로만 저축할 수 있거나 혹은 기업농에게 곡물을 빌려줄 수 있다. 반면, 화폐경제에서 사람들은 상품이 아닌 화폐의 형태로 저축하고 또 화폐의 형태로 타인에게 빌려준다. 화폐를 침대 아래에 숨겨 두지 않으면 은행에 예금이라는 형태로 또는 기업에 대출 또는 주식의 형태로 화폐를 빌려주어야 한다.

물론, 기업에 직접 빌려주는 가계는 거의 없지만 저축은 간접적으로 은행, 또는 연금 기금과 같은 다른 형태의 금융 중개 기관을 통해 자금을 필요로 하는 기업으로 가는 길을 찾게 된다. 따라서 저축은 항상 투자가 되고 「세의 법칙」이 여전히 관철되는 것이다.

9. 다음 장에서의 논의에 대한 개요: 케인스의 「고전학파」 이론 비판

이 같은 「고전학파」 혹은 「신고전학파」의 모든 이론은 매우 설득력 있는 것 같다. 새로운 투자와 생산 증가로 추가 수요가 발생한다는 것은 중요한 통찰력이다. 실제로 이것이 경제성장의 본질이다. 산업혁명 기간 동안 증기력을 이용해 섬유 가격을 낮추었고, 수공업 직조를 시장에서 사장시켰지만 총고용과 소득은 지속적으로 증가했다. 추가 공급은 수요 증가와 관련이 있다.

「세의 법칙」을 지탱하고 있는 논증이 가진 결함은 다소 미묘한 부분이 있기 때문에 케인스의 비판을 설명하고 이해시키기 위해서는 다소의 노력이 필요하다.

현재 우리는 「고전학파」 이론을 화폐를 이용한 경제에 적용시키려면 두 가지 암묵적인 가정이 필요하다는 점에 주목한다. 첫째, 이러한 적용을 위해서는 화폐경제에서도 저축(소비 결정)의 증가가 생산량과 고용을 감소시키지 않는다는 가정이 필요하다. 곡물 모델에서와 같이 순생산과 고용이 임금 협상에 의해 먼저 결정되고 순산출이 투자(저축)와 소비로 나뉘는 경우가 상정되어야만 한다. 둘째, 이러한 적용을 위해서는 화폐경제에서 저축이 증가하면 곡물 모델에서 곡물 종자의 대출에 대한 이자율로 인해 공급과 수요의 균형이 달성된 것처럼 화폐경제에서도 투자와 저축이 일치할 때까지 이자율이 떨어질 것이라고 가정해야 한다.

하지만 이 두 가지 가정은 화폐를 사용하는 경제에서는 유효하지 않다. 그리고 화폐의 양과 일반적인 물가수준이 「장기적」으로 실물 경제의 생산, 고용, 소비 및 투자 결정에 아무런 영향을 미치지 않는 「고전학파적 이분법」도 화폐경제에서는 더 이상 유효하지 않은 것이다. 이 같은 이유들은 4장에서 상세히 설명할 예정인데, 우선 다음의 3장에서 케인스는 화폐경제가 어떻게 작동한다고 분석했는지에 대해 설명하고자 한다.

3장

케인스의 『일반이론』

1. 들어가기

독자들은 어쩌면 지금까지의 서술이 다소 이상한 종류의 전기(傳記)라고 생각할 수도 있다. 2장에서는 케인스를 거의 언급하지 않았다. 이 장과 다음 장 또한 그의 생애 동안 일어난 어떤 사건도 언급하지 않을 것이다. 그의 저서 및 그의 생애에 발생했던 주요 역사적 사건과 그의 사상의 발전과의 연계성에 대해서는 5장과 6장에서 기술할 예정이다. 따라서 이 장은 순전히 케인스의 이론에 대해서만 논의할 것이며, 특히 1936년에 출판된 그의 경제 이론의 거의 완결판이라고 할 수 있는 대작 『일반이론』을 향해 가는 과정에서부터 이야기를 시작하겠다.

『일반이론』은 사실 그의 생애의 '위대한 업적'을 향하는 경로에서 두 번째 시도였다. 그에 앞서 몇 년 전인 1930년에 출판된 『화폐론(A Treatise on Money)』(CW 5, 6)이 그 첫 번째 집대성 격 대작이었다. 그런데 『화폐론』에서 케인스는 화폐를 「고전학파」 경제학의 가치론 및 분배이론과 융합시키려고 노력했으나 결국은 실패하고 말았다. 그 이유에 대해서는 이 책 5장에서 설명하겠다. 케인스는 '(「고전학파」 경제학으로부터 — 옮긴이) 탈출하기 위한 지난한 투쟁'에 대해 기술하면서 『화폐론』과 『일반이론』 사이의 연속성은 다른 사람들에게보다 자신에게 더 명확하게 보인다고 기술하고 있다(CW 7: xxi~xxiii). 케인스가 추구하던 지향점은 현재의 시점에서 뒤돌아봤을 때 명확히 보이고, 따라서 그가 겪었던 투쟁들에 있어서의 변곡점과 전환의 순간들은 이제는 비교적 수월하게 이해할 수 있을 것이다. 따라서 우리는 그곳에서부터 논의를 시작하고자 한다.

이 책 2장 첫머리에 인용한 『일반이론』 첫 장의 문구에서 케인스는 「고전학파」 경제 모델을 하나의 특수한 이론으로 포괄하는 일반적인 이론을 제시하고 있다고 자신 있게 밝히고 있다. 이 책의 목적은 「고전학파」 경제 이론을 뒤집었다고 하는 케인스의 주장을 현재의 학생들이 쉽게 이해해 그 진가를 느낄 수 있도록 케인스의 「고전학파」 경제학에 대한 비판을 가급적 알기 쉽게 다시 풀어 쓰는 것이다. 이 책에서 소개하는 『일반이론』을 읽는 방법은 현재의 많은 경제학 교과서에 나와 있는 것뿐만 아니라 많은 케인스 연구자들의 해석 방법과 어느 정도 차이가 있다.[1] 따라서 이 책이 케인스 자신이 저술한 바로 그 내용에 주목하면서 케인스와 「고전학파」 경제학 사이의 본질적인 차이를 밝혀내고, 케인스를 이해하는 데 큰 걸림돌로 버티고 있는 현재 존재하는 많은 비본질적인 논의를 지양할 수 있는 계기가 되기를 바라는 바이다.

이 장의 1절에서는 『일반이론』 3장의 제목이며 그 핵심을 이루는 「유효수요원리」에 대해 기술했다. 케인스의 사상의 핵심이 된 이 원칙의 의미는 오랜 세월 동안 불명료했다. 이러한 문제의 근원 중 어느 정도는 그의 「유효수

1 저자는 케인스의 사고를 정통적으로 계승하고 있다는 「포스트 케인지언」의 대표적 학술협회의 회장직을 다년간 수행했음에도 불구하고 기존의 많은 「포스트 케인지언」들의 해석과 다소 차이가 있다. 저자는 소위 「근본주의 케인지언」(fundamentalist Keynesian)이라고 불리며, 「칼레츠키언 케인지언」과는 일정 부분 시각 차이가 있다. —옮긴이 주

요」, 「기대소득」 그리고 소득이라는 개념의 정의(定義) 그 자체에 대한 이해가 올바르지 못함에 있다. 따라서 이 장의 2절에서는 다양한 재화를 생산하고 교환하는 경제에 있어서의 「기대소득」이라는 개념의 의의와 그것이 「시간」 및 화폐와 가지는 관계에 대해 설명한다.

이 장에서 설명하고자 하는 바는 「기대상태」라는 것은 「단기」(short-term), 「중기」(medium-term), 그리고 「장기」(long-term)로 구별되어야 하며, 그 각각은 노동자를 고용하는 「고용주」, 「중개상」(dealers),[2] 그리고 자본 설비의 투자자라는 세 가지 유형의 경제주체 간 구별과 대응한다는 것이다.

이 장의 4절과 5절에서는 수요가 「단기기대」에 어떻게 영향을 미치는지를 자세히 설명하고, 이후 그 유명한 「승수」(乘數, multiplier)를 소개한다. 「승수」는 그 개념이 회자되는 과정에서 많은 혼란을 야기해 왔기에 이번 기회에 그 의미를 명확히 하려고 한다.

「유효수요원리」의 의미를 명확히 정립한 후 이 장의 나머지 절들은 지속적으로 혼란을 야기해 온 세 가지 주요 문제를 다룰 것이다. 즉, 화폐임금과 실질임금 간 중요한 차이점, 화폐임금의 경직성의 이유와 그것이 불완전고용과는 무관하다는 점, 그리고 「단기기대」가 옳은지 여부 자체는 이 「유효수요원리」에서는 전혀 중요하지 않다는 점이다. 그런데 「유효수요원리」에 대한 올바른 이해는 4장에서 「세의 법칙」에 대한 비평과 그간 최대의 혼동을 야기해 온 저축과 화폐 사이의 관계에 대해 충분히 설명하기 위해 필수적인 요소이다.

---

2 이때 「중개상」이라 함은 생산자와 소비자 중간에서 생산자로부터 상품을 구입해 소비자에게 판매하는 자를 의미한다. 즉, 이 책의 논의상 가정은 소비자가 직접 생산자로부터 구매하지 않는다는 것이다. 좀 더 정확히 말하자면 이 책에서는 편의상 도매 및 소매 「중개상」을 하나의 범주로 가정하고 있다. 단순화를 위해 생산자는 이 「중개상」으로부터 선주문을 발주 받아 생산하고, 따라서 생산자는 생산과정에만 집중하고 시장의 위험으로부터는 자유롭다고 저자는 가정하고 있다. —옮긴이 주

2.「유효수요원리」

곡물 모델에서는 노동자가 그 한계생산물을 임금으로 받아들이는 한 항상 완전고용이 존재한다. 기업농은 모든 가용한 노동자들을 고용하는 것이 그 자신의 이윤을 극대화할 것으로 예상하기 때문이다. 가장 큰 질문은 경쟁적인 화폐경제에서도 완전고용이 곡물모델과 동일하게 자동적으로 이루어지는가 하는 것이다. 케인스의 대답은 **아니오**이며, 그 이유는「유효수요원리」에 근거한다.

「유효수요」라는 단어는 지난 250년간 경제학자에 따라 다양한 의미로 사용되어 왔다. 하지만 일견 통상적으로 느껴지는 바와는 달리 케인스에 있어서 그 용어는 독특하게 사용되고 있다. 우리가 '수요'라고 말할 때는 통상 구입이나 지출을 뜻한다. 일부 경제학자는「유효수요」를 명목수요(notional demand)와 구별하는데, 그들의 의미에서 '유효'라는 것은 지출하고자 하는 욕망 중「화폐의 구매력」에 의해 뒷받침되는 욕망만을 의미하는 것이다. 반면, 케인스가 사용하는 특수한 맥락에서「수요」라는 것은 **지출 자체가 아니라 상품을 판매할 때「기대」되는 소득**을 의미한다.

이때「유효수요」란「고용주」 전체가 **자신들에게 이윤을 최대화할 수 있다고 생각되는** 고용 수준(즉, 그 고용으로 인한 생산 수준 — 옮긴이)하에서 발생할 것으로 예상되는「고용주」의「기대소득」 수준을 의미한다. 케인스의 중요한 통찰은 이러한「기대소득」은 고용 수준에 의존하고 있으며, 이때 인과관계는「기대소득」에서 고용으로, 그리고 고용에서「기대소득」의 양방향으로 모두 작동된다는 것이다. 이때, 첫 번째 인과관계, 즉「**기대소득」이 주어졌을 때** 고용을 결정하는 함수를「총공급함수」(aggregate supply function)라고 부르고,[3] [4]

---

3 독자들은 용어상 다소 혼돈스럽게 느낄 수 있지만, 케인스는 이때 일정 노동을 고용해 생산했을 때 그 생산물의 가격의 총합을「총공급가격」(the aggregate supply price)이라고 정의했

두 번째 인과관계, 즉 어떠한 **주어진 고용 수준에서** 그로부터의 「기대소득」을 결정하는 함수를 「총수요함수」(aggregate demand function)라고 부른다.[5]

다. 이 개념은 생산물이 최종 수요되었는지 여부와는 관계가 없다. ―옮긴이 주

4 독자는 용어의 사용에 각별히 주의하기 바란다. 기업은 자기의 미래 소득 예상에 따라 그에 기술적으로 가장 적절한 노동자 수를 계산할 수 있다(물론 이때 현행 임금 수준도 고려해야 한다). 예를 들어 내년 소득이 100억 원이라고 하면 필요한 노동자는 100명을 고용하고 예상 소득이 200억 원이라고 하면 그때는 150명을 고용하는 등의 일련의 생산 및 사업 계획안을 가질 수 있다. 이러한 기업의 계획을 경제 전체 수준에서 합산하면 예를 들어 경제 전체 기업의 예상소득이 100조 원이면 고용되는 노동자는 100만 명이고, 전체 예상소득이 150조 원이면 150만 명을 고용하는 등의 가상 함수가 도출될 수 있다는 것이다. 물론 이러한 추상화의 작업에는 여러 가지 곤란한 경우가 생길 수 있다. 예를 들어, 고급 전문직 노동자와 단순 노동자의 숫자를 어떻게 공통분모로 환원할 것인가 하는 등의 문제다. 이러한 각종 문제는 이 책의 수준을 넘는 것이기 때문에 논의를 생략하고자 한다. 이는 마르크스의 노동가치론(labor theory of value)상에서 어떻게 노동을 공통분모로 환산할 것인가 하는 문제와 동일한 과제이다. 관심 있는 독자들은 빅토리아 칙(Victoria Chick, 1983: 68~70)을 참고하라. ―옮긴이 주

5 마찬가지로 정의에 각별한 주의가 필요하다. 이때의 「기대소득」이라 함은 전체 고용된 노동자들로 인해 발생하는 총소득을 「고용주」가 예상한다는 의미이다. 하지만 이는 노동자 자신이 벌어들이는 돈에서 소비재로 지출함으로써 「고용주」에게 발생하는 소득만을 의미하는 것이 아니다. 이에는 그 노동자들의 소비지출, 그리고 그 노동자들의 생산활동으로 인해 파생되는 각종 직업을 가진 사람들의 소비(이발사, 식당 주인 등), 그리고 투자를 위한 지출 및 정부 부문 지출 등에서 야기되는 모든 소득을 합할 수 있을 것이다. 최악의 경우 국민의 90%가 실업 상태이고 10%만 고용되어 있다고 하더라도 100%가 고용된 상태에 비해 「고용주」가 예상하는 소득이 단지 10%에 불과한 것은 아니다. 왜냐하면 그럼에도 불구하고 생존을 위해서는 어떠한 방식으로든 나머지 90% 실업자들도 소비는 해야 하며, 정부 부문 지출도 존재할 것이며, 또 어떤 경우에는 투자의 경우도 있을 수 있기 때문이다. 그런데 문자 그대로 기업은 이러한 고용 수준만을 보고 그에 입각해 「고용주」가 벌어들이는 소득을 예상한다는 것이라고 해석할 필요는 없다. 기업은 경기에 대한 '감'을 바탕으로 예상하는 것이지 굳이 고용 지표 하나에만 의거해 예상하지는 않기 때문이다. 케인스는 그러한 '감'과 「고용주」의 수가 어떠한 강한 상관관계가 있다고 상정한 것이고, 명시적으로 고용을 변수로 도입한 이유는 그 고용이라는 것의 중요성 때문이다. 중요한 점은 인과관계의 방향인데, 이때는 고용에서 기업의 예상소득으로 인과관계의 방향이 설정되어 있다(물론 고용과 무관하게 발생하는 수요에서 창출되는 예상소득도 존재한다. 예를 들면, 정부 지출이나 혹은 지주 등의 소비 등). 참고로 케인스가 주장한 바에 따르면 「노동단위」의 사용도 이와 밀접히 연관되어 있다. 3장 각주 30 및 부록 2의 논의를 참고하라.

[고급] 참고로, 이 「총수요함수」의 정의에 대해 「포스트 케인지언」 내부에서도 이견이 존재하는데, 예를 들어, 데이빗슨이나 로이 웨인트롭(Roy Weintraub)같은 학자들은 그 예상을 하

수학적으로 볼 때 이 두 종류의 함수는 곡물경제 모델에서 사용한 수요와 공급의 두 함수가 연립 방정식을 구성해 해를 찾는 것과 유사한 원리라고 생각하면 된다. 즉, 「유효수요」는 앞의 두 방정식을 동시에 충족시키는 점에서 결정된다. 그래프로 말하자면 「유효수요」는 「총공급함수」와 「총수요함수」의 교차점이다.

〈그림 3.1〉은 일반적으로 Z-도표(Z diagram)라고 불린다. 일반적인 수요 및 공급의 그림에서는 수직축과 수평축이 각각 **상품의 양**과 상품의 해당 가격을 나타내고, 기울기가 양인 공급곡선과 기울기가 음인 수요곡선을 갖는다. 하지만 이 곡선은 그러한 일반적인 수요 및 공급곡선과는 상이하다. 첫째, Z-도표에서 수직축은 「기대소득」이고 수평축은 고용의 수를 표시한다. 둘째, 두 곡선 모두 양의 기울기를 갖는다. 그런데 「총공급함수」가 「총수요함수」보다 기울기가 가파르기 때문에 두 곡선은 교차한다.[6]

는 주체를 '기업'이 아니라 일반 경제주체로 본 것이다. 하지만 이 같은 견해는 케인스 『일반이론』의 내용과는 상충되는 것이다. —옮긴이 주

6 저자는 이 두 곡선의 형태에 대한 자세한 언급은 생략했다. 독자의 편의를 위해 설명하자면 다음과 같다. 일단, 이 곡선은 케인스의 『일반이론』에는 등장하지 않는다. 따라서 케인스의 『일반이론』에는 그 곡선의 형태에 대한 언급이 없고, 소위 Z-도표를 처음 도입한 사람은 웨인트롭이다. 『일반이론』에는 단지 어떤 주어진 고용 수준에서 기업의 「기대소득」(expected proceeds)이 「공급가격」(supply price)보다 크면 기업은 고용과 생산을 늘려 「기대소득」을 달성하려는 동기를 가질 것이고, 그 반대의 경우에는 고용을 줄이고 생산을 줄이려고 할 것이며, 결국은 양자가 일치할 것이라고만 설명하고 있다(CW 7: 25).
[고급] 이 두 함수의 기울기는 다음과 같이 직관적으로 이해할 수 있다. 일단 「총공급함수」의 경우, 「기대소득」을 맞추도록 공급을 늘리기 위해서는 노동을 더 고용해야 한다. 따라서 기울기는 양이다. 「기대소득」이 거의 없는 경우는 생산이 없기 때문에 노동자의 수는 극소화될 것이다. 따라서 그 곡선의 출발점은 원점 부근일 것이다. 이 곡선의 기울기에 대해서는 저자는 그 기울기가 점점 더 가파르게 변하는 것을 상정했다. 그 이유는 한계수확체감의 법칙이 작용하는 한 고용이 늘어나면 노동자 1인당 생산성은 저하될 것이고, 그럼에도 불구하고 임금이 저하되지 않는다면 「고용주」가 이익을 보전하기 위해서는 「공급가격」이 더 높아져야만 한다는 것을 의미한다. 하지만 이 기울기의 형태에 대해서는 학자마다 다양한 이견이 존재한다. 그에 대한 상세한 논의는 이 책의 범위를 넘어서므로 생략하기로 한다(수식을 동반한 좀 더 자세한 설명은 3장 각주 6 및 8을 참고하라). 단 케인스는 기울기에 대한 언급을 하지 않았

〈그림 3.1〉 유효수요의 결정: Z-도표

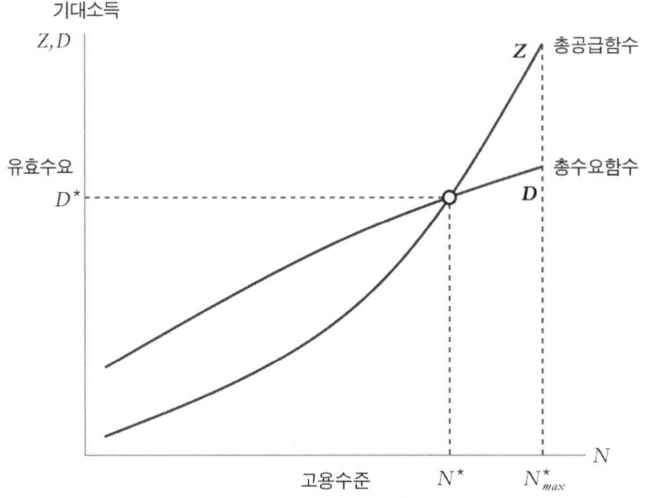

케인스는 「총공급곡선」에 있어서의 「기대소득」을 Z, 「총수요곡선」의 「기대소득」을 D, 그리고 고용을 N으로 표기하고 있다. D와 Z와의 교차점은 「유효수요」에 해당하며, 이를 D^*라는 기호로 나타낸다. 이때 별표 모양(*)은 균형값을 나타낸다. 이는 「고용주」들을 **총체적으로 봤을 때** 그들이 실질적으로 실현하고자 하는 「총수요」 수준인데, 왜냐하면 **그 수준의 수요를 충족시키기**

다는 점만 기억하자. 「총수요함수」의 경우 기울기는 평평해지는데, 가장 큰 이유는 고용으로 인한 소득이 증가한다고 하더라도 모두가 지출되는 것이 아니기 때문이다. 즉, 월 소득이 100만 원인 경우는 10만 원의 소득이 늘었을 때 그 모두를 생계를 위해 전액 지출하지만, 월 소득이 1000만 원인 경우에는 100만 원 추가 소득이 생기면, 예를 들어 그 반만 소비할 수 있는 것이다. 경제 전체로 봤을 때 고용이 늘어난다는 것은 '단순 임노동자'의 수만 늘어나는 것이 아니고, 고소득 노동자의 수도 늘어나는 것이고 따라서 그 늘어난 소득이 전부 지출되는 것은 아니다. 또한 전술한 바와 같이 대규모 실업이 발생한다고 하더라도 그 실업자 또한 소비를 하는 한에서만 생존할 수 있기 때문에 (기존의 저축을 사용하든지 아니면 구호자금을 수령하든지) 그 곡선과 수직축이 만나는 절편은 원점이 아니라 양수이다. —옮긴이 주

위해 생산하는 것이 가장 이윤이 크다고 그들은 생각하기 때문이다. 「포스트 케인지언」인 칙은 이는 동시에 「유효공급」(effective supply)으로 명명될 수도 있다고 했다. 왜냐하면 "그것은 실제로 공급되는 산출을 가리키는 것인데, 일반적으로는 **그만큼이 정말로 수요된다는 보장은 없기 때문**"이다(Chick, 1983: 65).[7] 이에 대응하는 균형 고용 수준은 N^*이라는 기호를 이용하기로 하자.

곡물경제 모델에서는 「총수요곡선」과 「총공급곡선」이 정확히 한 선으로 일치한다. 모든 생산물은 일단 창고로 집결된다. 「총수요곡선」과의 비교를 위해 별도의 「총공급곡선」은 그릴 필요가 없다.[8][9] 기업농은 이용 가능한 모

---

7 칙에서 인용한 문장의 바로 앞 문장은 "이 「유효수요」라는 용어는 사실 유감스러운(unfortunate) 표현이다"라고 되어 있다. 중요한 점은 이때 「유효수요」라는 것은 '사전적(*ex ante*)'인 수요이지 '실제의(*de facto*)' 수요가 아니라는 것이고, 언제든지 그 예상이 좌절될 수 있는 것이다. ―옮긴이 주

8 곡물경제 모델에서 「총공급곡선」을 그리기 위한 요소는 〈표 2.2〉에 나타나 있다. 곡물의 말 단위로 표시된 「기대소득」은 〈표 2.2〉 두 번째 열에 나타난다. 그러나 케인스의 Z 함수는 화폐 또는 「임금단위」(wage unit)(「표준노동단위」당 화폐임금)로 측정된다. 즉, 「임금단위」는 (추상화된 표준 ― 옮긴이) 「노동단위」당 화폐임금으로 표시된다. 곡물의 말 단위로 표현된 예상소득을 노동의 한계생산물로 나누면, Z에 상당하는 값을 그 「노동단위」로 표시할 수 있다. [〈표 2.2〉의 첫 번째 행에서 순산출은 540말, 노동의 한계생산물(=임금)은 28말의 곡물이다. 즉, 「표준노동」(standard labour) 1단위당 28말의 가치가 있으므로, 이 540말의 「순산출」을 「표준노동단위」로 환산하면 540말/28말=19「표준노동단위」가 된다. ―옮긴이] 일반적으로 Z는 노동이 늘어남에 따라 기울기가 가파르게 되는 경향이 있다. 〈표 2.2〉에서는 「기대소득」은 19(=540/28)「노동단위」와 같은 크기가 되어야 12명의 노동자(=「노동단위」)를 고용할 수 있는 것이고, 26(=588/23)「노동단위」가 되어야지만 14명의 노동자를 고용하며, 50(=600/12)「노동단위」가 되어야 15명의 노동자를 고용할 수 있는 것이다. 이에 관한 유용한 설명은 Hartwig(2017)를 참고하라.

[고급] 경제학 원론 수준의 지식이 있는 독자들을 위해 정리하면 다음과 같다. W는 명목 임금, P는 물가수준, y는 생산물의 수량, MP_N은 노동의 한계생산물, $AP_N = \frac{y}{N}$로 1인당 평균 생산성으로 표시하기로 하자. 「고용주」가 한계생산성만큼 실질임금을 지급한다고 가정하면, 이때 $\frac{W}{P} = MP_N$이 성립한다. 따라서 이를 다시 정리하면 $\frac{W}{MP_N} = P \Leftrightarrow \frac{y \cdot W}{MP_N} = P \cdot y$가 된다. 이때 우변 $P \cdot y$는 「총공급가격」이다. 좌변을 다시 정리하면, $\frac{y \cdot W}{MP_N} = \frac{y}{N}\frac{N \cdot W}{MP_N} = \frac{AP_N}{MP_N} N \cdot W$이다. 즉 「공급가격」 $P \cdot y = \left(\frac{AP_N}{MP_N} \cdot W\right) N$이 성립되고, 이때 기울기는 당연히 $\left(\frac{AP_N}{MP_N} \cdot W\right)$이다. 한계수확체감의 법칙이 적용되는 경우, 일반적으로 평균 생산성 AP_N보다 한계 생산성

든 노동자를 그 한계생산물과 동일한 임금 수준으로 고용하는 것이 가장 유익하다고 생각하고 있으므로, (선택된) 균형 고용 수준은 완전고용을 달성한다(〈그림 3.1〉의 *Nmax*로 표시된 고용 수준). 바꿔 말하면 이용 가능한 모든 노동자를 시장 임금으로 고용함으로써 기업농은 자신을 포함한 「총기대소득」을 극대화하는 것이다. 그런데 이러한 곡물경제와는 대조적으로 **화폐경제**에 있어서의 「유효수요원리」는 「고용주」의 입장에서는 사회적으로 이용 가능한 노동자의 수를 밑도는 수준의 고용을 하는 것이 오히려 이윤을 가장 극대화할 수 있다고 생각해 **일부 노동자를 비자발적실업 상태로 방치할 가능성도 있다**는 것을 시사한다.

이때, 실업은 **비자발적**인 것이다. 왜냐하면 이때 노동자가 한계생산물과 동등하거나 그 이하의 임금으로 일하는 것을 원하더라도 「고용주」는 **노동자를 고용하는 것이 유익하다고 생각하지 않기 때문이다**. 곡물 모델의 완전고용이 「균형상태」인 것과 마찬가지로 **이러한 실업 상태도 역시 「균형상태」이다.** 「고용주」는 그것이 가장 이윤을 극대화하는 것으로 예상하고 있고, **다른 수준의 고용을 제공할 어떠한 동기도 없기 때문에,** 그러한 비자발적 실업이 존재하는 고용 수준도 「고용주」에 의해 선택된 균형 고용 수준인 것이다.

이러한 「유효수요원리」를 염두에 두면 우리가 이미 인용한 『일반이론』 1장의 문구에서 생략한 부분을 이해할 수 있다. 즉, "나는 「고전학파」 경제 이

MP_N이 급격히 떨어지게 된다. 따라서 $\frac{AP_N}{MP_N}$의 숫자는 점차 커지게 된다. 이는 총수요곡선의 기울기가 점점 가파르게 됨을 의미하는 것이다(물론, 명목임금 W는 고정되어 있거나, 혹은 급격하게 하락해 기울기의 증가를 상쇄하지 않는다는 가정하에서 성립된다). 이러한 해석에 기반하는 경우 〈그림 3.1〉과 같은 형태의 「총공급함수」 Z의 곡선을 그릴 수 있다. 혹은 규모에 따른 수익불변(constant returns to scale)의 경우에는 $\frac{AP_N}{MP_N} = 1$이 되므로, 「공급가격」 $P \cdot y = W \cdot N$이 되고, W가 변하지 않는 한 「총공급함수」 Z는 직선이 된다[이상의 논의는 칙(Chick, 1983: 66)에 근거한다] ―옮긴이 주

9 케인스의 「임금단위」와 「노동단위」에 대한 좀 더 자세한 설명은 3장 부록 2를 참고하라. ―옮긴이 주

론에서 주장하는 명제들은 특수한 경우에만 적용될 수 있을 뿐 일반적(보편적)인 경우에는 적용되지 않음을 주장한다. 그러한 「고전학파」 경제학이 상정하는 상황은 단지 모든 가능한 균형점 중 극도로 제약적인 하나의 균형점인 것에 불과하다"(CW 7: 3). 〈그림 3.1〉의 경우 이 같은 특수한 경우는 균형이 *Nmax*에서 달성되는 경우인데, 일반적인 경우는 *Z*가 *D*와 교차하는 균형 고용 수준은 **어느 고용 수준이고 가능하다**.

3. 소득: 핵심적임에도 불구하고 아주 교묘한 개념

일보 전진하기 위해서는 그리고 케인스의 이론에 대한 다양한 해석과 비판을 이해하기 위해서는 「기대소득」이라는 개념을 먼저 다루어야만 한다. 케인스의 사상을 둘러싼 혼란은 케인스에 있어서는 「순산출」이 우선 **화폐 가치**로 환산되고 그에 근거해 소득이라는 개념이 정의되고 있음에 대한 의미와 그 중요도를 이해하지 못함에 기인하고 있음을 거듭 강조하고 싶다. 이는 경제학 교육 과정의 실패라고 간주할 수밖에 없다. 대부분의 경제학자는 수식적 모델을 너무도 사랑하는 수학자들이다. 그렇지만 회계학에 대해 제대로 훈련된 사람이나 혹은 회계학을 심각하게 생각하는 사람은 아주 드물다. 반면 케인스는 『일반이론』에서 이 문제에 총 49쪽, 즉 책 전체의 1/8에 상당하는 분량을 할애하고 있다는 점을 주목하자(CW 7: II).

우리의 곡물경제 모델에서 소득은 단순히 물량으로 측정된 「순산출」이며, 말 또는 톤으로 측정된다. 「순산출」은 총수확량에서 이미 종자로 심어진 곡물만큼을 다음 해를 위한 종자 물량만큼 공제한 후 남는 물량이다. 이러한 단순한 곡물 모델에서는 여러 기업농과 노동자의 소득을 다 포괄하고 합계해 곡물이라는 단위로 국민소득의 척도를 만드는 데 아무런 어려움이 없다. 하지만 현실 세계에서는 다양한 종류의 재화나 서비스가 존재한다. 그렇다면 소득은 어떻게 측정할 수 있을까? 예를 들어, 한 기업농은 1대의 트랙터와 1톤의 디젤, 그리고 0.5톤의 곡물 종자를 가지고 농사를 시작한다. 1년 뒤 수확을 마치면 그에게는 조금 더 닳은 트랙터 1대, 디젤 1/2톤, 곡물 7톤, 짚 5톤이 남게 된다. 그의 「순산출」은 얼마나 될까? 각 종류의 재화에 어떠한 가격을 책정하고 따라서 소득을 **화폐의 합계**로 계산하지 않고서는 답은 없다.

고도의 수학을 이용하고 있는 「일반균형모형」을 이용한 「고전학파」는 재화의 다양성은 인식하고 있지만, 이들의 이론은 필연적으로 완전고용을 전제로 하고 있다. 그들처럼 세련되지 않았지만 좀 더 실용적인 「고전학파」 모델에서는 실질소득(real Income)을 나타내는 수치로 대문자 *Y*라는 기호를 사용하지만 이 *Y*는 우리가 직접 관찰하고 측정할 수 있는 어떤 물리적인 모습을 갖고 있지 않다. **이러한 단순화는 절대로 무해한 것이 아니다. 「순산출」을 *Y*라고 쓰는 것은 부지불식간에 곡물경제 모델을 상정하고 있는 것이다.**

물론 실물 생산량과 직접 연계되어 있음에도 불구하고 소득은 본질적으로 **화폐적인 개념**이다. 오로지 곡물경제 모델에서만 소득은 물리적으로 단일한 양적 수치로 직접 측정할 수 있다. 이러한 사실의 중요성에 대해 케인스가 다음과 같은 비유를 통해 강조했다는 사실을 기억해야만 한다.

> 어떠한 다양하고 잡다한 대상들을 모아 놓은 서로 비교하기 힘든 두 집단은 그 자체로는 계량적 분석을 하기 위한 질료로 사용될 수 없다. 하지만 엄밀한 계산이 아니라도 어떠한 광범위한 판단 요소에 의거해 일정 범위 내에서 유의성과 타당성을 가질 수 있는 대략적인 통계적 비교(statistical comparisons)[10]는 할 수 있다.

---

10 자칫 의아하게 여길 수 있는 대목이다. 그런데 케인스에 있어서 통계적 기법의 출발점인 확률이라는 것은 우리가 흔히 생각할 수 있는, 예를 들어 70%, 80% 등의 확률과 같은 수량화된 것만을 의미하는 것이 아니고, 그에 있어서 그러한 수량화될 수 있는 확률은 아주 작은 부분이다. 그러한 수치 없이 비교만 가능한 확률이 존재하고, 또한 비교라는 것도 '직접' 비교가 가능하지 않은 경우도 많고, 확률이라는 것이 존재하지 않는 경우는 더 많다. 참고로 케인스는 경

10년 전 혹은 1년 전에 비해 오늘날의 「순산출」은 크지만 물가수준은 낮다는 등의 명제는 '빅토리아 여왕은 엘리자베스 여왕보다 더 나은 여왕이었지만 더 행복한 여성은 아니었다'라는 명제와 그 성격 면에서 유사한 것이라고 할 수 있다. 이 명제는 물론 어떤 의미는 가지고 있고, 관심을 가질만한 것이다. 그럼에도 불구하고 이 명제에 미분법(差分法, differential calculus)을 적용하는 것은 적합하지 않다. 만일 우리가 부분적으로 아주 모호하고, 비계량적인 개념들을 계량 분석을 위한 기초로 사용한다면 우리가 말하는 정확함이라는 것은 사이비 정확함에 지나지 않는 것이다 (CW 7: 39~40).

그들의 「고용주」가 노동자에게 생산한 상품이나 용역이 아니라 화폐로 임금을 지급해야 하기 때문에 화폐는 생산에 있어서 가장 핵심적인 역할을 수행한다. 노동자는 곡물은 먹을 수 있지만 볼 베어링(Ball Bearing)은 먹을 수 없다. 화폐가 있어야 그들이 생산하는 것을 살 수 있다. **화폐는 베일(veil)이 아니다**. 거래는 단지 물리적인 양으로 흥정되고, 화폐는 단지 그 외피(外皮)에 불과한 것이 아니라는 것이다. 노동자는 필연적으로 화폐 금액을 가지고 임금 협상을 하는 것이지 실질임금을 놓고 협상하는 것이 아니다. 실질임금이라는 것은 화폐임금을 일정한 상품 바스켓으로 구성된 어떠한 인덱스로 나눈 결과에 불과하다. 「고용주」 또한 화폐소득, 즉 「순산출」의 '화폐 가치'로 계산하는 것이지 「순산출」 그 자체로 계산하는 것은 아니다.

「시간」이라는 요소에 의해 다음과 같은 세 가지 종류의 복잡성이 발생한다. 첫째, 곡물경제 모델조차 기업농은 파종하고 노동자를 고용하기로 한 시점에서는 연말의 수확량을 정확히 알 수 없다. 농사는 각종 병충해와 기후의

제학자가 되기 전에 이미 현대 확률론의 기초를 수립한 통계학자였고, 또한 철학자였다. O'Donnell(1989)은 케인스의 철학, 『확률론』, 그리고 경제학과의 연관성에 대해 분석한 아주 훌륭한 안내서이다. —옮긴이 주

영향을 받을 수도 있다. 고용은 항상 「기대소득」의 영향을 받기 마련이다. 물론, 곡물경제 모델에서는 「기대소득」을 화폐 단위로 고려할 필요가 없기에 그 「불확실성」의 영향이 실제 경제에 비해 덜한 것은 사실이기는 하다.

수확이 끝나면 기업농은 그 한 해의 실제 실현소득을 계산할 수 있다. 이 소득은 당초 예상을 웃돌거나 혹은 실망스러운 수준일 수도 있다. 하지만 내년 농사의 결정은 현재에 가지는 내년의 「기대소득」에만 의존하게 된다. 이러한 「기대」는 축적된 경험에 비춰 수정될 수 있지만, 그럼에도 불구하고 내년에 「기대」되는 소득은 적어도 개념적으로는 그 전년도의 실현소득과는 전혀 다른 것이라는 점은 변함이 없다.

둘째, 곡물경제 모델에서는 단일 품목만 생산할 뿐 아니라 그 생산과정도 단일하다. 그리고 그 「생산기간」(the period of production)은 1년으로 가정되어 있다. 투입 및 산출을 산정하는 모든 계산의 단위는 1년이다. 그런데 만일 다양한 종류의 생산물을 산정하는 경우, 그리고 각 생산물이 서로 상이한 생산과정을 갖는 경우 상황은 복잡해진다. 빵, 자전거, 컴퓨터 등은 그 생산기간이 서로 상이하다. 이에 더해 제품을 생산하는 새로운 생산과정은 매일 개발되고 있으며 그 생산기간은 모두 다르다. 또한 한 생산물이 다른 제품의 재료로 투입되는 경우, 서로 상이한 두 가지 생산과정이 서로 겹치는 경우도 존재한다. 어느 특정일에 대부분의 노동자는 기존에 진행되던 작업을 어떤 특정 설비를 이용해 작업한다. 각자는 한 작업을 단기간에 완성하고, 그 동일한 작업을 계속 반복한다. 통상 그러한 단기간의 개별 작업들이 계속 연속된다. 하루가 끝나더라도 완성품이 나오는 것이 아니고, 단지 제품은 아직 생산 중인 경우가 많다. 각 생산 공정의 최종 과정에 배치된 노동자만이 매일 완성품을 생산하고 있으며, 이 완성품이라는 것은 지난 며칠 동안 다른 노동자들이 하던 작업에 기반해 생산되는 것이다.

셋째, 당신이 슈퍼에 들어가서 선반에서 무엇인가를 집어 구매할 때 당신의 지출 전체가 그 소매업자의 이윤으로 모두 실현되는 것은 아니다. 일단 그것은 그 소매업자가 갖고 있는 재고를 줄이는 것이다. 그리고 슈퍼에서 사과를 살 때 사과를 위해 지불된 가격은 그 슈퍼에 설치된 기타 시설들을 소모시키는 것에 대한 보상도 포함되어 있다. 예를 들면 문을 열고 슈퍼에 들어갈 때 그 문을 마모시키는 것이다.

곡물경제 모델에서는 1년이라는 정해진 기간 중 생산과정 중에 투입된 노동력, 토지, 그리고 기타 종자로 소진된 자본재 등의 각종 투입과 최종 완성된 생산물과의 관계는 뚜렷하게 나타난다. 하지만 그러한 정해진 기간 동안의 직접적이고 명확한 관계는 현실에서는 존재하지 않는다. 생산이라는 것은 단순히 최종 생산물을 소비자나 다른 기업에 직접 제공하는 것에 국한되는 것이 아니다. 그에는 원재료, 가공품, 그리고 재고로 존재하는 완성품 등 각기 다른 기간에 생산된 다양한 원료가 존재한다. 경제 전체로서는 단일「생산기간」이라는 것은 존재하지 않는다. 물론 경제 전체의 순생산물을 어떠한 일정 기간 동안 그 당시의 화폐 가치로 평가하는 것은 가능하며, 그 기간의 소득을 측정하는 것은 가능하다. 하지만 이때 실현소득은「고용주」가 노동자를 고용하고 새로운 자본재를 설치해 생산을 시작했을 때 충분한 동기 부여를 했던 그의「기대소득」과는 괴리가 존재하기 마련이다.

다음의 〈표 3.1〉은 이 점을 개별 제품에 적용해 설명하고 있다. 이 예에서 생산기간은 주문일로부터 7일간이며, 이 기간의 처음 2일간은 생산의 조직화에 소비된다. 임금은 작업이 진행될 때마다 매일 지급된다. 최종 판매와 이윤은 7일차에 이루어진다. 총매출 금액은 500원인데, 이는 생산을 위해 소모된 원재료 및 자본의 감가상각 등을 포함하는「사용자비용」[11] 130원과 노동자와「고용주」의 소득의 합인 370원으로 이루어져 있다. 소득은 150원의 이윤과 220원의 임금으로 나뉜다. 그런데 투입되는 노동의 양과 그 시점은 어느

---

11 케인스의「사용자비용」에 대한 자세한 설명은 3장 부록 3을 참고하라. —옮긴이 주

〈표 3.1〉 소득의 시간 구조

일자	사용자비용(a)	임금(b)	이윤(c)	소득(d=b+c)	판매가격(a+d)
1	-	-	-	-	-
2	-	-	-	-	-
3	50	30	-	30	-
4	30	50	-	50	-
5	20	60	-	60	-
6	20	50	-	50	-
7	10	30	150	180	500
총액	130	220	150	370	500

특정일에 모두 집중되는 것이 아니라 생산 전 과정 전체에 분산되어 있다. 예를 들어 4일째에 발생하는 소득은 단지 임금으로 지불되는 50원에 불과하다는 것에 주목하자. 이는 「고용주」가 주문을 받아들여 노동자를 고용할 때 노동자와 자신에게 「기대」되는 전체 소득인 370원도 아니고, 또한 노동자에게 그 전 생산기간에 지불할 220원도 아닌 것이다.

이 「시간」 문제에 대한 케인스의 해결책은 「고용주」가 생산을 개시할 때 전체적인 생산기간을 염두에 두고 그에 따라 노동 등을 연차적으로 차질 없이 투입하는 것이 아니라 **매일 아침 일어나 계획을 수정해 나간다**고 가정하는 것이다. 그래서 그는 **매일** 필요한 고용량을 결정하는 것이고 어제의 고용 계획을 수정할 수 있다고 가정하는 것이다. 그때 「고용주」에게 있어서 중요한 것은 오늘 고용된 노동력으로부터 얻을 것으로 예상되는 소득이다. 〈표 3.1〉은 오늘의 고용과 그로 인해 예상되는 소득의 관계를 나타낸다.

용역 등과 같이 제공함과 동시에 당장 소득이 발생하는 등의 경우를 제외하고는 오늘의 「기대소득」은 통상 「고용주」가 완성한 생산물에서 실제로 받는 소득과 동일한 것이 아니며, 또 소비자나 투자자가 오늘 소비하는 금액과 같지 않다. 하지만 고용된 노동자들의 관점에서 보면 「유효수요」와 소득은 같은 것이고,[12] 이들은 완제품의 가치와는 무관하게 일에 대해 고정된 일정 금액을 지급받는다. 「유효수요」와 소득, 즉 「기대소득」과 실현소득 간 차이는 완제품이 최종 고객에게 전달되었을 때 오로지 「고용주」(우리가 앞으로 상정할 가정에 의하면 「중개상」)만이 경험하게 되는 것이다. 노동자[및 지주나 전대(轉貸)업자 등의 여타 생산적 자원의 공급자]에게 있어서의 「유효수요」와 소득이 일치함은 「총수요함수」를 설명할 때 중요한 요소이다.

4. 「기대상태」라는 것에 대해

「유효수요」란 수요와 공급의 요건을 충족하는 현재의 고용하에서 「기대」되는 소득인데, 이것은 「총공급곡선」과 「총수요곡선」의 교차점으로 표현되어 있다. 앞 절에서는 「고용주」의 소득이 화폐적 성질을 가지며 그것이 어떻게 「시간」의 과정을 따라 생산에 의해서 얻을 수 있는가를 밝혔다. 이렇듯이

12 이전에 설정한 「유효수요」의 정의를 상기하자. "「유효수요」란 「고용주」 전체가 자신들에게 이윤을 최대화할 수 있다고 생각되는 고용 수준(즉, 그 고용으로 인한 생산 수준 — 옮긴이)하에서 발생할 것으로 예상하는 「고용주」의 「기대소득」의 수준을 의미한다". 이에 의하면 노동자의 관점에서 「유효수요」를 생각한다는 것은 모순적인 표현이다. 그러나 저자의 의도는 노동자도 하나의 사업 단위로 간주하는 것이라고 생각하면 이해 가능하다. 즉, 노동자도 자신이 미래에 「기대」하는 「기대소득」의 크기에 따라 공급하는 노동력을 결정하는 것으로 이해하는 것이다. 노동자의 경우 그 미래의 소득은 이미 고용계약에 의해 확정된 것이고 「불확실성」은 없기에 그의 「기대소득」과 소득은 일치하는 것이고, 그래서 그 자신으로 볼 때는 「기대소득」으로서의 「유효수요」와 그의 소득이 같다는 의미로 해석할 필요가 있다. 자칫 「유효수요」를 노동자가 벌어들이는 소득의 일정 부분을 소비하는 '소비수요'로 혼동하기 시작하면 절대로 이해되지 않는 문장이다. 일용 노동, 비정규직 노동, 그리고 쉽게 해고 가능한 제도적 장치하에서는 물론 노동자가 미래의 소득에 「불확실성」을 느끼지 않는다는 것은 과도한 단순화인 것은 사실이며, 신자유주의 체계에서는 노동자를 쉽게 고용하고 해고하는 체제를 추구함으로써 기업이 갖는 「불확실성」을 노동자에게 전가시키고, 그래서 소위 노동의 유동화를 제고하면서 동시에 기존의 고정 자본 투자 또한 증권화 등을 통해 유동화시킴으로써 '자본'에 있어서의 모든 「불확실성」을 전가시키는 경향이 있다. 그렇다면 「기대」의 좌절은 비단 기업의 문제가 아니고 노동에도 적용될 수 있는 것이 현실인 것이다. 이에 대해서는 좀 더 많은 연구가 필요할 듯하다. —옮긴이 주

소득에 대한 결정이 미래에 대한 「기대」에 의존하는 것은 피할 수 없는 현실인 것이다. 이 절에서는 Z-도표상의 균형점이 실제로 어떻게 실현되는지를 이해하고자 한다.

케인스는 「고용주」가 갖는 소득에 대한 「기대」를 「단기기대」, 「중기기대」, 「장기기대」 세 가지 범주로 나누었다.[13] 「단기기대」라는 것은 「고용주」가 상품 생산에 있어서 주어진 환경하에 주문이 이미 주어져 있다고 가정할 때[14] 그에 맞춰 생산할 때의 「기대」를 말하는데, 이는 각종 생산과정을 조직하고 또 그 생산에 있어서 발생할 수 있는 위험을 관리할 경우의 「기대」이다. 「중기기대」란 완성품이나 혹은 용역의 판매를 전문으로 하는 「중개상」이나 유통 업자에게서 형성되는 「기대」이다.[15] 「장기기대」는 오랜 기간에 걸쳐 생산적인 서비스를 창출하는 기계나 건물 등의 자본재에 투자를 결정할 때 투자자(「고용주」나 중간상 모두를 포함한다)가 갖는 「기대」를 의미한다. 케인스는 이러한 투자를 통해 얻을 수 있을 것으로 예상되는 소득의 흐름을 기대수익(prospective yield)이라고 불렀다.

이러한 구별은 곡물경제 모델에서는 나타나지 않는다. 기업농은 종자나 작물의 질병만 걱정할 뿐 수확물을 창고에 입고했을 때 그 수확물의 화폐 가치에 대해 걱정할 필요가 없다. 또한 생산된 모든 것들이 소비된다고 한다면 사실 주문이라는 것도 필요 없고, 기업농들은 단지 생산성 측면에서 이윤이 창출되는지 여부만 예상하면 되는 것이다. 또한 재고가 남지 않으므로 상품 재고를 스스로 보유하면서 시장에서 팔고 사는 중개인의 존재도 불필요하다.

---

13 이 표현과 「시장개설기간」(market-period), 「단기간」(short-period), 「장기간」(long-period)은 다른 개념이다. 케인스에 있어서의 「시간」은 3장 부록 1을 참고하라. —옮긴이 주

14 독자는 여기서 이미 주문은 확정되어 주어진 것이라는 점을 주목할 필요가 있다. 즉, 소위 시장에서의 판매 위험은 없는 것이다. —옮긴이 주

15 즉, 재고를 가지고 판매하는 「중개상」 등이 시장의 위험에 노출된 「기대」이다. 이때 독자들이 주목할 점은 생산 능력 등의 변경은 없는 상태이다. —옮긴이 주

수확이 끝나면 초기에 투하되었던 종자(자본)가 모두 회수되고, 임금의 형태로 그간의 노동에 대한 보상을 하기 때문에 「시간」이라는 측면에 있어서도 모든 것은 동시적으로 발생한다. 따라서 「장기기대」와 「단기기대」의 **구분은 필요 없다**. 케인스가 정의한 바의 구분을 따르자면 **모든 것은 「단기적」이라고 할 수 있다**. 따라서 「고전학파」 경제학에 있어서는 케인스가 구분한 것과 같은 「시간」이라는 측면에서의 「기대」의 구분이 불필요하다.

미래의 「기대소득」과 「고용」을 결정하고, 따라서 「총공급곡선」과 「총수요곡선」을 일치시키는 「유효수요」라는 것은 케인스의 정의에 따르면 **기본적으로 「단기」 예상의 상황을 반영하는 것이다**. 이러한 상태가 어떻게 발생되는가? 케인스의 「총공급곡선」과 「총수요곡선」은 「기대소득」과 「고용」을 연결시킨다. 그런데 「기대소득」이라는 것은 개인사로서 각 개인의 머릿속에 있는 것인데, 만약 이 「기대소득」을 경제 전체로 합산한다고 할 때 도대체 어떻게 정의하고 또 관찰될 수 있는가? 그 무수히 많은 개별 「고용주」들의 머릿속에 있는 각자의 「기대소득」이 어떻게 서로 조화될 수 있으며, 그렇게 해서 케인스가 말한 대로 경제 전체에 있어서 모두가 공유하는 단일의 「기대상태」라는 형태를 논의할 수 있을 것인가?

이전에 농업에 있어서 설명한 바와 같이 종자 외에 트랙터를 포함한 다양한 요소의 투입이 필요하고 또한 그로 인한 결과물도 다양하다. 따라서 「기대소득」이라는 것은 다양한 투입과 산출물의 가격과 수량으로 구성된 어떤 복합적인 개념인 것이다. 그리고 이러한 가격과 수량은 시장의 경쟁상황에 따라 가변적일 수밖에 없다. 수확체감의 법칙이 작동하는 한 「고용주」가 더 많은 생산물을 산출하기 위해서는 비용이 상승한다는 것을 의미하고, 가격이 오른다면 수요가 감소하기 마련이다. 이러한 수요와 공급이 일치하는 가격이 시장을 청산하는 균형가격이다.

현재 대다수의 경제학 교과서가 잘못 기술하고 있는 것과 달리 케인스는 가격이나 임금이 경직적이라고 절대로 생각하지 않았다. 케인스의 「유효수요원리」는 가격과 수량 모두 수요와 공급에 의해 동시에 결정된다는 원칙을 고수하고 있는 것이다. 그런데 이때 가격과 수량은 미래에 '「기대」'하는 가격이며, 그에 의해 「고용주」는 현재에 노동자를 고용해 미래 어느 시점에 팔기 위해 생산을 하고 있는 것이다.

그런데 케인스의 사고방식을 이해하기 위해 가장 좋은 방법은 「고용주」는 **「중개상」의 발주에 의해서만 생산한다**고 가정하는 것이다. 발주 후에 생산되어 「중개상」에게 납품된 상품은 그때부터 시장에서의 경쟁에 노출된다고 가정하자. 이때 원래의 발주는 「중개상」이 미래의 어느 시점에 상품을 인수 받기 위해 오늘 발주되는 것으로, 이것은 소위 선물(先物, forward market)주문이다. 그 「중개상」이 소매시장의 그때그때 상황에 따라 상품을 판매한다고 가정한다면 「중개상」은 선물시장에서 생산자인 「고용주」로부터 상품을 구매하고, 동시에 현물시장에서는 상품을 판매하는데, 그때 현물시장에서의 수요 변동에 대응하기 위해 일정 재고를 항상 보유하고 있기 마련이다. 이 「중개상」들은 결국 「고용주」의 「기대소득」을 구성하는 가격과 수량의 결정에 있어서 핵심적인 역할을 수행하고 있다.

이러한 가정을 하는 이유는 「고용주」의 「단기기대」에 기초한 「총공급」과 「중개상」이 갖는 「중기기대」 혹은 투자자가 갖는 「장기기대」에 근거한 「총수요」를 분리해 생각할 수 있기 때문이다. 이러한 가정하에서는 (「고용주」의 — 옮긴이) 「단기기대」라는 것은 단지 「중개상」으로부터 발주 받은 물량을 생산해 납품하는 과정 중의 모든 요소에 대한 고려만 반영하는 것이다. 「중개상」은 소매시장으로부터의 최종 수요에 대한 「중기기대」를 바탕으로 「고용주」에게 선주문을 하는 것이다. 그리고 투자는 좀 더 「장기적」인 「기대」에 근거해 이루어지는 것이다. 경쟁이 존재하는 경우 동일한 상품에 대해서는 선물시장에서 단일 가격이 형성될 것이다. 이 가격에 의거해 「고용주」는 소득을 예상하고, 그에 의해 매일 얼마나 많은 노동력을 고용해야 하는지를 계산할 수 있다.

이때 고용 수준을 결정하는 것은 「중개상」이 선주문한 상품의 가치이다. 그런데 반면 **이 고용 수준이 결국 주문한 상품의 가치를 결정할 수밖에 없는 것이다**. 물론 「중개상」은 어느 날 그가 선주문한 상품이 그 주문한 제품이 생산되어 인도되는 순간 존재하는 최종 수요와 정확히 일치할 것을 바라지 않으며, 그저 대략적으로는 유사하기를 바랄 것이다. 그리고 그러한 「중개상」의 「중기」적 예상에 따라 선주문이 이루어지는데, **그러한 「중기적」인 「중개상」이 갖는 예상은 지금 현재의 고용 수준에 달려 있다는 것이다**. 이 점에 대해 좀 더 고찰할 필요가 있다.

5. 「총수요」와 「승수」

「유효수요」란 수요와 공급 모두를 만족시키기 위한 현재의 고용으로부터 「기대」되는 소득으로, 이는 「총공급」과 「총수요」 곡선이 교차하는 지점에서 결정된다. 「총공급」은 단지 화폐라는 형태가 개입되어 있기에 복잡하기는 하지만, 근본적으로는 고려 사항에 있어서는 곡물경제 모델의 공급 결정과 동일하다. 이런 면에 있어서는 케인스는 완벽히 「고전학파」 경제학을 답습하고 있다. 케인스가 「고전학파」 경제이론과 결별하게 되는 것은 「총수요」라는 측면에 있다.

곡물경제 모델에 있어서는 「총수요곡선」이 「총공급곡선」과 항상 한 선으로 겹치고, 그렇다면 그 곡선상에서 완전고용을 이루는 점만 단지 선택된다는 것을 전제로 한다고 이해하면 된다. 이에 반해 케인스는 「총수요곡선」이 「총공급곡선」보다 평탄하기 때문에[16] 〈그림 3.1〉처럼 완전고용보다 적은 수

16 이 곡선의 기울기에 대해서는 3장 각주 6 및 8을 참고하라. ―옮긴이 주

준의 고용에서 교차점이 존재할 가능성이 있다고 주장한다. 그렇다면 「총수요곡선」의 결정요인은 무엇인가.

논의의 편의를 위해 일단 해외 부분과 정부 부분이 없다고 가정하자. 소득(Y)을 「순산출」의 화폐 가치로 정의하고 C와 I는 각각 소비와 투자를 나타내는 기호라고 할 때 이때 소득은 소비와 투자의 합이다. 이러한 국민소득 계정의 항등식을 가장 단순한 형태로 표시하면 다음과 같다.[17]

$$Y \equiv C + I$$

항등식이라는 것은 그저 정의일 뿐이고, 그 자체로는 아무것도 설명할 수 없다. 즉, 그것이 의미 있기 위해서는 추가적으로 '인과관계'를 이해할 필요성이 있는 것이다. 투자(I)는 현재의 고용 수준이 아니라 대부분 「장기기대」에 의존하고 있다. 반면 소비(C)는 현재의 소득(Y)에 의존하는데, 케인스 자신이 「소비성향」(the propensity to consume)이라고 명명했고, 그 이후의 학자들이 소위 소비함수(the consumption function)라고 부르는 관계에 의존한다. 케인스는 일정 소득이 변할 때 그에 따라 소비액이 변화하는 비율을 「한계소비성향」(the marginal propensity to consume)이라고 지칭했다. 이 비율을 알파벳 소문자 c로 표시하면 다음의 관계가 성립한다.

$$c = \frac{\Delta C}{\Delta Y} \Leftrightarrow \Delta C = c \cdot \Delta Y$$

이제까지는 수월한 것 같은데, 이제부터는 좀 복잡해진다.

다음과 같이 상정하자. 일단 「유효수요」를 D^*로 표현하자. 이는 「총수요」

---

17 [고급] 관심 있는 독자들은 「사용자비용」이라는 개념을 이용해 이 소득을 계산하는 방식을 설명한 3장 부록 3을 참고하기 바란다. —옮긴이 주

와 「총공급」이 일치하는 수준에서의 소득이며, 기업이 사전적으로 「기대」했던 소득에 따라 고용 N^*이 일어나고 생산이 일어나며, 각 경제주체들은 소득을 벌게 된다. 만약 이때 발생한 소득이 「유효수요」와 우연히 같다면, 즉 $Y=D^*$이라면 총소비는 앞의 $C=cY$ 대신 $C=cD^*$로 바꿔 쓸 수 있다. [참고로 케인스는 소비지출(C)을 $D1$이라고 표기했다].[18] 그리고 그때의 **기업가**가 「기대」하는 소득은 이 소비지출과 기타 현재 소득과 무관하게 결정되는 지출(예를 들어 투자 등이다. 이것을 Autonomous의 A라고 표시하자)의 두 가지 원천에 의해 발생될 것이다. 즉, $D=A+cD^*$로 표현될 것이다.

그런데 「유효수요」에 해당하는 만큼 실제로 각 경제주체에게 소득이 발생하는가? 일단 노동자의 관점에서 보면 생산을 시작하면 향후 제품 판매 여부와는 상관없이 무조건 임금은 지불된다. 즉, 그의 소득은 시장 위험으로부터 자유롭다. 따라서 그의 임금에 해당하는 부분은 적어도 소득으로 실현된다. 지주나 자금을 대출해 준 사람도 마찬가지이다. 지대나 이자는 시장에서의 제품 판매 여부와는 무관하게 매일 단위로 발생하고 지주나 자금을 대출한 자의 소득으로 귀속되기 마련이다. 그리고 기업도 마찬가지이다. 왜냐하면 우리의 가정에 의하면 기업은 먼저 선주문을 「중개상」에게 받고 생산을 하는 것이고, 시장 상황에 상관없이 「중개상」은 무조건적으로 대금을 지불해야만 하는 것이므로 「유효수요」만큼 기업은 소득을 발생시킨다.[19] 그렇다면 괴리

---

18 [고급] 케인스는 다음과 같이 표기했다. $D^*=D_1+D_2$, $D_1=\chi(N)$. 이때 D^*은 「유효수요」이고, D_1은 사회가 소비에 지출할 것으로 「기대」되는 금액, D_2는 사회가 새로운 투자에 할당할 것으로 「기대」되는 금액이며, D_1은 고용의 함수로 $\chi(N)$으로 표기된다(CW 7: 29). 이때 D_1은 "기업이 소비자가 지출함으로써 회수할 것으로 「기대」하는 금액"이다(CW 7: 30). 그런데 "고용이 증가함에 따라서 D_1은 증가하지만, D^*만큼 증가하지는 않는다. 왜냐하면 우리의 소득이 증가함에 따라 소비도 증가하겠지만 그 소득이 증가한 것만큼 증가하지는 않기 때문이다"(CW 7: 29). —옮긴이 주

19 저자는 기업과 소비자 중간에 소위 '「중개상」'을 상정하고, 「고용주」가 미래에 관한 「불확실성」을 가지고 생산하는 것이 아니라 그 「중개상」이 시장의 위험을 부담하고 기업은 단순히

가 존재할 수 있는 유일한 경제주체는 「중개상」이다. 「기대」 수준에 의거하는 「유효수요」와 실제 시장에서의 수요가 다를 수 있는 것이다. 앞에서 $Y=D^*$라고 가정한 것은 이 「중개상」의 「기대」와 실제 판매가 일치하는 경우인 것이다. 즉, 「중개상」도 다른 경제주체와 마찬가지로 실제 미래의 판매와 상관없이 소득을 벌거나, 적어도 그의 소비는 현재의 「유효수요」하에서의 그의 소득에 「한계소비성향」 c를 곱한 금액대로 발생한다면 앞처럼 소비는 $C=cD^*$로 표시 가능하다.

하지만 소비(C)는 지출이며, 따라서 「기대소득」($D1$)과는 엄연히 다른 범주의 항목이다. 여기에서 「고용주」와 「중개상」 간의 구분이 중요해진다. 소비재 생산으로부터 「기대」되는 소득 D_1은 「중개상」이 「고용주」에게 발주하는 금액으로 표현되어 있다. 그런데 소비지출 C는 소비자가 「중개상」이 가지고 있는 재고를 구매하는 것에 사용된다. 당분간 편의를 위해 소비지출 금액 C가 「중개상」이 「고용주」에게 주문하는 금액 D_1으로 직접 변환된다고 가정하겠다. 이 같은 가정은 다음 절에서 충분히 정당화될 것이다.

이와 같이 「기대소득」과 실제소득이 일치한다고 가정하는 경우 전술했듯이 「기대소득」은 $D=A+cD^*$로 표현될 것이다. 여기서 A는 수요가 고용에 따라 변화하지 않는 재화(예를 들어, 투자자가 구입한 자본재나 일부 소비재) 등을 현재 생산함으로써 미래에 발생되는 「기대소득」을 나타낸다. 반면 cD^*은 수요가 고용에 따라 변화하는 재화(예를 들어, 노동자가 소비하는 재화)를 현재 생산함으로써 미래에 발생되는 「기대소득」을 나타내고 있다. 주의해야 하는 점은 이 방정식은 「총수요함수」 그 자체는 아니라는 것이다(「총수요함수」는 「기

선주문에 의해 생산만 하는 것으로 가정했다. 그럼으로써 생산에 수반되는 위험과 시장 위험을 분리시켜 생각할 수 있는 이점이 있는 것이다. 물론 그럼에도 불구하고 기업은 다양한 위험에 직면한다. 즉, 생산, 원료나 생산 요소의 구입, 그리고 선주문을 하는 상대방의 계약상의 의무 불이행의 위험 등이다. 이 책의 논의상 단순화를 위해 그러한 각종 위험은 없다고 가정하자. —옮긴이 주

〈그림 3.2〉「유효수요」와「승수」

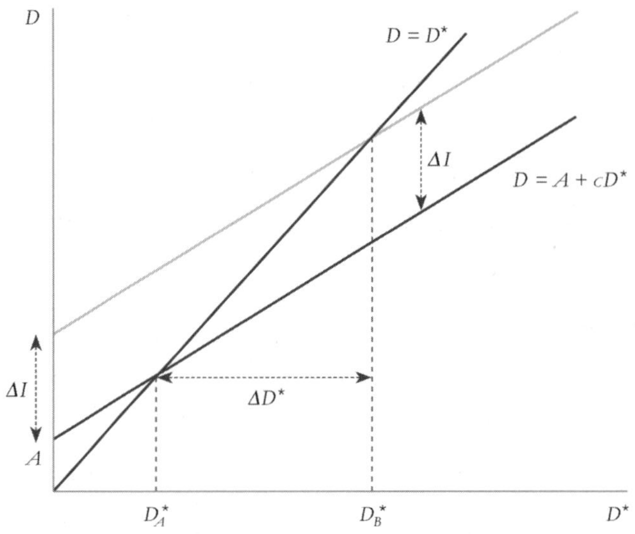

대소득」 D를 고용 N과 연관시키는 것이지, D를「유효수요」와 연관시키는 것이 아니다). 하지만 유사한 부류라고는 할 수는 있다.

그때, D*의 수준은 어떻게 되는가? 이는 단순히 D 대신 D*을 앞의 식에 대입하면 된다. (즉, $D^*=A+cD^*$이고, 이때 $D^*=\dfrac{A}{1-c}$가 된다. — 옮긴이) 이것을 그림으로 표시한 것이 〈그림 3.2〉이다. 〈그림 3.2〉는「기대소득」 D를 세로축으로,「유효수요」 D*을 가로축으로 표시하고 있다. 이 평면상에는 앞의 방정식 $D= A+cD^*$이 표시되어 있다. 이 직선 D가 수직축과 만나는 절편은 A가 되며, 그 직선의 기울기는「한계소비성향」인 c가 되는데, 이는 1보다 작다. 추가로 그림에 나타난 45° 각도의 직선은「기대소득」 D와 D*이 일치하는 궤적을 나타낸다. 그런데 직선 D는 45°선보다 기울기가 평평하며, 따라서 어느 한 점에서 45°선과 만날 것이다. 이때, 두 선이 만나는 점에서의 D와 D*의 값은「총수요함수」상의 어느 한 점과 일치하는 값이다.

〈그림 3.2〉와 매우 흡사한 45°의 그림[20]이 후대에 등장해『일반이론』에 대

한 뿌리 깊은 오해를 초래한 바 있다. 그러한 오해를 불식시키기 위해 〈그림 3.2〉는 「총수요」와 「총공급」을 **나타낸 것이 절대로 아니며**, 또한 〈그림 3.1〉과도 상이한 그림이라는 점을 강조하는 것이 중요하다. 즉, 앞의 45°선은 「총공급곡선」(Z)이 아니며, 직선 D는 〈그림 3.1〉의 「총수요함수」(D)도 아니다. 예를 들어 「총공급곡선」(Z)은 직선일 필요는 없지만 위의 45°선은 항상 직선이다.

〈그림 3.2〉의 의미는 45°선과 선 D가 만나는 **교차점의 위치만을 설명하기 위한 것이다**. 그 교차점이 의미하는 바는 투자(A에 포함됨)와 소비함수의 합과 일치하는, **유일한** 「총수요」(D)와 「유효수요」(D^*), 그리고 그것을 가능하게 해 주는 고용(N) 수준에 대해 이야기해 주는 것이다. 〈그림 3.2〉의 중요한 가치는 투자나 소비함수에 어떠한 변화가 있을 경우 「총수요」가 어떻게 변화되는지를 이해할 수 있게 해 주는 것이다.

여기서 투자의 변화 ΔI란 투자재를 생산함으로써 야기되는 「기대소득」의 증가를 의미한다. 이 투자의 변화는 그림에서 D선을 상향으로 움직이는 것으로 표시되어 있다. 그로 인해 「유효수요」가 ΔD^*만큼 증가하도록 교차점을 이동시킨다. 흥미로운 점은 ΔD^*가 ΔI보다 크다는 점이다. 이 ΔI가 변함에 따라 야기되는 ΔD^*의 비율, 즉 $\frac{\Delta D^*}{\Delta I}$를 우리는 「승수」라고 부르는데, 왜냐하면 투자수요의 증가에 따라 일정 배수로 「기대소득」이 증가되고, 그에 의해 「유효수요」가 증가하기 때문이다.[21]

---

20 [고급] 새뮤얼슨 등의 「올드 케인지언」들이 도입한 소위 「케인지언 교차도」(the Keynesian cross diagram)라고 불리는 45° 그림을 말한다. 그 그림에서는 이 45°선이 공급으로 표시되어 있다. 이 「케인지언 교차도」라는 그림은 거의 모든 주류 경제학의 거시경제학 교과서에 등장하는데, 사실 케인스와는 상관없는 그림이다. 107쪽 내용과 3장 각주 28을 참고하라. —옮긴이 주

21 (학부 경제학을 전공하는 학생들에게는 불필요한 설명이지만 —옮긴이) 미적분을 이해하는 독자를 위해 잠시 언급하자면 이 「승수」는 비교정태분석(比較靜態分析, comparative statics)의 예이다. 그것은 모델의 외부에서 주어진 외생변수의 변화에 따라 모델 내부에서 결정되는

「승수」의 크기는 「한계소비성향」(직선 D의 기울기)에 직접 의존하고 있음을 알 수 있다. 「승수」는 직선 D 가 평탄해질수록 작아진다.[22] 이 소비함수에서의 「승수」는 1/(1-c)와 같다. 「한계소비성향」을 0.6으로 하면 「승수」는 1/(1-0.6)=2.5가 된다. 즉, 투자를 위해 생산함으로써 발생하는 「기대소득」이 1원 증가하면 「총기대소득」(「유효수요」)이 2.50원 증가하게 됨을 의미하는 것이다.

〈그림 3.3〉 「승수」와 Z-도표

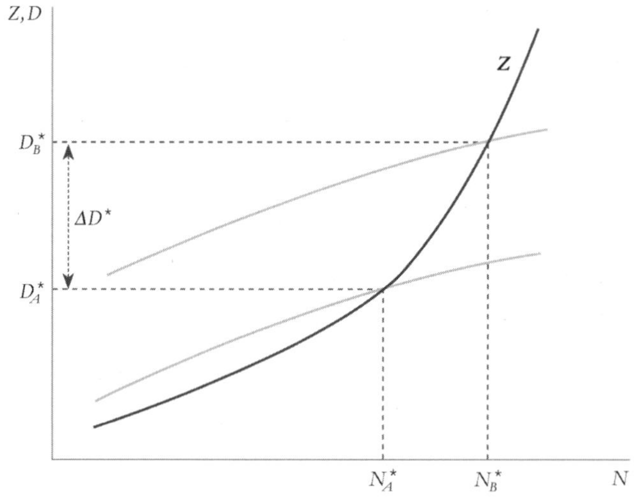

내생변수의 균형값의 변화를 나타내는 '편미분'이다. 달리 설명하자면 주어진 균형 조건 $D^*=A+cD^*$에서 출발해 이 식을 A에 관련해 편미분하면 $\partial D^*/\partial A = 1/(1-c)$를 얻을 수 있다. 이러한 분석기법은 어떠한 외생변수와 내생변수를 선정해서도 실시할 수 있는 것이다. 6장과 7장의 각주에서는 이 기법을 사용해 정부 지출의 삭감이 무역 적자와 재정적자에 미치는 효과를 분석할 예정이다. 아주 간단히 설명하자면 어떤 변수들이 관계를 이루는 체계가 있는 경우 내생적(endogenous)이라는 것은 그 체계 내의 다른 변수에 의해 결정됨을 의미하고, 외생적(exogenous)이라는 것은 그 체계 외부의 어떤 것에 의해 결정되는 것을 의미한다.

22 경제학 비전공 학생들에게는 다소 혼돈스러울 수 있는데, 〈그림 3.2〉상 D_A^* 와 45°선이 만나는 지점에서 기울기가 작은 직선을 하나 더 그어 보고, 그로부터 ΔI 만큼 그 직선을 상향시켜 보면 쉽게 결과를 확인할 수 있다. —옮긴이 주

〈그림 3.3〉은 〈그림 3.2〉를 〈그림 3.1〉로 다시 전환시킨 것이다. 투자의 변화는 「총수요곡선」을 상방으로 이동시키므로 〈그림 3.2〉와 〈그림 3.3〉 모두에서 「유효수요」는 D_A^*에서 D_B^*로 변화한다. 고용은 〈그림 3.3〉에서 N_A^*에서 N_B^*로 변화한다.

「승수」는 아마도 『일반이론』의 가장 유명한 측면일 것이고, 다른 모든 것은 전부 잊어버릴지라도, 이것만큼은 여러 세대 학생들이 기억하고 있을 것이다. 저명한 비평가들은 「승수」라는 것은 무에서 유를 얻어내는 것이라고 시사하고 있는데, 케인스가 말한 유머 때문에 그러한 오해가 깊어진 측면도 있다. 언젠가 케인스는 지폐가 담긴 낡은 병들을 폐광에 묻고, 그것을 다시 파내게 해서 일자리와 소득을 창출하자고 제안한 바도 있었던 것이다.[23]

소비 결정과 투자 결정은 상호 독립적으로 이루어지고, 소득의 등락에 따라 소비도 같이 움직인다는 점을 감안할 때 이 「승수」라는 것은 소비와 투자에 사용되는 순산출의 어느 일정 부분을 서로 연결시켜 주는 것이라고 할 수 있다. 완전고용하에서의 사회가 저축하는 수준에 비해 투자가 적을 때 왜 총소득은 0이 되지도 않고[『화폐론』의 「바나나 우화」(the banana parable)[24]와는 달리] 왜 전인구가 굶어 죽지도 않는가에 대한 이유를 이 「승수」가 설명하고 있

---

23 이 일화에 대한 자세한 인용은 7장 271쪽을 참고하라. —옮긴이 주

24 케인스의 『화폐론』에 나오는 우화로 저축이 증가하더라도 그에 상응해 투자가 따르지 않는다는 것을 비유한 이야기이다. 어떠한 사회에서 생산되고 생존을 위해 소비하는 것은 오로지 바나나라고 가정하자. 그런데 어느 날, 저축하자는 절약 캠페인이 벌어진다. 그런데 바나나는 여전히 생산되고, 저축 운동 때문에 바나나는 과잉공급 상태에 빠지게 된다. 그래서 바나나 가격이 폭락한다. 소비자들은 바나나 가격이 하락하니까 일견 좋아한다. 문제는 바나나 농장의 노동자들이 계속 고용되는 상태에서는 만약 노동자들의 임금이 삭감되지 않는다면 바나나 농장은 줄어든 판매량 때문에 발생하는 손실을 보전할 수 없고, 결국 임금 삭감이나 해고가 불가피하게 된다는 것이다. 그로 인해 노동자들의 소득이 감소하고, 경제는 불황에 빠지는 등 악순환은 지속되며, 결국 모두 굶어 죽게 된다. 이 우화가 가지는 오류는 모두가 아사함으로써 결말을 맺는다는 것이다. 그런데 케인스의 『일반이론』에서의 결론은 소득이 감소하되 아사하지는 않는다는 것으로, 이는 『화폐론』의 결론과는 다르다. —옮긴이 주

는 것이다(이 책의 5장 199쪽 참조). 「승수」는 투자의 변화에 따른 소득의 변화를 정확한 숫자로 나타냄으로써 완전고용 이하의 수준에서의 「불완전고용균형」이라는 개념이 가능하다는 것을 보여 주는 것이다.

6. 소득, 지출, 「유효수요」 그리고 「승수」

케인스에 있어서는 모든 인과관계의 출발점은 항상 사람들이 갖는 「기대」이다. 「총수요함수」에는 「기대소득」이 포함된다. 자본재 생산으로부터 발생될 것으로 예상되는 「기대소득」은 「고용주」나 투자자들이 갖는 「장기기대」에 의존하고 있다. 소비재를 생산함에 따라 발생할 것으로 예상되는 「기대소득」은 「중개상」의 「중기기대」에 의존하고 있다. 「총수요」의 증가는 「장기기대」 변화에서 시작되는 경우가 있으며, 이로 인해 자본재 생산부문에서의 고용이 증가한다. 고용과 소득의 증가는 소비재에 대한 지출을 증가시키고, 그 결과 소비재 생산을 위해 고용의 증가를 필요로 한다. 「승수」는 생산과 소비를 서로 일치시키기 위해 총소득이 얼마나 증가해야 하는지를 알려준다.

고용 수준은 항상 「단기기대상태」를 반영하고 있는데, 이는 「고용주」가 가진 「주문장부」에 적혀 있는 바이다. 이 「고용주」가 가지고 있는 주문은 **경쟁적균형 과정의 결과물**이라는 사실을 강조하는 것은 아주 중요한데, **「고용주」, 「중개상」, 「투자자」는 서로 간에 매일 「균형」을 달성하고 있는 것이다**. 그럼에도 불구하고 「중개상」의 「기대」치와 실제 소비자 수요 사이에 어떤 특정한 날에는 서로 차이가 생길 수 있다.

어느 특정한 날, 소비자가 일정 금액을 소비할 계획이라고 하자. 이때 「중개상」은 여러 가지 방법으로 이 수요를 충족시킬 수 있다. 현대의 소매시장에서는 대부분의 「중개상」들이 판매가 이루어지면 바로 재입고해 선반을 채우는 것을 목표로 하지만, 때때로 가격을 재설정해 선반이 빌 때까지의 수요에 대응한다. 배급제로 운영하는 경우는 아주 드물다. 1개의 점포에서 상품이 품절되어도, 통상 다른 점포에 재고가 있다. 그래서 고객은 통상 매일 원하는 지출을 할 수 있다. 바꿔 말하면 고객의 지출 계획은 충족되는 것이고 고객도 「균형상태」에 있다고 말할 수 있는 것이다.

지출이라는 것은 그날 우연히 창고에 도착한 완제품과는 독립적으로 일어난다. 혹시 양자 사이에 불일치가 생기면 그것은 「중개상」들이 우려할 사항인 것이다. **소비자의 지출이 늘어서 「중개상」이 가지고 있는 재고가 감소하면 총투자는 그 줄어든 재고 금액과 같은 금액만큼 감소하는데,**[25] 이때 이러한 투자의 감소가 이미 증가된 소비액만큼을 정확히 상쇄하게 되므로, **총소득은 영향을 받지 않는다.**

〈표 3.2〉는 「중개상」이 전날의 소비자 수요에 따라 자동적으로 자신들의 「기대」치를 변경한다는 가정을 이용한 전형적인 예를 보여 주고 있다. 이 방법은 케인스의 수제자 중 한 사람인 리처드 칸(Richard Kahn)이 1931년에 발표한 「승수」에 대한 설명과 비슷하다.

맨 처음 자본재 생산량의 증가 1000은(a열) 고용의 증가를 필요로 하며, 이로 인해 1일 소득(ΔY)이 1000만 원 증가한다(f1칸).[26] 그날 새로 고용된 노동자는 「한계소비성향」이 0.6이라는 가정하에 그 소비함수에 따라 소비(ΔC)에 600만 원을 쓴다(h1칸). 이러한 소비의 증가는 예상하지 못한 일이므로 「중개상」이 가지고 있는 재고만 600만 원만큼 감소하게 된다(c1칸). 당일 순 투자는 400만 원이다(d1칸=1000-600). 첫째 날의 총소득은 1000만 원이다(f1칸).

둘째 날에는 전날의 600만 원 매출로 인한 재고 감소에 대응해 재고 수준

25 투자는 단지 기계설비의 증설만을 의미하는 것이 아니다. 재고 또한 투자의 일종이다. ―옮긴이 주

26 [고급] 저자는 명확히 밝히지 않았지만 이 예에서는 계산의 편의를 위해 「사용자비용」(원자재+감가상각)은 0이라고 가정했다. 이 경우 매출은 모두 요소소득으로 분배된다. ―옮긴이 주

〈표 3.2〉 재고조정과 「승수」

(단위: 100만 원)

일자	자본 투자	재고 매입	누적 재고 변동	순 투자	누적 순 투자	당일 소득	누적 소득증 가분	당일 소비	누적 소비 증가분	승수	누적 C+I
	(총)ΔI			(순)ΔI			ΔY		ΔC		$\Delta C+\Delta I$
	(a)	(b)	(c)	(d)	(e)	(f)	(g)	(h)	(i)	(j)	(k)
		=h(t-1)	=-h	=a+b-h	Σd	=a+c	Σf	=0.6*f	Σh	=f/d=g/e	=e+i
1	1,000	-	(600)	400	400	1,000	1,000	600	600	2.50	1,000
2	-	600	(360)	240	640	600	1,600	360	960	2.50	1,600
3	-	360	(216)	144	784	360	1,960	216	1,176	2.50	1,960
4	-	216	(130)	86	870	216	2,176	130	1,306	2.50	2,176
5	-	130	(78)	52	922	130	2,306	78	1,384	2.50	2,306
6	-	78	(47)	31	953	78	2,384	47	1,431	2.50	2,384
7	-	47	(28)	19	972	47	2,431	28	1,459	2.50	2,431
8	-	28	(17)	11	983	28	2,459	17	1,476	2.50	2,459
9	-	17	(10)	7	990	17	2,476	10	1,486	2.50	2,476
10	-	10	(6)	4	994	10	2,486	6	1,492	2.50	2,486
11	-	6	(4)	2	996	6	2,492	4	1,496	2.50	2,492
12	-	4	(2)	1	998	4	2,496	2	1,498	2.50	2,496
13	-	2	(1)	1	999	2	2,498	1	1,499	2.50	2,498
14	-	1	(1)	1	999	1	2,499	1	1,500	2.50	2,499
15	-	1	(0)	0	1,000	1	2,500	0	1,500	2.50	2,500

주: 이 표는 독자의 편의를 위해 옮긴이가 상세하게 다시 정리한 것이다. 원문의 표는 너무 간략해 숫자 간 상관관계를 파악하기 쉽지 않다.

을 복구하고자 「중개상」들이 600만 원 상당의 소비재 주문을 한다(b2칸). 이로써 소비재 생산업에서 고용이 증가하고 따라서 소득이 늘어난다. 「한계소비성향」이 0.6이라는 가정하에 이 600만 원 소득증가(f2칸)로 인해 소비재 구매는 360만 원 늘어난다(h2칸). 이로써 늘어난 총소득은 전날과 합해 1600만 원(△*Y*)이며(g2), 총소비 구매(△*C*)는 960만 원이 된다(i2칸). 반면 재고는 다시 360만 원만큼 하락하게 된다(c2칸).

이 과정은 소득과 고용(△*Y*)이 총투자액과 소비함수의 합(△*I*+△*C*)이 상응하는 값(2500만 원)으로 수렴해 나가면서(k열) 15일째까지 지속된다. 「승수」의 값은 매일 동일(2.5)하다(j열). 하지만 재고 감소를 공제한 순 투자의 값은

(e열) 소득에 따라 서서히 증가해 결국은 재고 수준이 새로이 형성된「기대상태」에 도달할 때까지 지속된다(c열). (이 모델을 통해 알 수 있는 것은 다시 강조하지만 — 옮긴이) **소득은 항상「유효수요」와 현재의「기대상태」에 의해 결정되며,**[27] (오늘 노동자의 — 옮긴이) **소비지출 그 자체에 의해 직접 결정되는 것이 아니라**는 점을 유의해야만 한다.

거의 모든 경제학 교과서에서 혼동을 하고 있는데,「중개상」들이 매일매일 자신들의「기대」를 (어제에 근거해 — 옮긴이) 조정하는 과정 자체가「유효수요원리」 자체는 아니라는 것을 잊지 않는 것이 중요하다. 이때 3개의 서로 다른「균형」의 개념이 동시에 작동한다.

유형 I: 이윤을 최대화하려는「고용주」와 그 고객인「중개상」에 형성되는 경쟁 시장에서 매일 달성되는 생산과 수요의 정확한「균형」. 이로 인해「고용주」의「단기기대」는 그의「주문장부」에 이미 기재된 바와 일치하고, 이것이「유효수요」이다.

유형 II: 소비자에 있어서의「균형」으로서 소비자들은 매일 그들의 가계 계획하에 지출을 시행하는데, 이에 대해「중개상」의 재고가 자동적으로 그에 맞춰 조정되기 때문에「균형」이 달성된다.

유형 III:「중개상」의 대략적인「균형」인데,「중개상」은 소비자 수요 변화에 대해 자신들의「중기기대」를 계속 조정해 가면서 그것을 자신들이 가지고 있는 재고변동에 반영한다. 이는「균형」이 달성되었다기보다는 계속적으로 변화되는 균형점을 따라가는 경향을 말하는 것이고, 수요의「불확실성」을 감안할 때「중개상」은 절대로 그「균형상태」에 도달할 가능성이

---

27 즉, 매일매일「중개상」이 새로운「기대」에 의해 재고를 준비하기 위해 발주하는 양에 의해 결정되는 것이라는 말이다. 그 매일의 새로운 발주는 물론 어제의 소비에 대한 반응이기는 하지만, 기본적으로는 미래에 필요한 재고 수준을 확보하려는 것이며 직접 **오늘의** 소비지출에 의해 결정되는 것은 아닌 것이다. —옮긴이 주

없음을 의미하는 것이다.

많은 혼란들은 〈그림 3.2〉를 이 유형 III**의 「균형」으로 해석하기 때문에 발생하고 있다**. 만일 세로축을 「기대소득」 *D*가 아닌 지출 *E*로 하면 〈표 3.2〉와 같이 「중개상」의 「기대」가 「균형」을 향해 조정되는 과정을 나타내는 데 사용할 수 있다. 하지만 물론 계산 방식은 동일하지만 이렇게 표현하는 것은 그 배후의 경제학적 분석이 지향하는 바를 근본적으로 바꾸어 놓게 되며, 「유효수요원리」와 유형 I에서의 「균형」이라는 개념 자체를 모호하게 만든다.

표준적인 교과서에서는 〈그림 3.2〉의 가로축에 「유효수요」 *D** 대신 소득 *Y*를 사용하고, 이때 *Y*는 소위 실질소득을 나타낸다. 이는 결국 곡물경제에서의 실물로 표시된 소득에 다름 아니다. (이렇듯 소득과 그 지출이 직접적으로 수요에 작용하는 것으로 간주함으로써 — 옮긴이) 「유효수요원리」를 간과하고 지나쳐 버리도록 하며, 이때 균형점은 *Y*(계획된 순생산)와 *E*(실제 지출)가 45°선과 만나는 점으로 정의된다. 이것이 한센과 새뮤얼슨이 주창한 소위 「케인지언 교차도」가 의미하는 바이다.[28]

그러한 방식을 따르는 경우 가격은 고정된 것으로 가정되며, 지출은 가격의 매개 없이 실질소득을 직접적으로 창출하는 것을 의미한다. 또한 「유효수요」 *D**를 「총공급함수」 *Z*를 통해 고용 *N*과 연결시키는 단계는 사라져 버린다. 마지막으로 공급 측과 가격에 대한 「기대」의 형성은 사라져 버린다.

이 접근방식은 결국 케인스 경제학이 유효한 것은 오로지 규정될 수 없는 「단기」뿐이라는 주장으로 이어진다. 이때는 가격이 고정되어 있고, **「균형」이라는 것은 단지 판매 「기대」의 충족만으로 정의되는 것이다.** 또한 **「장기적」으로는 가격경쟁을 통해 「고전학파」 경제학에서 주장하는 완전고용의 결과를 얻을 수 있다고 주장한다.** 결국, **케인스의 『일반이론』은 고정 가격 또는 「가격경직성」에 의존하는 특수한 경우에 타당한 이론이라는 주장이 되는 것이다.** 표준적인 교과서에서의 케인스 경제학에 대한 설명은 케인스의 경제학에 대한 지침으로서는 심각한 오해를 야기하고 있는 것이다.

「유효수요원리」의 의미를 이미 확립했으므로 다음 절에서는 주류 경제학에서 계속 반복되는 세 가지 중요한 오해를 불식시키도록 할 것이다. 그를 위해 ① 화폐임금과 실질임금 간 핵심적 차이의 존재, ② 화폐임금의 「경직성」의 이유와 그것이 실업과 관계가 없다는 점, ③ 「단기기대」가 옳은지 여부는 중요하지 않다는 점들을 고찰할 것이다.

7. 「화폐임금」의 변화

곡물경제 모델에서 노동 수요는 실질임금과 관련이 있다. 노동자가 그 한계생산물을 임금으로 받아들이면 기업농들은 가용 노동자를 모두 고용하는 것이 가장 이익이라고 생각한다. 따라서 실업 구제책은 임금 삭감이다.

화폐경제에서는 노동자에게는 화폐로 임금이 지급되어야 하며 필연적으로 실질임금이 아닌 화폐임금으로 협상을 하기 마련이다. 개별 노동자나 특

---

28 [고급] 기존 교과서의 전형적인 「케인지언 교차도」 그림은 다음과 같다. 「균형」은 계획된 지출과 실질소득이 일치하는 점에서 발생한다. 실질소득(생산)이 계획된 지출보다 많으면 생산이 줄어들고, 반대인 경우 생산이 늘어난다. —옮긴이 주

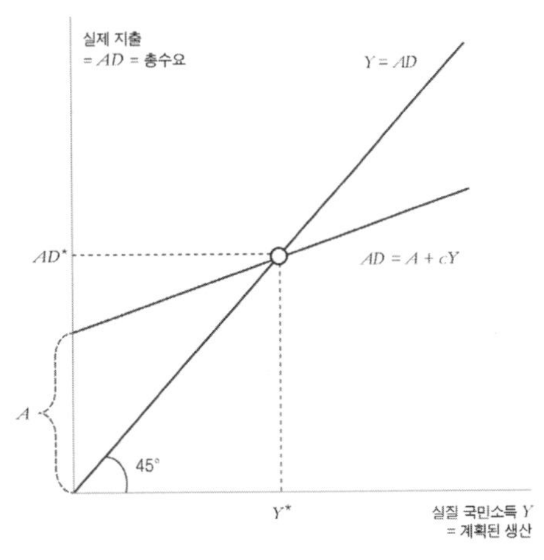

정 노동자 그룹의 화폐임금 인하는 다른 분야의 노동자 임금과 **비교했을 때** 그들의 실질임금을 **상대적**으로 낮추고, 따라서 그들의 고용을 유지시키거나 혹은 증가시킬 가능성이 있는 것은 사실이다. 하지만 「고전학파」적인 주장은 더 극단적이다. 즉, 곡물경제 모델에서 볼 수 있는 바 화폐임금의 **보편적인 삭감**[29]으로 인해 총고용이 증가한다고 말한다.

현실적으로 중요한 이러한 정책 문제에 대한 중요한 해답이 「유효수요원리」 자체이다. 「기대소득」이란 항상 화폐 가치로 표시되나, 그럼에도 불구하고 통화 단위뿐만 아니라 「표준노동」 한 단위의 화폐임금, 즉 「임금단위」를 이용해 환산 측정할 수 있다.[30] 예를 들어, 소득이 2000만 원이고, 1시간 노동의 최저임금이 1만 원인 경우 소득은 2000「노동단위」[31]이다. 만일, 「총수요」와 「총공급」이 「노동단위」로 표현되어 있다면 「유효수요」는 화폐임금과는

---

29 즉, 모든 노동자의 화폐임금이 동시적으로 삭감되는 것이다. 이 경우 각 노동자 간 상대적인 임금비율은 동일하게 유지될 것이다. —옮긴이 주

30 [고급] 독자는 3장 부록 2에서 설명한 「노동단위」와 「임금단위」에 대한 정의를 읽어 보기 바란다. 이 절에서 저자가 주장하는 내용은 케인스의 의도를 그대로 따르는 것이라고 생각된다. 하지만 그러한 케인스의 의도가 과연 성공했는지 여부, 혹은 이 같은 견해에 대해 케인스를 계승하는 「포스트 케인지언」들이 모두 수긍하는지에 대한 것은 별개의 문제이다. 이것은 궁극적으로 '가치론'의 영역, 즉 우리가 어떠한 것의 가치를 평가할 때 어떠한 객관적 기준에 의해야 하는가 하는 문제와 직결되는 부분이다. 이 책에서는 케인스의 생각을 소개한다는 차원으로 생각하고, 이 같은 견해가 옳은지에 대한 판단은 독자의 몫이라고 생각한다. 3장 부록 2에서 언급한 랜들 레이(Randall Wray)의 논문(Wray, 1999)을 참고하기 바란다. —옮긴이 주

31 [고급] 원문에서 저자는 관행적으로 계속 「임금단위」라고 표현하고 있다. 그런데 사실 정확한 표현은 「노동단위」이다. 이러한 용어 사용상 혼란의 출발점은 케인스 자신이다. 「임금단위」의 정의는 1「노동단위」당 화폐임금이며, 따라서 그 「임금단위」로 실제 화폐소득을 전환하면 그 결과 얻는 수치의 단위는 「표준노동단위」가 된다. 예를 들어, 소득이 100만 원이고, (1시간당 「표준노동」의) 「임금단위」가 2만 원인 경우 「임금단위」를 이용해 환산된 숫자는 「표준노동」시간이 되는 것이다. 즉, 100/2=50「표준노동」시간이다. 그런데 이 50「표준노동」시간을 그저 관행적으로 「임금단위」라고 부르는 것이다. 문제는 '「임금단위」로 표현된 소득'이라는 표현을 사용하면 마치 소득이 어떠한 '금액'으로 표현된 것처럼 혼동할 수 있는데, 실상은 그냥 노동시간인 것이고 마르크스의 노동가치론이 갖는 함의와 근접하게 되는 것이다. —옮긴이 주

무관하다. 화폐임금의 변화는 「노동단위」로 표시된 어떤 재화의 가치에 직접적으로 영향을 미치지 않는 것이다. 만약 어떠한 영향을 준다면 그것은 간접적 영향일 것이며, 그 화폐임금의 변화가 「노동단위」로 측정된 「총수요」에 복잡한 형태의 잔향(repercussions)을 통해 미치는 영향일 것이다.

고용 결정은 「노동단위」로 표시한 한계 수입과 한계노동비용이 같은 점에서 성립하므로 「총공급」은 화폐임금과는 무관하다.[32] 고용 결정에서 핵심적인 고려사항은 화폐임금과 물가의 절대적인 수준이 아니며, 노동과 상품 간 상대적인 가치이다. 이러한 상대 가치는 「노동단위」로 표시된 상품 가격과 화폐임금을 비교함으로써 파악될 수 있는 것이다.

「총수요」도 화폐임금과는 무관하다. 첫째, 소비는 화폐소득 그 자체가 아니라 화폐가 무엇을 살 수 있느냐에 최종적으로 의존하기 때문이다. 실제로 케인스는 「노동단위」로 「소비성향」을 규정하고 있다. 둘째, 다음 장에서 보

---

32 이 문장은 너무 중간 과정을 건너뛰어 설명하고 있기에 케인스의 『일반이론』에 정통하지 않는 한 독자가 이해하는 것은 거의 불가능하다고 본다. 따라서 이 결론의 이유를 경제학 전공자들을 위해 자세히 설명하겠다. 단, 경제학을 전공하지 않는 독자들의 경우 부득이 결론만 기억하기 바란다.

[고급] 이 관계는 케인스에 의하면 다음과 같이 설명될 수 있다(CW 7: 55, 주 2). 「공급가격」 Z를 다음과 같이 표현할 수 있다고 가정하자. $Z=\psi(N)=W\cdot\phi(N)$. 이때, W를 「임금단위」라고 하자. 그렇다면 이 「공급가격」 Z를 「노동단위」로 표현하자면 $Z_W\equiv\frac{Z}{W}$ 이다(Z 옆에 첨자 w를 붙인 Z_W로 표시하자). 그런데, $Z=W\cdot\phi(N)$이므로, 결국 $Z_W=\frac{W\cdot\phi(N)}{W}$ 이다. 「공급가격」 Z 선상에서는 기업이 이윤을 극대화하므로 항상 한계 수입과 한계 비용이 같아야 한다. 따라서 그 두 값을 「임금단위」 W로 나눈 값도 같아야만 한다. 이때의 한계 비용을 「노동단위」로 표현하자면, ΔN만큼의 「표준노동」을 늘릴 때 그 추가 비용의 가치는 당연히 ΔN이다. 기업의 소득(혹은 「공급가격」 Z)은 「노동단위」로 표현하면 $Z_W=\phi(N)$이므로, $\Delta Z_W=\Delta\phi(N)$이다. 한계 비용과 한계 소득이 같아야 하므로 $\Delta N=\Delta\phi(N)$이고, 따라서 $\frac{\Delta\phi(N)}{\Delta N}=1$, 즉 $\phi'(N)=1$이 성립한다[참고로 $\phi'(N)$표시는 함수 ϕ의 미분을 나타낸다]. 수확체감의 법칙이 작용하는 경우 만약 $\phi'(N)<1$인 경우, 기업은 고용을 늘려서 결국 균형에서는 $\phi'(N)=1$이 될 것이며 반대로 $\phi'(N)>1$인 경우는 노동의 고용을 줄일 것이며 이 경우는 $\phi'(N)$이 상승해 1이 될 것이다. 즉, 「노동단위」로 환산할 때의 이 균형 조건에는 명목화폐임금이나 그 어떠한 것도 개입되지 않는 것이다. —옮긴이 주

듯이 투자라는 것은 미래에 발생할 소득에 대한 권리를 낳는다. 현재의 화폐임금과 소득이 바뀌면 장래 소득도 바뀐다. 여기서도 중요한 것은 현재의 가격과 장래의 가격의 관계이지 가격의 절대 수준이 아니다. 따라서 임금의 변화가 「장기기대」에 영향을 주지 않는 한 「노동단위」로 투자수요를 측정하는 것은 합리적(rational)이다.

따라서 화폐경제에 있어서 고용의 수준은 「고용주」에 의해 결정되는데, 이는 「노동단위」로 측정되는 소비자나 투자자의 예상 지출에 근거한다. 노동생산성은 고용의 수익성에 영향을 미치는데, 이는 케인스가 철저히 「고전학파」 경제학의 용어를 사용해 개발한 「총공급함수」(Z)를 통해 이루어지는 것이다. 「고전학파」 경제학에서의 「수확체감」하에서는 고용 수준이 낮을수록 실질임금이 높아지고, 그 역도 성립한다고 주장한다. 그러나 **높은 실질임금의 원인은 고용이 낮기 때문이지, 고용 수준이 낮은 것이 노동자 전체가 더 높은 화폐임금을 요구함으로써 빚어지는 것은 아니다.**

8. 왜 화폐임금은 경직적일까?

대부분의 (주류 — 옮긴이) 경제학자는 케인스 경제학을 기껏 생산량의 「단기」 변동에 대한 이론으로만 환원시켜 버렸다. 이는 부분적으로는 케인스가 화폐임금의 경직성을 언급한 것에만 주목해 이것을 일종의 고정관념화해 버리고, 이 경직성을 경쟁의 실패에서 기인하는 것으로 곡해함으로써 이루어진 결과였다. 그들의 주장은 가격과 임금이 시장에서의 수요의 크기나 그 수요의 구성이 변화함에 맞춰 조정될 수 있다면 시장을 청산하고, 완전고용을 유지하기 위해 자원이 재배치될 수 있다는 것이다.

임금 삭감 수용을 거부한 노동조합에 항상 책임이 있다고 할 수 없다. 예를 들자면 소위 「뉴 케인지언」들은 가격이나 임금을 변경해도 「단기적」으로는 수익성이 맞지 않을 수 있다는, 불완전경쟁이론에 기반한 기술적인 이유를 제시하고 있다. 그러나 이들은 「장기적」으로 가격과 임금이 조정되면 「고전학파」 경제학적인 결과가 나타난다고 주장한다.

케인스는 화폐경제에 있어서는 화폐임금이 노동 서비스 시장을 단 한차례라도 청산할 수 있다는 생각을 철저히 부정하고 있다. 즉, 화폐임금은 '모델 밖'의 영역에 있는 것이다. 그 화폐임금의 전체적인 수준은 수요와 「공급」의 「균형」이라는 관점에서는 **설명할 수 없다는 것이다.**

이러한 케인스의 주장은 「균형」이라는 개념을 보편적이며 일관적으로 적용하기를 요구하는 「고전학파」(「뉴 케인지언」을 포함한) 경제학자들의 의견과는 완전히 이질적인 것이다. 그런데 비일관성은 케인스에 있는 것이 아니라 사실 「고전학파」 경제이론에 있는 것이다. 「고전학파적 이분법」에 의하면 화폐는 중립적이며, 단 상대가격체계만이 중요하다는 것이다. 그런데 화폐경제에서는 (상품들의 — 옮긴이) **화폐 가격**(money prices)의 변화 외의 다른 방식으로는 시장이 청산될 수 없는 것이다. 즉, **상대가격**(relative prices)**만으로는 시장이 청산되지 않는다**.

'모델 밖' 영역에 있다고 해서 자동적으로 화폐임금이 경직성을 갖게 되는 것은 아니다. 하지만 어떠한 가격체계가 붕괴되지 않으려면 그 물가수준을 정하게끔 하는 일종의 원칙이 필요하다. 지금까지 본 것처럼 표준적인 「고전학파」 경제학의 한계생산성에 근거하는 경우 그 물가수준은 화폐임금과 관련되어 있는 것이다. 그렇지만 비자발적실업이 있을 경우 노동시장은 청산되지 않고,[33] 그렇다면 이때의 화폐임금은 「고전학파」 경제학적 의미에 있어서의 「균형」으로부터 성립하는 것이 아닌 것이다. 이는 화폐임금이 수요와 공급의 크기 차이로부터의 영향을 받지 않는다는 것이 아니라 임금은 시장의

33 「유효수요」의 부족에 의한 경우 현행 임금 체계에서 일하고자 하는 의사가 있는 노동자들도 일자리를 찾지 못하는 상태가 존재한다는 것이다. —옮긴이 주

압력에 의해 물론 현재 주어진 상태에서 위아래로 등락할 가능성이 있지만, 그 등락이라는 것은 (「고전학파」 경제학적 의미에서처럼 — 옮긴이) 한 「균형」에서 다른 「균형」으로 이동시키는 과정이 아니라는 것이다. 임금은 0이나 혹은 무한대를 향해 빨리 움직이는 것이 아니라[34] **필연적으로 경직적**이라는 것이다. 이러한 화폐임금과는 대조적으로 케인스는 **생산된 '재화'의 가격은 '모델 내'에서 수요와 공급 간 경쟁으로 달성되는 「균형」에 의해 결정되는 것을 충분히 인정하고 있는 것이다**. 「뉴 케인지언」들이 주장하는 방식의 불완전경쟁은 케인스의 분석에서는 아무런 역할을 하지 못하고 있다. 케인스는 그에 대해 다른 의견을 표명한 어떤 평론가에 대해 다음과 같이 답했다. "불완전경쟁에 대한 언급은 매우 혼란스럽기만 하다. 나는 그 불완전경쟁이라는 것이 도대체 무슨 상관이 있는지 이해하지 못하겠다"(CW 14: 190).

9. 「기대」의 변화와 「기대」의 충족

「유효수요원리」가 말하는 바는 실제로 **「기대」의 충족과는 전혀 상관없는 것이다**. 우리의 입장에서는 매일 「고용주」가 고용을 결정하는 것을 분석함에 있어서 과연 그의 「기대」가 옳은지 아닌지를 분석하려고 고민할 필요가 없는 것이다. 「유효수요」와 그에 대응하는 고용이 반영하고 있는 바는 공급 측면에 있는 「고용주」 간 매도(offer) 경쟁, 그리고 수요 측면에 있는 「고용주」, 「중개상」, 투자자 간 매수(bid) 경쟁에 의해 매일 발생하는 경쟁적균형뿐이다. 더 이상의 「균형」은 불필요하다.

---

34 즉, 불안정한 균형점은 그 「균형」을 이탈하는 순간 무한 발산하거나 혹은 0으로 빠르게 움직인다. 반면 안정적균형점은 「균형」을 이탈하더라도 다시 「균형」으로 돌아온다. 저자의 의도는 임금이라는 것은 어느 한 수준으로 수렴하는 안정적균형도 아니고 반면 불안정해 발산하는 것도 아닌, 그러한 「균형」적인 개념으로는 설명할 수 없다는 것이다. —옮긴이 주

그럼에도 불구하고 「중기」 및 「장기기대」는 나날이 변화하고 있기 때문에 그에 따라 균형점은 계속 이동하고 따라서 「유효수요」도 변화하고 있는 것이다. 신규 수주는 새로운 「기대」 수준에 맞춰 이전과는 다른 가격과 물량하에 협상된다. 기존의 발주는 그대로 남아 있기 때문에 이러한 기존의 발주를 통해 「기대」되는 소득과 그에 따른 고용은 발주된 상품이 인도될 때까지는 거의 영향을 받지 않는다. 이때 「중개상」은 재고로 가지고 있는 상품이나 혹은 이미 발주해 생산 중인 상품에 대해 예상하지 못한 이익이나 손실을 입을 수도 있지만, 이런 이익이나 손실은 「고용주」의 생산이나 고용 결정에는 영향을 주지 않는다.

기대 수준의 변화가 지속된다고 가정되는 한 그 변화에 따라 「유효수요」의 수준이나 「주문장부」, 생산, 자본 설비 등의 구성이 조정되는 동안은 일정 이행 기간이 있다. 「중개상」이 변화의 영향을 완전하고 정확하게(그리고 '합리적으로') 예측하고, 그에 따라 발주를 하고 있다고 해도 그 이행기 동안은 다양한 역학(mechanics) 관계가 존재하는 것에는 변함이 없다. 소비를 위한 새로운 생산 수준에 부응하기 위해 필요한 새로운 자본재를 생산하는 데도 시간이 소요되기 때문에 그에 따른 소비재의 일시적 가격 상승에 대응해 소비함수도 일시적인 변화가 생길 수 있다. 고용도 최종적인 수준으로 정착되기 전에 과잉 고용 상태를 초래할 수도 있다.

케인스가 말했듯이 욕조에 양동이 가득 찬 물을 부었을 때 발생하는 물의 파장처럼 생산과 고용이 새로운 「장기간」[35] 수준으로 자리 잡기 전까지는 파도 물결 같은 어떠한 진동이 지속될 것이다. 물을 아주 천천히 그리고 꾸준하게 부어 가는 경우에만 수면을 흐트러뜨리지 않고 욕조 물의 수면이 상승하기 마련이다. 그러나 현실에서는 수면의 움직임이 가라앉기도 전에 인정사정

---

35 케인스에 있어서 이 「장기간」이라는 용어는 「장기」라는 용어와 다른 개념이다. 3장 부록 1을 참고하라. —옮긴이 주

없이 다른 양동이의 물이 쏟아지기 마련이다. 「기대상태」는 많은 이유로 변화한다. 예측 오차는 그저 그중 한 가지 요인에 불과하다.

균형점에서는 「기대」가 모두 충족된다는 개념은 소위 「케인지언 교차도」[36]의 배후에 있는 생각이다. 하지만 이는 「균형」의 유일한 개념도 아니고, 더욱이 가장 타당한 개념은 절대로 아닌 것이다. 정책이나 혹은 다른 어떤 외부의 독립적인 변화가 있을 때 물론 실제로는 그 변화로 인한 파동이 가라앉는다고 절대로 예상할 수 없음에도 불구하고 우리의 분석 목적상 우리는 그에 수반되는 「장기적」인 변화를 분석하는 것에 가장 관심을 가질 수밖에 없다. 우리가 알고 싶은 바는 그 욕조가 얼마나 가득 차 있는지, 혹은 욕조가 넘쳐 버리지는 않는지 하는 것이지 그 수면에서 항상 일고 있는 파장 자체는 아니다.

「단기기대」의 **충족**은 케인스의 「유효수요」의 중심 원리와는 직접 관련이 없다고 이 절의 첫머리에서 언급한 바 있다. 하지만 케인스는 「기대」가 어떻게 변화하는지, 그리고 「기대」가 갑자기 그렇게 변화할 가능성이 얼마나 있는지에 대해서는 분명 지대한 관심을 가지고 있었음을 덧붙이고자 한다. 특히 투자를 결정하고, 그래서 그의 고용을 설명하는 모델 전체를 주도하는 소위 「장기기대상태」(the state of long-term expectation)는 순환적으로 변화한다고 주장했다. 더욱이 「장기기대」가 실망으로 바뀌는 경우 그것이 공황 발생에 중요한 역할을 하고 있음을 설명하고 있다. 이러한 「장기기대」가 갖는 본질에 대해서는 다음 장에서 기술하기로 하겠다.

---

36 3장 각주 28을 참고하라. —옮긴이 주

10. 뒷문으로 들어온 「세의 법칙」?

이 장에서 서술한 화폐경제에서의 고용에 관한 케인스의 이론을 우리가 받아들인다고 해도 「총수요」와 「총공급」을 완전고용 상황에서 일치시키기 위한 시장 메커니즘이 존재하는지에 대한 의문은 남는다. 케인스는 「고전학파」 경제이론의 오류는 그들이 다음과 같이 상정함에 있다고 서술하고 있다. 즉, 그들은 "현재의 소비를 절제하는 의사 결정이 장래의 소비에 대비하는 의사 결정과 관련시키는 어떠한 연결이 있다고 상정하는데, 사실 후자를 결정하는 동기는 전자를 결정하는 동기와는 어떠한 단순한 방식으로 연결되어 있지는 않다"(CW 7: 21). 곡물경제 모델에서는 자본시장의 이자율이 소비와 투자의 수요를 조정해 완전고용하에서의 「순산출」과 일치하도록 한다. 그런데 화폐경제에서는 사정이 다르며, 이에 대해서는 다음 장에서 논의하기로 한다.

부록 1*

케인스의 「균형」, 「기대」, 그리고 「시간」에 관하여

1. 「균형」

경제학에서 가장 혼란을 야기하는 개념 중 하나는 「균형」이라는 개념이다. 다음과 같이 네 가지의 상이한 「균형」이 구분 없이 혼재되어 쓰인다.

D1. 서로 다른 방향의 힘이 상쇄되어 밸런스를 이룬 상태. 예를 들어 수요와 공급(즉, 시장을 청산한다는 개념)

D2. 어떤 경제주체도 현재 자신이 위치해 있는 상태를 바꿀 이유도, 그럴 힘도 없는 상태

D3. 모든 경제주체들이 자신들에게 최선의 선택을 한 상태

D4. 모든 경제주체들의 「기대」가 충족된 상태

---

* [고급] 이 부록은 독자의 편의를 위해 마크 헤이스(Mark Hayes, 2006: 3~20)에서 설명된 「균형」 및 「기대」의 내용을 토대로 정리 요약한 것이다. ―옮긴이 주

스미스에 있어서는 D1의 수요 공급 간 「균형」이라는 개념이 중요했고, 레옹 발라스(Léon Walras)의 「일반균형이론」 체계에 있어서는 이 네 가지 정의 모두가 중요했다. 마셜의 관점에서는 처음 세 가지가 중요했고, 케인스는 처음의 두 가지(D1, D2)만 중시했다. 이 두 가지는 「역학」적인 측면에서의 「균형」이다. 그런데 「포스트 케인지언」의 경우 D4, 현대의 「일반균형」(一般均衡, general equilibrium)이론가들은 D3, 그리고 게임이론가들은 D2가 중요하다. 자연과학적 개념의 「균형」은 당연히 D1이다. 따라서 이때는 어떠한 관측 가능한 움직임도 보이지 않는다. 그런데 「역학」에 있어서는 D1, D2가 해당된다. 만일 움직임이 수반되는 경우 「균형」이 깨지고 「시간」과 공간이라는 요소가 개입되기 시작하는 것이다. 균형은 안정적이거나 불안정할 수 있다. 「불균형」은 「균형」으로부터의 이탈인데, 이러한 「불균형」은 일시적일 수도 있고 지속적일 수도 있다. 그런데 「불균형」은 단지 「균형」이 변화하는 것과는 다르다.

물리학에서 경제학으로 이 「균형」의 개념을 확장해 사용할 때는 다음과 같은 중요한 네 가지 고려할 측면이 있다.

A1. 「균형」으로 돌아가게 하는 힘의 존재 여부

A2. 「균형」을 관측할 수 있는가 여부

A3. (「불균형」으로부터) 「균형」이 달성되기까지의 「시간」

A4. 기타 다른 고려 변수

A2와 관련해서 경제학에서의 문제는 어떤 상태가 「균형상태」인지 아니면 「불균형상태」인지를 구별하는 것이 힘들다는 것이다. 문제는 「균형상태」라는 것이 도달할 수 없는 것이거나, 혹은 관찰할 수 없는 것인 경우 「균형」이라는 개념 자체의 유용성에 심각한 의문이 제기될 것이다. 케인스는 「균형」이 관찰 가능하고 도달 가능하다고 **암묵적**으로 전제하고 있는 듯이 보인다.

A3의 「시간」이라는 요소는 사실 많은 혼란을 야기한다. 마셜은 이 「시간」을 「시장개설기간」, 「단기간」, 「장기간」, 「최장기간」(very long period)으로 구분했다. 이 같은 마셜의 용법은 소위 세테리스 파리부스(ceteris paribus)[1]라는 그의 방법론과도 밀접히 연결되어 있다. 「시장개설기간」은 생산된 재화의 양이 주어져 있고 변화하지 못한다. 「단기간」은 이미 주어진 생산 능력하에서 고용, 원자재 투입 등을 조정해 생산량을 변화시킬 수 있는 「기간」이다. 「장기간」이라는 것은 생산 능력 자체를 변화시킬 수 있는 「기간」이다. 마지막으로 「최장기간」은 재생가능하지 않은 요소(토지, 노동) 등이 인구증가나 새로운 정착 등으로 변화하는 「시간」이다.

이러한 마셜적인 「기간」의 구분에 대해 케인스는 그것이 불완전하다고 판단했고, 그에 대한 수정을 『일반이론』에서 제시하고자 했다. 그는 이 「기간」의 개념을 「실질적 시간」(calendar time)으로 바꿨다. 케인스적 용법에 의하면 중요한 요소는 「기대」이지 어떠한 물리적인 생산 요소의 변경 그 자체는 아니다. 반면 마셜에게 있어서는 「시장개설기간」과 「단기간」의 차이는 시장에서의 「단기간」은 정상 가격으로 가격이 돌아갈 때까지 소요되는 어떠한 일정 「기간」(예를 들면 수개월 혹은 1년)을 의미한다. 케인스에 있어서의 이 「기간」은 다음에서 볼 수 있듯이 물리적 「시간」으로 환산할 때 마셜의 시간에 비해 상당한 단축되어 있다.

「하루」(day): 이는 마셜의 「시장개설기간」에 대응한다. 이는 공급이 현재 존재하는 완성된 생산품의 양에만 의존할 수 있는 가장 긴 「시간」이다. 이때의 「균형」이라는 것은 주어진 소득하에 시장을 청산한다는 의미

---

1 다른 변수들은 고정되어 있다고 가정하고 한 가지 변수를 변화시켰을 때 그 결과를 예상하는 방법으로 복잡하고 다양한 변수들의 작용에 의해 야기되는 복잡성을 분해하는 방법이다. ― 옮긴이 주

의 「균형」이다. 시장은 순간적으로 청산된다. 이때 거래되는 시장은 현물시장이며 결정되는 가격도 현물시장의 가격이다.

「여러 날」(days): 이는 「단기간」에 대응하는데, 케인스는 이를 「생산기간」으로도 불렀고, 기술적으로 봤을 때 생산량을 변경시킬 수 있는 **가장 짧은** 「시간」이다. 이것은 주어진 자본 설비하에서 노동과 제생산 요소를 투입해 생산량을 변화시키는 「기간」이며, 결국 「유효수요」가 결정되는 「시간」이다. 그런데 이때 결정되는 생산량은 그 생산이 끝나서 시장에 공급되었을 때(예를 들어, 오늘 하루 생산을 해 내일 아침 시장에 물건이 공급되기 시작하면 그때의 시장 상황) 벌어들일 수 있는 소득에 대한 「단기기대」에 의존하고 있는 것이다. 그러한 「단기기대」가 형성되어 생산이 개시되면 그 자체가 「균형」인 것이다.

「장기간」: 케인스에 있어서의 이 「기간」은 마셜과 다르다. 마셜적인 의미에 있어서는 이 「기간」은 이윤이 창출되는 한 계속 자본 설비 투입이 증가되어 결국 「초과이윤」이 0이 되는 상태를 의미한다(이때 물론 인구증가 등의 「최장기간」적인 요소는 고정되어 있다고 가정된다). 하지만 케인스에 있어서는 이와 달리 어떠한 **새로운 「기대」 수준이 형성되어** 그에 맞춰 적절한 자본과 노동을 고용하게 되고, 그렇게 새로운 형태의 생산이 도입되고 생산을 하게 되는 의미에서의 「균형」을 달성하게 되는 「기간」을 의미하는 것이다. 이때의 의사 결정은 결국 그러한 새로운 형태의 생산이 도입되어 생산이 시작될 때에 대한 「장기기대」에 의존한다.

이러한 케인스적인 의미에 있어서는 「균형」이라는 것은 기대의 실현과는 상관이 없는 것이다. 또한 「단기간」이든 「장기간」이든 기존의 마셜이나 「고전학파」 경제학에서는 제외되었던 소비자, 투자자 등이 가지고 있는 「소비성향」, 심리상태, 미래에 대한 「불확실성」에 대한 느낌 등의 심리적인 변수가 개입하게 되고, 그로 인해 「단기간」이나 「장기간」의 「균형」이 변화할 수 있다는 것이다. 그러한 의미에서 케인스의 체계는 「고전학파」 경제학이 몇 개의 기계적인 변수들에 갇혀 있는 바에 비교할 때 '열린' 체계이다.

이때 우리가 관찰 가능한 가격은 오로지 「시장개설기간」 동안의 가격인데, 케인스나 마셜은 이 가격을 균형가격이라고 간주했다. 즉, 이 「기간」에는 경쟁의 힘에 의해 시장이 청산되고 가격이 형성되는데, 이렇게 형성된 가격이 균형가격이다. 즉, 「시장개설기간」에는 「불균형」이 없다고 간주했던 것이다. 예를 들어, 이 「시장개설기간」 동안 재화의 공급은 이미 고정되어 있는 것이고, 물론 그 「균형상태」는 이후 공급이 변하거나 하면 변화될 수 있는 것이기 때문에 일시적인 것일지라도 **그 자체로는 「균형」이라고 정의한 것이다**. 그런데 이 「시장개설기간」의 균형은 그다음 레벨의 「기간」의 관점에서 볼 때 「불균형」이다. 즉, 「시장개설기간균형」=「단기간불균형」, 「단기간균형」=「장기간불균형」이고, 「장기간균형」=「최장기간불균형」인 것이다. 따라서 균형, 「불균형」은 필히 이러한 「기간」과 연관되어 상대적인 개념이고, 어떠한 절대 불변의 고정적 개념이 아닌 것이다.

A4에 관련된 요소는 「일반균형」에 대한 견해의 차이이다. 주류 경제학에서 「일반균형」을 말하는 경우에는 D3의 정의, 즉 모든 사람이 자기에게 가장 최선의 선택을 한 상태를 의미하는데, 케인스적인 의미에서는 모든 이가 자신들이 원하는 최선의 선택을 하지 못한다고 하더라도 경쟁적균형은 존재한다(D1, D2의 의미). 바로 이러한 「균형」에 대한 견해의 차이가 『일반이론』에서 주장하는 바인 것이다. 즉, 불완전고용은 케인스적인 의미에 있어서 「불균형」이 아닌 것이다. 마셜과의 차이 또한 유사하다. 마셜은 「장기간」적으로 봤을 때 경쟁이 작동해 결국은 완전고용에 도달할 것이라고 봤고, 그로 인해 소위 준지대(quasi-rent)가 없어질 것으로 본 것이다. 그에 의하면 결국 불완전고용이라는 것은 자본과 노동의 자유로운 움직임을 제약하는 불완전경쟁 요소에 의한다. 이에 반해 케인스는 완전경쟁하에서도 불완전고용이 존재하는

것으로 주장하는 것이다.

한 가지 주의해야 할 점은 그러한 결론을 도출하기 위해 케인스는 여전히 「고전학파」 경제학적인 완전경쟁의 가정을 유지하고 있다는 것이다. 『일반이론』에서는 독점이라는 요소는 등장하지 않는다.

마지막으로 주목할 점은 『화폐론』에서는 완전고용이라는 「균형」에서 이탈된 「불균형상태」에서의 고용의 움직임을 분석한 반면, 『일반이론』은 불완전고용하에서의 「균형」을 논하고 있다. 그렇기에 『화폐론』의 분석을 일부 주류 「신고전학파」 경제학자들이 애호하는 것이다.

2. 「단기기대」, 「장기기대」

케인스에 있어서 앞의 「기간」은 「기대」를 말하는 경우 사용하는 「단기기대」 그리고 「장기기대」와 구별해 사용하고 있다. 전자의 경우 영어로는 period, 후자의 경우 영어로는 term이라는 단어를 사용하고 있다. 「단기기대」는 그가 어떠한 생산을 시작할 때 향후 그가 완성할 제품이 시장에서 실현되는 소득에 대한 예상이다. 「장기기대」는 그가 어떤 완성된 자본 설비를 구입했을 때 그가 향후 벌어들일 수 있을 것으로 희망하는 수익에 대한 예상이다 (CW 7: 46~47). 전자는 주어진 설비하에서의 생산과 고용을 결정하며 후자는 투자를 결정한다. 따라서 **매일** 생산자가 생산하는 산출은 「단기기대」에만 의존한다. 반대로 생산 설비 시설을 생산하는 생산자의 경우 자신이 매일 생산 활동을 함에 있어서는 「단기기대」에 의존하지만(즉, 내일 완성품의 가격에 대해) 결국은 매입자의 「장기기대」에 영향을 받는 것이다. 그런데 "실제로 실현된 결과는 그것이 그 이후의 「기대」에 영향을 미치는 한에서만 중요한 것이고, 그렇지 않은 경우에는 중요하지 않은 것이며, 마찬가지로 과거의 「기대」도 중요하지 않은 것이다"(CW 7: 47). 즉, 매일매일 수정하는 그가 현재에 갖는 미래에 대한 「기대」가 중요하다.

따라서 케인스가 「기간」을 사용할 때에는 경쟁에 의해 「균형」에 도달하는 「시간」을 지칭하며, 반면 「단기기대」, 「장기기대」에서의 「시간」은 두 가지 다른 형태(즉, 자기 제품이 완성된 가격과 자기가 구입한 자본 설비가 미래에 창출할 이익)의 「기대」가 갖는 「시간」의 지평을 나타낸다.

부록 2

케인스의 「임금단위」와 「노동단위」에 대해

[고급] 대부분의 독자는 앞에서 처음 언급된 「임금단위」와 「노동단위」라는 용어를 생소하게 여길 것이다. 「노동단위」와 「임금단위」는 케인스의 『일반이론』에서 고용과 임금을 측정하기 위해 사용되는 두 가지 중요한 개념이다(CW 7: 41, 55 주 2).

현실에서는 다양한 형태의 노동과 그에 따른 다양한 보수가 존재한다. 그런데 이러한 다양성을 가진 노동을 동질화하고 계량화하기 위해서는 어떠한 추상적 기준으로 환원해야만 한다. 그 같은 시도가 바로 「노동단위」라는 개념이다. 즉, 고용을 측정하는 단위인 「노동단위」는 예를 들어 1시간의 「표준노동」이라는 것인데(CW 7: 41), 그것을 기본 단위로 해 '1「노동단위」'로 정하는 것이다. 예를 들어 어떤 고급 노동을 평가할 때 「표준노동」에 비해 2배의 가중치를 부여한다면(그 구체적인 환원 방법에 대한 자세한 논의는 애석하게도 없다), 1시간 동안의 고급 노동은 '2「노동단위」'가 되는 것이고, 10시간의 고급 노동은 '20「노동단위」'가 되는 것이다. 이 '1「노동단위」'당 화폐임금을 「임금단위」라고 케인스는 정의했다. 그렇다면 전체 임금은 다음과 같이 표시될 것이다. 즉, $E=NW$(여기서 E는 전체 임금, N은 「노동단위」, W는 「임금단위」)라고 할 때 어떤 노동자가 20시간의 「표준노동」을 수행했고(N=20), 1「노동단위」당 임금이 1만 원인 경우(W=10,000) 임금(E)은 20만 원이 되는 것이다.

그런데 만약 현실 경제에서 200만 원의 임금을 지불했다고 하자(이 금액을 X라고 표현하자). 그렇다면 그 X=200만 원을 「노동단위」로 환원하는 것이 가능하다. 즉, 이때의 「임금단위」를 이용해 환산해서 「노동단위」로 표현된 200만 원은, X/W=200만 원/1만 원=200「표준노동」시간인 것이다.

케인스는 어떠한 화폐 가치를 「표준노동」시간으로 환산하는 것에 중요성을 부여했는데, 예를 들어 어떠한 화폐 가치로 표현된 변수 X에 대해 그것을 「임금단위」를 이용해 노동시간으로 환산했을 때 X_w라는 표현을 사용했다(즉, $X_w=X/W$). 앞에 표시한 전체 임금 E도 「노동단위」로 환산하면 $E_w=E/W=NW/W=N$이 되는 것이다. 마찬가지로 「공급가격」 Z를 이러한 「표준노동단위」로 환산한 것은 $Z_w=Z/W$가 되는 것이다(CW 7: 41 주).

케인스가 이같이 「노동단위」로 환원하고자 노력했던 이유에 대해서는 다양한 의견이 존재한다. 딜라드처럼 마르크스의 노동가치론과의 유사성에 주목하는 경우도 있고, 혹은 얀 크레겔(Jan Kregel)처럼 케인스는 의사결정을 내리기 위한 어떠한 객관적인 척도를 찾고자 시도했다는 견해도 있다. 이에 대한 자세한 논의는 레이(Wray, 1999)를 참고하라.

부록 3

케인스의 「사용자비용」에 대해

이 「사용자비용」이라는 개념은 케인스의 『일반이론』에 상세히 설명되어 있는 개념인데, 「사용자비용」은 대체적으로 말하자면 생산을 위해 원재료로 소진된 가치와 자신이 가지고 있는 시설에 대한 감가상각의 합이다. 다음의 추가 설명은 이 개념에 대해 관심 있는 고급 수준의 독자들을 대상으로 하는 것인데, 일반 독자는 무시해도 무관하다.

[고급] 케인스의 정의를 사용하자면 「사용자비용」은 "어떤 상품을 생산함에 있어서 요구되는 '희생'의 화폐 가치"이다(CW 7: 53). 그런데 이에는 생산을 위해 노동자에게 지불하는 「요소비용」은 포함되지 않는다(CW 7: 53). 좀 더 엄밀하게 말하자면 「사용자비용」에는 시설을 보전하기 위해 투입된(즉, 직접 생산과정에 투입된 노동이 아닌) 노동의 가치는 다시 빼준다(왜냐하면 그 시설 보존을 위한 비용 부분에도 「요소비용」이 포함되어 있기 때문이다). 결국, 「사용자비용」이라는 것은 "생산을 위해 다른 기업으로부터 구매하는 금액 및 자신이 소유하고 있는 설비를 방치하지 않고 이용함으로써 발생하는 희생의 합(CW 7: 23)"으로 정의된다. 케인스는 이 「사용자비용」에 대해 『일반이론』 6장 부록에서 장황하게 설명하고 있는데, 충분히 중요한 이유가 있다. 이 「사

용자비용」은 혹자에 따라서는 무용지물인 개념으로 간주되고 있으나 케인스 자신의 말을 빌리자면 "그간 간과되어 왔지만 「고전학파」 경제학에서 중요한 개념(CW 7: 66)"이다.

다소 장황하겠지만 수식으로 정리하자면 다음과 같다(원문과의 대조를 위해 가급적 케인스의 기호를 사용하겠다). 단, 다음의 기호들은 개별 기업이 아닌 '경제 전체'에 대해 합산한 것이다. A: 매출액, A_1: 다른 기업으로부터 구매한 금액($A_1 \equiv M_1 + M_2$, $M1$: 원자재 구입비용, M_2: 기자재 구입비용), D: 감가상각, P: 기업의 이윤, U: 「사용자비용」, F: 「요소비용」($\equiv L_1+L_2$, L_1: 생산에 직접 투입된 노동, L_2: 시설의 보수 유지를 위해 투입된 노동)으로 정의하자. 이때 결론적으로, $A=P+U+F$, $U=M_1+D-L_2$, 소득 $Y=A-U$, 소비 $C=A-A_1$, 투자 $I=A_1-U$, 즉 소득 $Y=C+I(=A-A_1+A_1-U=A-U)$라는 깔끔한 관계로 정리가 되는 것이다(이에 대한 도출은 『일반이론』 6장 부록 참고).

참고로 「사용자비용」의 도입이 의미하는 바에 대해 여러 가지 설이 있다. 앞과 같이 소득을 일목요연하게 정리하는 효과도 있지만, 다른 효과 중 하나는 케인스의 『화폐론』에 나온 소위 '소비재 부문'과 '투자재 부문'의 구분을 대체한 것이라고 생각할 수도 있다. 또한 이 「사용자비용」은 마르크스가 구분한 I 부문(자본재 생산부문)과 II 부문(소비재 생산부문)과도 깊은 연관이 있다(물론, 케인스는 마르크스에 대해 항상 부정적인 시각을 가졌음에도 불구하고 어쩌면 케인스의 이론은 화폐가 도입된 마르크스 이론에 다름 아니라는 시각도 있다). 「사용자비용」과 마르크스의 I 부문과 II 부문의 재생산 표식과의 관련성에 대해서는 모리스 돕(Maurice Dobb)의 제자였고 당시 케임브리지대학에 있었던 판 홍(Fan-Hung, 1939: 28~41)을 참고하라.

기타 『일반이론』의 6장 부록 2에 명시한 바와 같이 케인스는 이 「사용자비용」은 미래와 현재를 연결하는 중요한 연결고리라고 하면서, 자본가는 항상 자신의 설비(혹은 가지고 있는 원료)를 당장 사용할 것인지 아니면 잠시 사용하지 않고 때를 기다릴 것인지와 같은 선택에 직면한다고 말하고 있다. 이 「사용자비용」이라는 개념은 『일반이론』 4장의 투자에 관한 논의에서 중요한 역할을 차지한다.

그리고 마지막으로 케인스의 「사용자비용」 중 이 '시설을 보전하기 위해 투입된 노동의 가치'라는 부분에 의해 야기되는 어쩌면 사소한 결함에 대해서는 아바 러너(Abba P. Lerner)의 지적이 옳은데, 러너는 이에 대해 불필요한 혼란을 야기하는 항목이라고 지적한 바 있다(케인스는 이 노동이 시설에 지속적으로 체화되어 그 한 해의 생산이 끝나더라도 일정 부분 시설에 남아 있는 것이 아니라 한 해에 모두 소비되는 것으로 간주했다). 이에 관해서는 러너(Lerner, 1943: 131~132)를 참고하라.

참고로 「사용자비용」에 대한 포괄적 논의는 헤이스(Hayes, 2006: 72~73)를 참고하라.

4장

세간의 큰 혼동들

1. 들어가기

「세의 법칙」을 무너뜨리고 「고전학파」 경제학의 고용 이론을 대체했다는 케인스의 주장을 둘러싼 논쟁은 그 이후 이자 이론 그리고 이자와 저축과 투자와의 관계에 대한 논쟁을 중심으로 일어났다. 『일반이론』의 출판 이후 케인스 자신이 이 문제를 가까운 동료인 데니스 로버트슨(Dennis Robertson)이나 다른 저명한 경제학자와의 일련의 의견 교환을 통해 해결하려고 했지만 결국 성공하지는 못했다(CW 14: 179~233).

대부분의 경제학자들은 힉스나 악셀 레이욘휴브드(Axel Leijonhufvud)의 의견을 따르면서 케인스가 「고전학파」의 이자율 이론을 반박하는 바에는 성공하지 못했다고 생각해 왔다. 이들은 케인스의 이자율 이론이 그보다 일반적인 「대부자금설」(loanable fund theory)에서의 이자율 이론의 특수한 경우라고 주장했다. 이 「대부자금설」은 「고전학파」 사고를 화폐경제에 적용한 것이라고 할 수 있다. 따라서 『일반이론』은 「고전학파」의 이론을 특수한 경우로 포괄한다는 케인스의 주장과 이들 「고전학파」 경제학자들 간 논쟁에 있어서 이 이자율 이론이 핵심 중의 하나라고 할 수 있다.

투자 계획은 「고용주」나 다른 사업자가 수립하는 것이 대부분이지만 저축 계획은 소득을 얻고 있는 모두가 각기 개별적으로 계획하게 된다. 왜 이 별개의 금액들의 총합, 즉 투자와 저축이 같아지지 않으면 안 되는가. 「고전학파」 경제학자들의 잘 알려진 주장에 따르면 이자율이란 것은 생산성과 근검절약의 결과라는 것이다. 앞에서 다루었던 곡물경제 모델에서는 자본시장에서의 이자율에 따라 양자의 「균형」이 달성되고 있다. 이러한 견해에 따르면 화폐경제에서는 사람들은 소득을 화폐의 총합으로 느끼는데, 그 소득을 모두 소비하지 않으면 확실히 남은 화폐는 저축하게 되며, 이것을 이자를 받고 다른 사람에게 빌려줄 수 있다는 것이다. 이러한 형태는 곡물경제 모델에서 잉여 곡물을 남에게 대여하는 것과 어떤 차이도 없다.

하지만 이같이 전통적인 생각을 유지해 온 경제학자에게는 놀랍게도, 케인스의 대답은 화폐경제에 있어서 **저축은 화폐를 빌려주는 이자율 형성에 전혀 역할을 하지 않고**, 이자율이라는 것은 단지 화폐와 금융의 문제라는 것이다.

케인스는 투자 계획과 저축(엄밀하게는 소비하지 않고 남는 것) 간의 「균형」은 「유효수요」와 「승수」의 원칙에 의해 **소득이 변화함에** 따라 달성되는 것이며, 이자율 변화에 기인해 양자의 「균형」이 달성되는 것은 아니라고 주장했다. 이 「균형」은 그로부터 벗어나려는 어떠한 힘도 존재하지 않는다는 의미에서의 안정적균형을 나타내고 있다. 이때의 균형점에서는 소득이 낮고 실업도 존재할 수 있다는 것이다. 이자율이 투자나 저축에 어느 정도는 영향은 주지만, 실업이 존재한다고 해서 그로 인해 자동적으로 이자율이 내려가고, 그래서 기업이 투자를 늘리거나 혹은 소비자가 소비를 늘려 완전고용을 회복하도록 하는 등의 어떠한 자동적인 힘이 존재하는 것은 아니라는 것이다.

케인스는 이자율은 투자 계획과 저축의 「균형」이 아니라 「화폐수요」와 「화폐공급」의 「균형」에 따라 결정된다고 주장한다. **투자가 저축을 결정하는 것이**

며 저축이 별도로 투자에 영향을 미치는 것이 아닌 것이다. 투자는 금융에 의존할 수 있지만, 금융은 화폐의 문제이지 저축의 문제는 아니라는 것이다.

이들 상이한 주장 중 어느 것이 옳은가, 그리고 어떻게 하면 경제학을 공부하는 학생들은 그러한 상이한 견해 중에 바른 선택을 할 수 있는가? 다음 절에서는 케인스에 반대하는 유명한 경제학 거장들이 왜 틀릴 수 있는지를 논하면서, 동시에 케인스의 견해를 지지하는 설명을 제시할 것이다.

2.「대부자금설」에 존재하는 혼동

「대부자금설」도 중요한 이자율은 실질이자율 또는 곡물 혹은 기타 실물 상품을 빌려주고 실물로 받을 때의 이자율이 아니고, 화폐를 대부할 때 받는 이자율이라는 것에는 동의한다. 하지만 그들의 주장에서 논쟁거리가 되는 중요한 주장은 대출은 화폐 저축, 신규 화폐의 발행, 혹은 금고 속에 「축장」(蓄藏, hoarding)되어 있던 돈으로부터 나오는 것이라는 것이다. 이것들을 통칭해 「대부자금」이라고 부른다. 이처럼 저축과 화폐는 동전의 양면이라는 것이다. 반대로 말하면, 「대부자금」은 투자를 위한 차입에 제공되거나 혹은 「축장」된 돈으로 남아 있게 된다는 것이다. 그들의 주장에 의하면 저축과 투자 간 균형점에서 이자율이 결정되는데, 신규 화폐의 발행이나 「화폐의 축장」을 논외로 했을 때 사실 이는 곡물경제 모델에서의 이자율 결정과 다름없게 된다.

케인스 자신은 1929년에 쓴 「로이드 조지는 할 수 있는가?(Can Lloyd George Do It?)」[1]라는 글에서 이자율은 다음과 같은 두 가지의 서로 다른 이유에서 하

---

1 1929년 데이비드 로이드 조지(David Lloyd George)가 선거 공약으로 내세운 공공지출(public consumption)을 통해 실업을 감소시키겠다는 정책을 지지하면서, 케인스와 휴버트 핸더슨(Hubert Handerson)이 공동으로 작성한 팸플릿이다. —옮긴이 주

락할 수 있다고 언급한 바 있다. 투자에 사용될 수 있는 화폐가 과잉공급되어, 즉 저축이 과다하게 공급되거나, 혹은 투자를 할 만한 대상이 많지 않아서, 즉 저축된 돈을 사용할 곳이 마땅치 않기 때문이라는 것이다(CW 9: 123). 그런데 이때는 케인스 자신도 저축과 화폐를 동일시했으며, 따라서 그 자신 또한 「대부자금설」의 옹호자였던 것이다.

화폐라는 단어를 사용하는 것은 이 책의 목적상 그다지 큰 문제는 없다(다만 화폐의 본질과 정의에 대해서는 5장을 참고하라). 그런데 저축이라는 말을 사용할 때에는 신중해야 한다. 저축이라는 말은 **소비되지 않는 소득**을 의미하는 것으로만 정의하겠다. 저축은 장기적으로 축적된 어떤 것을 의미하는 경우도 있고, 화폐나 그 외의 단기 증권의 소유를 의미하는 경우도 있는데, 이 같은 애매한 사용법은 이 책에서는 피하려고 한다.

『일반이론』에 도달할 무렵 케인스는 **경제 전체적으로 볼 때** 저축은 본질적으로 화폐의 형태를 취하는 것이 **절대로 아님**을 분명히 했다. 화폐와 저축은 다른 식으로 다룰 필요가 있다. 우리가 이 책의 2장에서 언급했던 「고전학파적 이분법」과 대비해 이것을 「케인스적 이분법」(Keynesian dichotomy)이라고 부르도록 하겠다. 유일한 예외는 6장에서 설명할 예정인 수출로 인해 얻은 외국 통화와 혹은 (과거에) 금이나 은으로 정의된 화폐, 즉 땅에서 캐낸 화폐이다. 「케인스적 이분법」은 (이자율이 작용해서 같아지는 것이 아니라 — 옮긴이) 「총투자」와 「총저축」은 **항상 같다**는 것을 반영한다.

저축은 소득을 소비하지 않는 것이며, 소득은 「순산출」의 가치이다. 「순산출」은 소비나 투자에 사용될 수밖에 없다(수출이 여기서 차지하는 위치에 대한 논의는 잠시 유보하자). 소득은 소비하거나 저축할 수밖에 없다. 사회 전체로 볼 때는 저축할 수 있는 것은 물질적 형태를 가진 재화라는 형태일 수밖에 없고, 이러한 재화는 그 이후 단기적으로 다 소비되거나(밀가루 등), 혹은 장기적으로 다 사용된다(제분소 등의 시설재). 「순산출」 중 한 개인이 저축한 소득으로 나타나는 부분은 다른 개인의 부(負)의 저축(소득을 넘어선 소비)에 의해 소비되거나 투자로 전용되어야만 한다. 그런데 경제 전체적으로는 볼 때 소득(소비+저축)은 「순산출」(소비+투자)의 가치와 **필연적으로 같을 수밖에 없고**, 이렇듯 투자의 가치는 저축의 가치와 같을 수밖에 없다는 것은 **회계상의 문제에 지나지 않는다**.

곡물경제 모델에서 볼 때 이것은 아주 명백하다. 사람들은 「순산출」에서 자신의 몫을 나타내는 창고가 발행한 보관 영수증을 다음과 같은 세 가지 방법으로 사용할 수 있다. 소비를 위해 곡물을 창고에서 인출하거나, 혹은 파종을 위해 종자를 필요로 하는 기업농에게 빌려주거나, 미래에 사용하기 위한 일종의 부의 저장 수단으로 그냥 가지고 있을 수 있다. 이 곡물이 창고에 저장된 상태인지, 땅에 파종되어져 있는지 여부와는 상관없이 그 모두는 모두 투자를 나타낸다. 소비되지 않은 「순산출」은 투자 혹은 저축과 항상 같다는 것을 직접 알 수 있다.

화폐경제에서는 저축과 투자 가치의 항등성은 즉각적으로 명백하게 보이지 않는다. 사람들은 소득을 화폐의 총합으로 생각하고, 그래서 「대부자금설」과 같은 혼란에 가득 찬 사고방식으로 이어진다. 우리는 소득이 「순산출」의 가치라는 생각을 계속 견지해야 한다. 단지 어떠한 물리적인 양이 아니라 화폐 가치로 측정되는 것을 제외하면 이 점에 있어서는 곡물경제 모델과 차이가 없는 것이다.

대부분의 개인들의 입장에서는 소비하지 않고 남은 것을 저축이라고 할 때 그것은 단지 은행 계좌에 쌓여 있는 잔고로만 생각하는 사고에 익숙해 있는데, 이에 반해 경제 전체로 볼 때 저축이라는 것은 화폐라는 형태로 존재하는 것이 아니라는 사실을 받아들이기는 쉽지 않다. 그렇기 때문에 저축의 정확한 정의가 중요하다. 예를 들어 월급의 실제 수령은 한 달에 한 번 발생한다고 하더라도, 그 수령 시점이나 빈도에 상관없이 노동자들은 매일 출근한 대가로 소득을 얻고 있다(바로 알 수 있는 사실은, 한 달 중 반을 쉰다고 하면 월급은 반으로 줄어든다는 사실이다). 당신이 출근하는 매일 당신의 「고용주」는 당신에게 빚을 지고 있는 것이다. 당신의 일당은 당신이 매일 급료를 받든, 주급을 받든 혹은 월급을 받든 상관없이 고정되어 있다. 월급일이라는 것은 당신의 「고용주」가 당신에게 지고 있는 빚을 변제하는 날에 불과하며, 그것은 실제로 당신이 돈을 버는 날이 아니다. 동시에 당신 또한 매일 일종의 신용에 의거해 빚을 지고 있는데, 예를 들어 당신이 지금 사용하는 전기료, 혹은 집세가 그것이고, 그것을 월말에 일괄 변제하는 것이다.

어떠한 기간 동안 당신이 저축하는 금액은 그 기간 동안 당신에게 누적되는 소득과 누적되는 비용 간의 차이이다. 그것은 급여일이나 혹은 당신의 청구서를 결제하는 날과는 상관없는 문제이다. 어느 날 실제 소득을 현금으로 수취하고, 현금으로 채무 변제를 한다는 것은 어느 기간 동안 누적되는 소득과 비용과는 별개의 문제이다. 저축과 실제 현금의 흐름의 발생 간에는 어떠한 자동적인 관계는 없다. 또한 한편으로는(화폐 단위로 계산되는) 소득의 발생 및 비용의 발생, 다른 한편으로는 화폐의 수령과 지불 간에는 어떠한 자동적인 관계는 없다. 이 점에 대해 회계사들은 당연히 여기지만, 경제학자 중 이 점을 이해하는 사람들은 많지 않다.

이러한 뿌리 깊은 혼란은 대부분의 거시경제학 교과서에서 사용되는 소위 소득의 흐름도에서 전형적으로 나타난다[예를 들면 소위 거시경제학의 베스트셀러인 맨큐와 테일러(Mankiw and Taylor, 2014) 등]. 간단히 설명하면 그 교과서에 나오는 그림들은 소득과 지출의 관계를 설명하고자 하는 것인데, 그들의 설명 방식은 다음과 같다. 「고용주」는 노동자가 제공하는 노동이라는 서비스에 대해 노동자들의 가계에 돈을 '**지불**'하고, 그 가계는 기업으로부터 제품을 사거나, 혹은 서비스를 받는 대가로 돈을 '**지불**'한다. 그래서 반대급부로 「고용주」는 그 가계에 제품이나 서비스를 제공하는 것이며, 가계는 소득을 벌기 위해 「고용주」에게 자신의 노동이라는 서비스를 제공하는 것이다. (그래서 전체 순환이 완결되는 것처럼 보인다 — 옮긴이). 이때 **지불**이라는 것을 어떠한 화폐적 가치를 대가로 구매하는 것이라고 하면 옳은 표현일 수 있으나, 이것이 그 당시 **현금의 이전**을 **동시에 수반한다고** 말하는 것이라면 옳지 않은 것이다.

하지만 맨큐와 테일러(Mankiw and Taylor, 2014)의 후반부에서는 이러한 단순 모델을 확장해 금융시장까지도 포함하는 소득의 흐름도도 보여 주는데, 그 그림에서도 가계의 저축이라는 **현금 흐름**이 금융시장으로 들어가고, 또한 그로부터 투자라는 모습으로 **현금 흐름**이 빠져 나가는 것으로 묘사되어 있다. 즉, 저축이라는 것은 여전히 현금의 흐름이라고 묘사되어 있는데, 사실 그것은 오류인 것이다. 이러한 기존 교과서상의 소득의 흐름도가 갖는 오류에 빠지지 않기 위해서는 (화폐의 흐름을 당장 수반하지는 않더라도 — 옮긴이) 소득은 「순산출」의 가치이며, 지출은 「총산출」을 구매하는 것이라는 점을 명확히 할 필요가 있는 것이다. 소득이나 지출은 단순히 **화폐의 지급 및 이전**이라는 측면에서 이해하면 안 되는 것이다.

총투자와 총저축이 일치한다는 것은 **회계상의 항등식**에 불과하다. '경제에 존재하는 모든 자본재는 누구인가가 소유하고 있다'라는 명제에 대해 힉스는 그것이 '너무나 뻔한 말'이라서 단순히 의미 없는 말이라고 비웃었는데, 사실 그렇지 않다. 우리가 이미 3장에서 봤듯이 소비자들은 **언제나 「균형상태」에 있는 것**이고, 그들이 얻은 소득으로부터 그들이 계획한 소비를 하고 있는 것이다. 또한 「고용주」들도 **항상 「균형」에 있는데**, 왜냐하면 그들은 주문의 발주에 따라 생산을 하는 것이다. 하지만 「중개상」은 그들이 가진 재고가 「기대」보다 높거나 낮은 것을 발견할 수도 있는데, 그것은 결국 「중개상」의 주문에 의거한 「고용주」의 생산 계획과 소비자들의 소비 계획이 상호 일치하지 않기 때문인 것이다. 이러한 재고변동이야말로 **계획된** 투자와 **실제** 투자 간 괴리를 발생시키는 부분이며, 그것은 소비재에 대한 지출과 생산 간 괴리를 반영하는 것이다.

과거에 「중개상」이 자신의 「기대」가 틀려서 실망했다고 해서 그것이 현재에 가지고 있는 「기대소득」이나, 혹은 투자가 저축과 같다는 항등관계에 직접 영향을 주는 것은 아니다. 그러한 불일치는 「중개상」의 「기대」에 영향을 미칠 수도 있고 아닐 수도 있는 것이다. 만일 **「중개상」의 「기대」가 불변이라면 고용주나 소비자는 「균형상태」에 그냥 머무르고 있을 것이다.**[2] 그러나 **「중개상」의 「기대」가 변하게 되면 이로써 「기대소득」에 영향을 미치게 된다.**[3]

따라서 화폐경제에 있어서는 계획된 투자와 저축(또는 소비) 간 조율은 이자율의 변화가 아니라 소득의 변화에 의해 달성된다. 만약 「소비성향」이 저하하는 경우, 즉 주어진 소득에서 저축으로 할당되는 부분을 늘리는 결정의 경우, 결국은 기대 소비수요를 감소시킴으로써 전체 소득을 감소시키고, 결국 그렇다면 예상과는 달리 추가적인 저축이 생겨나지 않을 수 있는 것이다. 물론, 「소비성향」의 감소가 현재 소득에서 저축과 투자가 차지하는 비중을 높이는 것은 사실인데, 그 원인은 「중개상」이 가지고 있는 재고의 증가에 기

---

2 케인스의 「균형」에서는 「기대」가 필히 충족되어야만 하는 것은 아니다. 이 점에 대해서는 3장 부록 1을 참고하라. —옮긴이 주

3 힉스는 계획과 실제 결과 사이의 많은 차이가 발생할 수 있음에 주목했다. 그는 「중개상」이 갖고 있는 재고가 증가하는 것을 일종의 상품 공급의 과잉이며 그에 대응해 화폐에 대한 초과수요가 존재한다고 생각했다. 그때 여분의 화폐는 가지고 있으려고 하거나 혹은 빌려주려고 하며, 그 경우 빌려주려는 금액이 증가해 이자율이 낮아지고 투자와 소비가 자극되어 소득과 고용도 증가하도록 하는 경향이 있다는 것이다. 따라서 그에 의하면 우리가 완전고용 상태에서 출발할 경우 일시적인 「총수요부족」(소비 감소와 저축 계획의 증가, 그에 따른 「중개상」의 재고 증가)은 이자율을 인하하도록 하고 당초에 증가된 저축 증가와 일치하도록 투자 계획을 증가시킴으로써 「총수요」를 「완전고용균형」으로 복구되게 한다는 것이다. 따라서 이 경우 「세의 법칙」은 여전히 유지된다. 이렇듯 힉스는 다양한 상품이 존재하는 정교한 「일반균형모형」을 제시하고 있지만, 그의 논의는 궁극적으로 곡물경제 모델에 다름 아니다. 그 곡물경제 모델에서는 저축의 증가는 곡물 보관 영수증(그것은 그 자체가 투자이다)을 과잉 보유하거나 혹은 자본시장에서 기업농에게 빌려줘 그로 인해 이자율을 낮추는 것을 의미한다는 것을 알 수 있다. 곡물이 곡물 창고에 보관되어 있든 혹은 파종되어 있든 상관없이 여분의 저축은 일종의 투자인 셈이다. 힉스(Hicks, 1939: 249)는 다음과 같이 기술하고 있다. "어떤 「기대상태」가 주어져 있는 경우 유가증권에 대한 수요(저축 — 옮긴이)는 장기적으로 볼 때 미래에 공급될 물리적인 상품의 어떤 일정한 양을 수요하는 것과 엄밀한 의미에서 같다고 간주할 수 있으며, 이러한 상품의 가격과 관련해 변동할 수 있는 그 가격의 유일한 부분이 바로 이자율인 것이다. … 따라서 개인들은 마치 그가 지금 그 물리적인 상품을 사는 것처럼 정확하게 행동하는 것이다." 이 다음 절에서 볼 수 있듯이 케인스는 바로 이러한 힉스의 주장에 이의를 제기한다.

인하는 것에 다름 아니다. 그러나 「중개상」이 이렇게 수정된 「기대」에 맞춰 주문을 줄이게 되면 결국 소득이라는 것은 (「소비성향」이 변함에 따라 변화한 — 옮긴이) 새로운 「승수」에 맞춰 줄어들게 되어 있는 것이다.

총투자와 저축은 항상 회계상 항등 관계이고, 그 항등 관계가 유지되고 「균형」이 성립되는 것은 결국 소득의 변화이지, 결코 이자율에 의해 그 「균형상태」가 도달되는 것은 아니다. 화폐와 저축이라는 것은 결코 상호 대체되는 것이 아닌 것이다. 투자가 발생하기 위해 필요한 것은 화폐이지 저축이 아니다. 저축이라는 것은 투자가 발생하는 순간 자동적으로 생성되는 것에 불과하다. 저축은 결국 경제의 어디에선가(그것이 국내 경제이든 해외 부문이든 상관없이) 발생해 투자 금액과 일치하도록 조정되는 것이다.

투자를 하기 위해 필요한 자금을 손에 넣기 위해서는 「금융」이라는 형태로 자금 조달이 필요한 경우가 있다. 대출은 그 자체로서는 소득을 창출하거나 저축을 수반하는 것이 아니라, 단지 대출자와 차입자 간 화폐를 이동시켜 그 차입자가 투자할 수 있도록 할 뿐이다. 「금융」이라는 것은 화폐를 가지고 있는 사람으로 하여금 다른 사람에게 그 화폐를 빌려주도록 하거나, 혹은 은행의 경우에는 그 화폐를 창조해 내는 것이다.

이자율이라는 것은 저축에 대한 가격이 아니라 대출에 대한 가격인 것이다. 화폐를 빌려주는 것에 대한 즉각적인 대체 용도는 화폐를 지출하는 것이 아니라 계속 그 화폐를 가지고 있는 것이다. 그래서 우리는 「화폐수요」와 그것이 은행 체제에 의해 생성된 화폐의 공급과 어떻게 「균형」을 달성하는가에 대한 새로운 이론이 필요하다. 이 같은 기본 생각하에 이제는 케인스의 이자 이론에 대해 고려해 보겠는데, 우선적으로 케인스의 투자 이론과 그 투자 이론과 이자율의 관계에 대해 이해해야만 한다.

3. 투자와 이자율

케인스가 전개한 신규 자본재에 대한 수요 이론은 일견 「고전학파」적인 것으로 보인다. 그의 투자수요곡선도 이자율이 하락함에 따라 투자가 늘어나는 형태를 띤다. 그러나 「고전학파」 투자수요 이론과 케인스의 이론 간에 존재하는 중대한 차이점을 간과하면 안 된다.

일단 화폐경제에서는 투자의 수익성은 화폐로 계산해야 한다.[4] 투자라는 것은 곡물 종자와 같이 어떠한 물리적 생산성을 의미하는 것이 아니라 현재 현금 흐름을 미래의 현금 흐름으로 바꾸는 바에 있어서 얼마나 효율적인가 하는 문제인 것이다. 이때 효율성이라는 것은 산출에 대해 정해진 가격을 기준으로 하는 것인데, 사실 곡물경제 모델에서는 이러한 가격이 존재하지 않는다.

가장 큰 차이점은 「시간」에 관한 것이다. 곡물경제 모델에서는 자본(종자 파종)의 한계생산물은 투자 후 단 한 번 수확함에 따른 결과이다. 현실 세계에서는 자본 설비는 수년간 장기적으로 존속하며, 보통 한 번의 수확이 아니라 시간을 두고 산출물을 발생시켜 소득의 흐름으로 전환시키는 것이다.

곡물경제 모델에서는 「기대소득」과 자본과 노동의 기대 한계생산물은 같은 시간상의 지평, 즉 단일 수확 기간을 갖는다. 즉, 케인스적으로 말하자면 모두 「단기기대」의 문제이다. 그런데 일반적으로 우리가 투자를 고려하는 경우에는 자본재를 사용하거나 빌리거나 함으로써 발생되는 「기대소득」(그리고 그 기대수익률)은 예상되는 경제적 수명 기간 동안 발생되는 것이다. 즉,

---

4 참고로 케인스가 『일반이론』에서 설명한 「자본의 한계효율」이라는 개념은 자본에 대한 피에로 스라파(Piero Sraffa)의 비판으로부터는 비교적 자유롭다. (여전히 일종의 한계수확체감의 법칙을 따르고는 있으나) 그때의 자본은 화폐로서의 자본이지 「고전학파」 경제학이 생각하는 방식의 '기계 장치'로서의 자본이 아니다. 자본과 「자본논쟁」에 관한 자세한 설명은 4장 부록 1을 참고하라. —옮긴이 주

우리는 「장기기대상태」에 좀 더 관심을 가져야만 하는 것이다.

우리는 「단기기대」라는 것이 「고용주」의 주문 목록상에 표시된 「유효수요」의 원리에 구현되어 있는 것으로 표현했다. 그리고 소비자 수요에 대한 예측은 「중개상」의 「중기기대」라는 요소에 달려 있다고 했다.

「중개상」은 소매 판매상의 「불확실성」을 관리하는 일에 특화되어 있으며, 적정 재고 수량을 신속하게 회전시키고, 「기대」의 변화에 부응해 「고용주」들에 대한 주문 발주를 신속히 조정하고 있다. 어떠한 경우에는, 예를 들어 양복 같은 경우에는 고객의 사이즈를 정확히 알아야 하기에 「고용주」들에게 주문을 하기 전 미리 고객의 주문을 받아야만 할 필요가 있는 것이다.

그런데 장기투자의 경우에는 「불확실성」이 증폭되어 쉽게 관리할 수 없게 된다. 건물이나 차량의 장기임대 등의 특수한 경우에 있어서는 그 대상들의 총 경제적 내용년수 동안 사용하기 위해 주문을 발주하는 경우도 있다. 그리고 표준 장비와 차량을 단기적으로 임대하는 형태의 「중개상」도 있다. 그러나 대부분의 자본재는 제철소와 같이 특정 용도에 특화한 것이며, 그 자본재를 시장에서 다시 판매할 때의 가격은 원래 구입한 가격 대비 크지 않은 것이 많다. 또한 초기 창업 시 브랜드 가치를 창조하기 위해 투자된 무형자산 같은 경우에는 그 사업을 지속하는 자에게만 가치가 있지 타인에게는 시장 가치는 없는 경우이다. 그들의 예상 수익은 불확실한 먼 장래에 의존하고 있다.[5]

수학적으로 세련된 「고전학파」적 모델에서는 모든 상품을 망라하는 완전한 형태의 선물시장이 존재한다고 가정하고 있다(그 의미는 나중에 설명하겠다).[6] 그리고 그 기반 위에 경제주체들이 「합리적기대」(rational expectations)

---

5 4장 부록 1에 언급한 바처럼 이러한 여러 가지 문제로 인해 소위 자본의 가치를 측정하는 문제가 필연적으로 발생한다. ―옮긴이 주

6 4장 부록 1에 언급한 「일반균형이론」적인 관점으로서 소위 「자본논쟁」에서의 문제를 회피하기 위한 방안이다. ―옮긴이 주

를 하고 그래서 「완전고용균형」이 달성된다고 보고 있다. 이미 존재하는 자본재를 한 기간 동안 모두 소진시켜서 기말에 어떤 소비재 상품을 생산하는 경우에는 단기 선물시장을 상정하는 것은 타당할 수도 있다. 하지만 어떤 소비재의 경우에는 그것에 사용되는 자본재가 당장 존재하지 않기에 우선 현재에 자본재를 발주해서 미래에 인도받은 후에야 그 소비재 생산을 할 수 있다. 그러한 생산여부가 불투명한 미래의 소비재까지도 「선물시장」이 존재한다고 상정하는 것은 쉽지 않다. 그리고 어떠한 자본재는 경제적 수명이 50년 이상인 것도 있다.

프랑크 한이 말했듯이 완전한 「선물시장」이 존재한다는 가정은 현재 뱃속에 있는 태아를 위해 신발을 주문할 수 있다는 것을 의미한다.[7] 저축이란 소비를 현재에서 미래로 미루는 것을 의미하는 것이라고 할 때 정확히 무엇을 소비하는 것을 미룬다는 것인가? 이렇듯 완전한 형태의 「선물시장」이 있다고 가정하는 등과 같은 사고에 대해 케인스는 반대했다.

> 개인이 저축한다는 것은, 즉 오늘 저녁을 사먹지 않는다는 말인데 그렇다고 해서 그것이 일주일 뒤, 1년 뒤에 저녁을 사먹거나 혹은 구두를 사거나 하는 등 어떠한 특정한 상품을 어떤 특정한 날에 소비한다는 결정을 의미하는 것은 절대로 아니다(CW 7: 210).

---

7 프랑크 한은 애로와 더불어 주류 경제학의 핵심인 「일반균형이론」의 대가였지만, 다른 주류 경제학자와는 달리 「일반균형이론」의 문제점에 대해 명확히 인식하고 있었다. 특히 그는 「일반균형이론」이라는 것은 단지 지적 호기심으로 공부하는 것이지 현실 경제에 적용되는 것은 절대 아니며, 「일반균형이론」이 설명하는 것은 그 현실이 얼마나 「일반균형이론」이 주장하는 바와 동떨어져 있는지를 깨닫게 하는 것이라고 학생들에게 누누이 강조했으며 글로도 의견을 피력한 바 있다(옮긴이가 그의 수업을 들었을 때 그가 수차례 같은 이야기를 반복해 강조했던 기억이 있다). 이러한 프랑크 한의 경고는 현대 주류 경제학의 대표적인 경제 예측 모델인 소위 「동태확률 일반균형모형」에도 그대로 적용되는 경고이다. 하지만 현대의 주류 경제학자들은 거장 프랑크 한의 경고를 모르고 있는 경우가 대부분이다. 한이 살아 있다면 개탄했을 법도 하다. —옮긴이 주

미래의 손주를 위해 지금 신발을 사주고 싶어도 지금 아예 자본재나 재료 등의 실물을 가지고 있는 것은 수지 타산이 맞지 않을 수도 있다. 자본재는 당연히 창고 보관비용이나, 혹은 시간이 지나면 자연히 훼손될 가능성이 있다. 신발 상자는 어딘가에 보관을 해야 하는데, 가죽은 시간이 지나면 당연히 삭아 버린다. 더욱이 유행이나 기술 수준은 당연히 시간이 지나면 변하기 마련이고, 소위 「고전학파」 경제학에서 말하는 기본 가정과는 모순된다. 그러나 아예 신발 공장을 세우거나, 또는 그 신발 공장의 주식을 사는 것이 더 좋은 선택이라고는 볼 수 없다. 그 새 신발을 만들고 배달하는 시간은 순식간인데, 그것을 위해 공장을 지어야만 하는가? 50년 뒤에(혹은 더 짧게 생각해 5년 뒤) 납품을 위한 선물시장은 당연히 존재하지 않고 또한 현재 소비를 연기하고 대신 미래에 소비를 하기 위해, 그래서 수요를 충족시키기 위해 「고용주」들과 투자자들을 새로 조직하는 등의 주문을 발주할 곳은 어디에도 없는 것이다.

곡물경제 모델에서는 곡물 종자에 대한 투자수요가 사람들이 저축하고 싶다고 생각하는 양보다 낮을 경우 이자율은 마이너스 100%까지도 내려갈 수 있다고 언급한 바 있다. 「고전학파」 모델에서는 투자수익률이 낮거나 심지어 마이너스일 경우에도 사람들은 소비를 늘리거나 노동을 줄이거나 둘 중 하나가 될 것이다. 만일 사람들이 그만큼 곡물을 원하지 않는 경우에는 노동의 공급을 줄일 것인데, 그럼에도 불구하고 완전고용은 달성될 것이다. 그런데 화폐경제에서 이러한 트레이드오프(trade-off)가 가능해지기 위해서는 각 종류의 재화에 대한 장기 선물시장이 필요하다. 이것으로는 장래 수요의 구성이나 그 수요의 시기가 불확정적일 수밖에 없으므로 개인이 단순히 화폐나 그 화폐의 가치에 상응하는(힉스가 주장하는 것처럼) 형태로 저축하는 것만으로는 충분하지 않다. 필요한 장기 선물시장이 없다면 화폐경제에서는 현재와 미래의 소비, 일과 오락 간에 존재하는 「고전학파」가 말하는, 예를 들어 배로(Barro, 1997)가 주장하는, 소위 「이시점간(異時點間) 트레이드오프」(intertemporal trade off)를 실현할 수 있는 장치는 존재하지 않는다.

고객의 주문 발주에 의해 이미 수요가 확정되어 있지 않은 경우 「장기기대 상태」는 본원적으로 불확실하다. 케인스는 다음과 같이 언급했다.

> 불확실한 지식이라고 내가 말할 때 나는 단지 확실하다고 알려진 것과 '그럴 것 같은(probable)' 것만을 구별하는 것을 의미하는 것은 아니다. 룰렛 게임은 이러한 의미에서는 「불확실성」의 대상이 되지 않는다. … 혹은, 몇 살까지 살 수 있을까 하는 예상은 단지 '약간' 불확실할 뿐이다. 그리고 일기예보도 「불확실성」이라는 측면에서는 '다소' 그럴 뿐이다. 내가 불확실하다는 단어를 사용하는 경우는, 예를 들어 유럽 전쟁 발발 가능성을 예상하기 어렵거나, 20년 후의 구리의 가격과 이자율 수준, 혹은 새로운 발명의 사양화라든지, 1970년의 사회체제에 있어서의 사유재산 소유자의 입장이라든지, 그러한 것들을 말하는 것이다. 이러한 문제들에 대해서는 확률적으로 수량화할 수 있는 어떠한 과학적 근거도 없다는 것이며, 우리는 그에 대해 단지 '모른다'라고 말할 수밖에 없다는 것이다(CW 14: 113~114).

케인스는 여기서 보험 가능한 「위험」(insurable risk)과 「불확실성」을 구분한다.[8] 이것은 확률의 성질에 관해 그가 젊었을 때 몰두한 연구인 『확률론』에 근거하고 있다. 이러한 「불확실성」과 구분되는 「위험」은 재발하는 어떠한 물리적인 규칙성에 의존하기 때문에 생명 보험을 구입하거나, 혹은 화재 보험을 구입하는 것이 가능하다. 이러한 경우 특히 모집단이 클 때에는 더 충실히 확률분포를 따르는데, 평균 기대 손실을 어느 임의적(random) 변동 범위 내에서 계산해 낼 수 있는 것이다.

좀 더 정교화된 「고전학파」 경제 모델은 장기 선물시장뿐만 아니라 예를

---

8 참고로 후자의 경우는 크게 두 가지로 구분되는데, 확률적 분포는 존재하지만 우리가 그것을 알 수 없는 경우와 그 확률적 분포라는 것이 아예 존재하지 않는 경우가 있다. —옮긴이 주

들면, 당신이 손자를 갖지 못할 「위험」조차도 부보(附保)할 수 있는 보험시장도 있다고 상정하고 있다. 이러한 보험시장과 선물시장을 결합할 때 만약 손자가 있다면 50년 후 정해진 가격으로 신발이 도착하도록 주문을 오늘 넣을 수 있다고 가정하는 것이다. 「장기합리적기대」라는 가정은 「불확실성」을 보험으로 부보 가능한 「위험」으로 축소해 버리고, 과거와 현재의 경험에 기초해 미래까지도 모델화할 수 있음을 주장하고 있는 것이다. 그런데 현실에서는 어떤 금융 자문사도 이 같은 방식으로 개인의 재무를 관리하라고 말하지 않을 것이다. 그럼에도 불구하고 또한 2008년의 금융위기를 겪은 후에도 모든 가격 설정 모델들이 바로 이 같은 비현실적인 가정에 의거해 금융 자산의 가격을 평가하는 것은 아이러니라고 하지 않을 수 없다. 반면 현재 은행들은 확률로는 파악할 수 없는 극단적인 최악의 상황을 염두에 두고 스트레스 테스트를 수행하고 있다.

자본주의의 핵심이라고 할 수 있는 신상품이나 생산과정을 창출하기 위한 정치적·사회적 변화, 그리고 기술적인 진보는 본질적으로 예측할 수 없는 것이다. 아주 먼 미래의 가격은 수요, 공급, 경쟁 등에 있어서 절대로 지금 예상할 수 없는 조건들에 좌우되기 마련인 것이다. 이러한 「불확실성」을 이해하기 위해서는 「확신상태」(the state of confidence)[9]라는 새로운 변수를 도입할 필요가 있다. 케인스에 의하면 "최선을 다해 우리가 추정한 확률과 그 확률적

9 예를 들어, 투자를 하는데 A의 경우 단지 3개의 사례에 근거해 통계를 내서 확률적으로 평균 수익이 10%이고, 분산이 1%라고 하자. 그리고 B의 경우는 300개의 사례에 근거해 평균이 5%이고 분산이 2%라고 하자. A와 B 중 어떤 것을 당신은 더 「확신」하겠는가? 단지 수익률이 높고 위험이 낮다는 이유로 선뜻 A에 투자하겠는가? A는 그 자체로 수익률과 분산이라는 관점에서 볼 때는 매력적일 수 있으나 「증거」(evidence)가 너무 부족해 믿을 만한 것은 아니다. 이때, 「확신도」라는 것은 확률이 높고 낮은 것과는 무관하다는 것이다. 케인스는 그의 『확률론』에서 이 「확신도」를 「판단의 무게」(the weight of argument)라고 지칭했는데, 이는 그의 확률 이론의 중심 개념 중 하나이다. 이 「판단의 무게」는 혹자에 따라 **가중치**라고 단순히 번역하기도 한다. ―옮긴이 주

추정치에 대해 **우리가 부여하는 확신도는** 서로 전혀 다른 개념인 것이다”(CW 7: 240). 이 차이는 케인스가 『확률론』 안에서 말한 바 「증거의 크기」(the balance of evidence)와 「증거의 무게」(the weight of evidence) 간 구별과 대응하는 것이다.[10] 케인스의 「동물적 본능」이나 자연발생적 낙관주의는 자신들이 가지고 있는 「장기기대」에 대한 높은 「확신상태」와 관련되어 있다. 반대로 「유동성선호」(liquidity preference)라는 것은 “미래에 관한 우리들의 계산이나 그에 대한 「관행적」 생각에 대해 우리가 갖는 「불신도」(the degree of our distrust)를 반영하는 것이다”[11](CW 14: 116).

생각이 바뀔 가능성이 높다는 것을 알고 있어도 어떤 방향으로 나아갈지 모르는 때에는 「확신도」가 약한 것을 의미한다. 얻을 수 있는 「증거」에 의존해 예상하는 것이 우리가 할 수 있는 최선이다. 그런데 「고전학파」 경제학에서는 「불확실성」이라는 것은 존재하지 않는다.[12] 따라서 「확신」이라는 것도, 「동물적 본능」이라는 것도, 「유동성선호」라는 것도 존재하지 않는 것이다.

특히 케인스의 「유동성」 개념은 단순히 화폐로의 「태환성」(convertibility)이 높은 것으로 오해되어 왔지만 「유동성」의 의미에는 그 이상의 것이 있다. 케인스에 있어서의 「유동성」이라는 것은 「장기기대상태」가 변화하더라도 **안정적인 가치**를 갖는 것을 의미한다.[13] 자본재 각각은 그 「유동성」의 정도가

---

10 4장 각주 9의 예에서 10%의 평균과 1%의 분산 등의 개념이 소위 「증거의 크기」에 해당하는 것이다. 「증거의 무게」는 앞의 예에서는 「증거」의 개수에 해당할 수 있다. 따라서 「증거의 크기」가 크다고 해서 그 「증거의 무게」가 큰 것은 아니다. —옮긴이 주

11 그래서 가장 확실한 현금을 소유하려고 하는 것이다. —옮긴이 주

12 고전학파 경제학에서는 「불확실성」은 존재하지 않고, 단지 「위험」이라는 개념뿐만 존재한다는 내용이다.
[고급] 참고로 「불확실성」에 대해 최근에 발간된 교과서적 저서로는 크리스티안 뮐러-카데만(Christian Müler-Kademann, 2019)을 참고하라. —옮긴이 주

13 이러한 「유동성」과 「태환성」을 혼동하기 쉽다. 예로서, 가격변동이 심한 상장주식은 「태환성」은 높지만 「유동성」은 떨어진다. 여러 군소 국가가 난립한 중세에는 그 국가들의 화폐는 구매력으로 평가 시 「유동성」이 떨어지고 오히려 토지가 「유동성」이 높았다. —옮긴이 주

다르다. 렌터카 사업에서 리스로 빌려주는 자동차와 트럭 등의 차량은 범용성이 높기 때문에 당연히 제철소보다 「유동성」이 높다. 왜냐하면 한 고객이 사용을 중지하더라도 쉽게 다른 고객을 찾아서 리스를 할 수 있고, 또한 차량에 대한 수요는 안정적이기 때문이다. 반면 제철소는 쉽게 다른 소유자를 찾을 수 없고, 그 생산품은 정부의 계획통제 등이 없는 시장 상황에만 의존하는 경우 그 수요는 불안정하다. 가장 유동적인 자산은 화폐이다. 왜냐하면 생산과 투자의 궁극적 목적인 소비재는 결국 화폐로 가격이 결정되기 때문이다.

「불확실성」하에서의 투자의 결정은 그럼에도 불구하고 어떠한 **논리적인 순서**에 따라 행해진다. 어떠한 잠재적인 투자자는 화폐 또는 그에 상당하는 신용 공여 한도를 가지고 사업을 시작하고, 그 이후 다양한 투자 기회를 고려한다. 화폐는 타인에게 빌려주거나 직접 자본재를 구입하는 데 사용하거나 혹은 간접적으로 주식을 취득할 수도 있다.

대부분의 투자자는 화폐, 고정 이자율 부 자산(예금이나 채권), 주식 등을 혼합해 균형 잡힌 포트폴리오를 구성한다. 이때 (그 최종 결정된 포트폴리오상에는 — 옮긴이) 각 자산을 보유함으로써 얻을 수 있는 그 자산별 득실은 같을 것이라고 「기대」할 것이다. 왜냐하면 두 자산 중 하나를 투자를 위해 선택할 때 손실의 「위험」을 고려하면 더 높은 수익을 달성할 수 있을 것으로 예상되는 자산을 당연히 선택할 것이다. 그런데 이때 손실의 「위험」이라는 것은 단순히 부보 가능한 「위험」뿐만이 아니라 그들의 예상이 틀릴 가능성, 즉 「유동성위험」까지도 포함하는 것이다. 어떠한 자산이 덜 「유동적」일수록 「기대상태」가 변하는 경우 그 가치는 더 영향을 받을 것이며, 따라서 그러한 「위험」에 대한 보상으로서 더 높은 「기대수익」상의 프리미엄을 요구하기 마련인 것이다.[14] 다양한 자산 간에는 「유동성」 면에서 서열이 존재하는 법인데, 화폐

14 이것은 『일반이론』 17장에 나오는 소위 「유동성 프리미엄」(liquidity premium)이다. —옮긴이 주

가 가장 「유동성」이 있고, 그다음은 채권, 그리고 주식의 순이다. 채권이라는 것은 계약에 의해 어떠한 정해진 수익을 보장하는 것인데, 그것이 바로 이자율인 것이다.

장기국채 등의 안정적 채권은 소위 채무 불이행의 위험은 적다. 하지만 다른 단기채권이나 혹은 화폐와 비교하는 경우 「유동성위험」은 큰데, 그 이유는 향후의 시장이자율 상황에 따라 가격 변동이 크기 때문이다. 이 「유동성위험」은 시장이자율이 채권의 명목이자율과 상이하게 변함에 따라 채권의 시장 가격이 변동하기 때문에 발생한다. 예를 들어 시장의 이자율이 채권의 명목이자율보다 높은 경우 투자자는 채권을 명목 가치보다 낮은 가격으로 구입해야만 상환 일시까지 투자액에 대비해 시장이자율을 보상 받을 수 있기 때문이다. 따라서 채권의 시장 가격은 그에 상응해 하락하기 마련인 것이다. 혹은, 어떤 채권의 명목이자율이 시장이자율보다 높은 경우 투자자는 당연히 그 채권을 사려고 몰릴 것이며, 따라서 채권의 가격은 상승하고 실질이자율은 하락하기 마련이다. 채권을 새로 발행하는 경우 당연히 상환 시까지의 이자율은 시장이자율이어야만 한다.

주식은 채권과 마찬가지로 시장에서의 수급 상황에 노출될 뿐 아니라 추가적으로 그 기초가 되는 자본재의 미래 수익성에 관련된 「불확실성」에도 노출된다. 결국 「유동성」이라는 측면에서 선택은 우선 화폐인가 아닌가에 대한 것이며, 그다음은 채권인가 혹은 주식인가 하는 것일 것이다.

이자율이라는 것은 미래에 대해 우리가 스스로의 계산에 의거한 예상을 **불신하는 정도**를 가늠하는 척도이다. 해당 이자율은 기업이나 정부가 발행하는 채권 등의 일반적인 자본재의 경제적 수명과 유사한 만기를 갖는 장기채권의 이자율이다. 투자자, 특히 생산에 종사하는 「고용주」는 그가 새로운 자본재에 투자함에 있어서 기대하는 수익률을 최소한 그 정부 장기채권 이자율 이상의 수준으로 기대하고 그에 더해 더 높은 「위험」 및 예상되는 인플레이션을 감안한 추가적 프리미엄을 고려할 것이다. 따라서 곡물경제 모델과 같은 방식으로 투자와 장기이자율 간 역의 관계를 나타내는 투자수요곡선을 그릴 수 있다.

그럼에도 불구하고 「불확실성」은 투자 결정에 있어서의 본질을 바꿔놓는다. 이는 기업가에서 찾아볼 수 있는 결정적인 특징에 기인한다.

> 기업가는 일견 솔직하고 성실한 것처럼 보이는 사업설명서에 기재되어 있는 내용들을 단지 실행하는 척하는 것에 불과하다. 그 사업에서 취할 수 있는 이득을 예상함에 있어서는 마치 남극 탐험에서 얻을 수 있는 것을 예상함과 다를 바 없다. 따라서 만약 「동물적 본능」이 빛을 바래고 자발적 낙관주의(the spontaneous optimism)가 주춤거리고, 그리고 단지 수학적 기대치에만 기업의 결정을 의존하는 순간 기업은 시들고, 결국 사멸한다. 손실을 입을 공포감이 전에 가지고 있던 이윤을 창출할 희망보다 더 이성적인 것은 물론 아님에도 불구하고 말이다(CW 7: 162).

본질적으로 기업가를 규정짓는 역할은 자원을 새롭게 조직하는 방법을 창조하고, 「창조적 파괴」(creative destruction)의 과정을 개시하게 하며, 일찍이 조지 섀클(George Shackle)이 정의한 바와 같이 핵심적 의사결정을 하며, 말 그대로 세상을 바꾸는 것이다. 이러한 기존의 것을 교란하는 과정은 전혀 새로운 개념이라고 볼 수 없다. 기업가는 항상 주어진 현상을 타파하고, 새로운 기술을 획득하며, 새로운 제품과 시장을 창출하고, 그럼으로써 우리의 생활방식을 변화시켜 왔다. 그러나 경제학에 「창조적 파괴」라는 말을 처음 도입한 조지프 슘페터(Joseph Schumpeter)의 지적을 빌리면 기업가는 「고전학파」적 경제이론 체계에서는 설 자리가 없다는 것이다. 기업가는 우리가 곡물경제 모델에서 상정한 영리한 협상가로서의 「고용주」보다 훨씬 더 어떠한 필요한 자질들이 추가되는 것이다. 기업가가 결단을 내리는 과정에서는 「직관」(intuition)이 중요하다.

모든 것은 「직관」에 의존하고 있다. 「직관」이란 설사 그 시점에서는 입증할 수 없더라도 그것에 의해 사물을 볼 때 그것이 결국 진실로 입증되는 능력을 의미하며, 또한 설령 그것이 어떻게 행해지는지에 대한 원리를 설명할 수는 없어도 그것은 본질적인 사실을 파악하고 비본질적 것을 무시하는 능력이라고 볼 수 있다(Schumpeter, 1961[1934]: 85).

더욱이 「불확실성」에 따라 변화하는 것은 어떠한 물리적 형태를 가지고 있는 자본재의 투자 결정 시에만 수반되는 성격만이 아닌 것이다. 금융시장을 통해 특히 주식이나 기타 증권의 투자라는 다소 떨어져 있는 분야에의 투자 또한 영향을 주는 것이다. 잘 조직화된 금융시장에서는 순간적으로 개별 투자자의 투자 심리가 바뀌고 투자 대상도 바뀔 수 있다. 하지만 올드 메이드(the Old Maid)라는 카드 게임처럼 누군가는 그 증권들의 기초가 되는 현물 자산을 보유하고 있어야만 한다. 「장기기대」는 불확실하기 때문에 주가는 예측하기 어려울 정도로 변동될 수 있으며 시장 심리의 변화에 의해 지대한 영향을 받는다. 케인스는 다음과 같이 묘사하고 있다.

숙련된 투자의 사회적 목적은 시간이 가지고 있는 어둠의 힘과 우리의 미래를 감싸고 있는 무지를 이겨 내는 것이어야 한다. 오늘날 가장 숙련된 투자의 실제 목적은 미국인이 잘 표현하듯이 '상투를 잡기 전에 실행하는 것(beat the gun)'이며, 군중보다 한 수 앞서서 움직이는 것, 혹은 악화(惡貨)로 되어버리고 가치가 줄어든 동전(half-crown)을 다른 사람에게 넘겨버리는 것이다(CW 7: 155).

이러한 맥락하에서는 소위 내재가치(fundamental value)에 대한 다분 잠정적이고 「확신」할 수 없는 예상보다는 단순히 다음날 주가가 어떻게 움직일 것인가에만 신경을 쓰는 것이 당연히 **더 합리적**일 것이다. 사실 그 내재가치라는 것은 어떠한 실물 자산으로부터 「기대」되는 기대수익률에 근거하는 것인데, 그것은 결국 사후적으로만 알 수 있는 것이다.

이러한 내재가치에 근거해 투자를 하는 장기 투자자라고 하더라도, 그래서 그가 현재 주가가 그 내재가치보다 저평가되어 있다고 여기더라도 만약 내일 주식가격이 오늘보다 낮게 된다고 예상한다면 당연히 오늘 주식을 매입하지 말고 내일까지 기다리는 것이 현명할 것이다. 진정한 전문 투자자들은 시장 분위기를 읽을 수 있는 자이며, 즉 다른 투자자들의 심리를 읽을 수 있어야만 하는 것이다. 그런데 이러한 다른 투자자들의 심리는 그 내재가치의 예상치에 의존할 수도 있고 아닐 수도 있는 것이다.

케인스는 이러한 점을 그의 유명한 미인선발대회의 비유로 설명하고 있다. 100장의 사진 중 가장 아름다운 6명의 얼굴을 선택한 자에게 상품을 주는데, 이때, '가장 아름답다'라는 기준은 전체 투표 참가자들에게 가장 많은 표를 받은 얼굴을 말한다. 그는 계속해 말을 잇는다.

> 각 경쟁자는 자기 자신이 가장 아름답다고 생각하는 얼굴이 아니라 다른 참가자들이 가장 아름답다고 생각할 것 같은 얼굴을 선택해야 한다. 그런데 그 참가자 모두는 똑같은 맥락에서 선택을 하고 있는 것이다, 즉, 자신의 판단 기준으로 가장 아름답다고 생각되는 얼굴을 선택하는 것이 아니고, 또한 사람들의 평균적인 의견이 진정으로 가장 아름답다고 생각하는 얼굴을 선택하는 것도 아니다. 즉, 그 평균적인 생각이 어떨 것인가에 대한 또 다른 평균적인 생각이라는 세 번째 차원의 생각을 해야만 하는 것이다. 그런데 여기에서 그치는 것이 아니라 어떤 이는 그 세 번째 차원에서 사람들의 생각이 어떨 것인가 하고 예상하는 네 번째 차원의 생각을 하고, 그 뒤로 다섯 번째 차원의 생각을 하는 사람 등이 연속되는 것이다(CW 7: 156).

이 책의 목적상 이러한 주식시장에서의 행위에 대한 분석은 더 이상 하지 않겠다.

주식시장의 주요 업무는 금융 투자자들의 포트폴리오상에서의 기존 자산들을 재편성하게 해 주는 것이며, 이에는 단순히 주식뿐만 아니라 기존의 회사 전체를 사고파는 것도 포함되어 있다. 새로운 자본재에 대한 수요라는 의미에서의 투자는 저자가 「고용주」, 「중개상」, 그리고 지주라고 부르는 사람들이 행하는 영역이다. 투자를 위한 자금의 대부분은 확실히 과거에 기업이 축적한 저축(즉, 유보 이윤 — 옮긴이), 은행으로부터의 차입, 혹은 채권시장에서의 채권 발행으로 조달되고 있다. 그런데 과거의 저축이라는 것은 현재에 인출할 수 있는 돈만을 의미하는 것이지 현재의 투자나 저축과는 아무 상관이 없는 것이다.

케인스는 「장기기대상태」는 변화가 심하고, 투기성 심리에 좌우되기는 하지만 「장기간」(long intervals) 동안에는 안정적일 수도 있다고 생각했다. 이러한 의미에서 그는 이자율이라는 것이 투자활동에 있어서 중요한 변수라고 간주했다. 투자는 저축과는 무관한 것이며, 따라서 다음 절에서는 케인스에 있어서 그 이자율을 결정하는 이론에 대해 살펴볼 것이다.

4. 화폐와 이자율

케인스는 장기이자율이라는 것은 우리가 미래를 계산한다는 것에 대해 갖는 「계산에 대한 불신의 척도」라고 밝혔다. 케인스는 편의상 장기채와 다른 자산과의 사이에 선을 그었다. 왜냐하면 미국이나 영국의 경우 국채는 그 통화와 관련되는 한 부도로부터는 자유로운 무위험자산이고, 따라서 그 이자율(좀 더 엄밀하게 말하자면 단기 예금 이자율을 초과하는 부분)은 「유동성선호」 심리, 즉 「유동성위험」을 느끼는 심리[15]에 대해 보상해야만 하는 프리미엄을

15 부도의 위험이 존재하지 않으므로 남는 위험이라는 것은 소위 향후 이자율이 변함으로써 그 장기채권의 시장가격이 변할 수 있는 위험을 의미한다. 만일 이자율이 상승하게 되면 이전에

의미하는 것이다. 케인스는 화폐경제에 있어서 이자율의 역할을 올바르게 인식하기 위해, 그리고 「고전학파」 이론과 대비하기 위해서도 이 점을 명확히 하고자 했다.

화폐와 저축의 혼동(로버트슨의 경우), 혹은 곡물경제 모델의 암묵적인 가정은 힉스에 근거해 「고전학파」 경제 이론가들이 「이자율」이라는 것이 단지 채권시장에 공급되는 자금의 유입과 차입자들로부터의 자금 수요를 일치시키는 가격으로 생각하게끔 유도하고 있다. 그런데 케인스는 어떠한 주어진 시간 간격 사이에 자금의 유입과 유출 간 균형을 맞추는 것으로서의 이자율을 부인했던 것이다. 이자율이라는 것은 전체 은행 체제 내에서 창조되었고 어떤 임의의 시점에서 경제에 남아 있는 화폐와,[16] 실제로 그 화폐를 보유하려는 수요 간 균형에 의해 결정된다는 것이다.

화폐수요는 「지불수단」과 「가치저장수단」으로서의 「화폐의 기능」에서 파생되고 있다. 실제로는 특정 금액의 화폐를 보유하는 동기에는 이 같은 다양한 이유가 섞여 있다. 그런데 「지불수단」으로서의 화폐수요는 통상적인

언급했듯이 채권 가격은 하락하게 되고 그로 인해 자본 손실을 겪을 수 있는 것이다. 이러한 위험 또한 저자가 언급했듯이 케인스가 말했던 「유동성위험」의 범주에 속하는 것이다. —옮긴이 주

16 [고급] 소위 경제학 교과서에서 말하는 화폐의 공급이라는 것에 해당한다. 그런데 주의할 점은 이러한 화폐의 공급이 단순히 「외생적」인 것인가이다. 즉, 중앙은행에 의해 임의로 결정되는 것인지, 아니면 경제에서의 상황(특히 대출 수요)에 의해 「내생적」으로 만들어지는지에 대한 의견 차이가 존재하는데, 주류 경제학의 입장은 그것들을 외생변수로 간주하는 반면, 케인스와 그의 맥락을 잇는 「포스트 케인지언」에게 있어서는 화폐의 「내생적」 생성이 핵심적인 연구과제 중 하나이다. 전자의 경우 중앙은행이 소위 본원 통화를 창조하면 그에 의해 은행들은 소위 「화폐승수」(money multiplier)를 통해 은행이 최대로 신용 창조를 한다고 보며 그렇다면 본원 통화의 공급이 사회 전체의 통화량의 원인이 된다. 후자는 은행의 신용 창조는 근본적으로 대출에 대한 수요에 의존하는 것이고, 그 대출 수요는 경제 전체의 상황에 의해 결정되는 것인데, '자격이 있는' 대출자로부터의 대출 수요가 은행이 공급할 수 있는 대출 능력보다 밑도는 경우가 많으며, 또한 대출 수요가 존재하는 한 만일 은행의 지급준비금이 부족하더라도 결국 중앙은행이 추가로 본원 통화를 공급하게끔 압력을 가할 수 있다는 것이다. —옮긴이 주

일상생활에서 화폐의 지불과 수취 간 시간적 상이성에서 발생되는 것이다. 이러한 화폐가 갖는 「활동적 화폐잔고」(active money balance)의 역할에 있어서는 케인스와 「고전학파」 경제학과는 어떠한 실질적인 이견은 없다. 케인스가 「고전학파」 경제학과 결별하는 점은 바로 「가치저장수단」으로서의 화폐의 기능, 즉 「화폐의 축장」이라고 불리는 **유휴적**(Inactive) 혹은 '놀고 있는' 화폐에 대한 수요의 측면이다.

「축장」하는 것은 일종의 병적인 인색함을 암시한다. 「고전학파」 경제 이론에서 화폐는 단기적인 「지불수단」으로 예비하는 용도로서의 「축장」 외에 어떠한 역할이 없고, 남는 돈은 당연히 이자를 받고 빌려줘야만 한다는 것이다. 케인스에 있어서는 순수한 「가치저장수단」으로 화폐잔고를 유지하고, 국가에 의해 상환이 보증되고 그에 더해 이자까지 지불하는 채권에 투자하지 **않는** 합리적인 근거는(물론 은행예금의 경우에는 다소 이자를 제공하지만 사실 그다지 크지 않다) 바로 장기채권에 내재하는 「유동성위험」이기 때문이다.

이러한 위험은 투자 시점보다 시장이자율이 상승한 경우, 그리고 그 채권이 만기되기 전 매각할 필요가 있는 경우에는 그 채권을 미리 매각함으로써 채권 보유자가 손실을 입을 수 있기 때문이다. 케인스에게는 앞에서 말한 화폐에 대한 결제의 필요성에 의한 「예비적 수요」(precautionary demand)보다 시장 환경의 변화를 예측해 이익을 얻으려는 은행을 포함한 각종 전문 투자자들의 「투기적 수요」(speculative demand for money)가 중요하다. 이 화폐의 「투기적 수요」라는 것에 의해 결국 은행 등의 금융체계가 창조한 화폐의 공급과 수요가 상호 조정되어 균형을 달성하게 되는 것이다. 좀 더 현학적으로 말하자면 그 화폐의 「투기적 수요」라는 것은 「화폐의 축장성향」(propensity to hoard)인데, 그것이 (이자율의 변화에 따라 ― 옮긴이) 조정됨으로써 사회 전체 여유 화폐가 모두 수요될 수 있도록 하는 것이다.

만약 화폐에 대한 초과 수요, 혹은 유동성부족이 발생했을 때는 그 「유동성」을 필요로 하는 사람들은 화폐를 얻기 위해 저가로[즉, 높은 상환수익률

(yield to redemption) 혹은 높은 시장이자율로], 신규 채권을 발행하거나 혹은 보유 중인 구 채권을 매각하도록 하는 것이다. 만약 오늘 이자율이 내일 예상되는 이자율보다 상승한다면 (내일 채권 가격이 상승할 것이므로 — 옮긴이) 다른 투자자들은 기꺼이 채권을 매집하기 시작할 것이며 화폐로 가지고 있는 잔고를 줄이려고 할 것이다. 경제 총체적으로는 볼 때 이자율이 높은 경우에는 화폐에 대한 수요를 줄이고 채권을 보유하려는 사람들로부터 화폐에 대한 수요가 필요한 사람들에게로 화폐가 이전되는 것이다. 그런데 이 경우 투기자들은 그러한 유동성부족 문제가 완화된다면 이자율은 하락할 것이고 채권 가격이 상승하기 때문에 이익을 볼 것을 기대하는 것이다.

케인스는 바로 지금의 어느 시점 달성되는 「균형」에 관심이 있었다. 어떠한 주어진 「장기기대」에 대한 「확신상태」하에서 시장에서는 어떠한 특정 장기이자율이 **정상적**이라는 「관행」(convention)이 형성되어 있을 것이다. 케인스는 투기적 화폐수요는 현행 이자율과 이러한 「관행적 수준」(conventional norm)의 차이에 반비례해 변화한다고 주장한다. 즉, 그 「관행적 수준」에 비해 현재 이자율이 오르면 (향후 그 「관행적 수준」으로 이자율이 떨어지면 이익을 보기에 채권을 사고 화폐를 줄임으로써 — 옮긴이) 화폐의 「투기적 수요」는 줄어들고 반대로 이자율이 떨어지면 화폐의 「투기적 수요」가 늘어난다고 했다.

이러한 「관행적 수준」은 투자자가 갖고 있는 「확신상태」를 반영한다. 만일 투자자가 갖고 있는 미래의 이자율 수준에 대한 「확신상태」가 높다면[17] 장기

---

17 미래의 이자율 수준에 대한 「확신도」가 높다는 이야기는 미래의 이자율이 '안정적'이라고 생각한다는 의미이다. 혼동하지 말아야 할 중요한 점은 케인스에 있어서는 장기이자율은 미래의 이자율의 안정성에 의해 좌우되는 것이지 그 현재 이자율이 절대적으로 높거나 낮다는 것을 의미하는 것은 아니라는 것이다. 물론 현재 이자율이 낮다는 것은 향후 이자율이 상승할 가능성이 높다는 것을 시사할 수도 있지만, 상승의 가능성이 높다는 것은 달리 말하면 그 「관행적 이자율」로 돌아갈 가능성이 많다는 이야기이고, 이때 중요한 것은 현재 이자율의 낮은 절대적 수준이 중요하다는 것이 아니라는 것이다. 만약 「장기기대」가 아주 안정적이라고 한다면 그 안정적인 이자율로 현재 이자율이 회귀할 것인데, 이때는 장기채권을 가지고 있고 화

이자율은 매우 낮아질 수 있는 것이다. 케인스가 살아 있던 시절 그는 경제체제 자체가 안정적이고 또한 지속가능한 것으로 사람들에게 인식시킬 수 있다면 이러한 「관행적 수준」을 낮게 유지함으로써 「저금리정책」(cheap money) 체제를 실현할 수 있다고 주장했는데, 이는 실로 타당한 의견인 것이다.[18]

반대로 케인스는 중앙은행이 설립되고 이에 대응해 잘 조직화된 채권시장이 탄생하기 이전 시대에서는 이자율이 높은 수준에서 **경직적**이었을 가능성이 있었다고 지적했다. 실제로 케인스는 역사적으로 볼 때 은행 체제는 유동성부족을 해결하기 위해 발전해 왔다고 주장했다. 「지불수단」으로서의 화폐에 대한 수요를 충족시키기 위해 통화량이 증가해 왔던 것이다. 소위 환어음(bill of exchange)에 은행이 배서함으로써 상품이나 용역의 거래상 시간적 불일치를 해소했으며, 또한 정부 입장에서 볼 때는 세입과 세출 간 시간적 불일치를 해소했던 것이다. 은행들은 채무를 화폐로 전환시킨 것이며, 이 과정 중에서 저축이 수행한 역할은 없었던 것이었다.

5. 「고전학파」 경제학에서의 「IS-LM 모델」: 모델이 갖는 함정

힉스는 『일반이론』에 있어서 힉스 자신이 중요하다고 생각했던 메시지를 표현하기 위한 간단한 모델을 만들었는데, 그것이 현재 주류 거시경제학 교

폐에 대한 「투기적 수요」는 줄어들기 때문에 그 안정적 이자율 또한 낮게 형성된다는 것이다. 이 점에서 기존 주류 경제학의 거시경제학 교과서의 설명과 상이하다. 이러한 「관행적 이자율」은 「고전학파」 경제학, 특히 크누트 빅셀(Knut Wicksell)류의 「자연이자율」(natural rate of interest)과는 다르다. 후자의 경우 '자본'이라는 것이 갖는 어떠한 '내재적인 가치'에 의해 결정되는 것이고, 케인스의 경우 사람들이 갖는 「관행적」 믿음에 근거하는 것이다. — 옮긴이 주

18 [고급] 관심 있는 독자들은 토니 아스프로모고스(Tony Aspromourgos, 2018)를 참고하라. — 옮긴이 주

〈그림 4.1〉「IS-LM 곡선」

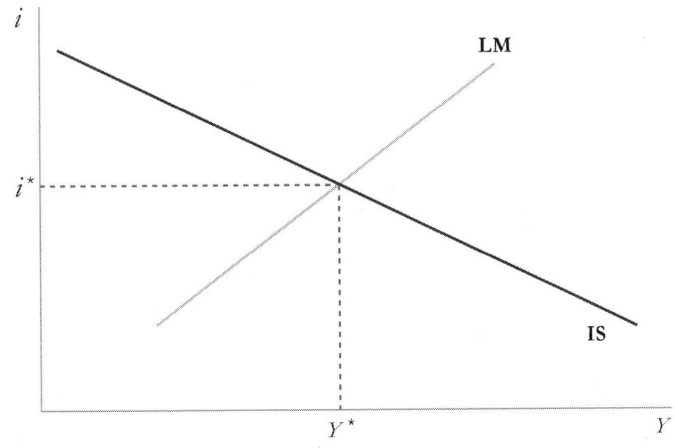

과서에서 필히 언급되는 「IS-LM 모델」이다. IS라는 것은 투자(investment)와 저축(Saving)의 약자이고, LM은 「유동성」(liquidity)과 화폐(money)의 약자이다. 〈그림 4.1〉은 3장에서 논의했던 「케인지언 교차도」만큼 현재까지의 경제학 교육에 깊은 영향을 미쳐 왔다. 많은 사람에게 이 「IS-LM 곡선」 자체가 케인스 경제학으로 여겨진다. 더욱이 그 곡선 자체는 표준적인 수요와 공급의 곡선과 유사하기 때문에 학생들에게는 매우 친숙하게 여겨진다. 특히 케인스 자신이 이 곡선이 형식적으로는 옳다고 인정했기 때문에[19] 그러한 고정관념이 생겨나게 되었는데, 아이러니하게도 이 그림은 힉스가 의도한 것처럼 케인스의 『일반이론』은 「고전학파」 경제이론의 특수한 경우에 불과하다는 것으로 해석될 수 있는 여지를 만든 것이었다. 「케인지언 교차도」에서 보듯이 똑같은 형태를 가진 모습의 그림이라도 사실은 전혀 다른 경제 이론을 나

19 케인스는 힉스의 「IS-LM 곡선」이 자신이 생각하던 바와 대체로 일치한다는 견해를 표명한 바 있었다(King, 2002: 31). 힉스의 모델을 정말로 심각하게 분석하고 그가 그러한 생각을 말했는지는 모르는 이야기이다. —옮긴이 주

타낼 수 있는 것이다.

〈그림 4.1〉은 형식적으로 올바르게 그리자면 가로축에 「임금단위」[20]로 측정된 소득(Y)을, 세로축은 장기이자율인 화폐이자율(i)을 표시해야 한다. 이런 두 곡선이 교차하는 점에서 균형값(Y^*, i^*)이 정의된다. 이때 「IS 곡선」(여기서는 단순화를 위해 직선으로 표시함)은 각 이자율 값에 대응하는 소득 값을 연결하고 있다. 이자가 변함에 따라 투자가 변하고, 그 투자의 변화는 「승수효과」를 통해 「유효수요」와 소득의 변화를 결정하는 것이다. 「IS 곡선」은 하향으로 기울고 있는데, 그 이유는 이자율이 낮아지면 투자와 소득이 증가하기 때문이다.

반면, 「LM 곡선」은 소득의 각 값에 대응하는 이자율을 연결한 것이다. 이자율은 소득에 따라 상승한다. 왜냐하면 「지불수단」으로서의 화폐에 대한 수요는 경제 활동이 활발해짐에 따라 상승하기 때문이다. 이때, 화폐의 공급(이 또한 「임금단위」로 측정된다)은 주어진 외생변수이다. 「예비적 동기」 혹은 「투기적 동기」를 위한 「가치저장수단」으로서의 화폐수요를 충족시키기 위해 이용 가능한 화폐가 적어지는 경우 그 추가 화폐수요를 만족시키기 위해 채권을 매각할 것이기에 채권 가격은 하락하고 따라서 이자율은 상승해 채권 소유를 하는 것이 이자 없이 단순히 화폐를 보유하는 것보다 더 매력적으로 만들게 된다. 이렇듯 투자자가 더 많이 채권을 보유하려고 한다면 「가치저장수단」으로서의 화폐수요는 실제 공급된 화폐수량과 일치하도록 감소되는 것이다.

이 그래프가 시사하는 바는 단 1개의 소득과 이자율의 조합만이 재화 시장에서의 「총수요」와 「총공급」의 「균형」과, 동시에 화폐시장에서의 화폐수요와 공급 간 「균형」이라는 양자 모두를 만족시키기 위해 적합한 조합임을 말

20 좀 더 정확히 말하자면 「표준노동단위」로 표현된 것이지만 관행적으로 계속 「임금단위」라고 사용하겠다. —옮긴이 주

〈그림 4.2〉「IS-LM 곡선」과 구축효과

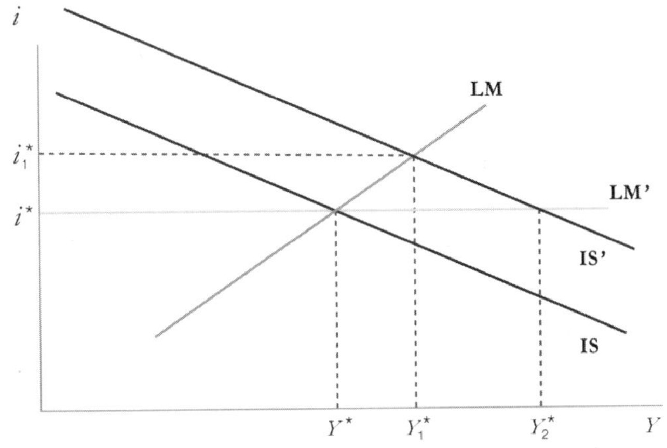

해 주는 것이다. 이 그래프는 수요의 외생적 변화(「IS 곡선」의 수평 방향으로의 이동)와 화폐공급의 변화(「LM 곡선」의 수직방향으로 이동)가 있는 경우, 변화 이전과는 다른 새로운 균형값의 조합(Y^*, i^*)을 야기하는 효과를 보여 주기 위해 사용된다. 이자율 변화에 따른 소득 변화의 민감도(「IS 곡선」 기울기)나 이자율 변화에 대한 화폐수요의 민감도(「LM 곡선」 기울기) 등에 대한 자세한 내용은 다루지 않기로 한다.

중요한 것은 「LM 곡선」이 수평이 아닌 한(민간투자이든 정부의 재정적자 지출 증가이든 상관없이) 「총수요」의 증가는 이자율을 상승시킨다는 것이다. 〈그림 4.2〉에서 「LM 곡선」이 우상향하는 형태를 띠는 경우 만약 「IS 곡선」이 IS′로 수평으로 이동한다면 이자율은 i_1^*로 상승하고 소득은 Y_1^*로 증가된다. 이에 반해 「LM 곡선」이 수평인 경우(LM′로 그려져 있다) 소득만 Y_2^*로 변하고 이자율은 불변이다.

이러한 소위 (힉스적 해석을 따르는 — 옮긴이) 자칭 케인지언이라고 주장하는 사람들의 「IS-LM 모델」과 「고전학파」 경제학 모델 모두 결국은 이전에 언급한 바 있는 「대부자금설」이 좀 더 일반적이라고 주장하는 것이다. 그들에 의하면 정부가 재정적자를 통해 지출을 늘리는 경우, 결국 (이자율이 상승해 - 옮긴이) 투자를 감소시키는 소위 「구축효과」(crowding out)를 야기하며, 따라서 정부의 재정 지출이 고용을 늘린다는 생각에 반대하는 「고전학파」 경제학의 주장은 이러한 생각에 기인하는 것이다. 그런데 케인스가 생각한 그 근본적 메커니즘은 「고전학파」 경제학이 생각하는 그것과는 완전히 다르다. 만약 「소비성향」이 상승해 그로 인해 소득이 증가한다면 총투자나 총저축을 감소시키지 않으면서도 이자율은 상승할 수 있는 것이다. 왜냐하면 소득이 늘어남에 따라 지급 수단으로서 화폐수요가 증가하기 때문이다. 따라서 올바른 결론은 다음과 같다. 즉, 중앙은행은 그 원인이 무엇이든 간에 이자율 상승으로 인한 투자의 감소 그리고 그에 따른 소득의 감소를 방지해야만 한다. 그렇다면 문제의 해결책은 저축 부족에서 찾는 것이 아니라 화폐공급 부족에서 출발해야 한다는 것이다.

〈그림 4.1〉의 가장 심각한 문제는 이 그래프가 순수하게 「고전학파」적으로 해석될 수 있다는 것이다. 「IS 곡선」은 「대부자금설」에서의 「대부자금시장」을 나타내고, 「LM 곡선」은 「화폐수량설」(the quantity theory of money)을 나타낼 수 있는 것이다. 예를 들어 맨큐와 테일러가 저술한 거시경제학 교과서(Mankiw and Taylor, 2014)에 의하면 「IS 곡선」의 기울기가 하향하는 것은 소득이 늘어남에 따라 저축도 늘어나고 그럼으로써 소위 「대부자금시장」에서 자금의 공급이 많아져서 이자율이 하락하고, 그래서 투자가 증가해 그 늘어난 저축과의 「균형」을 달성하게 하는 것이라고 서술되어 있는 것이다. 한편, 「LM 곡선」의 기울기가 양수인 이유는 이자율이 상승하면 화폐의 유통속도가 상승하고(5장 참조), 그래서 소득의 증가를 뒷받침할 수 있기 때문이라는 것이다.

이와 같이 「IS-LM 곡선」은 케인스가 공헌한 바의 본질을 착각함에 기인하는 지속적인 혼란과 케인스의 이론이 단지 「고전학파」 이론의 특수한 경우에 불과하다는, 현재 주류 경제학 내에 만연한 오해만 조장하는 것이다. 따라서 한 가지 유용한 제안은 적어도 저축은 앞의 논의와는 전혀 무관한 것임을 명백히 할 수 있도록 저축(S)이라는 말은 빼고 이 그래프를 투자-소득의 약자인 「IY」를 사용해 「IY-LM 곡선」이라고 개명하는 것일지도 모른다(O'Donnell and Rogers, 2016).

6. 화폐와 저축: 또다시 뒷문으로 들어오려는 「세의 법칙」

화폐공급의 증가가 비단 이자율뿐만 아니라 「소비성향」에도 직접 영향을 미친다는 생각을 끌어들임으로써 「고전학파」들은 소위 「세의 법칙」을 관철시키기 위한 마지막 희망을 기대하고 있다. 그들은 특히 수요와 공급 간 경쟁에 의해 발생하는 어떠한 자동적인 조정 과정을 찾고 있기 때문에, 만약 물가수준이 낮아지면 화폐의 양은 **실질적으로**(즉, 「임금단위」로 측정되었을 경우) 증가하는 것에 주목하고 있는 것이다. 물론 케인스도, 예기치 못한 뜻밖의 횡재는 「소비성향」을 높일 수 있다는 점을 받아들이기는 했다. 이 논리에 의하면 화폐를 소유한 사람의 부는 그가 가진 화폐의 가치에 따라 증가한다. 이렇게 해서 이들은 이런 물가에 의한 조정 방식으로 투자와 완전고용 시의 저축 사이의 차이는 없어진다고 기대하는 것이다. 물가와 임금이 충분히 떨어지면 미국의 전체 생산량을 10센트에도 살 수 있다는 말을 과거에 농담처럼 한 바도 있었다.

그런데 이러한 이른바 「피구효과」[21]는 이론적으로도 또한 경험적으로도 입증할 수 없다. 그럼에도 불구하고 이 이론은 아직까지도 교과서에 여전히 실려 있다. 이 「피구효과」가 주장하는 바는 「일반적실업상태」가 존재할 때 만

21 또는 「실질잔고효과」(Real Balance Effect)라고도 불린다. —옮긴이 주

약 물가와 임금이 전면적으로 하락하는 것이 허용된다면 소비는 실질적으로 증가하게 되어 완전고용 수준이 회복된다는 것이다. 그런데 그 「피구효과」의 주장은 자본시장에서 투자와 저축의 「균형」을 이루는 단일 가격(즉, 이자율 — 옮긴이)을 논하는 것이 아니라 특정 각 개별 시장에서 수요와 공급에 의해 결정되는 모든 개별 가격이 **동시에 전면적으로** 하락한다는 것을 가정하고 있다는 점에 유의해야 한다.

현대 경제에서 모든 화폐는 채무이다. 심지어는 동전조차도 정부의 「채무 인정증서(IOU: I owe you)」인데 이는 세금과 상계될 수 있는 것이다.[22] 디플레이션(물가하락)으로 인한 채권자의 이익은 돈을 차입하는 채무자의 손실을 의미하는데, 채무자의 임금으로 환산한 부채의 양은 사실 증가한 것을 의미하는 것이다. 주택 임대료와 같은 중요한 가격은 계약에 따라 장기간 고정되어 있다. 정부 입장에서 볼 때 물가가 떨어지면 물가와 상관없이 고정되어 있는, 이제는 증가된 정부 부채를 상환하기 위해서는 세금을 올려야 할지도 모른다. 이러한 디플레이션은 채무자로부터 채권자로 부를 재분배하는 것인데, 다시 말하면 빈자로부터 부자에게로 부를 재분배하는 것이다. 화폐개혁처럼 모든 물가와 소득을 동시에 내리지 않는 한 디플레이션은 빈곤, 파산, 생산의 중단을 일으키고 결국 소득을 감소시킨다. 이러한 **화폐개혁 대신 피구효과를 통한 조정**이 성립되기 위한 전제 조건은 은행이 존재하지 않고 채무도 존재하지 않는 경제인데, 이는 화폐경제체제는 아닌 것이다.

주어진 통화량이 '실질'적인 가치가 증가해 부족한 「총수요」를 메울 수 있는 방법으로 임금이나 물가를 떨어뜨리는 것보다는 차라리 통화량 자체를 증가시키는 것이 같은 결과를 더 쉽게 달성할 수 있는 것이다. 케인스는 1925년

---

22 [고급] 저자는 소위 「차탈리스트」(Chartalist)적인 화폐관을 가지고 있다. 이에 대한 현대적인 고전은 제프리 잉햄(Geoffrey Ingham, 2004)을 참고하기 바란다. 잉햄에 대한 비판적 고찰은 하이너 간스만(Heiner Ganssmann, 2012, 2015)에 실려 있다. —옮긴이 주

처칠(Churchill)이 제안한 「금본위제도」로의 복귀에 반대했는데, 그러한 「금본위제도」로의 복귀는 필요한 화폐의 증가를 오히려 저지하는 것이며, 반면 산업에 있어서는 임금 삭감을 강요하는 고역을 치르게 하는 정책을 요구했기 때문이었다. 어쨌거나 국가는 행동해야 한다. 그리고 세상에는 자동적으로 달성되는 것은 없는 것이다.

7. 이 장의 정리

보관 영수증을 이용한 곡물경제 모델에서는 투자 및 저축 계획이 (곡물 보관 영수증을 빌려주는 대가로의) 이자율에 따라 「균형」을 달성하게끔 되어 있다. 화폐라는 매체를 곡물경제 모델에 포함시키는 시도는 소위 「대부자금설」이라는 교리를 둘러싼 혼란을 초래한 원인인데, 그 교리에 의하면 신규로 발행된 화폐는 저축으로 변한다. 이 같은 두 종류의 곡물경제 모델은 비단 곡물뿐만 아니라 다양한 많은 상품이 존재하는 화폐경제의 본질을 파악하는 데 성공적이지 못하다.

화폐경제에서는 「시간」이 지극히 중요한 요소이다. 「단기기대」와 「장기기대」 사이에는 「고전학파」 경제학이 간과하고 있는 중대한 차이가 있다. 「단기기대」라는 것은 지금 오늘 생산 중인 상품의 가치에 대한 「기대」이다. 「장기기대」는 지금 새로운 자본 설비를 주문하고, 그것을 이용해 미래에 재화를 생산하기 위해 필요한 「기대」이다.

「고전학파」 경제학 이론에서는 양자 간 차이는 없고, 마치 지금 태어나지도 않은 손자에게 미래에 신발을 배달하라고 주문할 수 있다고 암묵적으로 전제하고 있는 것이다. 비단 단기 선물시장이 아니라 모든 재화와 용역에 대해 장기 선물시장이 존재한다고 상정함으로써 「고전학파」 이론은 현재와 미래의 소비, 일과 레저 간 일종의 트레이드오프가 있다고 주장하는 것이다. 그런데 이러한 시장이 없으면 「세의 법칙」을 기능하게 하는 경로는 존재하지 않는 것이다.

만일 고객의 선주문과 같은 확실한 구매가 없다면 「장기기대」라는 것은 본원적으로 「불확실성」에 지배되는 것이다. 「고전학파」 경제 모델에서는 기본적으로 「불확실성」, 「동물적 본능」, 「확신상태」, 「유동성선호」 등의 여지는 없어지는 것이다. 「고전학파」의 경제 모델에서는 모든 「위험」은 보험을 통해 부보 가능하다는 것, 그리고 과거와 현재가 어떠한 확률상 무작위로 결정되는 오차 범위 내에서 미래에 대해 확신할 수 있는 지침이라는 것을 암묵적으로 전제로 하고 있다. 그런데 「불확실성」을 논의에서 제외하고 단순한 「확률적 위험」으로 전락시키는 경우 투자라는 것은 매우 평범한 기계적 행위에 불과하고 케인스의 「유동성」 개념은 절대 이해될 수 없는 것이다.

「유동성」이란 무엇보다 「장기기대상태」가 변화하더라도 그 자신은 가치를 변함없이 유지하는 성질을 의미하며 폭풍 속의 안전한 은신처이다. 부채를 포함한 각종 자산은 그 종류에 따라 정도의 차이는 있지만 「유동성」을 갖고 있다. 「유동성」에는 서열이 있으며 화폐(단기예금을 포함)가 장기채무나 혹은 장기채보다 상위에 위치하며, 장기채는 물리적인 자본시설재보다 「유동성」 서열상 상위에 위치한다. 투자자는 자신의 자산을 관리하는 데 우선 얼마만큼 화폐를 보유할지 결정해야 한다. 그러고 나서야 화폐로서 보유할 금액을 공제한 후 나머지를 채권 혹은 실물자산 간에 배분해야 하는 것이다. 이자율은 우선 투자자가 화폐가 아닌 채권을 보유하기 위해 필요한 가격이고 다음으로는 「고전학파」의 경제 모델처럼 새로운 자본재에 화폐를 투자할 때 준거하는 중요한 벤치마크이다.

화폐경제에서의 이자율은 저축에 의해 결정되는 것이 아니다. 이자율은 오로지 화폐와 금융의 문제이다. 화폐수요와 은행 시스템에 의해 창출된 화폐의 양과 균형은 이자율 조정에 의해 상호 균형을 이루게 된다. 소위 「세의 법칙」을 유지할 수 있는 메커니즘은 존재하지 않는다. 케인스의 최대 관심사는 화폐경제가 자동적으로 「완전고용균형」으로 향한다는 이러한 「고전학파」 경제 이론의 주장을 반박하는 것이었다.

이 장에서는 「고전학파」 경제 이론에서는 「완전고용산출」과 같은 수준의 「총수요」를 유지하기 위해서는 이자율이 중심적인 역할을 한다는 점에서 이자율 문제에 초점을 맞춰 설명했다. 하지만 「고전학파」 경제 이론의 의견과 달리 중요한 통찰은 **투자가 저축을 만들어낸다는 것이다**. 제임스 미드(James Meade)는 다음과 같이 말하고 있다.

> 케인스의 지적 혁명이란 저축이라고 불리는 개가 투자라는 꼬리를 흔든다고 하는 것이 현실을 반영하는 모델이라고 생각하는 경제학자들의 사고를 그와 반대로 투자라고 불리는 개가 저축이라는 꼬리를 흔드는 모델로 전환시키는 것이었다(Meade, 1975: 82).

더욱이 투자라고 불리는 개는 자신의 충분한 의지를 가지고 있기에 이자율 변화에 따라서는 단지 어느 정도만 제약될 뿐이고, 대략적으로만 인도될 뿐인 것이다. **투자는 대체로 독립적 변수로서 이자율 외의 경제 모델 외부에 존재하는 힘에 의해 지배되고 있다**.

이 이상의 논의를 케인스 자신은 더 이상 진전시키지 않았지만 그는 기업가와 금융 투자자들이 신기술과 신시장을 추구하면서 활동하는 것, 그리고 경기 호황과 침체, 「확신」과 위기 등이 자본주의의 본질로 인식되는 그러한 의미에서의 본격적인 투자 이론을 여는 길을 개척한 것이었다.[23]

---

23 「포스트 케인지언」에 있어서도 투자 이론은 아직도 초보 단계에 있는 것이 사실이다. 「포스트 케인지언」의 시각에서 기존의 투자 이론을 설명하고 비판하는 교과서로는 미셸 배들리(M. C. Baddeley, 2003)를 참고하라. 대학에서 가르치는 대부분의 '투자'와 '금융'에 대한 이론은 전적으로 「신고전학파」의 모델인 소위 「CAPM」에 근거하는데, 일단 그 근저에 있는 가정들은 현실로부터 가장 핵심적인 요소들을 추출한 것이 아니라 현실과는 전혀 상관없는 가

정들을 채택하고 있다. 주류 경제학의 관점에서 볼 때 가정의 비현실성이 중요한 것이 아니라 그렇게 해서 만든 모델이 현실을 잘 예측하면 된다는 도구주의적(instrumentalism) 방법론에 기초하고 있는 것이다. 즉, 이는 태양 흑점의 운동에 근거한 경기변동 이론이라도 경기변동을 잘 설명하면 된다는 이야기와 같은 논리이다. 그런데 문제는 실제 그 이론들에는 실무 혹은 현실적 경험과는 현저한 괴리가 존재한다는 것이다. 이 점은 그 이론의 강력한 수호자인 유진 파마(Eugene F. Fama)의 고백에서도 드러나는데, CAPM 모델에 기반한 투자 이론은 단순하기 때문에 강력한 이론이지만 경험적으로 볼 때 현실과의 적합성이 아주 떨어져 실제 응용에는 문제가 있다는 것이다(Fama and French, 2004: 25~46). 그리고 그는 그 이론의 근저를 이루는 「효율적 시장가설」 자체는 검증될 수 없다고 고백하고 있다(Fama, 1991: 1575~ 1617). 그런데 기존 주류 교과서는 마치 그 투자 이론들이 현실에서 타당하고 또 응용될 수 있는 것으로 가정하고 학생들에게 가르치고 있다. 이러한 CAPM 모델이 설령 옳다고 하더라도 실무적으로 볼 때 그 응용 방식은 너무도 자의적인 해석에 의거하기 때문에 똑같은 공식을 사용하더라도 사용자에 따라 결과의 편차가 아주 심하다. 할인율, 혹은 가중 평균 자본 비용(WACC: Weighted Average Cost of Capital)의 1~2% 차이는 아주 쉽게 조작 가능한데, 그에 따른 증권의 평가 가치는 엄청난 차이를 초래한다. 따라서 그 이론의 실무적인 용도는 복잡한 과학적인 방법에 의해 투자를 평가하는 것처럼 고객에게 눈속임을 하기 위한 것일 뿐이다. 그중 가장 핵심적인 부분은 이 WACC를 추정하는 문제인데, 그러한 방법을 실무자들을 위해 잘 요약해 놓은 대표적인 책은 오글러와 럭맨(Ogler and Rugman, 2004)이다. 그런데 책 제목이 시사하는 것과 달리 이 책을 읽으면 그 WACC를 추정하는 방법이 이론과 달리 얼마나 자의적이고 주먹구구식 방식에 의존하는지 잘 보여 준다. —옮긴이 주

부록 1

자본과 「자본논쟁」에 관하여

주류 경제학 교과서에 따르자면 생산량은 노동과 자본 투입에 의해 결정되는 함수이며, 따라서 생산함수와 자본의 투입량은 기술적으로 고정적인 관계를 갖는 것이다. 그리고 이에 더해 물리적이며 기술적인 이유로 '자본'이 증가함에 따라 「자본의 한계생산성」이 체감한다고 가정하고 있다. 만일 규모의 경제나 외부성이 있는 경우 여러 가지 이론상의 난점을 내포하기 때문에 가정상 배제한다. 이러한 경우 자본 한 단위를 추가함으로써 얻어지는 추가 산출물은 자본 투입을 늘리는 경우 계속 줄어드는데, 그렇듯 줄어드는 한계생산성이 기회비용이라고 할 수 있는 실질이자율보다 낮은 수준에서는 생산하지 않을 것이므로 한계생산성이 실질이자율과 같아지는 수준까지만 자본을 수요할 것이다. 반면 자본의 공급은 미래와 현재의 소비 간 대체 혹은 절약의 심리에 의해 결정된다. 실질이자율이 높아짐에 따라 저축을 더 많이 하고자 하기에 자본의 공급이 많아진다. 실질이자율과 투입 자본의 양은 이러한 자본의 수요와 공급이 균형을 이루는 교점에서 결정된다. 그리고 생산물의 배분은 자본과 노동 각각의 희소성에 의해 결정되는데, 그 희소성은 각자의 마지막 투하 단위에서 생산되는 한계생산물에 의해 결정된다. 또한 이자율과 임금 간 상대가격 변화에 따라 자본노동 간 대체가 일어나게 된다.

하지만 이러한 관계는 지구상에 존재하는 상품이 단 1개인 경우, 즉 자본과 산출이 동일한 곡물경제 모델의 경우에만 적용될 수 있는데, 문제는 상품이 다양한 경우 발생한다. 예를 들어, 다양한 자본재로 구성된 정유 공장의 시설과 노동력을 이용해 원유가 디젤로 바뀌는 경우이다. 즉, 다양한 자본재들을 실물이 아닌 어떠한 방식으로 자본을 평가해 합산할 수 있는가 하는 문제가 발생하는 것이다. 이러한 자본의 평가 문제는 이미 빅셀에 의해 지적된 바 있다. 그에 의하면 자본은 그것이 생산하는 산출의 가치로 평가되거나 혹은 투입된 비용으로 평가되어야 하는데, 양자 모두 투입 시점과 산출 시점이 상이함으로 인해 필연적으로 이자율로 할인되어야만 한다. 그렇다면 이자율에 의해 자본의 가치가 변할 수 있다는 것이다. 이는 앞의 「신고전학파」적인 생산함수에서 상정하는 자본이 가진 이미 고정된 한계생산력에 의해 이자율이 결정된다는 인과관계가 부정되는 결과를 초래하는 것이다. 즉, 이자율이 변함에 따라 자본의 가치가 변화하게 되고, 따라서 「신고전학파」의 자본 이론은 순환론이 되는 것이다. 이 같은 문제는 소위 「빅셀효과」(Wicksell effects)라고 알려져 있다.

[고급] 「신고전학파」의 경제 이론에 의하면 또한 시장에서 결정되는 이자율과 임금 비율에 따라 자본과 노동의 대체가 일어나는데, 임금에 비해 높은 이자율하에서는 노동집약적인 기술을 택하고 반대의 경우 자본집약적인 기술을 택한다는 것이다. 그런데 이후의 케임브리지 「자본논쟁」의 결과에 따르면 반드시 이 같은 일률적인 결과가 나오지는 않는다.

최종 산출물과 투입 노동은 동일하지만 자본의 투입 금액과 시점이 상이한 서로 다른 생산과정인 A와 B를 비교하는 경우를 상정하자. 자본의 투입 시점이 다르므로 비교를 위해서는 각각의 과정의 비용을 이자율로 할인해 그것의 현재 가치를 구해야만 한다. 이때 이자율의 크기에 따라 생산과정의 선택이 바뀔 수 있다. 즉, 일반적으로 생각할 때 높은 이자율에서는 나중에 생산요소를 투입하는 과정이 상대적으로 유리할 수 있는 것이다.

그런데 이러한 법칙이 항상 성립하는 것은 아니다. 예를 들어 A 생산과정에서는 생산기간의 최초 시점과 최후 시점에만 생산요소가 투입되고 반면 B 생산과정에서는 중간 기간에만 생산요소가 투입된다고 하자. 이자율이 높은 경우 A 생산과정의 최후 투입요소의 현재 가치는 작아지지만 반면 최초로 투입되는 생산요소는 나중에 생산요소를 투입하는 생산과정에 비해 불리해지기 마련이다. 따라서 A와 B의 비교우위는 일률적으로 말하기가 어려워진다.

단순히 A가 절대액 기준으로 노동 투입 대비 자본 투입이 높다는 의미에서 자본집약적이라고 하자. 높은 이자율하에서는 노동집약적인 B가 유리하다가 이자율이 낮아지면 자본집약적인 과정 A가 유리해지고 더 낮은 이자율에서는 다시 노동집약적인 B가 유리해지는 경우가 논리적으로 존재한다. 즉, 이자율이 상승함에 따라 B에서 A로 생산과정을 **변경**(switching)하다가 같은 방향으로 이자율이 더 변화하는 경우 다시 A에서 B로 생산과정을 변경하는 소위 **재변경**(reswitching)의 문제가 발생할 수 있다(간단한 예로 생산에 3년이 걸리는 경우 A는 1, 3년차에 각각 2, 6만큼의 자본재를 투입하고 B는 2년차에만 7만큼의 자본재를 투입한다고 가정하자. 이자율이 50% 이하이거나 혹은 100% 이상에서는 B가 유리하고 중간 영역에서는 A가 유리하다. 따라서 자본재 비용의 현재가치의 우위가 달라지면서 재변경의 문제가 생긴다.) 그렇다면 주류 경제학에서 말하는 이자율이 낮아지면 자본집약적인 생산과정을 선택하고 높아지면 노동집약적인 생산과정을 선택한다는, 자본-노동 간 대체에 관한 이론이 무색해진다. 이것이 소위 「자본역전」(capital reversing)이라고 불리는 현상이며 스라파에 의해 정형화되었다. 즉, 「신고전학파」가 상정하는 자본노동의 대체에 관한 이론은 논리적으로 옳지 않다는 것이다. 그리고 자본-이론 간 대체에 대한 가정을 기반으로 하고 있는 솔로-스완(Solow-Swan)의성장이론 또한 논리적으로 옳지 않다는 것이다.

스라파에 의해 제기된 이 같은 주류 경제학의 자본의 개념에 대한 문제는 이후 양안의 케임브리지 간(새뮤얼슨과 솔로 등과 같은 미국의 케임브리지 학자들과 영국 케임브리지의 「포스트 케인지언」) 소위 「자본논쟁」을 촉발시켰는데, 전자의 참패로 결론 나게 되었다. 그에 의하면 주류 경제학이 사용하는 가장 핵심 개념 중 하나인 '자본'은 논리적 모순이며, 상이한 자본 설비는 주류 경제학의 방식으로 '합산'할 수 없고, 그에 기반한 '자본 - 노동'간 대체에 대한 이론도 모순이다. 이러한 「자본논쟁」의 결과에 대한 주류 경제학의 대응방식은 크게 두 가지이다. 첫 번째는 단순히 '무시'하는 것에 의해 극복하는 것이다. 솔로의 입장은 그럼에도 불구하고 자본을 집계해 총자본이라는 개념을 사용하는 것은 유용하다는 것이다. 혹은 주류 경제학계의 거두 프랑크 한과 같은 「일반균형론자」는 자본을 **집계하지 않고**, 그저 각기 재화를 별도의 개별 실물 투입 자본재로 간주하고 「일반균형」의 맥락에서 설명하는 것으로 해결을 시도했다[그는 다음과 같이 언급했다. "좋다. 이 문제에 대해 그들(즉, 「포스트 케인지언」)이 알파의 위치를 차지한다고 하자. 하지만 그 결과들은 주류 경제학 이론(즉, 「일반균형이론」)에 영향을 주지 못한다. 단지, 교과서에 나오는(새뮤얼슨과 솔로 류의) 저급 주류 경제학 이론에만 영향을 줄 뿐이다"]. 그런데 아직도 솔로식 방법은 기존 교과서에서 사용되고 있고, 주류 경제학자들은 그 이론을 마치 전가의 보도(傳家寶刀)처럼 사용하고 있다(실상 대부분의 주류 경제학자들은 이러한 논쟁이 있었는지조차 모르고 있다).

기타 주류 경제학의 자본 개념은 현실과 모순되는 다양한 문제들을 포함하고 있는데, 예를 들어 투자의 외부성(externality), 규모의 경제, 투자의 불가분성(indivisibility) 등이 그것이다.

참고로 「자본논쟁」에 대한 정리는 코헨과 하코트(Cohen and Harcourt, 2003: 199~214)를 참고하라. 그리고 솔로 방식으로 자본을 집계하는 방법에 있어서의 이론적·실증적 문제점에 대해서는 펠리프와 맥컴비(Felipe and McCombie, 2013)을 참고하라. 외부성에 대한 고전적 논문은 시토프스키(Scitovsky, 1954: 450~451)를, 불가분성에 대한 고전적 토론은 러너(Lerner, 1952)를 참고하라. 투자는 '전방위' 및 '후방위' 연관성이 강한 것이며, 단순히 개별적으로 결정되는 것이 아니라는 외부성에 대한 강력한 주장은 알버트 허쉬만(Albert Hirschman, 1958)을 참고하라.

5장

「화폐수량설」에서 탈출하기 위한 지난한 투쟁

1. 들어가기

케인스는 언제나 '화폐경제학자'였다. 그가 활동하던 대부분의 시절 동안 그는 현대식으로 말하자면 놀랍게도 통화주의자(monetarist)[1]였고, 인플레이

---

1 시카고대학을 중심으로 프리드먼 등에 의해 발전해온 경제학 조류로, 통화공급 증가는 「장기적」으로 인플레이션을 초래하며 경제의 생산 증가에 영향을 미치지 못한다고 주장하며, 「고전학파」 경제학의 「화폐수량설」 전통을 계승하고 있다. 나아가 어떠한 정부의 간섭도 경제에 해악을 미치며, 경제는 시장 자유경쟁 질서에 맡기는 자유방임을 해야 한다고 주장함으로써 소위 「신자유주의적」 경제질서를 강조하고 있다. 참고로 이 통화주의적 사상과 「화폐수량설」 전통의 뿌리는 깊다. 영국에서의 19세기 초 소위 「지금주의논쟁」(地金主義論爭, The Bullionist Controversy), 19세기 중반의 소위 「통화학파」(Currency School)와 「은행학파」(Banking School) 간 논쟁은 결국 「화폐수량설」을 둘러싼 논쟁이었고, 현대에서도 유사한 논쟁이 계속되고 있는 것이다. 이때 「지금주의자」(Bullionist)와 통화학파들은 현대적 「화폐수량설」의 원조라고 볼 수 있는데, 참고로 케인스의 경우 「지금주의논쟁」에 있어서 다소 중립적인 입장을 취한 헨리 손턴(Henry Thornton)을 계승하고 있다. 독자들은 모든 현대에서 벌어지는 논쟁들은 갑자기 하늘에서 떨어진 것들이 아니라 다분 과거의 경제사상에 연원하고 있고 계속해서 유사한 논쟁이 근본적인 내용 변화 없이 단지 좀 더 복잡하고 정교한 형태로만

션의 원인은 통화공급의 과다에 있다고 봤다. 통화와 인플레이션의 관계는 그의 중심적인 관심사 중 하나였으며, 그의 일부 발언이나 혹은 당시 미국에 있던 그의 지지자들의 (통화량 증대 — 옮긴이) 정책에도 불구하고, 그는 정부 지출의 자금 조달을 위해 화폐를 찍어내는 것에 동감하지 않았다. 그는 『평화의 경제적 귀결(The Economic Consequences of the Peace)』(CW 2)에 다음과 같이 쓰고 있다. "레닌은 확실히 옳았다. 기존의 사회 기반을 뒤집기 위해 통화를 '타락'시키는 것 이상으로 더 섬세하고 좀 더 확실한 수단은 없다"(CW 2: 149). 물론, 레닌과 달리 케인스는 그러한 통화량 공급의 증대를 위한 제안에 동의하지 않았던 것이다.

1923년 출판된 『화폐개혁론(A Tract on Monetary Reform)』(CW 4)에서 케인스는 화폐와 가격에 대한 「화폐수량설」은 "근본적으로 중요하며, 그 이론이 사실과 부합함에는 의문의 여지가 없다"(CW 4: 61)라고 기술하고 있다. 그의 경제 이론에 있어서의 주요 3부작인 『화폐개혁론』, 1930년에 출판된 『화폐론』, 그리고 1936년의 『일반이론』은, 통화량과 인플레이션 간 관계에 대한 정확한 메커니즘을 규명하고 그 한계를 규정하기 위한 논의의 확대 과정으로 이해할 수 있다. 이미 그가 더 이상은 통화주의자가 아니었던 1940년에 발표된 『어떻게 전비(戰費)를 충당할 것인가(How to Pay for the War)』(CW 9)의 거의 모든 내용이 인플레이션 억제에 관한 것이었다.

이 장에서는 케인스가 통화와 물가에 대한 이론, 즉 「화폐수량설」에서 결사적으로 탈출하려고 노력하는 도정에 있어서의 그의 사고의 발전 과정을 추적할 것이다. 소위 「고전학파적 이분법」을 따르는 경우에는 통화량과 물가에 관한 이론은 이 책에서 지금까지 다뤄 온 가치론 및 분배이론과는 엄밀히

재현되고 있다는 점을 주목해야 한다. 참고로 이 두 논쟁에 관한 간략한 소개는 『신팔그레이브 경제사전(The New Palgrave Dictionary of Economics)』에 수록되어 있는 데이비드 레들러(David Laidler, 1981)를 참고하라. 『팔그레이브 경제사전』은 경제 용어 및 이론에 대해 가장 권위 있는 백과사전이다. —옮긴이 주

분리되어 있는 피안에 위치하고 있는 것이다. 이 책 2장에서 이미 소개한 「화폐수량설」을 출발점으로 해서 이 장에서는 그 「화폐수량설」의 핵심을 고통스럽게 분석해 나간 케인스의 여정에 대한 간략한 소개를 하려고 한다. 그런데 케인스는 지나치게 많은 화폐가 제한된 수량의 재화를 뒤쫓아 따라간다는 것은 단지 재화에 대한 **초과 수요가 있다는 것만을 의미**하는 것일 뿐 화폐의 발행량이 증가하는 경우 언제나 자동적으로 발생하는 결과는 아니라는 점을 분명히 했다. 하지만 그의 분석은 당시 제2차 세계대전 중인 영국에서 수요를 억제하고 인플레이션을 억제하기 위한 용도로 가장 먼저 사용되었다. 이러한 점들은 마치 현대의 「물가안정목표제」(Inflation targeting)와 같다고 생각될 수 있다는 점에서 오늘날의 케인스를 옹호하는 일부의 사람들에게는 매우 놀라운 사실이 될 수 있다.

2. 「화폐수량설」

통화와 인플레이션의 관계는 전통적으로 「화폐수량 방정식」(quantity equation)에 의해 정의된다. 우선 곡물경제 모델에서 화폐를 사용하는 경우를 생각해 보자. 이때 곡물 보관 창고는 수확물들이 그 사용처를 찾기 전 잠시 쉬어 가는 장소라고 상상할 수 있다. 기업농은 곡물을 kg당 1만 원을 받고 판매하고, 그 판매 대금에서 노동자와 지주 그리고 전대업자에게 지불한다. 또한 1년의 특정일에는 노동시장, 토지 임대시장 그리고 자본시장이 동시에 열린다고 가정하자. 그리고 곡물은 모두 경매입찰을 통해 판매된다. 보관 창고는 교환될 곡물의 양이 적혀 있는 일종의 보관증을 발행하는데, 예를 들면 그 보관증 1개의 단위가 1만 원으로서 1kg 곡물을 대신한다고 하자. 그런데 보관 창고가 예탁된 곡물과는 상관없이 자신 마음대로 스스로 화폐를 발행해 국가에 그 화폐를 빌려줄 수 있다고 가정해 보자. 그런 경우 발행된 화폐는 실제

수확된 곡물 양보다 더 많은 곡물 양을 대표하게 되고, 그렇게 초과 발행된 화폐도 전액 경매시장에서 여러 가지 용도로 사용되는 경우 보관증 1개당 살 수 있는 곡물의 양은 1kg보다 적어질 것이고, 반대로 1kg을 살 수 있는 보관증의 개수, 즉 가격은 1만 원보다 높아질 것이다. 즉, 곡물의 전체 경매 가격은 애당초 수확된 곡물의 원래 가격보다 더 올라가야만 한다. 이 경우 「화폐수량 방정식」은 다음과 같이 표현된다.

$$M=O\times P=O\cdot P$$

여기에서 M은 발행된 화폐의 총량(일반적으로 통화공급이라고 불린다)이며, O는 「순산출」(보관 창고에 있는 곡물의 양)이며, P는 곡물의 가격을 의미한다. 이때, 「순산출」 O는 수확 후 정해져 있으므로 M의 증가($\triangle M$)는 P의 증가($\triangle P$)와 직접적으로 1:1로 연관되어 있다.

통화주의라고 불리는 학설은 이처럼 **인과관계가 화폐에서 물가로 흐르는 것**을 주장한다. 따라서 이에 의하면 통화량을 조절함으로써 인플레이션을 통제할 수 있다는 것이다. 이것이 소위 「화폐수량설」이다. 하지만 많은 「포스트 케인지언」 경제학자들은 이 「화폐수량 방정식」에서의 **인과관계는 반대**라는 견해를 가지고 있다. 즉, 인과는 거꾸로 **물가에서 화폐로** 흐르기 때문에 **인플레이션에 대응하기 위해 통화량이 증가하는 것**이라고 주장한다. 우리의 예로 설명하자면 노동자들이 더 높은 화폐임금을 요구하고,[2] 그에 따라서 기업농은 곡물가격을 높여 수확 창고에 입고하고, 따라서 수확 가격을 설정하는

2 참고로 이러한 관계에 대한 후대의 「포스트 케인지언」 이론은 마르크스적 기반하에 케인스를 수용한, 케인스와 당시 같이 케임브리지대학에서 연구했던 미할 칼레츠키(Michal Kalecki)의 생각을 반영한 것인데, 이에 대해서는 칼레츠키(Kalecki, 1971)를 참고하라. 이를 정리한 원조격 논문은 역시 마르크스주의자인 로버트 로손(R. E. Rowthorn, 1977: 215~239)이다. —옮긴이 주

당사자는 **곡물 저장 창고가 아니라 기업농들**이라는 의미이다. 그렇다면 보관 창고는 더 높은 가격에 수확물을 사들여야만 하기 때문에 불가피하게 전년보다 더 많은 화폐(곡물 보관 영수증)를 인쇄해야만 하는 것이다.

이러한 두 가지의 서로 반대 방향의 인과관계에 대한 주장들을 고찰해 보자. 첫 번째의 「고전학파」적 인과관계하에서는 통화량의 증가가 물가를 상승시킨다. 즉, "너무 많은 화폐가 너무 적은 상품을 뒤쫓고 있다"라는 것인데, 이것을 「수요견인 인플레이션」(demand-pull inflation)이라고 부른다. 반대의 경우 임금과 물가상승에 따라 더 많은 화폐를 인쇄할 필요가 있는 경우로, 이를 「비용압박 인플레이션」(cost-push inflation)으로 부른다. 그런데 앞의 「화폐수량 방정식」 그 자체로는 인과관계가 좌변에서 우변으로 흐르는 것인지 아니면 반대 방향인지 여부에 대해 어떠한 말도 하지 않고 있는 것이다. 화폐에 대한 인과관계를 논함에 있어서 케인스는 통화량은 중앙은행과 국가가 **궁극적**으로 통제한다고 주장했던 것이다. 다시 말하자면 케인스는 통화량을 늘림으로써 「비용압박 인플레이션」의 압력에 대응할지 여부는 결국 정치적인 선택이라고 보고 있었던 것이었다.

그런데 「화폐수량 방정식」을 사용할 때에는 앞과 같은 아주 원시적인 형태가 아니라 약간 차이가 나게 표현한다. 즉, 다음과 같다.

$$MV=PT$$ [3]

이때 T는 거래량(transactions)을 의미하는데, 화폐는 기존에 존재하는 상품이나 신규로 생산된 상품의 구매 모두에 사용되는 것으로 간주되고 있다. 수학적으로 볼 때 V는 방정식의 좌변과 우변이 같게 만들어지기 위한 단순한

---

3 좀 더 엄밀히 말하자면 $MV=\sum_{i=1}^{n}P_iT_i$이다. 이때 i=1, ⋯, n이다. 이는 경제 내에 n개의 상품과 그 각각의 가격이 존재함을 의미한다. —옮긴이 주

상수(常數)에 불과하다. 하지만 어빙 피셔(Irving Fisher)가 주장한 형태의 전통적인 「화폐수량설」에서는 이 V를 「화폐유통속도」(velocity)로 해석한다. 이는 어떤 일정한 기간 동안 화폐가 몇 번 사용되었는가를 의미하는 것이다. 즉, 이것은 화폐가 한 사람에게서 다른 사람에게로 몇 번이나 순환되었는지를 가늠하는 속도이다. 예를 들어 「고용주」는 노동자에게 화폐를 지급하고, 노동자는 「중개상」에게 소비재를 구입할 때 그 화폐를 지급하며, 「중개상」은 「고용주」에게 상품을 구입할 때 지불하고, 이런 식으로 화폐는 한 바퀴를 돌게 되는데, 그 회전 속도를 의미하는 것이다. 우리의 곡물경제 모델의 예에서 V=1이 된다.

이 이론에 의해 좀 더 일반적으로 말하자면 다음과 같다. 노동자는 매월 임금을 받고, 쇼핑은 매일 이루어지며, 기업으로부터 「중개상」에게로의 상품 배달은 매주 이루어질지도 모른다. 이러한 각기 상이한 시간적 간격을 메우기 위한 「지불수단」으로서의 화폐수요가 있는 것인데, 그 유통속도는 생산활동 시의 각종 지불 및 수취 시점, 거래상 신용 공여의 구조(예를 들어, 외상 매출), 습관이나 관행 등의 다양한 요소에 의해 결정된다. 이 이론의 가정에 의하면 「화폐유통속도」는 거래 금액 그 자체에는 영향을 받지 않는다. 그리고 사람들이 합리적인 한 자신들에게 불필요한 화폐는 방치해 두지 않는 것이 당연할 것이며, 즉 그는 화폐를 사용하거나 혹은 화폐를 사용하려는 사람에게 빌려주거나 둘 중 하나만을 선택할 것이다. 따라서 이 이론에 의하면 통화량이 늘어나면 지출이 늘어나고, 이때 「순산출」이나 기존 재고 등의 수량은 미리 정해져 있기 때문에 물가가 필히 상승한다는 것이다.

그런데 케인스는 『화폐개혁론』과 『화폐론』에서 마셜과 피구를 따라서 앞의 상수 V를 상당히 다르게 해석하고 있다. 피셔의 그것과 대비되는, 소위 케임브리지 화폐수량 방정식(the Cambridge quantity equation)[4]은 다음과 같이 쓸 수 있다.

$$\frac{M}{P} = k \cdot O$$

이때 수학적으로는 k는 단지 $1/V$ 이지만, 그 의미는 상당히 다르다. 사람들은 그들의 실질소득이나 「순산출」(O)에 대한 일정 비율을 화폐, 즉 「구매력」이라는 형태로 보유하기를 원한다. 그때, k는 그렇게 사람들이 보유하고 희망하는 「구매력」을 대변하는 것이다. 즉, 우변은 「순산출」에 대한 일정 비율 k를 화폐라는 「구매력」으로 보유하고자 하는 것을 나타내고, 좌변은 그러한 동기를 충족하게 해주는 「구매력」인데, 명목 통화량(M)을 재화의 가격(P)으로 나눈 것, 즉 재화의 가격변화에 상관없는 실질 통화량이다. 케임브리지의 접근 방법은 피셔처럼 지불 형태의 관점에서 「화폐수량 방정식」을 기계적으로 해석하는 것이 아니라, 화폐수요에 대한 좀 더 일반적인 이론을 향하는 출발점인 것이었다.

케인스의 『화폐개혁론』으로부터 『일반이론』까지의 전 저작들은 앞에 나타난 4개의 변수, 즉 M, k, P, O의 성질과 그것들 간의 관계에 대한 철저한 분석이라고 말할 수 있다. 그런데 우선적으로 답해야 하는 질문이 있다. 도대체 화폐의 본질은 무엇인가?

---

4 당시 모두 케임브리지대학에서 연구했기에 붙여진 이름이다. —옮긴이 주

3. 화폐의 본질에 대한 정의[5]

통화공급을 통제하자고 통화주의자들이 매일 외치고 있는 화폐는 도대체 어떤 것을 지칭하는가? 영국에는 영국 왕립 조폐국(the Royal Mint)이 발행하는 동전, 영란은행과 스코틀랜드, 북아일랜드 은행들이 발행하는 지폐, 그리고 영란은행에 예치되어 있는 스털링(sterling) 통화 예금이 있다. 이들을 합해 케인스는 「국가화폐」(state money)라고 불렀다. 그리고 민간 은행에 예치되어

---

5 일반 주류 경제학 교과서에서는 이 화폐의 본질에 대한 문제는 거의 언급하지 않거나, 혹은 언급하더라도 아주 간략히 언급하고 지나간다. 일반 교과서에 나오는 전형적인 내용은 사람들이 물물교환을 하는 경우 물건을 가진 사람들 간 소위 「욕망의 이중적 일치」(double co-incidence of desires)가 힘들기 때문에 거래의 불편함을 느껴서 **합의**에 의해 어떤 것을 화폐로 정하게 되고, 그래서 화폐가 시작되었다는 것이다. 그리고 조금 더 현학적인 척하는 교과서들은 이러한 이론의 주창자를 오스트리아학파의 거두 카를 멩거(Carl Menger)라고 언급한다. 그런데 문제는 교과서의 주장과 멩거의 주장은 다르고, (그는 사회 계약론처럼 사람들이 이성적으로 합의를 한다는 식의 논리는 주장하지 않았고, 다분히 모방 심리에 따른 진화론적 관점에서 설명하고 있다.) 대부분의 교과서 저자들은 멩거를 전혀 읽어 본 적이 없는 것처럼 여겨진다. 그런데 어찌되었거나 멩거의 주장과 주류 경제학에서의 화폐 이론은 결국 물물교환에서 화폐가 탄생했다는 것인데, 이러한 주장 자체는 역사적이나 인류학적인 근거가 전혀 없는, 그저 상상의 소산이라는 점이다. [화폐의 물물교환 기원론에 대한 강력한 인류학적 비판으로 그레이버(Graeber, 2021)를 참조하라.] 기존의 사고에 세뇌되어 있기 때문에 아이러니하게 들릴지 모르지만, 인류학적·발생학적으로 봤을 때 실제로는 **화폐가 먼저 존재했고**, 그 다음에 교환과 시장, 그리고 '사적 소유권'이 발생하고 진화하게 된 것이다. 물론 그때의 화폐라는 것은 우리가 현재 사용하는 화폐와는 다르다[이에 대한 논의는 사회학적·종교학적·인류학적인 고려를 필요로 하기에 이 책의 목적에는 부합하지 않는다. 관심 있는 독자들에게는 마크 피코크(Mark Peacock, 2013)가 훌륭한 안내서이다]. 케인스의 경우 화폐의 본질을 탐구하기 위해 고대 화폐에 대한 연구(특히 바빌론)에 몰두했던 적이 있었다. 관심 있는 독자들은 멩거 자신의 견해에 대해서는 르란드 예거(Leland B. Yeager)와 모니카 스트라이스러(Monika Streissler)가 번역한 멩거(Menger, 2002/1909)를 참고하라(다른 영어 번역본들은 전체 번역이 아니다. 앞의 물물교환설에 반대하는 입장이라고 하더라도, 주류 경제학계에서는 물물교환에 대한 우화가 너무도 당연한 것처럼 여겨지는데, 그에 대한 올바른 비판을 하기 위해서는 이 멩거의 논문에 대한 숙독은 필수이다). 케인스의 화폐의 발생과 본질에 대한 논의는 잉햄(Ingham, 2000)을 참고하라. 그리고 무엇보다도 케인스의 『화폐론』(CW 5: 3~14)을 정독하는 것이 필수적이다. —옮긴이 주

있는 스털링 통화 예금이 있는데, 이것은 요구불예금 혹은 정기예금의 형태 모두를 의미하고, 케인스는 이것을 「은행화폐」(bank money)라고 부른다.[6]

영란은행은 M_0부터 M_5까지 M의 여러 가지 통화의 확장 파생 형태를 정의하고 있다. 그런데 이러한 각기 다른 화폐 척도의 성장 속도는 서로 상이할 수 있는 것이다. 「국가화폐」의 양을 제한하거나 확대하려고 해도 「은행화폐」의 양에는 아무런 영향이 없을지도 모른다. 통화주의는 과연 이러한 화폐를 정의하는 첫 번째 관문조차 넘지 못하는 것인가?

케인스는 『화폐개혁론』에서 「국가화폐」의 관점에서 제1차 세계대전 이후 유럽의 인플레이션을 논하고 있다. 이는 (당시의 독일이나 1920년대 소비에트연방처럼) 명시적으로 세금을 징수할 힘이나 수단을 갖지 않은 정부가 (글자 그대로 「은행권」으로서의) 화폐를 마구 인쇄함으로써 소위 「인플레이션 조세」(inflation tax)[7]를 부과할 수 있음을 보여 주는 것이다. 우리가 상정한 곡물경제 모델을 예로 들면 국가가 곡물 창고를 소유하고 있기 때문에 「경매입찰」 때 제시한 화폐로 표현한 총금액과 실제 수확 시 지불한 금액과의 차이가 있

---

6 「은행화폐」의 정의는 케인스 『화폐론』에 나온다(CW 5: 5). 화폐는 크게 「근원화폐」(Money Proper), 「채무 잔고 확인서」(Acknowledgement of Debt)로 나뉘는데, 전자는 그것을 양도함으로써 채무나 계약상의 관계를 종식시킬 수 있는 것을 말하며, 그것은 국가의 강제력(엄밀하게는 법률제도와 그를 집행하는 능력)에 기인하는 것이며, 따라서 「국가화폐」라는 형태를 지니게 된다. 후자의 경우, 「채무 잔고 확인서」는 거래상에 전자를 실용적으로 대체해 사용되는 경우인데, 그것은 「은행화폐」라고 불린다(「은행화폐」라는 것은 통상적으로는 은행이 발행하는 「채무 잔고 확인서」를 거래 수단으로 통용하는 것이다). 그리고 후자는 편의상 전자를 대체하기는 하지만 전자 그 자체는 아닌 것이다. 이러한 의미에서 근대에서 상인들이 발행한 환어음은 비록 은행이 발행하지는 않았지만 마찬가지로 「은행화폐」이며, 반면 현대의 비트코인은 아무도 채무를 지는 사람이 없다는 의미에서 「은행화폐」가 아닌 것이다. 참고로 이 「은행화폐」라는 용어와 「은행권」(bank note)은 혼동하지 말아야 한다. 후자는 전자의 한 가지 특정한 형태일 뿐이다. 관심 있는 독자들은 케인스 『화폐론』 1권(CW 5: 3~9)에 나온 화폐의 분류를 참고하라. —옮긴이 주

7 국가가 화폐를 과다 발행해 재정을 조달한다면 인플레이션을 야기할 수 있고, 따라서 국민이 보유한 화폐의 「실질구매력」 감소로 이어질 수 있다. 따라서 국민이 추가적으로 세금을 부담하는 것과 같다는 의미에서 「인플레이션 조세」라고 불린다. —옮긴이 주

는 경우 이러한 「인플레이션 조세」가 발생한다. 이러한 화폐 발행으로 인한 이득, 혹은 「시뇨리지」(seignorage)라고 불리는 부분은 곡물 보관 창고에서 (자기 임의로 발행해 — 옮긴이) 국가에 대출해 주는 금액과 같아지는데, 만일 이 지폐가 전부 곡물이라는 형태로 인출되지 않는 이상 국가는 지급 능력을 계속 유지하게 된다.

케인스는 국가가 이런 정책을 너무 과도하게 밀어 추구하지 않는 한 사실이 같은 정책은 **지속가능하다**는 것을 보여 주고 있다. 만일 하이퍼인플레이션이 발생하는 경우 사람들은 화폐가 가진 「구매력」을 최대한 빨리 소비로 전환시킴으로써 보유하고 있는 화폐를 최소화하려고 하겠지만(즉, *k*가 급격히 하락하게 된다), 물가가 계속 화폐로 표현되는 한 화폐는 존속되기 마련이다. 만일 국가가 붕괴할 경우 그 대체 수단은 '물물교환경제'로 돌아가는 것이 아니라,[8] 예를 들면 외국 통화를 이용해 국내에서의 가격을 표시하고 그로 거래를 수행하는 것이다. (부도에 직면한 남미 국가의 경우 — 옮긴이) 미국 달러화를 이용하는 것이 좋은 사례이다.

케인스는 인플레이션은 일종의 과세 방법으로는 지속가능하다고 주장했지만 그것이 불공평하고 위험하다는 데는 의심의 여지가 없다고 생각했다. 즉, 인플레이션은 노동자나 고정 소득으로 연명하는 연금 수급자들에게 일종의 「스텔스세」(stealth tax)[9]를 부과할 뿐 아니라 모든 채권자로부터 국가를 비롯한 모든 채무자에게 부를 재분배하는 것에 다름 아닌 것이다. 다시 말하자면 화폐를 가지고 있거나 혹은 그것을 빌려준 저축자는 자신들의 검약에 대한 보상이 증발하게 되는 것을 발견하게 되는 것이다. 반면, 상품을 가지고 있거나 혹은 채무를 지고 있는 기업가는 **생산활동이 아닌 곳에서** 불로소득을

---

8 예를 들면, 전쟁 시 포로수용소에서조차 물물교환이 아니라 담배가 화폐 역할을 했다(Radford, 1945: 189~201 참조). —옮긴이 주

9 은밀하게 눈치채지 못하게 부과되는 세금이라는 의미이다. —옮긴이 주

향유하게 되는 것이다. 케인스는 다음과 같이 기술하고 있다.

> 만약 어떤 사람이 그보다 잘 사는 사람들이 운 좋게 도박으로 재산을 벌어 잘 사는 것이라고 믿는다면 정신 있는 어떤 자라도 계속 가난하게 남아 있는 것에 동의하지는 않을 것이다.[10] … 오늘날의 개인주의적 자본주의는 … 안정된 가치의 기준을 전제로 하고 있고, 그것 없이는 효율적일 수 없으며 아마 존속하지 못할 것이다(CW 4: 24, 36).

「국가화폐」에서 「은행화폐」로 눈을 돌려 보자. 은행예금은 예금주에게 지고 있는 채무의 합계이며 따라서 은행의 부채다. 실제로 모든 화폐는 일종의 채무를 표시하는 상징이며, 이것은 동전과 중앙은행이 발행하는 지폐를 모두 포함한다. 그런데 영국의 지폐에는 "나는 10파운드의 금액을 요구에 따라 소지인에게 지불할 것을 약속한다"라고 적혀 있다.[11] 그렇다면 파운드란 무엇인가, 그리고 파운드는 어디에서 오는 것인가. 게다가 화폐는 다른 종류의 부채와 어떻게 다른가? 만약 **내가** 10파운드의 차용증을 쓰면 그것도 화폐가 되는 걸까?

유통되는 화폐의 대부분은 「은행화폐」이고, 현금이나 동전은 현재 영란은행이 광의의 화폐의 지표로 사용하는 M_4의 단지 4%밖에 차지하지 않는다. 은행은 대출을 통해 화폐를 창출해 내는 것이다. 과거 바이마르공화국에 존

---

10 이 대목의 전후 맥락은, 이런 경우 사회주의 혁명이 발생할 수 있다는 위험에 대한 경고이다. —옮긴이 주

11 과거 「금본위제도」에서는 '금'으로 상환한다고 적혀 있었다. 그러나 「금본위제도」가 폐지된 현대에 있어서는 지폐를 파운드로 상환한다. 혹은 달러로 상환한다는 것은 사실 국가의 채무를 다른 채무로 상환한다는, 어쩌면 의미 없는 말일 뿐이다. 반면 현대의 레이 같은 「현대통화이론」(MMT: Modern Monetary Theory)을 주창하는 학자들은 그것을 지불함으로써 세금의 의무를 수행한다는 식의 상환 개념을 사용하지만, 이에 대해서는 논란이 많다. 「현대통화이론」의 이 같은 견해에 대한 비판은 간스만(Ganssmann, 2012)을 참고하라. —옮긴이 주

재했던 바와 같은, 국가재정과 「국가화폐」 간 직접적인 관계는 「은행화폐」가 급속도로 성장함으로써 더 이상 적용되지 않게 되었다. 은행이 대출을 할 때 고객은 어느 일정 금액의 상환에 동의하고 그 대가로 은행은 대출 금액을 고객 계좌로 입금한다. 이때 두 가지 상이한 방향의 같은 금액의 채무가 동시에 발생한다. 고객은 예금 잔고를 가지게 됨으로써 은행에 대한 채권을 가지는 것인데, 이 은행에 대한 채권을 다른 사람에게 양도함으로써 은행 계좌에 있는 화폐를 사용하는 것이다. 이때 현금은 필요 없으며, 즉 누군가에게 지불하기 위해 현금을 인출할 필요가 없는 것이다.

은행 채권은 양도 가능하기 때문에 교환의 수단으로 이용할 수 있다. 물론 다른 「IOU」도 그렇지만, 그렇다면 어디에 차이가 있는 것인가? (화폐와 물가 간 직접적인 관계를 주장하는 ― 옮긴이) 통화주의자들의 시각에서는 다음의 문제를 어떻게 바라보는 것인가. 즉, 화폐와 다른 부채 사이를 구분하는 선은 어떻게 그을 수 있으며, 도대체 은행이 무제한으로 화폐를 창조해 내는 것을 막기 위해서는 어떤 장치가 필요한가.

케인스는 『화폐론』에서, 예를 들면 파운드, 달러, 유로화 등의 화폐에 대한 「기술」(記述, description)에 '화답(answer)'할 수 있는 어떤 「대상물」(thing)을 국가가 지정한다고 말하고 있다.[12] 화폐는 가격이나 부채가 표현되는 **계산 단**

---

12 케인스의 『화폐론』의 이 문장은 많이 인용되는데, 전체를 번역하면 다음과 같다. "우리는 아마도 화폐와 「계산화폐」(money of account) 간 차이를 구분할 수 있다. 즉, 「계산화폐」라는 것은 「기술」이나 혹은 **지위**(title)이고, 화폐는 그러한 「기술」에 화답하는 「대상물」이다. 만일 어떠한 「기술」에 대해 항상 똑같은 사물이 화답된다면, 그것은 우리에게는 큰 관심사가 될 수 없다. 그러나 만약 「기술」은 같은데 그에 대응하는 「대상물」이 변할 수 있다면, 그 둘 사이의 구분은 아주 중요한 것이 될 수 있다. 그 차이점은 그것이 누구든지 상관없이 단지 '영국 왕'이라는 「기술」과 국왕 조지(King George)와의 차이점이라고 볼 수 있는 것이다. 예를 들어, 지금부터 10년 뒤 영국 왕의 몸무게와 같은 양의 금을 지불한다는 계약은 현재 국왕 조지라는 개인의 몸무게와 같은 금을 지불한다는 계약과는 서로 다른 것이다. 전자의 계약의 경우 그 지불 시점이 되면 누가 영국의 국왕이 될지는 국가가 선포하는 것이다"(CW 5: 3~4). 참고로 이 같은 케인스의 견해는, 화폐라는 것은 '권력(fiat)'이 어떤 사물에 **지위적 능력**(status

위로서의 화폐(즉, 「기술」)과의 관계에서만 존재할 수 있다는 것이다. 파운드는 샤를마뉴(Charlemagne) 시대부터 계산 단위로 사용되어 왔다. 하지만 2017년에는 파운드 동전이 원형에서 12면형으로 바뀌었다. 그리고 찰스 다윈(Charles Darwin) 대신 제인 오스틴(Jane Austen)이 10파운드 지폐의 그림을 장식했다. 국민국가와는 거리가 멀었던 18세기 북미 식민지에서는 가격은 아직도 실링(1파운드는 20실링)으로 표현되었지만 그럼에도 불구하고 실제로 지불한 수단은 건어물이나 담배였다. 실링과 생선 또는 담배 간 교환 환율은 지방 입법자나 세무당국에 의해 고정되어 있었다.

화폐가 되기 위해서 채권자(세금을 내는 경우에는 국가 자체를 포함한다)는 **화폐적 대상물**(money thing)이라는 형태로 채무를 변제하는 「지불수단」이 제시되었을 때 그것을 거부할 수 없다는 것이다. 그런데 그때 사용되는 「대상물」은 그것이 단순히 또 다른 제3자의 채무증서라도 상관이 없다. 즉, 그 「대상물」은 은행의 채무증서나 혹은 10파운드 지폐와 같은 국가의 채무증서 중 어떤 것이든 상관없는 것이다. 이때 변제를 위한 매개체로서의 화폐는 그 선택에 있어서 협상의 문제는 아닌 것이다. 그런 점에서 봤을 때 화폐는 단순한 IOU, 외화, 담배, 비트코인 등의 교환의 매개체 등과는 다른 것이다. 케인스의 회고 중 과거 우간다에서 영국의 관리들이 겪은 일화가 있다. 그 사회에서의 채무는 어떤 '표준적'인 염소의 숫자로 변제되는데, 문제는 아마도 채권자가 채무 변제용으로 제시된 어떤 염소의 모양이 마음에 들지 않아서인지, 과연 그 염소가 표준적인 염소인지 아닌지에 대해 분쟁이 생겨 결국 영국 관리가 판결을 해야만 했다는 것이다.

최종 결제 수단으로서의 화폐의 이런 특징은 하이퍼인플레이션 때에도 화

---

function)을 부여함의 결과이며, 그 뒤에 어떤 실재가 존재한다고 생각하는 것은 환상이라는, 현대의 저명한 언어 및 사회철학자인 존 서얼(John Searle)의 주장과 일맥상통한다고 볼 수 있다. 이에 대한 철학적 분석에 관심 있는 독자들은 서얼의 논문(Searle, 2017: 1453~1470)을 필히 참고하라. —옮긴이 주

폐가 계속 사용되는 이유를 설명하는 데 도움이 된다. 화폐경제에서 모든 소득은 화폐라는 형태로 수취된다. 따라서 화폐 한 수레가 (그것의 양이 커서 수송하기 불편하다고 할지라도 — 옮긴이) 볼 베어링 한 마대보다 더 편하다. 공무원과 군인의 월급은 화폐로만 지불된다. 대부분의 상품과 서비스의 공급자들은 무언가를 판매하거나 혹은 노동과 재료의 구입과 관련된 지불 의무를 청산하려면 계속적으로 화폐를 수취해야만 한다. 만약 거래 과정 중 어떠한 협상이 있는 경우에는 단지 다른 상품이나 서비스의 가격 상승 등을 고려해 현재 구매 대상인 상품이나 서비스의 **화폐 가격**을 협상하는 것에 한정되어 있지 교환매체로 사용되는 **화폐 그 자체의 가치**에 대한 협상은 아닌 것이다.

「은행화폐」의 양은 민간 은행, 중앙은행, 국가의 관계에 의존한다. 민간이 발행하는 「은행화폐」는 그것이 「국가화폐」로 언제든지 교환할 수 있는 바에 대해 대중이 전혀 의심의 여지를 가지지 않을 때는 언제든지 사람들에 의해 받아들일 수 있는 것이다. 전통적으로 영국 은행들은 자신들이 발행한 「은행화폐」를 사람들이 「국가화폐」로 바꿔 달라는 어떠한 청구에도 대응할 수 있는 능력이 있다는, (대중에게의 — 옮긴이) 신뢰도를 유지하기 위해 보수적으로 운영되어 왔다. 이는 「케인지언시대」에는 분명히 그러했던 것이다. 하지만 은행의 파산은 간혹 발생하기도 했다.

2008년의 노던록(Northern Rock)과 같은 뱅크런(Bank Run)은 사람들의 신뢰도에 금이 가기 시작할 때 발생한다. 은행 파산은 명시적이거나 암묵적으로 소위 국가에 의한 예금 보험이 도입된 이후로는 훨씬 줄었다. 단, 국가는 이미 인가된 금융기관에 예치된 예금만을 보증한다. 이러한 인가가 필요하다는 점에서 국가는 민간 은행을 규제할 수 있고, 원칙적으로는 「은행화폐」의 양을 통제할 수 있게 된 것이다.

영란은행의 힘은 위기 때 민간 은행에 「국가화폐」를 빌려주고 그에 대한 이자율[정책이자율(Bank Rate)로 불린다]을 부과할 수 있는 능력에 우선적으로 의존하고 있다. 미국 연방준비제도이사회(The US Federal Reserve Board)도 같은 역할을 하기 위해 설립되었지만, 1933년 비로소 '연방예금보험(federal deposit Insurance)'이 도입되기 전까지는 연쇄적 은행 파산을 막지 못했던 것이다. 그런데 중앙은행이 민간 은행에 대출하는 경우는 우량 담보가 존재하는 경우에 한한다. 그리고 은행은 민간에 대출할 때 예상되는 손실을 감당할 수 있는 충분한 자기 자본을 필요로 한다. 만약 은행의 대출이 지나치고, 또 금융위기 시 그로부터 발생할 수 있는 손실이 크면 중앙은행으로부터 구호 자금을 받기 위해 필요한 담보가 부족한 경우도 발생할 수 있다. 따라서 예금보험은 대출 시 예상되는 위험으로 인한 손해와 은행의 자체 자본이 상호 적정한 수준으로 유지되도록 하기 위한 적극적인 은행 감독을 수반해야만 한다.

케인스는 다음의 점에 있어서는 의견이 명확했다. 즉, 중앙은행과 민간 은행의 관계는 아주 복잡한 것은 사실이지만, 화폐의 공급은 은행 정책 전반의 문제이며 여기에는(현대적으로 말하자면) 은행에 대한 규제와 은행의 자본적정성(capital adequacy)의 문제도 포함된다고 밝혔다. 대출과 화폐의 창출에 대한 최종 결정은 은행 시스템 전체에 있으며, 대출자가 결정하는 것은 아니다. 따라서 일부 「포스트 케인지언」 경제학자들이 주장하는 것과 달리 통화량은 이처럼 산업에서의 수요에 따라가는 **단순한 수동적인 변수가 아니다**.[13]

복잡한 변수 중 하나는 중앙은행이 통제할 변수가 「국가화폐」의 양인지, 아니면 민간 은행에 「국가화폐」를 공급하는 가격, 즉 정책이자율인지 하는 것이다.[14] 최근에는 정책이자율을 이용해 은행이 공여하는 총대출(따라서 「은

---

13 [고급] 화폐는 통화당국의 결정에 의해 외생적으로 결정된다는 주류 경제학에서의 교과서적 해석과는 달리 「포스트 케인지언」들은 대출 수요가 존재하면 대출은 발생해 화폐가 공급되고, 은행들은 단지 '우량' 고객으로부터의 대출 수요가 많지 않기 때문에 대출을 확장시키지 못하고 그에 따라 화폐의 공급이 제약된다는 견해를 유지했다. 저자는 이러한 「포스트 케인지언」의 주장에 대해 다소 절충적인 입장을 취하고 있는 것이다. 이와 같이 「포스트 케인지언」들이 주장하는 「유효신용수요」(the 'effective' demand for credit)라는 개념과 「신용할당」(credit rationing)이라는 주류 경제학 이론과의 차이점에 대해 관심 있는 독자들은 마크 라부아(Marc Lavoie, 2014: 247~252)를 참고하라. —옮긴이 주

행화폐」의 발행)에 영향을 주면서, 필요에 따라 은행에 「국가화폐」를 대출해 은행으로부터의 모든 지불이 차질 없이 이루어지도록 하는 바에 중점을 두고 있다. 그럼에도 불구하고 금융위기 상황이었던 2008년 이후 정책이자율을 일단 0에 가깝게 설정한 후 중앙은행은 시중에서 정부 채권과 일부 민간이 발행한 채권을 매입하면서 「국가화폐」의 공급을 늘렸다. 이는 소위 양적완화(quantitative easing)라고 불린다. 이 때문에 화폐 총량에서 차지하는 「국가화폐」의 비중이 급증하게 되었던 것이다. 비록 그래도 아직은 「국가화폐」가 전체에서 차지하는 비중은 작지만, 민간 은행들이 중앙은행에 가지고 있는 적정 수준의 현금 지불 준비금(cash reserves)을 유지하는 바에 있어서 중요한 역할을 하고 있다.

영란은행은 M_5라는 척도를 추가로 도입했다. 이는 기존의 은행예금 M_4에 5년 이상의 정기예금을 추가로 더한 것인데, 이러한 장기 정기예금은 고객이 필요에 따라 수시로 「국가화폐」로 인출할 수는 **없는 것**이다. 그런데 이러한 예금은 도대체 화폐라고 볼 수 있을까? 이때는 기존의 「지불수단」으로서의 화폐를 넘어서 「가치저장수단」으로서의 화폐라는 개념으로 향해가고 있는 것이다. 아이러니하게도 이 M_5의 원래 명칭은 민간유동성(private sector liquidity)이었다. 이러한 「가치저장수단」으로서의 화폐를 논의하기 위해서는 케인스의 화폐수요 분석에 대해 논의할 필요가 있다.

4. 화폐수요

전통적인 「화폐수량설」에서 화폐수요는 정해진 차기의 지불 기한이 도래

---

14 혹은 미국의 경우 재할인율인 경우도 있다. —옮긴이 주

할 때까지 잠시 가치를 저장하는, 본질적으로는 「지불수단」으로서의 화폐에 대한 수요로 간주했다. 그런데 이러한 경우라고 할지라도 어떤 불특정 기일에 발생할 수 있는 지불 의무에 응하기 위한 화폐의 비축(또는 「축장」)을 위한 여지를 남겨두고 있는 것이다. 중요한 것은 이러한 관행적인 지불과 「축장」 형태는 사람들로 하여금 그들의 소득에서 일정 부분의 비율(전술한 「케임브리지 k」로 일컬어진다)을 화폐 형태로 보유함으로써 안정적인 「구매력」을 확보하게 한다는 것이다. 케임브리지의 「화폐수량 방정식」(이 장의 176~177쪽 참조)을 다시 상기하자면 「실질잔고」($k \cdot O$)를 안정적으로 유지하려는 수요가 존재한다면, 통화량(M)과 물가수준(P)과의 사이에는 **직접적인 관계**가 존재한다는 것을 의미한다.

케인스는 『화폐개혁론』에서 이에 대한 좀 더 세련된 분석을 전개하기 시작한다. 우선 그는 「은행화폐」를 명시적으로 고려할 수 있도록 「화폐수량 방정식」을 다음과 같이 고쳐 쓰고 있다.

$$n=p(k+rk')$$

이때 n은 「국가화폐」(현금)의 양, p는 물가수준, k는 대중이 '현금'으로 「구매력」을 보유하려는 (실질가치로 환산한 — 옮긴이) 수요, k'는 「은행화폐」의 형태로 「구매력」을 보유하려는 (실질가치로 환산한 — 옮긴이) 수요, r은 k' 중 은행들이 예금 인출에 대비해 확보하려는 현금 지불 준비금에 대한 수요의 비율이다. 이 방정식은 현금에 대한 수요를 나타내는데, 이는 은행들이 예치된 예금에 대해 일정 현금 지불 준비금을 보유하고 있어야 하기 때문에 직접적 혹은 간접적으로 발생하게 된다. 단, 이때 「순산출」의 수준은 명시적으로 보이지는 않는데, 암묵적으로 고정적인 것으로 가정되어 있다.

「화폐수량설」의 가정은 k, r, k'가 모두 일정하며, 그것들이 n의 변화에 의존하지 않고, 따라서 p의 변화에도 의존하지 않는다는 것인데, 케인스는 「화폐수량설」의 이러한 가정에 의문을 표시하고 있다. 그는 만일 양보해서 이러한 요소들이 「장기적」으로는 안정적이라고 가정한다고 할지라도, 그 변수들이 「단기적」으로는 가변적일 수 있다고 생각했다. 이때 언급된 「장기」에 대해서는 케인스의 금언 중 유명한 말이 있다. 즉, "장기적으로 우리는 모두 죽어 있다. 경제학자들은 폭풍우가 몰아치는 계절에도 이 폭풍이 지나가면 바다는 다시 잠잠해질 것이라는 예상만 할 수 있는데, 이는 너무도 무책임하고 무용한 처사이다"(CW 4: 65). 케인스의 앞의 언급은 사람들이 흔히 착각하는 것처럼 『일반이론』에 관련되어 언급한 것이 아니라 「화폐수량설」에 대한 비판 중에 언급한 것이었다.

이러한 요소들의 변동성(volatility)의 원인은 여러 가지가 있다. 중앙은행이 금 보유고에 집착하고, 금 보유를 줄이는 것에 대해서는 거부감이 강한 경향, 농부들이 일반적인 농산물 가격 상승에 의한 소득 상승과 일반적인 인플레이션에 의해 가격이 상승하는 것을 구별하기 어렵다는 점, 그리고 앞서 말한 하이퍼인플레이션에 직면한 경우의 k의 감소 등이다. 케인스는 통화량(n) 증가에 의한 인플레이션과 신용 확장으로 인한 인플레이션을 구별하고, 호황기에는 k와 k'가 하락하며, 침체기에는 상승하는 경향으로 「신용주기」(credit cycle)를 정의했다. 즉, 「구매력」으로 측정되는 「실질잔고」의 등락으로 그 「신용주기」를 정의했다. 따라서 인플레이션은 통화량이 증가하거나 혹은 화폐수요가 감소하면 발생할 가능성 양자 모두에 상존하는 것이다. 반대로 디플레이션은 통화량이 감소하는 요인에 의해서만이 아니라 화폐수요가 증가할 때도 생기는 것이다.

이러한 분석에 의해 케인스는 물가수준의 안정(현대적 맥락에서는 인플레이션의 안정)을 위해서는 「재량적 금융정책」이 필요하다는 결론에 이른다. 「국가화폐」의 양이나 은행의 지급준비 정책을 **통제**하는 것만으로는 충분하지 않다는 것이다. 필요하다면 「국가화폐」의 양이나 은행의 지급 준비정책을 **변화**시킴으로써 **다중이 가진 습관들이 주기적으로 변화함에 기인하는 요인들을**

상쇄시켜야만 한다는 것이다. 그는 「화폐수량설」의 본질에 대한 의문, 즉 화폐 과잉공급이 인플레이션을 일으킨다는 것 자체에는 의문을 품지 않고도 앞의 내용과 같은 결론에 도달했던 것이다.

그런데 『화폐론』에서 케인스는 한 걸음 더 나아가 그가 이전에 행했던 화폐에 대한 분류 방식을 변경하고 있다. 즉, 「현금예금」에는 「지불수단」으로 보유되는 「은행화폐」[즉, 소득의 지출을 위해 보관되어 있는 「소득예금」(Income deposits)] M_1과 사업상 지출에 예비하기 위한 「영업예금」(business deposits) M_2가 포함되어 있다. 그리고 M_3는 「저축성예금」(savings deposits)을 포함하는데, 이것은 투자 목적으로 보유하는 예금이다. 이때 이 세 가지의 합, 즉 $M_1+M_2+M_3=M$은 화폐의 총량이라는 것이다(영란은행의 정의에서는 M_5라고 불린다).

「구매력」에 대한 「총수요」는 『화폐론』에서는 k_1과 k_2의 두 가지로 분할되는데, 이때 이제 각각은 「순산출」에 대한 「소득예금」과 「영업예금」의 비율을 나타낸다(그런데 『화폐개혁론』에서는 이 「구매력」에 대한 「총수요」는 $k+k'$로 표시되어 있다). 단, 「저축성예금」에 대한 k_3는 존재하지 않는다. 왜냐하면 「저축성예금」의 양 M_3는 「순산출」 수준과는 어떠한 안정적인 함수관계를 갖지 않기 때문이다. 오히려 M_3는 화폐와 투자로서의 증권 간 선택을 할 때 고려하는 화폐와 투자 간 상대적인 매력도에 의해 결정되는데, 그러한 상대적 매력도는 고정적인 것이 아니라 항상 변하기 마련인 것이다.

이러한 상세한 분석을 한 후 케인스는 「소득예금」 M_1과 「영업예금」 M_2는 화폐소득과 같이 변동하기 때문에 일종의 「산업순환」(Industrial circulation)으로 같이 묶어 취급할 수 있다고 결론지었다. 반면, 「저축성예금」 M_3는 「금융순환」(financial circulation)이라는 측면에서 취급할 수 있다고 결론 내렸다. 이러한 분류는 『일반이론』에서는 더욱 단순화되는데, 「산업순환」상 화폐수요는 M_1으로 표기하고, 「금융순환」으로부터의 화폐수요는 M_2로 표기될 때 총 화폐수요는 $M_1+M_2=M$이라는 관계가 성립되게 되는 것이다.

케인스가 전통적인 「화폐수량설」에서 벗어나기 시작한 것은 바로 이러한 『화폐론』에서의 「금융순환」의 분석으로 이행하기 시작하면서부터이다. 이때 주식 시장에 있어서 소위 강세장(强勢場, bulls), 약세장(弱勢場, bears), '화폐의 「투기적 수요」'라는 표현이 등장하게 된다. 단, 『일반이론』과의 주된 차이는 『화폐론』에서는 케인스는 채권과 주식, 혹은 장기이자율과 단기이자율을 구별하고 있지 않다는 것이다. 「유동성」이라는 개념도 『화폐론』에서 등장은 하지만 완전히 발전된 형태는 아니었다. 주의할 점은 「저축성예금」은 「유동성」을 가지는데, 그 이유는 그것이 간단히 「지불수단」으로 **전환할 수 있기 때문이 아니라**(정의상 그렇게 변환할 수 없으므로) 그것의 화폐 가치가 **확정적이기 때문**이다.

케인스는 약세장 상태(the state of bearishness)가 화폐수요에 어떻게 영향을 미치는지 복합적인 분석을 통해 검토하고 있다. 일단, 가장 기본적으로는 강세장의 강도가 높으면 화폐수요가 감소하고, 약세장 성향이 강하면 반대로 수요가 늘어난다. 하지만 어느 한쪽으로 치우치게 하는 공감대가 없기 때문에 다중의 의견이 강세와 약세로 갈릴 경우 그중 일부는 증권을 매집하기 위해 은행에서 차입을 하고, 다른 일부는 은행예금을 보유하기 위해 증권을 매도하기 때문에 「금융순환」이라는 측면에서의 화폐수요는 어느 방향으로도 움직일 수 있는 것이다. 분명한 것은 「금융순환」이라는 측면에서의 화폐수요는 「산업순환」에서의 그것과 직접적인 연관이 있을 필요는 없다는 것이다. 여기에서도 케인스는 「산업순환」을 「금융순환」상의 변덕(vagaries)과 부침(fluctuations)으로부터 보호하기 위해서는 금융정책상의 재량이 있어야 한다고 주장하고 있다. 케인스는 중앙은행은 필요에 따라 「국가화폐」를 시스템에 공급하고, 정책이자율을 이용해 실물 투자에 영향을 줘 물가와 산출의 변동을 줄여야 한다고 주장했다.

그러나 케인스는 「산업순환」에 이용 가능한 화폐가 여전히 궁극적인 물가수준을 결정하는 요인이라고 보고 있다는 점에서 「화폐수량설」에 아직 경도되어 있는 것이 사실이다. 그러나 「화폐수량설」과의 최종적인 결별을 고하게끔 하는 주요한 계기 또한 『화폐론』에서 발견할 수 있다. 이는 화폐, 지출, 물가 및 산출 간 관계에 대한 그의 상세한 분석에 있다. 「화폐수량 방정식」은 그것이 표출되는 다양한 모습에 있어서 어떤 **정태적**(static)인 균형점의 위치를 나타낸다. 케인스는 『화폐론』에서 「화폐수량설」이 함의하는 「장기균형」의 개념을 여전히 고수하고는 있다. 하지만 그는 그러한 균형점이 「시간」이 지남에 따라 어떻게 변화하는가에 대한 **동태적**(dynamic) 과정을 설명하려고 하는 것이다. 즉, 그럼으로써 화폐경제가 한 균형가격 수준에서 다른 균형가격 수준으로 이동해가는 것을 설명하려는 것이다.[15] 그가 지향하는 바는 『화폐개혁론』에서 다음과 같이 경제학자들이 대답해야 할 과제에 대해 언급했을 때 이미 시사하고 있었던 것이었다. 즉, "도대체 무엇이 폭풍우를 야기해서 기존의 「균형」을 뒤흔드는가."

이제 케인스는 「화폐수량 방정식」 대신 2개의 「기본방정식」(fundamental equations)[16]을 제시한다. 이 2개의 방정식은 통화량이라는 관점이 아니라 지

---

15 [고급] 3장 부록 1을 참고하라. —옮긴이 주

16 [고급] 저자가 이 점에 대해서는 자세한 설명을 하지 않고 있으므로 독자는 이 「기본방정식」이라는 것의 의미에 대해 의아하게 여길 것이다. 이 2개의 「기본방정식」이란 케인스의 『화폐론』 제10장에 등장하는 방정식인데, 결론만 정리하면 다음과 같다. 경제는 소비재 생산부문과 투자재 생산부문으로 나뉜다(마르크스와도 유사한 생각이다). 다소 복잡한 과정을 통해 유도된 2개의 방정식은 소비재 부문의 물가를 표시하는 방정식과 전체 경제의 물가수준(소비재+투자재)을 표시하는 방정식인데, 그 두 방정식은 다음 두 가지이다(생산물 1단위당으로 표시된다. 이 단위에 대한 문제는 무시하자). 그런데 투자재 부문의 방정식은 애석하게도 없다.
① 소비재가격=(단위당) 전체 「정상적소득」+(단위당) 소비재 부문 「초과이윤」
② 전체 제품 가격=(단위당) 전체 「정상적소득」+(단위당) 전체 「초과이윤」
이때 「정상적소득」은 기업의 「정상이윤」도 포함하며, 이를 케인스는 「효율적소득율」(the rate of efficiency earning)이라고 불렀는데, 두 식에 있어서 동일하다(왜 그런지는 논란거리이다). 「초과이윤」은 「불균형상태」에서만 발생하는 이윤이다. 이 두 방정식을 통해 보이는 바는 어떤 「초과이윤」이 발생하는 경우에는 「불균형」이 야기되고 그에 의해 물가들이 움직이는 것이다. 즉, 기본적으로 「불균형」에 의한 동학인 것이다. 이 방정식의 체계는 일견 슘페터의 『경제발전의 이론(The Theory of Economic Development)』과 마르크스의 재생산 도

출에서 소득이 생기는데, 이 소득과 지출을 구성하는 구성요소 간에는 일정한 균형이 있어야 한다는 측면에서부터 직접 시작한다. 또한 이것은 「화폐수량 방정식」에서 등장하는 소위 물가수준이란 무엇을 의미하는가 하는 문제에 대한 설명을 하고 있는 것이다. 다음 절에서는 이 『화폐론』에 나타난 「기본방정식」에 대해 간단히 설명하면서 물가수준의 의미에 대해 논하겠다.

5. 물가수준의 의미

케인스는 『화폐론』에서 일단 소비재의 평균가격(「화폐의 구매력」에 상당함[17])과 투자재 평균가격이라는 두 가지 물가수준을 구별하고 있다. 「화폐수량설」에서는 단일 평균적인 물가수준밖에 고려하지 않음에 반해 케인스의 「기본방정식」은 두 가지 다른 물가수준을 결정하기 위한 서로 다른 인과관계의 메커니즘을 고려하고 있는 것이다. 이는 우리가 기존에 봐 왔던 (화폐가 개입되거나 화폐는 있더라도 **베일**에 불과한 — 옮긴이) 「순산출」에 근거한 곡물경제 모델상에서 탈출하기 위한 첫걸음이라고 볼 수 있다.

「제1 기본방정식」은 소비재가격을 결정하고, 「제2 기본방정식」은 소비재가격과 투자재가격의 평균으로 전체적인 물가수준(이 후자는 「화폐수량설」의 주 관심사였다)을 결정한다.[18] 이 방정식의 표기 방식은 『일반이론』에 비춰 복잡하고 혼란을 야기하기 때문에 여기에서는 방정식 자체를 재현하지 않겠

식과도 유사하다. 이에 대한 좀 더 자세한 논의는 저자가 다음 절에서 개략적으로 설명하고 있으나, 5장 부록 1에 옮긴이가 더욱 자세히 설명했으니 관심 있는 독자들은 참고할 것을 권한다. —옮긴이 주

17 케인스에 있어서 「화폐의 구매력」이라고 함은 항상 궁극적으로 인간의 생존에 필요한 재화, 즉 필요한 소비재를 구매할 수 있는 능력을 말하는 것이다. —옮긴이 주

18 5장 각주 16의 두 방정식을 참고하라. —옮긴이 주

다.[19] 그 방정식들의 핵심은 「불균형」이란 한편으로는 생산과 지출 간 「불균형」, 다른 한편으로는 소비와 투자 사이의 「불균형」을 의미한다는 것인데, 달리 말하면 투자와 저축 사이의 「불균형」이라는 생각인 것이다.

하지만 이는 오늘날의 독자들에게 큰 혼란을 주고 있다. 우리는 케인스가 『일반이론』에서 총투자와 저축의 가치가 동일하다고 주장하고 있음을 기억할 것이다. 그런데 이와 대조적으로 『화폐론』에서는 양자가 다른 값이 될 수 있다고 주장하고 있다. 바로 그 차이는 「불균형」의 존재에 기인하기 때문이며, 그 때문에 『화폐론』에서는 어떠한 일반적인 「물가수준」에서 다른 수준으로의 이동을 야기하는 것이다.[20]

하지만 『화폐론』에서는 케인스는 「고전학파」 경제 이론의 「장기균형」을 여전히 고집하고 있는 것이다. 그리고 그와 수반되어 소위 「생산비용」(cost of production)[21]이라는 개념이 등장하는데, 이것은 생산이 「균형상태」에 놓여 있다고 가정하는 경우 그 생산으로부터 얻을 수 있는 **정상적**인(normal) 소득이다. 이러한 개념을 도입한 후 케인스는 (초과 — 옮긴이)이윤을 투자와 저축의 차이로 도출하고 있는 것이다.[22] 이때 **이윤**이라는 것은 기업이 통상적으로 벌 수 있는 것을 초과하는 **예기치 않거나 일시적인 이윤**만을 의미하는 것인데, 이는 오로지 「불균형상태」에서만 존재할 수 있는 것이다.[23] 이러한 이윤이 존재하는 경우 그 신호에 의거해 기업가들은 생산 수준을 늘리게 되는데, 이

---

19 5장 부록 1을 참고하라. —옮긴이 주

20 「균형」과 「불균형」에 대해서는 3장 부록 1을 참고하라. —옮긴이 주

21 『화폐론』에서 말하는 생산비용은 생산에 투입된 각 요소에 대한 보상이라는 의미에서 결국 그 요소들이 얻는 '소득'이다. 이는 모든 「정상적소득」(노동, 자본 그리고 토지에 대한 정상적인 보상)을 포함한다. 즉, 「정상이윤」도 포함된다. —옮긴이 주

22 이 문장 다음의 논의와 5장 부록 1을 참고하라. 「제2 기본방정식」의 (*I-S*)가 이에 대응한다. —옮긴이 주

23 이 『화폐론』에서는 「균형상태」에서 발생하는 정상적인 이윤은 이미 요소소득(Earnings) 내에 포함되어 있다는 점을 주목하라. —옮긴이 주

때「균형」이 다시 회복되는 점에서의 물가수준은 이전에 비해 단정적으로 말할 수 없다. 케인스의『일반이론』상에서의 정의와 비교할 때 케인스는『화폐론』에서는 이러한「초과이윤」을 소득과 저축으로부터 제외하고 있는데, 그렇기 때문에 투자와 저축이 다른 값으로 보이는 것이 가능하다.

다음의 논의에서 부호를 다음과 같이 정의하겠다.[24] 일단, 첨자 c와 i는 각각 소비재 산업, 투자재 산업(=자본재 산업)을 의미한다. 각 부문에서의「초과이윤」은 Q_c, Q_i로 표기한다. 그리고 각 부문의「생산비용」은 각기 E_c, E_i로 표시하고,[25] 평균 가격은 P_c, P_i라고 하자. 이「생산비용」은 각 부문의 총요소소득과 일치한다. 저축과 투자는 각기 I, S로 표기한다. 만약 첨자 c 또는 i가 없는 경우에는 양 부분 전체를 의미한다고 하자.

「초과이윤」은 두 가지 종류, 즉 Q_c, Q_i가 있는데, 그것은 각 부문별 물가수준에 대응한다. 소비재 생산부문에서 발생하는「초과이윤」(Q_c)은 투자를 위한「생산비용」(E_i)이 저축(S)을 웃돌 때 생긴다. 소비재 생산부문에서의 이윤(Q_i)은 투자를 위한 지출(I)이 그 부문의「생산비용」(E_i)을 넘을 때 발생한다.[26] 그렇다면 다음의 방정식이 성립한다.

$$Q_c=E_i-S$$

$$Q_i=I-E_i$$

$$Q=Q_c+Q_i=I-S$$

24 다음에서도「기본방정식」에 대한 언급이 계속되는데, 원저에서 저자는 케인스가『화폐론』에서 사용하던 부호를 그대로 사용하고 있다. 그런데 그 부호 자체는 혼란을 가중시킬 위험이 있기에 옮긴이가 부득이 수정했다. —옮긴이 주

25 부호 등을 사용한 이유는 요소소득을 나타내기 위함이다. —옮긴이 주

26 원저에서는 이에 대한 충분한 설명이 없기에 독자는 이 점에 대해 의아하게 생각할 것이다. 이에 대해서 궁금한 독자들은 불가피하게 5장 부록 1을 참고하기 바란다. —옮긴이 주

소비재 생산부문의 이윤(Q_c)은 투자재 생산 시의 요소소득(E_i)이 저축(S)을 상회하는 경우 발생한다. 이것은 소비재 지출 액수가 소비재의 생산 코스트를 상회하는 것과 같으며, 따라서 소비자물가가 상승한다.[27]

투자재 생산부문의 이윤(Q_c)은(신규 혹은 기존에 존재하는) 투자재의 총판매가격(I)이 그 부문의 「생산비용」(E_i)을 초과해 상승할 때 발생한다. 이는 투자자들이 「저축성예금」보다 증권을 선호하는 강세장에서 발생한다. 즉, 투자재의 가격은 약세장 상태와 은행의 대출 정책 간 상호작용 결과다.

케인스는 각기 다른 형태의 인플레이션을 구별하기 위해 네 가지 용어를 사용했다. 「상품인플레이션」(commodity inflation)과 「자본인플레이션」(capital inflation)은 모두 「이윤인플레이션」(profit inflation)의 예이다. 「상품인플레이션」은 「초과이윤」의 출현을 반영하고 있으며 소비자물가가 「생산비용」을 웃돌며 상승하고 있음을 의미한다. 「자본인플레이션」은 「초과이윤」 Q_i의 출현을 반영하며, 이는 투자재가격이 그것의 「생산비용」을 초과해 상승하고 있음을 의미한다. 반면에 「소득인플레이션」(income inflation)이란 생산비 자체가 상승하는 것으로 대체적으로는 임금이 상승하고 있다는 뜻이다.

이때 『화폐론』에서의 「균형」이라고 함은 투자와 저축이 같고, 총「초과이윤」이 0이 되는 것을 의미한다. 케인스는 이 경우에는 「제2 기본방정식」이 종래의 「화폐수량 방정식」으로 환원되는 것을 보여 주고 있다. 따라서 이러한 관점에서 볼 때 케인스는 자신은 아직 그 「화폐수량설」이라는 틀 안에 있는 것으로 생각하고 있었던 것이다. 『화폐론』은 이렇듯 다른 「균형상태」 사이의 격차를 좁히면서 어떻게 「균형」이 회복되는지를 설명하고 있다.

케인스는 빅셀을 따라 「시장이자율」이라는 것을 결국 투자와 저축이 같아지도록 만드는 가격이라고 간주하고 있으며, 이 양자가 일치하도록 만드는 「이

---

27 5장 부록 1을 참고하라. —옮긴이 주

자율」은 마치 이전의 곡물경제 모델에서 언급한 「자연이자율」[28]과 같게 되는 것이다. 그런데 빅셀은 이 「자연이자율」이 고정되어 있는 것은 아니며, 어떤 통상적인 이유들로 인해 변동될 수 있음을 인식하고 있었다.

예를 들어, 「소비성향」이 강해지면 저축이 줄고, 그에 맞춰 투자가 줄어들기 위해서 「자연이자율」의 상승이 필요하게 된다. 혹은 미래의 수익에 대한 밝은 전망으로 인해 자본의 한계생산물(marginal product of capital)이 증가할 수 있고, 그에 따라 현행 「자연이자율」 상태에서도 투자는 증가될 수 있는 것이다. 이때, 결국 그 증가된 투자와 저축이 다시 동일하게 되기 위해서는 자본의 한계생산물 상승과 상응해 이자율이 상승해 저축을 늘려야만 한다.

따라서 빅셀에게 있어서의 「불균형」은 — 즉, 「시장이자율」과 「자연이자율」간 「불균형상태」 — 실로 다양한 이유에서 발생할 수 있는 것이며, 그것은 「시장이자율」 혹은 「자연이자율」 중 어느 한쪽의 변화로 야기될 수 있는 것이다. 이 모든 경우에 있어서 「자연이자율」은 '실제적인 힘(real forces)'에 의해 결정되기 때문에 결국 「시장이자율」이 「자연이자율」과 일치하도록 변동해 「균형상태」의 물가수준을 회복시키게 되는 것이다.

「균형상태」에서 출발하는 것을 가정해 보자. 이때 통화량의 증가는 「시장이자율」을 낮추고 투자재가격을 상승시킨다. 즉, 「자본인플레이션」 현상이 발생하게 되는 것이다.

이때 발생되는 초과이윤은 기업가로 하여금 산출과 고용을 증가시키게 하고, 이는 임금 인상을 유도하며 따라서 결국 이것이 「상품인플레이션」과 「소득인플레이션」으로 이어지는 것이다. 「생산비용」의 상승은 「산업순환」에서 필요로 하는 화폐에 대한 수요를 증가시키고, 그 과정은 화폐수요 증가가 통화량 증가와 일치할 때까지 지속된다. 그때가 되면 이자율은 처음 시작했던

---

28 「자연이자율」에 관한 자세한 설명은 5장 부록2를 참고하기 바란다. —옮긴이 주

수준으로 다시 복귀하게 되는 것이다. 물론 또 다른 잔향이 있을지도 모르지만, 최종적으로는 초과이윤은 0으로 회귀하고, 새롭게 형성된 일반적인 물가수준은 「생산비용」의 상승과 일치하게 된다.[29] 따라서 「화폐수량설」에 따라 화폐수량의 증가는 물가수준의 상승으로 충분히 반영되고 있는 것이다.

6. 「순산출」 수준

『화폐론』 분석에 있어서의 「화폐수량설」과의 결별의 출발점은 「순산출」 수준이 변화할 수 있다고 명시적으로 고려한 바에 있다. 이러한 「순산출」 수준의 변화는 「소득인플레이션」[혹은 「소득디플레이션」(income deflation)]이라는 과정을 통해 「생산비용」을 변화시키는 데 중요한 역할을 한다. 그리고 초과노동 수요와 불완전고용은 임금 상승과 하락의 원인이 되고 있는 것이다.[30]

『화폐개혁론』과 달리 『화폐론』에서는 「신용주기」를 「상품인플레이션」과 「상품디플레이션」의 관점에서 정의하는데, 이는 「화폐의 구매력」이 변화하는 주기, 혹은 「생산비용」을 중심축으로 하는 소비자물가 변동 주기에 대응한다고 볼 수 있다. 비록 이러한 「신용주기」는 체스 게임처럼 그 전개에 있어서 매우 다양하지만, 그 주기는 기술 혁신과 같은, 투자를 더욱 매력적인 것으로 만들어 주는 일종의 충격으로부터 전형적으로 시작된다. 그로부터 투자재가

29 이러한 설명은 슘페터의 『경제발전의 이론』상의 혁신 기업가의 역할과 그로 인한 물가상승에 대한 분석과 아주 흡사하다. 실제로 슘페터는 케인스의 『화폐론』이 출간될 무렵 자신의 화폐 이론에 대한 저술을 준비 중이었는데, 케인스의 『화폐론』이 출판되자 (마치 미리 선수를 빼앗겼다고 생각했는지) 중도에 포기했다고 알려져 있다. —옮긴이 주

30 이 문단 다음부터 198쪽 세 번째 문단까지는 경제학 전공자가 아니면 다소 이해하기 어려울 수 있다. 하지만 그렇다고 하더라도 그다음 내용을 이해하는 데 필수적인 사항은 아니므로 대충 살펴본 후 그냥 넘기기 바란다. —옮긴이 주

격이 상승하고 투자재 부문의 이윤(Q_i)이 나타나며 투자재 생산과 고용이 증가한다. 후속으로 소비지출과 소비재가격이 상승하고 소비재 생산부문의 이윤(Q_c)이 창출되며 소비재 생산을 자극하게 되는 것이다. 이때 창출되는 이윤이 충분하므로 기업가는 고용을 늘리기 위해 더 높은 임금을 제시할 수 있고, 이에 의해 고용이 확대되고 「생산비용」도 상승하기 시작하는 것이다. 이같이 최초 시작점은 「자본인플레이션」이었으나 인플레이션은 그로부터 「상품인플레이션」으로, 그리고 「소득인플레이션」으로 전이되어 가는 것이다.

「자본인플레이션」은 증권시장의 장세를 강세장으로 만들어 「저축성예금」의 수요를 줄이고 「산업순환」 쪽으로 화폐를 풀어 이자율을 내리고 투자수요를 더욱 부추긴다. 반면 「상품인플레이션」과 「소득인플레이션」은 「산업순환」에 대한 수요를 증가시키는데, 이는 이자율을 올리는 경향이 있다.

이윽고 이자율이 충분히 오르면 호황은 멈추고 「자본인플레이션」이 「자본디플레이션」으로 돌아서기 시작하고, 「저축성예금」 수요가 급증하게 된다. 따라서 「산업순환」은 압박을 받고 이자율도 급상승하는데, 이로써 주기는 위기국면에 접어드는 것이다. 여기에서부터 다시 모든 과정은 처음과 달리 반대로, 즉 악화상태로 되는데, 즉 「이윤디플레이션」은 실업과 「소득디플레이션」을 초래하기 마련인 것이다. 이로써 「생산비용」은 떨어지고 이자율이 낮아지고 그럼으로써 투자재가격이 회복되면서 다시 「균형」이 회복된다. 이때 만약 통화량의 변화가 없다면 투자재가격은 최초의 물가수준과 「생산비용」의 수준이 되는 것이다.

『화폐론』에서 「생산비용」을 변화시키는 데 중요한 역할을 하는 것은 산출의 수준이다. 그리고 초과 노동 수요와 불완전고용이 임금 상승과 하강의 원인인 것이다. 하지만 『화폐개혁론』이나 『화폐론』 모두에서도 이러한 생산수준 자체를 결정하는 새로운 이론은 포함되어 있지 않았다. 균형산출 수준은 「고전학파」적 의미상 완전고용 상태라고 암묵적으로 상정되어 있으며, 그의 분석에서는 그러한 균형점의 위치로부터의 일시적 일탈만 염두에 두고 있었던 것이다.

그럼에도 불구하고 『화폐론』의 분석은 어떠한 새로운 생각들에 대한 회임(懷姙)의 징후라고 볼 수 있다. 「상품인플레이션」은 소비재 부문의 초과이윤의 증가를 가져오므로(Q_c), 초과이윤이 발생하는 부문의 기업가는 소비를 늘림으로써 이윤을 늘릴 수 있다. 그들이 아무리 방탕한 생활을 해도(그들 계급으로서는 그럴 수밖에 없겠지만) 그들의 총이윤은 그들이 그렇게 소비함에 따라가는 것이다. 반대로 「상품디플레이션」하에서는 기업가들이 소비를 줄인다고 해서 그들 전체로 볼 때 손실을 줄일 수는 없는 것이다. 즉, 결코 비워질 수 없는 「과부의 항아리」(window's cruse)[31]는 결코 채워질 수 없는 「다나이드의 항아리」(Danaid jar)[32]가 되는 것이다.[33]

케인스는 이러한 점을 「바나나 우화」를 통해 한층 더 자세히 설명하고 있다. 바나나 농사만 하는 사회에서의 저축 운동은 결국 생산량의 무제한적 감소로 이어지고, 따라서 모든 인구가 아사했던 것이다. 이러한 이야기 속에는

---

31 성경에 나온 일화이다. 선지자 엘리아(Elijah)는 사르밧(Zarephath)에 사는, 마지막 양식만을 가지고 있던 가난한 과부를 만났을 때 그 마지막 곡식을 이용해 빵을 만들어 자기에게 달라고 한다. 그러면 여호와 신이 그녀의 항아리를 영원히 비지 않게 할 것이라고. 과부는 그 말을 믿고 마지막 남은 곡식을 이용해 빵을 만들어 엘리아에게 제공했는데, 정말 그 뒤로 항아리는 비지 않게 되었다고 한다. —옮긴이 주

32 그리스 신화에 나오는 아르고스(Argos)의 왕 다나오스(Danaos)의 49명의 딸들에 관한 일화이다. 그들 모두 남편을 살해한 죄로 저승으로 끌려가 구멍 뚫린 항아리에 물을 계속 채워 넣어야 하는 벌을 받게 된다. —옮긴이 주

33 케인스가 이 「과부의 항아리」에 빗대 표현한 바는 기업가가 아무리 방탕하게 소비를 한다고 하더라도, 그것은 결국 그의 이윤을 증가시키는 것이라는 것이다. 반대로 「다나이드의 항아리」라는 것은 아무리 절약을 하더라도 그것이 이윤을 늘려주는 것이 아니라 오히려 이윤을 감소시키는 것을 빗대 이야기한 것이다. 같은 맥락에서 유명한 문구는 니콜라스 칼도(Nicholas Kaldor)가 언급한 "자본가들은 그들이 소비한 만큼 벌어들이고, 노동자들은 벌어들인 만큼 소비한다"(Kaldor, 1956: 96)라는 문구이다(이는 칼레츠키의 말로 잘못 알려져 있다). 칼레츠키도 같은 맥락에서 "(자본가들)의 투자와 소비의 결정이 자신들의 이윤을 결정하는 것이며, 이윤 때문에 소비와 투자가 결정되는 것이 아니다"라고 언급한 바 있다(Kalecki, 1971: 78~79). —옮긴이 주

이미 「총수요」 이론의 맹아가 존재했던 것이다. 이들 이야기에서 틀린 것은 단지 생산량이 0으로 추락할 수 있다는 것뿐이다. 실제로는 생산량은 완전고용 상태가 아닌 다른 어떤 균형점으로 떨어지는 것이고 0이 되는 것은 아닌 것이다. 이러한 발견이 바로 『일반이론』이 공헌한 바이다.

7. 「화폐수량설」과 『일반이론』

통화량의 증가로 인해 지출 또한 증가하고, 따라서 인플레이션이 발생하게 되는 것은 「순산출」은 변하지 않고 여전히 고정된 상태로 있는 경우이다.

『화폐론』은 통화량이 어떻게 지출에 영향을 주는지, 그리고 통화량의 변화가 없다고 해도 화폐에 대한 수요의 변화(즉, 「신용주기」)가 지출의 변화에 어떠한 결과를 야기하는지에 대해 세련된 설명을 제공하고 있다. 하지만 「단기적」으로는 지출 증가에 반응해 산출이 변화할 수는 있지만, 앞의 「기본방정식」에 의하면 「장기적」으로는 「순산출」이 항상 「균형상태」, 즉 「고전학파」 경제학에서 말하는 완전고용 상태의 「균형」으로 회귀하는 것을 본질적으로 상정하고 있는 것이다.

따라서 「단기적」으로는 통화와 인플레이션의 관계는 복잡한 양상을 보일 수 있더라도, 「장기적」으로는 「화폐수량설」은 유지되는 것이다. 즉, 케인스의 분석은 「화폐수량설」의 **틀 속에서** 「화폐유통속도」 변화를 연구한 것으로 해석할 수 있는 것이다. 그렇기 때문에 대표적인 반케인지언이며 통화주의자인 프리드먼이 오히려 케인스의 『화폐론』을 높이 평가하는 것이다.

그런데 이러한 「화폐수량설」과 결별하려는 케인스의 시도는 「단기」와 「장기」의 구별이 사라지면서 본격화된다. 『일반이론』에서는 「순산출」과 고용은 「유효수요의 원리」에 의해 결정되며, 항상 서로 「균형상태」에 있게 된다. 더 이상은 「고전학파」 경제학적인 「장기」 완전고용으로부터의 이탈을 의미하는

「단기적」인 변화로서의 「불균형」을 논할 수 없게 된 것이다. 생산과 고용은 하루가 다르게 변하는데, 이제는 그 수준이 어떠한 고정된 균형점으로 결국은 복귀하는 것이 아니라, 그 균형점의 위치 자체가 다른 위치로 계속 이동하는 것을 의미한다. 이제 「장기」는 「단기」의 연속일 뿐이다.

「화폐수량설」은 사라지고, 통화와 인플레이션 간 관계는 좀 더 복잡한 양상을 보이게 된다. 즉, 「유효수요」는 통화량이나 화폐수요의 변화에 따라 변화하고, 산출은 그에 따라 화폐로 평가된 「유효수요」의 변화에 따라 반응하며, 마지막으로 임금은 산출과 고용의 변화에 따라 움직이게 되는 것이다. 따라서 「화폐수량설」은 어떠한 특별한 경우에만 성립하는 이론으로 전락하게 된다. 즉, 그 특별한 경우라는 것은 통화량이 변함에 따라 그와 동일한 비율로 「유효수요」가 상승하고, 그때 산출은 그럼에도 불구하고 고정되어 있고, 반면 임금은 그 「유효수요」가 증가함과 동일한 비율로 상승하는 경우인 것이다.

일반적으로 볼 때 통화량의 증가는 그 전부 혹은 그 일부는 지출의 증가로 전환되지 않을 수 있고, 반면 화폐수요의 증가로 인해 상쇄될 가능성이 있는 것이다. 반면 화폐수요의 감소는 통화량의 변화 없이도 나타날 수 있는 것이다. 「유효수요」의 증가는 생산량 증가와 물가 인상으로 나뉠 수 있다. 만약 지출에 비례해 임금이 상승하는 경우에는 그 지출 증가 자체가 (「임금단위」로 측정된) 「유효수요」의 증가로 연결되지 않기 때문에 생산과 고용은 변하지 않는다. 여러 가지 다양한 가능한 시나리오가 존재할 수 있기에 통화량만을 인플레이션을 분석하는 열쇠로 삼는 것은 더 이상 도움이 되지 않는 것이다.

케인스에게 있어서는 이제 인플레이션을 관리하는 과제는 금융정책에만 맡길 수 없게 된 것이다. 인플레이션을 관리하는 것은 이제는 총지출을 관리하고 또한 수요와 무관하게 임금이 상승하는 소위 「비용압박 인플레이션」을 회피하는 것이다. 이러한 맥락하에서 제2차 세계대전 중의 인플레이션 관리에 대한 케인스의 생각을 이해할 수 있는 것이다.

8. 『전비조달론』

전쟁의 발발은 경제 문제를 실업과 생산 능력의 과잉으로부터 완전고용과 생산 능력의 부족으로, 즉 수요를 초과하는 공급 과잉의 상태에서 그 반대로의 변화를 초래했다. 전쟁을 위한 생산은 「공공지출」을 의미하는 것이지만, 소득과 개인 소비에는 마치 투자 증가와도 같은 효과를 불러일으킨 것이다. 의도적인 신중한 정책의 부재하에서는 기업 소유자에게 귀속될 소비재 부문의 이윤(Q_c)이라는 형태를 통해, 혹은 『화폐론』에서 사용하던 용어를 사용하자면 소위 「상품인플레이션」에 의해 장부상 균형이 유지될 것을 케인스는 예견했다. 완전고용으로 인해 생긴 소득의 증가는 노동자에게 돌아가는 것이 아니라 단지 이윤을 추구하는 자들에게나 혹은 과세를 통해 국가에 귀속된다는 것이다. 케인스는 이것은 불공평할 뿐만 아니라 사람들의 동기 부여 및 사기 진작의 측면에서 볼 때도 옳지 않다고 믿었다.

즉, 고용 증가로 인한 소득 중 저축이 전비 지출 금액만큼 충분한 금액이 되지 않는 한 인플레이션은 일어날 것으로 생각했다. 케인스는 과세와 자발적 저축의 가능성 등을 감안했을 때 대략 소득의 약 20%만큼은 개인 소비에 쓸 수 없다고 계산했다. 이에 대해 그가 선호했던 해결책은 임금 지불 연기 또는 「강제저축」(compulsory saving)이었다. 세간의 비판이 일자 그에 대응해 케인스가 최종적으로 제안한 바에는 「소득정책」(Incomes policies), 가족수당, 전후의 자본과세(capital levy) 등과 연동된 일련의 배급제도 포함되어 있었다.

케인스는 노동자들이 인플레이션에 대항해 임금 인상을 주장하는 시도는 그들이 자발적으로 소비를 연기하지 않는 한 단순히 임금과 가격 간 상호 상승작용(spiral)만 초래할 뿐이라고 생각했다. 그런데 만약 소비를 연기하는 경우라면 애당초 인플레이션은 일어나지 않을 것이라고 강조했다. 케인스는 노동자들이 임금 인상 요구를 하지 않도록 그들의 합의를 확보하기 위해서는 가격 통제의 대상이 되는 필수품의 비상배급(iron ration)안(案)까지 마지못해 인정하기도 했다.

그런데 케인스는 포괄적인 배급에 반대했으며 사람들이 가처분소득을 줄이기로 한다면 그 범위에서는 마음대로 쓸 수 있도록 하는 것을 지지했다. 개인적 소비가 전쟁을 위한 물품들을 생산하기 위해 당장 희생될 수밖에 없는 것은 불가피한 일이었다. 문제는 노동자들의 소비 면에서의 희생이 항구적인 것인지(즉, 인플레이션과 임금에서 이윤으로의 실질소득의 이전에 의해), 아니면 일시적인 것에 불과한 것인지이며, 또한 저축이라는 것은 필요 불가결하다는 전제하에 단지 그것이 「강제저축」에 의한 것인지 아니면 배급제에 의한 것인지 하는 것이었다.

되돌아보건대 케인스가 작성한 『전비조달론』에 나오는 분석 중 가장 영구적인 가치를 갖는 것은 바로 그 책의 분석 방법이다. 그가 국민소득 계정과 통계를 사용한 것은 거시경제 예측과 계획에 있어서의 선구적인 시도였다. 또 그것들은 수요를 계획적·의도적으로 관리해(그때의 경우는 물론 강제적 억제라는 방법을 사용했다고 하더라도) 완전고용 생산에 일치시키려는 시도의 첫 번째 단계였다. 그래서 이미 알려진 소위 「수요관리」(demand management)라는 것을 첫 번째로 시도했던 것이다. 그의 분석이 보여 주는 바는, 비록 정부가 화폐의 남발을 자제하고, 과세나 혹은 자발적인 대출에 의존해 정부 지출을 조달한다고 해도 인플레이션은 여전히 일어날 수 있음을 보여 주는 것이다.

케인스에게 있어서 통화주의는 이제는 죽어 있었다. 그는 수세기에 걸쳐 통화와 인플레이션 사이에 매우 장기적인 역사적 연관성이 있어 왔음을 인정하고는 있지만, 그 인과관계는 「화폐수량설」과는 전혀 다른 것이었다. 기존의 화폐가 부족하거나 이자율이 높아지는 경우에는 언제나 새로운 형태의 화폐를 만들어 내려는 금융혁신의 압력이 가해지기 마련인 것이다. 지폐나 은행예금 자체가 그런 좋은 예였던 것이다. 반대로 스페인 사람들이 남미에서 금을 대거 유입했던 경우처럼 화폐가 풍부했을 때는 그로 인해 소득이 부양되고 생산이 증가하며, 그에 따라 화폐임금이 상승하는 경향이 있었다. 이처럼 화폐수량은 수요 증가에 반응하고, 화폐수요는 그것의 공급의 증가에 반응하는 것이다.

9. 화폐임금과 인플레이션

그럼에도 불구하고 많은 「포스트 케인지언」 경제학자들과 달리 케인스는 분명히 **비용압박**이 아니라 **수요견인**으로 인한 인플레이션 쪽에 경도되어 있는 것이다. 케인스는 그의 『화폐론』에서는 「소득인플레이션」, 그리고 『일반이론』에서는 「임금단위」의 변화에 의해 「장기적」으로 인플레이션이 결정된다고 확신했다. 그러나 그의 여러 이론에서는 「소득인플레이션」과 화폐임금의 변화는 항상 **생산, 고용, 수요 변화에 대한 반응으로 유발되는 것이다**. 심지어 『화폐개혁론』이나 『전비조달론』에서조차 생활비(혹은 그 이상)의 상승에 대응해 노동자가 보상을 요구할 수 있는 힘의 존재 여부는 완전고용 상태인지 여부, 그리고 기업가로 하여금 임금 상승의 요구를 수락할 수 있도록 하는 「초과이윤」이 존재하는지 여부에 의존하고 있는 것이다.

케인스는 노동자가 자발적으로 화폐임금 상승을 요구하는 것이 인플레이션의 주요 원인으로 보지 않았다. 케인스의 접근 방법을 오늘날의 「물가안정목표제」와 비교 대조하는 것은 유익한 일일 것이다. 후자는 소위 「자연실업률」 상태에서 달성할 수 있는 「고전학파」 경제 이론상의 「자연산출」(Natural Rate of output)이라는 개념에서 유래한 것으로, 이는 완전고용이라는 개념을 변화하는 환경에 맞게 응용한 것이다. 즉, 곡물경제 모델과 달리 기술 변화가 일어나면 일자리가 새로 생겨나거나 또는 사라지고, 노동자는 인생의 여러 단계를 거치면서 이 일에서 저 일로 이동하기 마련인 것이다. 심지어 완전고용 상태라고 불리는 상황에서도 케인스 자신도 충분히 인정했던 소위 마찰적 실업 혹은 자발적실업이라고 부르는 어떠한 '**자연스러운**' 비율의 노동력이 존재하는 것이다. 실제로 그는 전후의 「완전고용실업률」이 5% 정도로 관측된다고 생각하고 있었다.

「고전학파」 이론에 따르면 「자연산출」은 소위 「산출 갭」(output gap)[34]이라는 개념을 만들어 내고 있다. 수요가 생산을 「자연산출」 수준 이상으로 끌어올리는 경우(과열상태), 그때 「산출 갭」이 플러스인 경우 인플레이션율은 상승하고 그 「산출 갭」이 마이너스인 경우 인플레이션율이 저하된다는 것이다. 이것의 정책적 의미는 명백하다. 즉, 경제를 과열상태로 이끌지 말라는 것이다. 만약 현행 실업률이 높을 경우, 정부는 수요를 진작시키려는 충동이 강할 수밖에 없기 때문에 그를 방지하려면 금융정책은 정부와는 독립적인 중앙은행에 맡겨야 한다는 것이다. 또한 「노동시장의 유연성」 정책을 고수해야만 하며, 그에 따라 「자연실업률」에 대처해야 한다고 그들은 주장하는 것이다.

「물가안정목표제」는 「산출 갭」을 고려해 금융정책을 이용해 인플레이션을 통제해야 한다는 주장인데, 이는 『화폐론』에서 언급한 바와 유사하다고 할 수 있다. 「자연실업률」처럼 실제로 「자연산출」과 「자연이자율」도 같이 움직이는 것처럼 보인다. 하지만 그것들은 절대로 물리적으로 고정되어 있는 변수는 아닌 것이다. 그런데 중앙은행은 이제는 '**자연**'이라는 말은 은밀하게 숨기고 「잠재적 산출」이나, 혹은 「균형실업률」(equilibrium rates of unemployment), 「균형이자율」 등의 표현을 통해 그 수준을 경험적이고 실용적인 것으로 정의하고 있는 것이다. 그런데 이것은 케인스가 『일반이론』 17장의 마지막에 「중립이자율」(neutral rate of interest) 또는 「최적이자율」(optimum rate of interest)이라고 정의한 바를 해석하는 다양한 방법 중 단지 하나일 수 있다.

이때 「균형이자율」이라는 것은 인플레이션율을 변동시키지 않는 것과 부

---

34 국내총생산(GDP) 갭이라고도 하며 실제 산출과 「잠재적 산출」 간의 차이로 정의된다. ―옮긴이 주

합한다면 어떤 수준이라도 「균형이자율」이 되는 것이다. 이러한 논의는 정책을 「고전학파」 경제 이론으로부터 다소 미묘하게 분리하는 것이기는 하다. 이자율은 2007~2017년의 대략 10여 년 동안 그다지 크게 변화하지 않았는데, 반면 산출은 상당히 변화했다. 이러한 단순한 사실은 소위 '안정적인 「자연이자율」'이라는 개념을 크게 의문시하도록 하는 것이다. 변화는 하지만 관측은 불가능한 「자연이자율」이라는 개념을 이용해 경기 변동을 설명하려는 시도는 마치 지동설하에서 행성의 불규칙한 움직임을 주전원(周轉圓, epicycle)으로 설명하려는 프톨레미(Ptolemy)의 시도를 방불케 하는 것이다.

「물가안정목표제」의 가장 주된 목적은 기대치를 관리하는 것이다. 예를 들어, 인플레이션이 2%로 실현되는 이유는 모든 사람이 그것을 2%라고 예상하고 미리 대비하기 때문이다. 이는 만약 「인플레이션기대」가 항구적으로 높아질 경우 중앙은행은 이자율을 인상함으로써 실업과 산업에서의 손실이 발생하는 것도 감수하면서 「총수요」를 제한할 것이라는 믿음에 바탕을 두고 있다. 하지만 이는 『화폐론』에서 케인스가 제안한 바 금융정책은 「화폐의 구매력」의 안정화를 추구해야 한다는 주장과 크게 다르지 않다. 「화폐의 구매력」이라는 것은 오늘날 용어로는 소비자물가지수(CPI)이다.

『일반이론』을 집필한 것은 케인스의 사고방식에 어떠한 영향을 미쳤을까? 「자연이자율」이라는 생각은 버려야 한다. 완전고용을 달성한다는 것에는 어떠한 자연스러운 것도, 혹은 자동적인 것도 없기에 소위 '**자연**'이라는 말은 사용하지 말아야 한다. 수요가 「고전학파」 경제학적인 의미에서 진정한 인플레이션을 일으킬 수 있는 것은 완전고용 상태에서만 가능할 것이다. 그러나 완전고용을 밑도는 수준에서 수요 증가가 효과를 발휘할 수 있기 위해서는 임금과 물가가 올라 그 효과를 상쇄하지 않는 경우에만 가능하다.

케인스는 화폐임금, 고용 그리고 실업의 관계를 순수한 경제적 「균형」의 문제로 본 것은 아니었다. 그것은 「유효수요」에 의해 지배되고 있다고 본 실질임금과 고용 간의 관계와는 다른 차원의 문제인 것이었다. 화폐임금이라는 것은 합당한 임금격차와 생활비 수준, 협상력 등의 사회학적 힘에 대한 각종 고려를 포함한 **형평성**(fairness)에 대한 「관행적」 믿음에 따라 결정된다고 본 것이다. 이 같은 생각은 화폐임금이 노동력의 과잉공급이나 과잉수요 등의 시장 상황에 의해 영향 받는 것을 부인하는 것은 아니다. 3장에서 서술한 것처럼 이러한 시장으로부터의 압력은 화폐임금을 어떤 「균형」의 위치에서 다른 위치로 이동시키는 것이 아니라, 지금 현재 마침 놓인 균형점을 중심축으로 단지 위아래로 요동하게만 하는 것을 의미한다. 케인스의 말처럼 이러한 것들은 순수한 이론상의 문제가 아니라 단지 역사적 일반화의 문제인 것이다. 즉, 화폐임금은 '모델의 외부'에 있는 것이다.

화폐임금 수준이 만약 '잘못'된 수준에 놓여 있는 경우 그것은 단순히 노동시장만의 문제가 아니라 경제체제 전체의 문제이다. (예를 들어, 「금본위제도」 복귀라는 정치적 선택에 의거해) 화폐임금이 지나치게 높은 경우, 효과적인 「소득정책」의 부재 시에는 당국이 화폐임금을 줄이기 위해 사용할 수 있는 유일한 정책은 실업일 것이다. 그러나 화폐임금(또는 그 성장률)을 낮추기 위해 실업을 이용하는 것은 의도적인 정책이지 「자연산출」을 넘어 경제가 과열되는 것에 대한 경제체제의 자동적인 반응은 아닌 것이다. 케인스로부터 한참 후에, 영국 재무장관 노먼 라몬트(Norman Lamont)는 인플레이션을 저하시키기 위해서는 실업을 불사하는 것도 '충분한 가치가 있는 희생'이라고 언급한 바 있는데, 이는 그 방법에 있어 실로 냉혹한 언사였지만 그럼에도 불구하고 어찌 보면 솔직한 설명이었던 것이다.

케인스에게 있어서는 인플레이션과 높은 실업 양쪽 모두는 시스템 전체가 가진 병의 증상이며, 이것은 고통을 동반하지 않고 시장의 힘이 스스로 해결할 수 있는 사항이 아니었던 것이었다. 이 문제를 완전히 해결하려면 진정한 정치경제 이론과 국가 통치 기술이 필요하다. 하지만 그것들을 달성하기에는 아직 요원했다. 인플레이션율을 저하시키는 것을 단순히 중앙은행의 기술 관료들에 의해 수행되어야 할 금융정책의 문제로 환원시켜 버리는 것은 정치적인 '손장난 마술'에 불과하다. 그것은 국가가 물가안정과 그리고 예전에는 완전고용이라고 여겨졌던 것을 유지하는 목표를 동시에 달성하는 것에 있어서의 자신의 무력함을 감추거나 혹은 책임 회피를 하는 것에 다름 아닌 것이다.

부록 1*

『화폐론』에 나타난 케인스의 「기본방정식」

케인스의 『화폐론』에 나타나는 2개의 「기본방정식」 도출은 그 수식이 어렵다기보다는 케인스가 사용했던 부호가 너무 혼돈스럽기 때문에 이해를 위한 불필요한 어려움을 가중시키고 있다. 다음에서는 독자들이 좀 더 쉽게 이해할 수 있도록 부호를 바꿔 다시 정리했다.

기본 가정은 경제는 크게 두 부문으로 나뉘는데, 소비재 생산부문(c)과 투자재 생산부문(=자본재 생산부문)(i)이다.

1. 산출(실질 산출) y

$$y=y_c+y_i \tag{1}$$

여기서 y는 전체 산출, y_c는 소비재 산출, y_i는 자본재 산출이다. 이것들은 실질 산출량이라고 가정하자.[1]

---

* [고급] 이 부록은 관심 있는 전공자를 위해 옮긴이가 해설을 추가한 것이므로 일반 독자는 생략해도 무방하다. —옮긴이 주

2. 가격

P: 전체 가격(소비재와 자본재의 가중 평균), P_c : 소비재가격, P_i: 자본재가격

3. 전체 소득(부문별 매출)

$$C = P_c y_c \qquad (2)$$

$$I = P_i y_i \qquad (3)$$

C: 소비재 부문 총소득, I : 투자재 부문 총소득

4. 화폐소득=화폐 요소소득=화폐 생산비[2]

$$E = E_c + E_i \qquad (4)$$

E: 전체 화폐소득=전체 생산비(이때 E 는 earnings의 약자이다)

E_c: 소비재 부문의 요소소득=소비재 부문의 생산비

E_i: 투자재 부문의 요소소득=투자재 부문의 생산비

5. 「효율적소득율」

다음과 같이 정의하자.

$$\lambda \equiv \frac{E}{y} \qquad (5)$$

즉, λ는 전체 화폐소득을 전체 실질 산출로 나눈 것이며, 이것은 산출물당

1 단위에 관해서는 5장 부록 1 각주 3을 참고하라. —옮긴이 주

2 생산비는 기업의 적정 이윤이 이미 포함된 개념이다. —옮긴이 주

소득(=산출물당 비용)이다. 케인스는 이것을 「효율적소득율」(the rate of efficiency earnings)이라고 불렀다.[3]

---

3 참고로 N: 인간의 노력(effort)의 단위(예: 1시간의 「표준노동」), W: 인간 노력 한 단위당 화폐 소득이라고 정의하자. 그리고 $e \equiv \frac{y}{n}$로 정의하자. 이 e를 케인스는 「효율성계수」(coefficient of efficiency)라고 불렀다. 이것은 1단위 노동이 생산하는 생산물의 실질가치를 의미한다. 이 '실질가치'의 의미가 다소 모호하기에 예를 들어, 개수로 표현하자면 100개의 제품을 5단위의 노동이 생산하는 경우 노동 1단위당 20개를 생산하는 것이다. 이때, e=20이 된다. 이때 화폐임금 W는 다음과 같이 표현된다.

$$W=\frac{E}{N}=\frac{E}{y}\frac{y}{N}=\lambda\frac{y}{N}=\lambda e,$$

$$e\equiv\frac{y}{N},\ \lambda\equiv\frac{E}{y}$$

예를 들어, E(총비용)=100만 원, N=10시간, 생산물 50개(편의상 개수로 표현하자)라고 하면, 이때, 단위 노동당 임금은 100만 원/10시간=10만 원이고, e=50개/10시간=5개(노동 1시간당 5개 생산). 1만 원/50개=2만 원(즉, 개당 노동비용 2만 원)이 된다. 즉, 다시 표현하면 노동 1시간당 임금=개당 노동비용(λ) × 노동 1시간당 생산 개수(e)로 정리할 수 있다. 그런데 『화폐론』에서 암묵적으로 가정하고 있는 바는 이 λ가 소비재 산업과 투자재 산업에서 같다는 것이다. 즉, $\lambda=\frac{E}{y}=\frac{E_i}{y_i}=\frac{E_c}{y_c}$이다. 그런데 $\lambda=\frac{E}{y}=\frac{WN}{y}=\frac{W}{e}$, 그리고 마찬가지로 $\lambda_i=\frac{E_i}{y_i}=\frac{W_iN_i}{y_i}=\frac{W_i}{e_i}$이다. 즉, λ값이 같다는 이야기는 $\frac{W}{e}=\frac{W_i}{e_i}$라는 이야기이며, 만약 두 부문에서 임금 (즉, $W=W_i=W_c$)이 같다면 당연히 $e=\frac{y}{N}=\frac{y_i}{N_i}=\frac{y_c}{N_c}$도 성립한다는 이야기이다. 그런데 e와 ei가 같을 이유는 없는 것이다. 실질 매출 1단위당 비용이 같다고 하는 것은 상식과 어긋난다. 또한 e가 동일하게 된다면 노동 1단위당 실질 산출이 똑같다는 것이고 이 또한 비상식적이다. 문제는 이 y의 단위가 무엇인가 하는 것이다. 옮긴이의 생각으로는 이런 논리가 성립하기 위해서는 결국 y의 가치는 노동의 투입량으로 결정되어야만 한다는 것이다. 그 경우에는 앞의 e와 λ가 모든 부분에서 동일하게 된다. 즉, 노동가치론처럼 y가 노동(N)의 투입량에 의해 결정되는 것이라면, e는 당연히 전 부문에서 같을 것이며, 화폐임금이 동일하다면 당연히 λ값은 동일하게 된다. 돈 파틴킨(Don Patinkin)도, 한센이 이미 1931년에 케인스에게 이에 대해 의문을 제기했다고 언급하면서 이와 유사한 지적을 한 바 있다(Patinkin, 1976: 33~43, 34).

6. 「제1 기본방정식」

그런데 소득 중 저축을 제외한 나머지는 소비에 사용되므로,

$$E\text{-}S = P_c y_c \tag{6}$$

$$\text{즉, } P_c y_c = E - S = \frac{E}{y}(y_c + y_i) - S = \frac{E}{y} y_c + \frac{E}{y} y_i - S \tag{7}$$

그런데 전체 산출에서 투자재 부문이 차지하는 비율로 전체 소득을 가중한다면, 그것은 투자재 부문에서의 소득(=투자재 부문의 비용)을 의미한다.[4]

$$\text{즉, } E\frac{y_i}{y} = E_i \tag{8}$$

따라서 (5)와 (8)을 이용해 (7)을 정리하면,

$$P_c y_c = \lambda y_c + E_i - S,$$

$$P_c = \lambda + \frac{E_i - S}{y_c} \tag{9}$$

식 (9)가 「제1 기본방정식」이다.

그런데 소비재 부문에서의 이윤은 전체 판매액(전체 소득에서 저축을 제외한 부분, 즉 E-S)에서 「생산비용」을 제한 것이므로 다음이 성립한다.

$$Q_c = (E - S) - E_c = (E - E_c) - S = E_i - S \tag{10}$$

이때, 기호 Q 는 전체 이윤을 나타내고, Q_c는 소비재 부문의 이윤이다. 즉, 식 (9)는 다음과 같이 바꿔 쓸 수 있다.

---

4 이 식을 정리하면 $E\frac{y_i}{y} = E_i \Leftrightarrow \frac{E}{y} = \frac{E_i}{y_i} \Leftrightarrow \lambda = \lambda_i$, 즉 λ가 부문에 상관없이 같다는 가정이 암묵적으로 전제되어 있는 것이다. —옮긴이 주

$$P_c = \lambda + \frac{Q_c}{y_c} \qquad (9')$$

소비재 부문의 가격은 경제 전체로 볼 때의 「효율적소득율」(산출물당 생산비용)과 그를 초과하는 소비재 산출당 「초과이윤」의 합으로 표현되는 것이다.

7. 「제2 기본방정식」

$$Py = P_c y_c + P_i y_i$$

$$P = \frac{P_c y_c + P_i y_i}{y} \qquad (11)$$

그런데 (6)에서 볼 수 있듯이 소비재 부문의 전체 수입은 소득에서 저축을 공제한 것이므로,

$$P_c y_c = E - S$$

그리고 (3)에서 보듯이 당연히 투자재 부문의 수입은 투자 I로 바꿔 쓸 수 있으므로,

$$P_i y_i \equiv I$$

따라서 식 (11)은 다음과 같이 정리된다.

$$P = \frac{E - S + I}{y}$$

즉,

$$P = \frac{E}{y} + \frac{(I - S)}{y} \qquad (12)$$

식 (12)가 「제2 기본방정식」이다.

이전과 동일하게 Q_c는 소비재 부문의 이윤, Q_i는 투자재 부문의 이윤, 그리고 Q 는 경제 전체의 이윤을 표시한다고 하자. 그런데 투자재 부문의 이윤은 당연히 수입에서 생산비용을 공제한 것이므로,

$$Q_i = (I - E_i) \tag{13}$$

따라서 전체 이윤은 두 부문의 이익의 합인데, (10)과 (13)을 이용해 정리하면,

$$Q = Q_c + Q_i = E_i - S + I - E_i = I - S \tag{14}$$

「제2 기본방정식」 (12)를 (5)와 (14)를 이용해 다시 정리하면,

$$P = \lambda + \frac{Q}{y} \tag{12'}$$

즉, 전체 물가는 경제 전체로 볼 때의 「효율적소득율」(산출물당 생산비용)과 그를 초과하는 경제 전체의 산출당 「초과이윤」의 합으로 표현되는 것이다.

8. 「기본방정식」의 논리 구조

이 방정식 체계의 논리 구조는 마르크스의 재생산 표식과 비교하면서 파악할 수도 있을 것이다. 마르크스에 있어서는 소비재와 자본재 부문이 구분되는데, 양 부문의 노동자와 자본가들의 총소비는 소비재 부문의 산출과 동일하고, 양 부문의 자본재 수요는 자본재 생산부문의 산출과 동일하다는 두 개의 방정식으로 표현되는 두 부문 간 연결 고리가 있다. 그런데 케인스의 경우 첫 번째 연결고리는 식 (6)으로 표현되는 것에 반해 자본재의 수요와 공급을 연결하는 두 번째 연결고리는 없다. 그 대신 식 (8)이 그 연결의 역할을 해 주는 것이라고 볼 수 있다. 부록 1 각주 3에서 언급했듯이 식 (5)와 (8)은 혼란

의 원인이다.

또한 이 「기본방정식」에서 빠져 있는 것은 투자재 부문의 가격 결정이다. 왜 「제3기본방정식」은 제시하지 않았는가 하는 당연한 질문이 제기될 수 있는 것이다. 케인스 당시에 로버트슨도 유사한 비판을 제기했다(Cammarosano, 2016: 112).

「자연이자율」에 관하여

[고급] 「자연이자율」이라는 개념은 자연의 법칙에 따라 이자율이 결정된다는 것을 의미한다. 가장 단순한 형태의 개념은 곡물 종자를 뿌리면 곡물이 수확되고, 소를 기르면 송아지를 낳는 자연 현상으로부터의 비유를 화폐에도 적용한다. 그래서 '돈'이 새끼를 낳는 것을 정당화다. 그러나 아리스토텔레스에 의하면 '돈'은 자의적으로 인간이 만든 것이며(nosmisma), 그것이 잉태하는 이자는 '반자연적(unnatural)'인 것이다. 이와 같은 이자에 대한 관념을 마르크스가 계승하고 있는 것인데, 이자는 '자본'이 잉태하는 것으로 사람들이 착각한다고 마르크스는 생각했다.

근대 경제학에서 「자연이자율」이라는 개념과 「시장이자율」을 구분해 사용하기 시작한 사람은 빅셀인데, 그 이후 로버트슨과 많은 경제학자들이 이러한 구분을 사용하기 시작했으며, 「자연이자율」은 「대부자금설」의 가장 중요한 원칙이다. 이자는 인간의 '자연스러운' 본성인 근검절약에 대한 대가이기에 이러한 보상이 커지는 경우 자본의 공급은 늘고, 반면 자본의 수요는 한계생산성에 의해 결정되는 것이며, 양자가 일치하는 점에서 「자연이자율」이 결정된다는 것이다. 결국 「자연이자율」과 「대부자금설」은 동전의 양면이라고 볼 수 있다.

하지만 앞에서와 같이 자연에 비유해 이자를 '**자연적**'인 것으로 간주하는 경우 투자된 자본과 수확물이 같은 상품이 아닌 경우 문제가 발생한다. 다양한 자본재가 존재하는 경우 어떻게 그것들을 합산하며 평가할 것인가 하는 문제이다. 문제는 화폐경제에 있어서 자본의 가치는 이러한 방식으로 미리 주어져 있는 것이 아니라, 반대로 이자율에 의해 결정되는 것이다(단순한 예로 미래의 현금 흐름을 현재화해 자본의 가치를 계산하는 경우 자본의 가치는 이자율에 의해 결정된다). 따라서 결국 「자연이자율」이라는 개념은 순환론이 될 수밖에 없는 것이다. 이는 1960년대에 발생한 양안의 케임브리지 「자본논쟁」의 핵심주제이다(이 「자본논쟁」에 대해서는 4장 부록 1을 참고하라).

빅셀은 현대 경제학 교과서에서 상정하는 것처럼 그렇게 천진난만하게 「자본의 한계생산성」을 가정하지는 않았다. 따라서 빅셀은 이자율이 변하면 재화나 자본의 가격이 변화할 수 있다는 것을 충분히 인지하고 있었다. 이를 소위 「빅셀효과」라고 지칭한다. 간단히 말하자면 빅셀은 자본과 실질자본(real capital)을 구분했다. 후자는 빌딩, 공장, 기계, 투입 원재료 등의 실물로서의 자본이고 전자는 이러한 모든 투입재 각각의 교환가치의 합이다. 그렇다면 「자연이자율」을 결정하는 문제는 이 자본의 교환가치와 산출의 교환가치의 비율을 어떻게 어떠한 '불변'의 가치단위로 측정할 것인가 하는 문제가 된다. 그러한 가정하에서만 그리고 소위 수확체감의 법칙이 작용하는 한에서만 주류 경제학 이론에서 말하는 것처럼 자본의 한계생산력은 감소할 수도 있고, 각 투입된 자본의 양에 대응하는 한계생산물이 있을 수도 있고, 그에 상당하는 이윤율이 있을 수도 있을 것이다. 그리고 경쟁이 있어서 「초과이윤」이 없다면 그때의 이윤율이 이자율이 될 것이고 그것이 「자연이자율」이 되는 것이다.

빅셀이 제시한 방법은 놀랍게도 다분 마르크스적이다. "자본은 저축된 **과거의 노동과 과거의 토지의 합**이다. (자연 — 옮긴이)이자율은 이러한 과거에 저축된 (그래서 자본에 체화된 — 옮긴이) 노동과 토지의 한계생산성, 그리고 현재에 투입된 노동과 토지의 비율이다"(Rogers, 1989: 29에서 인용).[1] 이 문장 자체만 가지고는 독자들이 그 정확한 의미를 파악하기 힘들 것인데, 그 점은 일단 무시하고 중요한 점은 결국 근원적인 투입 요소인 노동과 토지의 추상적 단위로 모든 것을 환원하려고 했다는 점만 기억하면 된다. 자세한 도출 방식은 앞의 로저스(Rogers, 1989: 2장)를 참고하면 된다. 이와 같은 빅셀의 시도조차 이후의 소위 케임브리지 「자본논쟁」의 결과 무너져 버리게 된다.

결론적으로 말하면 자본의 한계생산력설도, 「대부자금설」도 그리고 「자연이자율」이라는 개념도 입지가 존재하지 않는다는 것이다. 특히 「자본의 한계생산성」이라는 개념은 허구인데, 그럼에도 불구하고 주류 경제학에서는 단지 그것이 '유용'하다는 '도구주의적' 관점에서 사용하고 있다. 반면 프랑크 한 같은 사람들은 그 개념을 포기하고, 「일반균형이론」의 관점에서 각 자본재를 별개의 투입 요소로 간주함으로써 자본이라는 개념으로 자본을 '합산'함에 있어 발생하는 필연적인 논리적 모순의 문제를 회피하려고 했다.

자본과 이자의 기원에 대한 흥미로운 인류학적 논문은 베른하르트 라움(Bernhard Laum, 1954/1955)이 있다.[2]

---

1 강조는 옮긴이 강조이다. 원문은 K. Wicksell. *Lectures in Political Economy*, vols. 1 and u.(1901), translated by E. Claasen and L. Robbins(London: Routledge, 1935), pp. 156~206 이다. —옮긴이 주

2 Bernhard Laum. "Über Ursprung und Frühgeschichte des Begriffes "Kapital""(*Finanz Archiv/Public Finance Analysis*, New Series, Bd. 15, H. 1, 1954/1955), pp. 72~112. 이 논문은 옮긴이가 독일어를 영문으로 번역해 출판할 예정이다(영어제목: "The Origin and Early History of the Concept of Capital").

6장

베르사유조약부터 브레턴우즈 체제까지

1. 들어가기

이상하게도 세간에는 케인스 경제학은 일반적으로 폐쇄적인 경제, 즉 고립된 국가나 세계 전체에만 적용된다고 여겨지고 있다. 하지만 케인스는 그의 전 경력을 통해 지속적으로 국제통화제도에 대해 상세하게 쓰고 있었다. 예를 들어, 『일반이론』에서는 외국 무역과 투자에 대해 아주 폭넓게 언급하고 있다. 제1, 2차 세계대전 중 정부를 위한 그의 정책 활동은 거의 모두 국제무역과 국제금융 문제에 바쳐졌던 것이었다.

지금까지 이 책에서는 현실 세계의 역시 중요한 특징인 정치지리학(political geography)[1]에 대한 언급은 거의 하지 않았다. 많은 지역, 국민국가, 그리고 통화가 존재한다. 「유효수요」와 실질임금 모두는 다양한 통화 간 환율에 의존하

1 공간이 정치적 영역으로 변화하는 과정을 연구대상으로 하는 학문이다. —옮긴이 주

고 있고, 이 환율은 인플레이션에도 중요한 역할을 한다. 「유효수요」는 크로스보더(cross border)[2] 자유무역 및 자유 금융거래에 관한 정책에 크게 의존하고 있는 것이다.

이 장에서는 케인스가 이러한 국제 경제 이론에 공헌한 바를 평가하기에 앞서, 먼저 국제 경제에 대한 기존의 간단한 「고전학파」 경제학 모델을 제시하기로 한다. 이 모델은 제1차 세계대전 후 독일에 배상금을 부과하기로 한 베르사유조약에 대한 케인스의 입장을 이해하기에 충분하다. 다음 단계는 이 분석을 다양한 통화 간 환율이 게재된 화폐경제로까지 확장하는 것이다. 케인스의 초기 연구 대부분은 그가 아직 「고전학파」 경제학 틀 속에 있었음에도 불구하고 우리가 비교하려는 기존의 「고전학파」 경제학 모델처럼 국제수지의 균형을 유지하기 위해 물가와 환율이 원활하게 움직이는 것은 아니라는 사실을 충분히 감안하고 있었다.

「유효수요」라는 측면을 감안할 때 현재의 유로존과 같은 유럽통화동맹(European Monetary Union) 내에서도 대외무역의 증가와 국제수지는 큰 문제가 된다. 이러한 단일통화라는 것을 사용할 때라도 어느 국가는 그 내부의 한 가지 문제를 해결하면 필히 동시에 다른 문제들을 야기한다. 세계적인 완전고용을 촉진하기 위한 국제통화제도를 운영하는 데 장애물은 무엇인가? 실제로는 변동환율제나 단일통화 중의 선택밖에 없는 것일까. 이 장은 케인스 자신의 개혁안과 브레턴우즈 체제에서 합의한 타협안을 비교하는 것으로 마무리할 것이다.

---

2 국경을 넘는다는 의미인데, 이 용어는 금융에서 보통 명사처럼 사용되므로 풀어 쓰지 않고 그냥 '크로스보더'라고 표기하겠다. ―옮긴이 주

2. 국제 경제에 있어서의 곡물경제 모델(고전학파 모델)

저자는 국제 경제에 대한 「고전학파」 경제학 모델 중 케인스의 생각과 관련될 수 있는 측면을 설명하기 위해 기존의 곡물경제 모델을 약간 변형시켜 사용하겠다. 이 모델에서는 임금과 이자율에 더해 환율이라는 것이 크로스보더 무역과 금융을 고려한 제3의 가격이 된다. 이 모델에서는 두 국가가 각기 다른 곡물을 생산한다고 가정한다.

이제는 일반적 곡물이 아니라 자국은 보리만 생산하고 외국은 밀만 생산한다고 하자. 환율은 밀로 환산한 보리의 가격이다. 예들 들면, 1kg의 보리를 500g의 밀로 교환할 수 있는 경우 환율은 0.5이다. 환율이 강세라는 말은 국내산 보리로 더 많은 외국산 밀을 사게 된다는 것인데, 예를 들어 환율이 0.8까지 오르면 보리 1kg으로 800g의 밀을 사게 된다(역으로 말하면 밀 1kg으로 1.25kg의 보리를 사게 된다). 이 같이 물품으로 환산한 환율은 일반적으로 교역조건(the terms of trade)이라고 불리고 있다.

각 국가에서는 매년 수확이 끝나면 그 수확물은 보관 영수증으로 지불되고 실물은 곡물 창고에 수납된다. 무역은 두 나라에서 국민들이 보리와 밀을 동시에 소비하기 때문에 이루어지는 것이다. 이때 수출하는 유일한 이유는 소비를 위해 다른 곡물도 필요하기에 자국에서 생산한 곡물과 타국의 그것을 교환하기 위해서이다. 투자는 곡물을 곡물 창고에 저장하거나 밭에 파종되는 형태로 이루어진다. 각 국가의 고용 수준은 노동력의 한계생산물에 의존하고 투자 수준은 자본(종자)의 한계생산물에 의존하며, 그 모두는 생산된 작물의 양으로 환산해 측정된다.

공짜로 무엇인가를 얻을 수는 없기 때문에 두 국가 간에는 국제수지(balance of payments)가 존재해야 한다. 이 모델에서 국제수지란 보리와 밀 각각의 보관 영수증이 외환시장에서 결정된 환율로 서로 평가되어 상호 간에 거래된 결과를 의미한다. 환율은 외환시장에서 결정되며 이곳에서는 보리와 밀 보관 영수증이 서로 교환된다. 그리고 국제수지는 경상수지계정과 자본수지계정으로 나뉜다.

경상수지는 해외로부터의 소득을 포함한 재화나 서비스의 거래를 기록한다. 곡물경제 모델에서는 수출 항목에 해외에서 자국인이 임금과 이자로 벌어들인 밀도 포함되며, 그것들은 국내로 송금되어 보리와 교환된다. 마찬가지로 수입은 국내에서 외국인이 임금이나 이자로 벌어들인 보리가 송금되어 밀과 교환하는 것도 포함한다. 따라서 자국의 경상수지는 보리 수출에서 밀 수입을 뺀 것으로, 모두 당시 환율을 이용해 보리로 환산한 것이다.

자국의 경상수지가 흑자를 낸다는 것은 외국인에게 있어서는 자신들이 필요한 일정량의 보리 보관 영수증이 부족하다는 것이고, 문제는 자국의 거주자가 현재로서는 밀을 더 이상 원하지 않기 때문에 자신들이 가지고 있는 보리의 보관 영수증을 외국인의 밀과 교환하려 하지 않는다는 것이다. 그런데 외국인에게는 결국 보리와 교환할 수 있는 것이라고는 오로지 밀밖에 없다. 문제는 보리를 구입하려면 외환시장에서 자신들이 가지고 있는 밀 보관 영수증 대신 보리 보관 영수증을 구해야만 하는 것이다.

즉, 자국의 경상수지가 흑자라는 것은 둘 중 하나를 의미하는 것이다. 첫째, 자국의 거주자는 현재의 환율로 보리 보관 영수증을 주고, 당장은 필요가 없지만 외국의 곡물 창고에 보관되어 있는 밀 보관 영수증을 받아들일 수 있는 경우이다. 이는 외국환 보유고(즉, 밀 보관 영수증)를 유지할 의사가 있는 경우에 해당한다. 다른 방법은 자국 정부가 허가한 경우에는 자국 거주자와 외국 거주자가 상호간에 서로 신용을 제공하는 경우인데, 이는 바꿔 말하면 크로스보더 대출을 하는 것이다. 이때 대출이라는 것은 어느 한 가지 곡물 보관 영수증을 이자를 받는 조건으로 빌려주고 그것은 향후 이자와 함께 상환되는 것이다.

이러한 타 국가의 곡물 창고나, 혹은 외국인에 대한 채권의 증감을 기록하는 것이 자본수지계정이다. 만약 한 국가가 크로스보더 권리의 청구권을 보유할 생각이 없다면 경상수지계정 잔고는 매일 0이어야 한다. 이 경우 자본수지 또한 0이 된다. 그렇지 않은 경우라면 외국인이 필요한 보리 보관 영수증 수요와 자국 거주자의 필요한 밀 보관 영수증 수요가 정확하게 균형을 이룰 때까지 환율은 등락을 거듭할 것이다. 크로스보더 대출이 있는 경우 경상수지가 계속적으로 균형을 유지하지 않더라도 일정 시간 후에는 균형을 회복할 수 있도록 시간을 벌어 준다. 이 경우 경상수지는 흑자와 적자 사이를 오갈 수 있지만, 환율은 안정된 상태를 유지할 수 있는 것이다.

환율이 어떻게 결정될지는 곡물경제 모델을 사용해 설명할 수 있다. 무역이 이루어지는 것은 보리와 밀이 모두 두 국가에서 소비되기 때문이다. 노동자의 임금은 일정량의 보리와 밀의 보관 영수증으로(즉, 두 가지 모두를 조합해) 지불되어야 한다고 가정하자. 보리는 국내에서만 재배되고 밀은 해외에서만 재배되므로 각 국가의 기업농이 노동자에게 임금을 지급하기 위해서는 다음 수확이 끝난 후 보리와 밀을 교환해 가지고 있어야만 한다.

이제 기업농들은 노동시장, 자본시장, 토지시장, 외환시장 등 4개의 시장을 동시에 다루어야만 한다. 이 책 2장에서 설명한 무역이 없는 모델보다는 더 바빠졌다고는 하지만 원칙은 변하지 않는다. 기업농은 외환시장을 통해 외국인을 포함한 노동자, 대출자, 지주 등과 협상하며, 자신의 이익을 극대화할 것으로 예상되는 생산과 고용 수준을 결정한다. 2장에서는 이 경쟁에 의해 실질임금, 이자율, 토지 임대료가 결정된다는 것을 보여 주었다. 마찬가지로 국내 근로자에게 임금을 지급하고 외국인 대출자에게 이자를 지급하기 위해 필요한 밀의 수요와, 반대로 해외 근로자에게 임금을 지급하고 해외의 차입자가 국내 거주자에게 이자를 지불하기 위한 보리 수요가 일치하게끔 균형 환율이 조정된다.[3 4]

---

3 즉, 보관 영수증을 사용하는 곡물경제 모델에서는 밀의 수요(국내 노동자의 일부 임금으로 사용되고, 또한 외국 전대업자에게 이자를 지불하는 용도)와 보리의 수요(해외 노동자의 임금

「고전학파」 경제 모델에서는 이러한 경상수지균형이 항상 달성된다. 생산이나 소비에 있어서의 일시적이거나 계절적인 변동, 혹은 어떠한 '충격' 후의 새로운 「장기균형」을 향한 조정 과정 중에 흑자나 적자가 발생하는 것이며, 또한 그것에 대응해 크로스보더 대출이 생기는 것이다. 이러한 크로스보더 대출은 거시경제학 교과서에 나오는 소위 다기간 거시경제 모델(intertemporal macroeconomic model)[5]에서는 소비평탄화(consumption smoothing)[6]의 결과이다. 사람들은 현재의 소득에 정확히 맞춰 소비를 하는 것보다 여유 소득을 빌려주거나 혹은 필요한 금액을 빌리는 행위를 통해 장기적으로 기대되는 소득에 부합해 소비함으로써 외부 충격이 소비에 미치는 영향을 분산시킬 수 있고, 또한 그럼으로써 (단순히 현재 소득의 범위 안에서 소비하는 것보다 — 옮긴이) 더 큰 효용을 얻을 수 있다는 것이다. 이처럼 경상수지적자는 그 자체가 나쁜 것은 아니다. 어떤 경우, 경상수지적자는 전쟁과 같은 나쁜 상황을 반영하고 있는지도 모르고 당장 좋은 투자 기회가 국내에 있어서 그를 위한 (자본재 등의 — 옮긴이) 수입 수요가 늘기 때문일 수도 있는 등의 어쩌면 좋은 기회를 반영하고 있는지도 모르는 것이다. 이 두 가지 경우 모두 당장 현재의 소비를 줄이고 국내에서 저축을 늘리는 것보다 외국에서의 저축을 차입함으로써 일단 필요한 부분을 조달하는 것이 좋다고 여겨지는 것이다.

의 일부로 필요로 하는 보리와 국내에서 해외로 대출한 국내 거주자에게 해외 차입자가 이자를 지불하기 위해 필요)의 각각의 총합은 환율에 의해 그 가치가 일치하도록 조정된다(저자는 이 주석에 좀 더 자세한 설명을 첨가했는데 주석으로는 다소 길다. 따라서 6장 부록 1로 내용을 옮겼는데, 이 설명은 일반 독자들은 건너뛰어도 된다. —옮긴이 주)

4 보리와 밀로 이루어진 국제 무역에 있어서 환율 형성에 관한 저자의 부연 설명은 6장 부록 1을 참고하기 바란다. —옮긴이 주

5 사람들은 합리적이어서 생애 동안 매 기간별로 효용을 극대화하는 계획을 세우고 경제활동을 한다는 가정하에 거시경제 모델을 구성하는 방법이다. —옮긴이 주

6 사람들은 평생에 걸쳐 일정 소비 수준을 유지하려고 하기 때문에 갑자기 소득이 늘어도 그만큼 소비를 증가시키지 않고, 그 증가된 소득을 평생에 걸쳐 골고루 분산시킨다는 것이다. —옮긴이 주

3. 전비 보상

케인스는 1919년 베르사유조약에서 영국 재무부 공식 대표직을 사임하고 조약 조건에 항의해 『평화의 경제적 귀결』을 출판하면서 이름을 알렸다. 그 책은 수사적 재기와 신랄한 전기만으로도 충분히 읽을 가치가 있다. 그 책의 근저의 주장은 제1차 세계대전 보상을 위해 독일에 부과된 배상금에 대해 독일은 지급할 능력이 없다는 것이다. 그를 위한 분석은 완전히 「고전학파」 경제학적인 것으로, 앞서 설명한 곡물경제 모델의 관점에서 이해할 수 있다.

케인스는 연합국에 입은 실질적인 손해를 16억~30억 파운드(오늘날 가격으로 대략 6400억~1200억 파운드. 즉, 40배)로 추정했다. 조약은 이것들에 50억 파운드의 연금과 5%의 이자를 더해 15년간 합계 총 130억 파운드(현재의 수입으로는 5200억 파운드) 배상을 책정했다. 이 부채를 갚기 위해 필요한 최소 연간 비용은 7억 8000만 파운드였다. 케인스의 핵심 포인트는 대외 채무는 경상수지흑자와 외환보유고에서만 지급할 수 있다는 점이다. 곡물경제 모델의 관점에서 볼 때 밀의 보관 영수증으로만 가능한 것이다. 당시 독일의 경상수지흑자는 연간 1억 파운드를 넘지 못했으며 순외환보유고는 2억 3000만 파운드를 넘지 못했다. 그는 독일이 지불할 수 있는 최대 금액은 30년간 총 20억 파운드(오늘날 단위로는 800억 파운드)로 계산했다. 사실 독일은 1932년까지 10억 파운드(현재 가격으로 400억 파운드)를 지불했고, 나머지는 결국 취소되었다. 세세한 부분에서는 비판의 대상이 될 수 있지만 케인스의 예측은 대체로 옳았던 것이다.

제2차 세계대전으로부터의 영국의 재정적 곤경 또한 같은 맥락에서 이해할 수 있다. 1939~1945년까지의 전쟁 비용의 결과 경상수지적자 총액은 100억 파운드(현재의 4000억 파운드)였으며, 이는 경제가 완전고용되어 있는 상태에서의 국민소득 1년치를 상회하는 높은 수치였다. 이 총 전쟁 비용의 55%는 미국의 '무기대여법(Lend-Lease)'에 의해 무상으로 미국으로부터의 수출(앞의 곡물경제 모델상 '밀' 수입)로 조달되었고, 또 35%는 대영제국 연방국으로부터 수입을 위해 긴급히 스털링 통화로 표시된 차입으로 조달되었다(즉, '밀' 수입을 위해 보리 보관 영수증을 발행한 것에 해당). 그리고 나머지 대략 10%는 해외자산 매각을 통해 충당했다(즉, '밀' 보관 영수증을 얻기 위한 것이었다). 종전 후 케인스는 수출과 내수시장을 위해 기존의 전시 군수품 생산에서 민수용품으로 생산이 전환되는 동안 영국이 감수해야만 하는 지속적인 무역 적자를 메우기 위해 미국으로부터 37억 5000만 달러('밀' 보관 영수증의 대출, 현재 단위로 약 400억 파운드) 규모의 차관을 협상해야 했고, 그 금액은 2006년에야 최종 상환이 이루어졌다.

4. 통화 간 환율

곡물경제 모델에서는 균형 또는 환율의 내재가치는 양국 모두 완전고용과 경상수지균형에 위치하고 있는 상태에 대응하고, 밀 수요(국내 노동자에게 지불하는 임금의 일부이며, 또한 외국으로부터의 차관에 대한 이자의 용도)와 보리 수요(해외의 노동자에게 지불하는 임금의 일부이고, 또한 자국에서 외국에 대출한 금액에 대한 이자 지불의 용도)가 일치하는 수준에서 결정된 환율이다. 화폐 모델에서는 환율은 외환의 수요와 공급상 균형에 의존하고 있고, 보리나 밀 같은 개개의 상품별 수요와 공급에 의존하는 것은 아니다.

다양한 통화가 존재할 경우 균형환율에 해당하는 개념이 소위 「구매력평가」(PPP: purchasing power parity)이다. 이는 경쟁 조건하에서는 일정 국산품으로 구성된 재화 묶음의 가격은 어느 통화로 측정되든 같은 종류의 외국 제품들의 묶음의 가격과 동일하지 않으면 안 되는 것을 의미한다. 그렇지 않으면 재화는 당연히 더 싼 곳에서 비싼 곳으로 수출되기 시작하고, 따라서 기존 「균형상태」의 무역수지와 환율이 교란되는 것이다. 달리 표현하면 「구매력

평가」라는 것은 환율이 순수한 곡물경제 모델의 실질 환율(real exchange rate), 즉 교역조건을 반영하고 있음을 의미하고 있다. 애석하게도 장기적으로 보더라도 이 「구매력평가」로 수렴하는 경향은 강하지 못하며, 더욱이 그것은 「단기적」으로도 큰 괴리를 보일 수 있다는 것이다. 장기적으로 경상수지균형을 회복시킨다는 관점에서 보더라도 단기적으로는 환율은 잘못된 방향으로 움직일 가능성이 있다는 것이다.

〈그림 6.1〉은 1980~2016년까지 영국의 실질 환율 지수(실선, 왼쪽 눈금)와 경상수지(점선, 오른쪽 눈금)를 표시한 것이다. 중요한 점은 「구매력평가」를 반영하면 실선은 수평이 되어야만 한다. 그러나 실제로는 그 환율 변동은 아주 심했으며, 예를 들면 1981년의 가치는 1987년 대비 약 20% 감소했다. 그 이후 1991년까지는 일부 회복되었으나 1995년에는 다시 24% 손실을 기록하고, 1998년까지는 급격히 회복했으나 2009년에는 다시 떨어지고, 2015년에는 1981년의 가치 이상으로 회복한 뒤 2016년에는 최종적으로 손실률이 10%

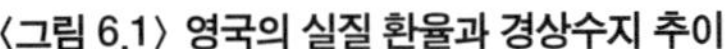
〈그림 6.1〉 영국의 실질 환율과 경상수지 추이

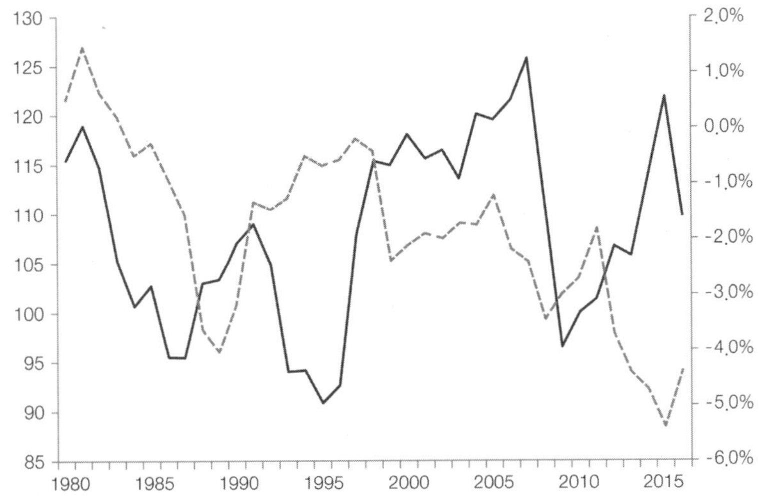

자료: IMF 국제금융 통계, 영국 국가 통계국.

로 떨어지는 것을 볼 수 있다. 수출 시장을 위해 생산을 하는 기업이 25년의 경제적 수명을 가지는 공업 플랜트에 투자했다고 가정하면 그 기업은 투자 시점에 따라 24%의 환차손 혹은 34%의 환차익에 직면할 수 있다는 말이다.

경상수지 역시 1981년에는 국민소득의 1%를 넘는 흑자였던 것이, 2015년에는 5%를 넘는 적자가 되는 등 이 기간 중 요동치고 있다. 그동안 환율은 분명히 균형을 유지하지 않았지만 이런 경상수지의 변동은 순진한 경제 이론이 시사하는 바와 달리 환율을 반영하지는 않은 것이다. 그러나 이 시기 동안 자본 이동이 자유로웠기 때문에 환율과 경상수지는 서로 반영한다고 볼 수 없었을 것이며, 따라서 이 2개의 계열 사이에는 상관관계가 없다.

케인스는 『화폐개혁론』에서 1919~1923년의 통계를 제시하고 있는데, 그 숫자는 연 단위가 아닌 월 단위이지만 같은 형태의 모습을 나타내고 있다(〈그림 6.2〉). 이 기간은 1919년 영국이 「금본위제도」에서 이탈한 후 도입한 최초

〈그림 6.2〉 케인스의 『화폐개혁론』에서 나타난 영국의 달러 대비 실질 환율 추이

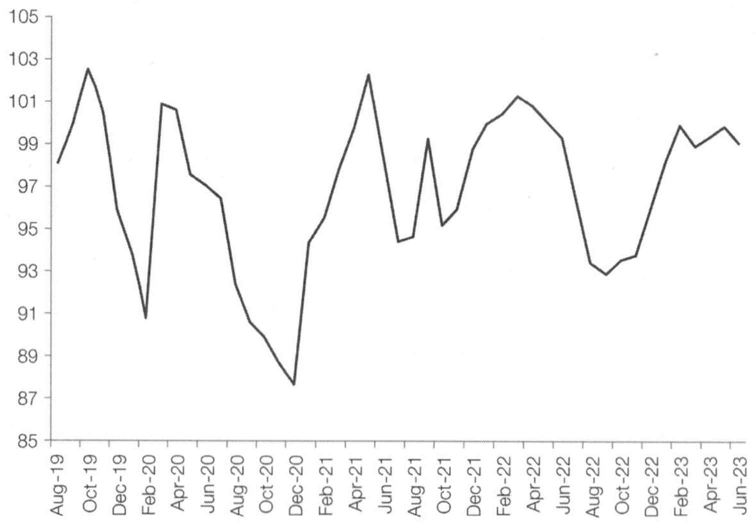

자료: 케인스의 물가와 환율 데이터(CW 4: 84)에 기반해 저자가 다시 계산해 작성함.

의 변동환율제 기간이었다. 이 변화는 물가와 환율 양쪽의 변동의 산물이었다. 케인스는 국내 물가와 고용 안정화가 최우선적 목표라고 주장하고 있지만, 아마도 놀랍게도 그의 후기 견해와 유사하게 그는 다음과 같이 말하고 있다. 즉, "환율의 안정은 외국 무역에 종사하는 사람의 효율성과 번영을 높이는 편리한 성질을 가지고 있다"(CW 4: 26). 하지만 그는 변동환율제가 갖는 힘을 신뢰하면서 다음과 같이 언급했다. "어떤 원인에 의해 기인했든 상관없이 발생한 국제수지상 실질적인 불균형을 가장 빠르고 강력하게 시정하는 수단이며, 자신이 가진 자원의 한계를 넘어서 해외에 진출하려는 국가들을 저지하는 멋진 예방책이다"(CW 4: 130).

그럼에도 불구하고 케인스는 변동의 상당 부분은 무역의 계절성의 결과라고 지적하고 있다. 「금본위제도」하에서 경상수지 변동은 환율에 의한 손실 위험이 없는 크로스보다 은행 대출에 의해 상쇄되었다. 변동환율제하에서 이 역할을 할 수 있는 것은 환 위험을 수용할 준비가 되어 있는 투기자들뿐(케인스 포함)이었다. 투기적 자본을 끌어들이기 위해서는 사자(bid) - 팔자(offer) 간 더 넓은 가격 차이[스프레드(spread)]가 필요했다. 그런데 그가 집필한 1920년대 당시 외환시장은 발달 상태도 미숙했고, 경쟁 시장과는 거리가 멀었다. 이러한 측면에서 자유시장은 이론과 달리 실제로는 국제무역상 요구를 충족시키기 위해 그다지 효율적이지 않다는 것을 보여 준다고 케인스는 주장했다.

케인스는 중앙은행은 현물환시장뿐만 아니라 선물환시장에서도 통화를 매입하거나 매도함으로써 국제무역상 환율의 변동과 그로 인한 환 위험을 줄일 수 있다고 주장했다. 물론 선물환시장이 있음으로써 환 위험이 헤지(hedge)되므로 민간 대출을 통해 국제수지적자가 충당될 수 있고 따라서 국가의 외환보유액을 움직일 필요가 없다. 그렇다고 해도 현물과 선물 간 스와프(swap)[7]거래는 중앙은행 측에서 볼 때 환율 위험을 수반하지 않는다. 따라서 중앙은행이 적극적으로 통화거래를 해야 한다는 케인스의 생각은 결국 영국이 두 번째 「금본위제도」를 탈피한 후인 1932년 영란은행이 설립한 외환평

형계정(the Exchange Equalisation Account)[8]에 의해 실행에 옮겨지게 되었다.

1923년 케인스는 『화폐개혁론』에서 전쟁 전의 금본위제도로의 복귀에 반대를 주장했다. 더욱이 전쟁 전의 금 태환비(金兌換比, parity)인 4.86달러 수준으로 고정시키는 것에는 더욱 반대했다. 그가 그 금 태환비에 반대한 이유는 그렇게 됨으로써 디플레이션, 실업, 그리고 그에 따른 국내의 고난과 싸움이 야기된다는 것이다. 그리고 「금본위제도」 자체에 대한 그의 주된 반론은 불안정한 국내와 해외 간 물가수준 사이에는 양립할 수 없는 대립이 있다는 점에 있었다. 그는 합리적인 길은 내부의 물가수준을 안정시키고 환율이 스스로의 독자적인 수준을 찾아내게 하는 것이라고 주장했다. 이는 21세기 초 영국 및 미국의 정책과 거의 동일하다고 볼 수 있다.

『처칠의 경제적 귀결(The Economic Consequences of Mr Churchill)』(CW 9)에서 처칠이 영국 재무부 장관이던 1925년 4월에 행해진 전쟁 전 「금 태환비」 수준으로의 「금본위제도」 복구에 대해 케인스는 반대하면서 그에 대해 자세히 설명하고 있다. 이 소책자에서 케인스는 화폐경제하에서의 특징적 모습인 산업의 다양성과 노동자의 다양성이 갖는 중요성을 인식하고 있음을 알 수 있다. 금본위제도로의 복귀로 인해 영국의 수출 가격은 약 10% 상승하게 되었다. 그 「금본위제도」의 지지자들이 가지고 있던 암묵적인 전제는 「구매력 평가」와 비교적 쉽게 일치할 수 있도록 국내 물가수준이 저하될 것이라는 것이었다. 그러기 위해서는 화폐임금이 전체적으로 하락할 필요가 있었다.

---

7 스와프 거래의 의미는 현재의 사고파는 행위를 함과 동시에 미래의 어느 시점에서는 반대로 거래하기로 약속하는 것이다. 그 대상은 환뿐만 아니라 각종 자산이 될 수 있다. 환에 대한 스와프 거래를 하는 것, 예를 들어 현재에 달러를 팔고 엔을 사고, 미래에는 적정 선물환율로 엔을 팔고 달러를 산다고 하면 그 행위를 하는 주체의 입장에서는 환 위험에 직면하지 않는다. —옮긴이 주

8 파운드 스털링의 국제가치를 유지하기 위한 기금으로, 1932년 파운드 스털링이 금과의 연동을 끊어버린 후 설립되었다. —옮긴이 주

케인스는『화폐개혁론』의 이러한 그의 이전의 반대 사례를 재조명하면서 「구매력평가」의 큰 문제는 현재 우리가 교역재와 비교역재라 부르는 것의 차이점에서 기인한다고 지적하고 있다. 즉, 후자의 국내 물가수준은 환율과 무관하게 움직인다는 것이다. 석탄이나 목화 등의 가격은 매 시간 국제가격을 따라가고 있지만 "항만 노동자나 파출부의 화폐임금, 우편 요금이나 열차 요금"은 그렇다고 볼 수 없다"(CW 9: 213).

사실 모든 고용 현장에서 **동시에** 임금을 인하할 수 있게 하는 제도는 존재하지 않는다. 케인스는 합리적인 생각에 호소하며, 바로 그러한 동시적 임금 인하를 제안하며 그의 주장을 끝맺고 있다. 하지만 현실적으로는 동시적으로 임금을 삭감하는 것은 불가능하며 임금삭감은 한 번에 한 산업에 있어서 특정 노동자 집단별로만 가능한 것인데, 이러한 **부분적 화폐임금의 삭감**은 결국 그 해당 노동자의 실질임금을 감소시키는 것이다. 왜냐하면 전체 국내 물가수준이 떨어지게 하기 위해 다른 전체 노동자들도 이에 보조해 임금 삭감에 동의할 어떤 보장도 없기 때문인 것이다. 결국 실업의 영향을 받지 않는 산업에서조차 임금을 삭감하기 위해서는 부득이 그 산업에 신용 공여를 제한함으로써 고의적으로 실업을 만들어 내야만 하는 것이다. 즉, 「금본위제도」로의 복구는 사회 불안과 불공평을 조장하는 처방전 외에는 아니었던 것이었다.

5. 「유효수요」

생산과 고용 수준은 「유효수요」, 즉 「고용주」들이 가장 이윤을 많이 확보할 수 있는 수준이라고 생각하는 고용 수준에서 「고용주」 전체가 「기대」하는 소득에 의존하고 있음을 이전 장에서 살펴봤다. 「유효수요」는 「총공급」(생산의 조건)과 「총수요」 양쪽에 의존하고 있고, 화폐경제에서 「총수요」는 최종적으로 지출의 결정에 의존한다.

제3장에서는 $D = A + cD^*$라는 방정식을 이용해 「총수요」를 분석했다. 기호 A는 고용 수준에 따라 변화하지 않는 소득인데, 이는 투자재의 생산 혹은 고정적 소비 활동으로부터 「기대」되는 소득을 나타내고 있다. 고용 수준에 따라서 변화하는 소비는 cD^*로 나타내며, 이때 c는 「한계소비성향」이었음을 상기하자.

그런데 A[고용 수준으로부터 독립적인 수요로서 「자발적수요」(autonomous demand)]를 확장시켜 생각한다면 투자뿐 아니라 정부의 소비와 근로 소득 이외의 소득으로부터의 소비, 그리고 본 논의에서 중요한 것으로는 타 국가로의 수출로 인한 수요를 포함할 수 있다. 마찬가지로 c는 소득이 늘어나는 경우 수입과 저축이 아니라 국내 생산물의 구매에만 지출되는 비율로 이해할 수 있다. 외국 제품 구입에 사용된 돈과 전혀 지출되지 않은 돈은 자국 생산에 대한 수요를 나타내지 않는다. 단순한 「총수요함수」라도 그것을 제대로 이해하기 위해서는 수출과 수입을 고려해야만 하는 것이다.

한 국가에 있어서의 「유효수요」는 외국으로부터의 수요를 포함한, 고용 수준과는 독립적인 「자발적수요」 A와 자국에서의 소득 중 외국의 재화에 사용되는 것을 제외한 오로지 자국 내에서 재순환되는 부분에 의존한다. 이로부터 시사되는 바는 인접국과의 경제 통합성이 높은 국가일수록 「승수」는 낮아진다는 것이다. 수입으로 인한 불균형을 줄이기 위해서는 「자발적수요」 A의 구성 중 수출 수요가 큰 부분을 차지할 필요가 있는 것이다. 〈그림 6.3〉은 1977~2016년까지 영국의 소득성장률(점선)과 세계무역 성장률(실선)을 표시한 것이다. 두 그래프의 강한 상관관계는 매우 현저하게 보인다. 즉, 이들 데이터는 영국의 「유효수요」가 수출 수요에 크게 의존하는 것을 나타낸다.

반면 〈그림 6.4〉는 미국의 경우에 있어서 같은 종류의 데이터를 나타내고 있다. 미국은 비교적 폐쇄적인 경제대국이며, 국제무역의 중요성은 훨씬 낮다(영국은 30% 이상의 소득이 수출에 의존하고 있으나 미국은 10% 미만이다). 즉, 미국의 소득증가 변동은 세계무역 증가와는 상관도가 크지 않은 것이다. 미국

〈그림 6.3〉 세계무역과 영국의 소득증가

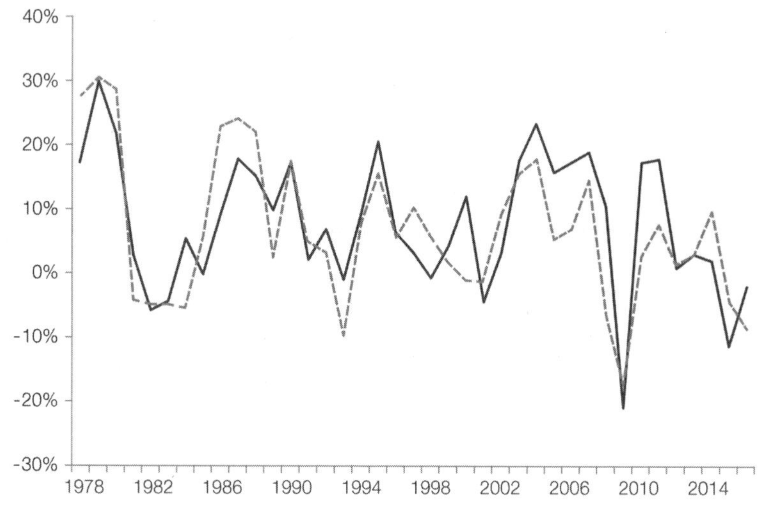

자료: 세계은행(BX. GSR. TOTL. CD와 NY. GDP. MKTP. CD).

〈그림 6.4〉 세계무역과 미국의 소득증가

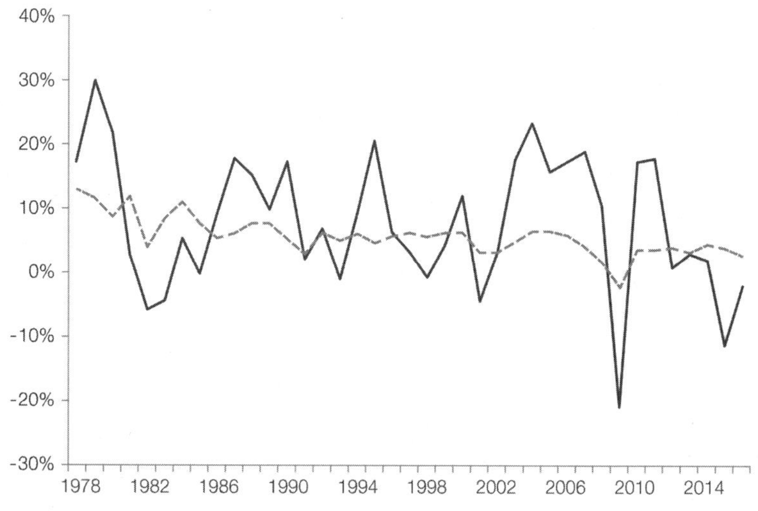

자료: 세계은행(BX. GSR. TOTL. CD와 NY. GDP. MKTP. CD).

의 소득은 주로 국내 요인에 의해 지배되고 있다.

6. 국가와 통화

국가 간 통화가 통폐합되어 각 국가 간 환율이 없는 통화동맹 내에서도 경상수지는 「유효수요」를 결정하는 중요한 요소이다. 저자가 기억하는 오래전 시험 문제에서는 영국과 독일의 국제수지만큼 런던과 버밍햄의 국제수지를 신경 쓸 필요가 있는가 하는 것이었다. 이 문제는 유로존 내에 만연한 경상수지불균형, 예를 들어 독일과 그리스 사이의 경상수지불균형을 생각하기 위해 매우 중요한 문제이다. 이 불균형이 대규모 은행 위기로 이어져 유럽통화동맹의 붕괴로 이어질 가능성이 있는 것은 우연한 일이 아닐 수 있다.

곡물경제 모델에서 볼 수 있듯이 경상수지상 적자에도 불구하고 그 적자국가는 다른 국가로부터의 차입으로 유지할 수 있는 것이다. 그런데 이러한 국가 간 자본 이동은 단지 정부 간 차입뿐만 아니라 민간 간에 의한 국가 간 차입도 포함되는 것이다. 같은 통화동맹에 속하는 국가 간에서는 상호 간 대출이 특히 쉬울 수 있다. 즉, 그 권역 내에서는 어느 한 국가(예를 들어, 그리스나 스페인)에서 은행들이 대출을 통해 화폐를 창출해 낼 수 있는데, 그 화폐를 다른 국가(예를 들어, 독일이나 네덜란드)로부터의 수입을 위해 사용할 수 있다. 그런데 유로화 표시 예금이나 유로화를 받은 독일의 수출업자는 최종적으로는 그리스가 아닌 유럽중앙은행(ECB: the European Central Bank)에 대한 채권을 가지게 된다.

화폐경제가 곡물경제 모델과 크게 다른 것은 경상수지적자가 발생하는 이유와 그 경상수지적자를 조달하는 방법에 의해 고용과 소득 수준이 큰 영향을 받기 때문이다. 외국으로부터의 차입이 경쟁력 있는 수출 제품의 생산시설에 투자되었을 경우 그 국가는 결국 장래의 수출 활동으로 벌어들인 경상수지흑자로 그 차입 및 이자를 상환할 수 있게 되는 것이다. 그 초기의 투자활동은 지속적인 수출 수요 증가와 더불어 「자발적수요」 *A*를 증가시키게 된다.

반면 차입이 소비나, 군비 증강 혹은 기타의 재원이 될 경우 향후 경상수지 흑자는 오로지 수입을 줄여야만 달성될 가능성이 크다. 무역상 제한이 없어서 강제로 수입을 줄일 수 있는 방법이 없다면 이는 총소비를 줄여야만 가능하며, 통상적으로는 증세나 정부 지출 삭감(즉, *c*와 *A*를 모두 삭감하는 것)에 의해 이루어진다. 그런데 이런 현상은 결국 국내 생산과 고용을 줄이게 되고, 또한 수출 경쟁력을 회복하기 위해서는 임금 삭감도 필요하게 되는 것이다.

생산 감소, 고용 감소, 소득 감소는 정부와 민간 채무자의 지불 능력에 당연히 영향을 주고, 결국 국내 은행의 지불 능력에도 영향을 미친다. 그리고 그로 인해 문제가 발생한 은행에 구제금융을 공여하는 경우 정부 재정을 더 압박하게 되며, 결국 악순환에 빠지게 된다. 통화동맹하에서 이것은 다시 (국내 은행에 대출한 — 옮긴이) 외국 은행들의 지급 능력에 대한 압박으로 이어지고, 따라서 그 외국 정부에 대한 압력으로까지 이어진다. 그리스 같은 나라는 분노에 불타는 인근 국가들로부터의 긴축재정 요구에 직면하게 된다. 그리고 이런 상황이 발생했을 때 그리스의 실질소득은 25%나 감소하게 되었다.[9]

---

9 이 주는 비경제학 전공의 학생들은 건너뛰어도 무관한 부분이다. 표준적인 케인스 모델상 정태 비교 분석은 소득세 tY와 정액세(lump sum tax) T에 의해서 조달되는 정부 지출 G의 삭감이 무역수지 또는 순 수출($NX=X-M$)을 어떻게 개선하는지를 정확하게 보여 주고 있다. 가처분소득에 의해 소비가 결정되고 최종 총지출에 의해 수입이 결정되는 점을 고려할 때의 균형 조건과 상응하는 방정식에서 논의는 다음의 방정식으로 시작한다.

$$Y = C + I + G + NX$$
$$C = C_0 + c[(1-t)Y - T]$$
$$M = M_0 + m(C + I + G + X)$$

이것을 편미분하면 다음의 결론을 보여 준다.

$$\frac{\partial Y}{\partial G} = \frac{1-m}{1-c(1-t)(1-m)}$$
$$\frac{\partial NX}{\partial G} = \frac{-m}{1-c(1-t)(1-m)}$$

모든 경상수지적자는 누구인가의 흑자이기 마련이다. 전 세계 전체로 볼 때는 적자도 흑자도 있을 수 없다. 그런데 적자 국가에는 대외 채무를 갚기 위해 경제 조정을 할 것을 강요하는 냉혹한 압력이 가해지지만 만성적인 흑자 국가에 대해서는 다자간 제재라는 것은 이루어지지 않는다. 이것이 바로 돈을 가진 자가 갖는 힘이다. 하지만 통화동맹 전체로 볼 때 한 나라의 경상수지흑자는 그 국가 내 저축 증가가 끼치는 영향과 마찬가지로 「총수요」를 감소시키는 효과가 있다.

경상수지흑자는 고용을 적자 국가에서 흑자 국가로 이전시킨다. 흑자 국가는 완전고용을 누릴 수 있지만 적자 국가는 실업에 시달린다. 그런데 그 통화동맹 내에서의 전체 고용이 축소되지 않기 위해서는 흑자 국가에서의 수입 증가와 수출 감소를 촉진함으로써 그 흑자 규모를 축소시켜야만 하는 것이다. 즉, 그를 위해서는 흑자 국가에서는 화폐임금과 소비성향이 상승해 흑자 규모가 축소되거나, 혹은 흑자 국가로부터의 장기금융을 통해 적자 국가에 수출 지향적인 생산적 투자가 일어나야만 하는 것이다.

이러한 맥락에서 볼 때 한 국가가 자신의 독자적인 주권과 통화를 갖는 것이 중요한 이유를 이해하기 쉬울 것이다. 그 적자 국가는 자신의 무역 보호와 화폐의 평가절하를 통해서만 「유효수요」 부족을 겪고 있는 세계 경제에서 더 많은 고용 점유율을 얻기 위해 경쟁할 수 있는 것이다. 하지만 그러한 경쟁은 자국우선주의로 이어질 수 있고, 최종적으로는 분쟁의 원인이 될 수도 있다.

예를 들어, c=0.8, m=0.2, t=0.25로 하면, 「승수」 $\frac{\partial NX}{\partial G}$의 값은 -0.38이 된다. 당초 정부 지출이 국민소득의 50%(G=0.5Y), 무역 적자가 국민소득의 5%(NX= -0.05Y)인 경우 무역 적자를 해소하기 위해서는 정부 지출을 26% 감축해야 하며 국민소득은 20% 감소한다[(0.05÷0.38)×1.54]. 지출 삭감은 무역 적자뿐만 아니라 소득에도 「승수효과」가 있으므로(이 경우, $\frac{\partial Y}{\partial G}$는 1.54) 소득이 감소한다. 수입의 감소는 정부 지출(G)과 민간 소비(C) 양쪽 모두의 감소에 의존하는 것이다.

7. 국제자금 거래

케인스에게 있어서 국제통화 체제의 문제는 그의 전 생애에 걸쳐 가장 중심적인 관심사였다. 고정환율과 변동환율, 관리환율과 시장 환율 체계 사이의 근본적인 선택의 문제는 항상 존재했다. 그런데 이러한 선택에서의 어려움은 기술적인 문제라기보다는 최종적으로는 정치적인 문제인 것이다.

가장 쉽게 도입할 수 있는 제도는 환율이 시장 상황에 따라 변동하는 변동환율제이다. 고정환율제를 실행하기 위해서는 1개 이상의 국가나 중앙은행의 개입이 필요하기 때문이다. 로마제국 붕괴 후 유럽 각지에서는 국민국가들이 창궐하면서 많은 통화가 등장했다. 이러한 통화들은 마치 다른 상품들처럼 시장가격으로 상호 교환된 바 있었다.

중세 은행업의 대두는 국제무역에 기인했다. 전통적인 교역 시장은 다양한 통화로 표시된 채무들을 결제하기 위해 세워진 결제소 및 외환시장으로서 기능을 동시에 수행했다. 비록 화폐라는 것은 한 주권적 영토 내에서는 어떠한 내재적인 가치를 가질 필요가 없지만, 서기 1000년에 시작했던 새 천년 시대 초기에는 다양한 통화의 동전들은 그 금속의 가치에 따라 교환되게 되었다. 이와 더불어 다양한 통화로 표현된 환어음은 시장을 청산하는 다양한 환율을 이용해 거래되고 있었다. 따라서 이러한 다양한 통화나 혹은 다양한 통화로 표시된 환어음을 교환하는 사업에 있어서는 큰 이윤을 보장하는 재정거래(arbitrage)의 기회가 많이 있었다.[10]

---

10 [고급] 중세 유럽에 있어서는 일종의 국제 간 결제를 하는 통화의 기능을 민간에 의한 환어음이 수행했고, 다양한 동전을 교환하는 환전상은 이와는 별도로 운영되고 있었다. 민간화폐로서의 환어음의 통용과 몰락, 국가화폐로서의 각종 코인의 유통, 양자의 조화로운 작동과 국가의 역할, 시장 및 은행업의 발전, 그리고 금융위기로 인한 체제의 몰락 및 그 이후 금속화폐로의 전환에 있어서 고전적이면서도 중요한 연구는 브아예-잠보(Boyer-Xambeau, 1994)이다. 이 연구는 금속화폐에서 신용화폐로 진화하였다는 주류 경제학적 사고를 정면으로 반박하고 있다. —옮긴이 주

1816년 영국이 화폐의 「기술」에 해당하는 1파운드 스털링을 정할 때 그에 대응하는 「대상물」(thing)을 「소버린」(sovereign)이라고 명명된 금화로 정의했다. 「소버린」은 22캐럿의 금을, 160/623트로이온스(약 8그램)만큼 포함한 금화이다. 이러한 「금본위제도」는 다음 세기인 1914년까지의 영국의 국제무역과 해외 투자 성장을 견인했다. 영국은 산업혁명에서 보여 준 리더십과 해양 무역 강국으로서의 위상, 그리고 대영제국의 금융센터 역할에 기반해 큰 경상수지 흑자를 냈고, 그 흑자의 대부분은 당시 런던에서 거래되던 외국 채권에 투자되었다. 국제수지균형을 유지하기 위해서는 정책이자율의 조정에 의해 타국에의 대출 금액에 영향을 주는 방법이 주로 사용되었으며, 직접적인 지금(地金)의 이동 자체가 없는 것은 아니었으나 일반적이라기보다 오히려 예외적인 방법이었던 것이다. 다른 나라들은 스털링 통화와의 고정환율을 유지할 수 있었는데, 이는 자국 통화를 금이나 혹은 영국의 스털링화에 고정시킴으써 가능했다. 케인스가 『화폐개혁론』에서 말했듯이 고정환율제하에서는 은행 등의 대주들이 환차손 위험 없이 외국에 대출할 수 있도록 했다. 이러한 점에서 이때의 크로스보더 무역과 금융은 국내에서의 무역이나 금융과는 아무런 차이 없는, 즉 최초로 경제의 글로벌화(globalization) 시대를 연 것이다.

케인스의 초기 시대는 「금본위제도」 말기였다. 제1차 세계대전 중과 후에는 세계 정치 상황이 근본적으로 변화했고 대부분 혼란스러웠기 때문에 「금본위제도」를 유지할 수 없었다. 그런데 1925년 영국이 「금본위제도」로 복귀하기로 결심한 것은 전쟁 이전의 세계 체계를 복구하고 국제무역과 금융을 재개하기 위한 시도로 이해된다. 이미 설명했던 이유 때문에 케인스는 「금본위제도」로의 복귀는 지속 불가능하다고 주장하며 반대했다. 1931년에 「금본위제도」는 다시 완전히 붕괴되었다. 1944년에 「금교환소」(gold exchange) 또는 간접적인 「금본위제도」의 취지로 설립된 브레턴우즈 체제는 외견상은 높은 수준의 국제적 합의에 의존하고 있는 듯 보였다. 하지만 사실은 영국 못지 않은 지배력을 가진 미국에 의지하고 있었다.

이 체제가 압력을 받기 시작할 무렵인 1971년 미국이 달러를 금으로 교환하기로 한 의무를 철회함으로써 관리환율체제는 붕괴되었다. 그 이후 세계는 국제무역 및 금융 거래상 달러를 계속 거래 단위로 사용해 왔지만 달러 환율은 변동환율에 근거하게 되었다. 이종 통화로 표시된 채무를 달러를 이용해 일방적으로 결제할 수는 없고 단지 (달러를 통해 지불하겠다는 ─ 옮긴이) 협상을 통해서만 결제할 수 있기 때문에 현재 달러는 교환의 수단이기는 하지만 국제통화 그 자체는 아니다. 유로화는 달러 가치가 시장에 의존함으로써 야기되는 환율의 불안정성에 대한 일종의 대응의 일환이었다. 진정한 국제적인 화폐로서의 유로화는 (전 세계적으로 통용되는 것은 아니지만), 유럽통화동맹(EMU) 내 각국이 갖는 (화폐 및 금융정책의 ─ 옮긴이) 주권성(sovereignty)을 전례 없는 형태로 단일화하는 것에 의해서만 탄생할 수 있었다.

〈그림 6.5〉는 케인스가 탄생한 해인 1883~2015년까지의 영국 스털링 통

〈그림 6.5〉 스털링/달러 환율(1883~2015)

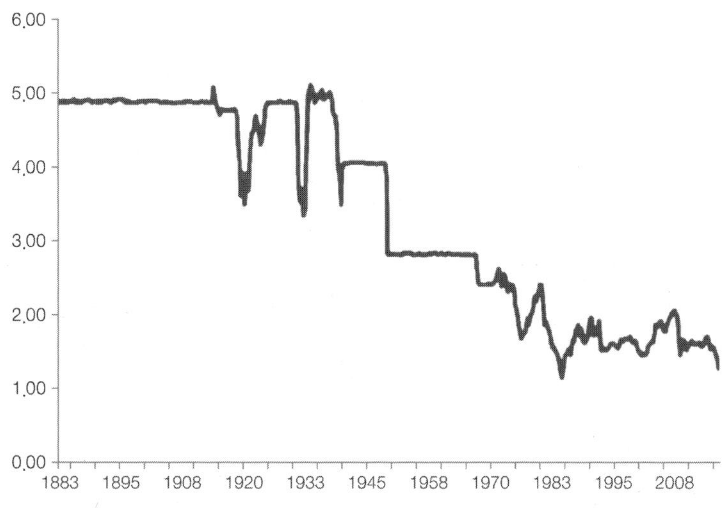

자료: 세인트루이스 연방준비은행(USUKFXUKQ).

화의 대미 달러 환율을 표시한 것이다. 케인스 생존의 16년 동안과 그 후 25년을 제외한 모든 기간 동안 환율은 금으로 고정되어 있었다. 최초 30년간은 4.86달러의 태환비가 유지되면서 금에 대한 완전한 태환성이 있었지만, 세계대전 중에는 중단되었다. 1919~1925년, 1931~1939년의 태환 정지 기간은 처칠이 1925년부터 금 태환으로 복귀시킨 기간과 뚜렷하게 대비되어 보인다. 스털링은 그 후 1940년, 1949년, 1967년 등 3차례의, 그리고 1971년 미국이 태환을 정지시킨 이후 대략 30년간에 걸쳐 평가절하되었다. 이것은 1971년 이후의 45년간의 환율과 그 변동성의 변화에서 명백히 보인다.

환율을 고정[또는 페그(peg)한다고도 한다]하는 이유는 환차손을 회피하고 그에 따라 국제무역이 성장하기를 바라는 것뿐만 아니라, 영국과 같은 개방경제에 있어서는 「유효수요」와 고용이라는 측면에서 이득이 있기 때문이다.[11] 브레턴우즈 체제의 첫 번째 주요 배후의 동기는 다음과 같은 문제들을 회피하기 위함이었다. 즉, 보호무역주의, 경쟁적인 환율 평가절하, 그리고 「전간기」의 은행 위기 등을 회피하기 위한 것이었는데, 이로써 국제무역의 현저한 쇠퇴와 불황으로의 회귀를 저지하기 위함이었다. 만약 고정환율제와 그 고정환율제로 인해 활성화될 수 있는 민간의 자본 흐름이 없다면, 정부는 경상적자 시기에 환율을 안정시키기 위해 단지 외환보유고에만 의존할 수밖에 없는 것이다.

국가의 자립성은 결국 외환보유액과 밀접하게 관련되어 있다. 선택의 여지가 있다면 자국 통화의 가치를 시장에 맡기거나 다른 정부의 외환보유고로부터의 대출에 의존하고 싶은 정부는 없을 것이다. 특히 다른 정부로부터의 대출은 항상 어떤 꼬리표가 달려 있는 것이다. 제2차 세계대전 중 영국이 경험한 것처럼 '무기대여법'과 1945년의 융자를 통한 미국의 지원은 비싼 정치

11 고정환율제와 변동환율제의 장단점에 대한 「포스트 케인지언」의 관점은 라부아(Lavoie, 2014: 495~498)에 잘 정리되어 있다. —옮긴이 주

적 대가를 수반했는데, 이는 대영제국을 어우르는 경제 제도와 버뮤다 등의 영국군 기지의 반영구적 리스 등의 철폐, 그리고 브레턴우즈 체제에서 영국 스털링화의 달러에의 종속 등이 포함되어 있었다. 이러한 것들은 영국이 국가의 존망을 위해 희생해야 하는 대가였다.

당시의 공통 의견은 만일 브레턴우즈 체제가 없다면 각 국가는 환율의 평가절하를 통해 근린궁핍화정책(近隣窮乏化政策, beggar-my-neighbour policies)으로 경쟁적으로 회귀하면서 자국의 외환보유고를 지키려 할 것이라는 것이었다. 브레턴우즈 체제라는 형태로 채택된 미국의 계획[미국 재무장관 해리 덱스터 화이트(Harry Dexter White)가 기초함]은 케인스가 생각한 바와는 거리가 멀었고, 최종적으로 브레턴우즈 체제가 붕괴하도록 이끈 맹아를 이미 포함하고 있었다. 케인스 자신의 계획은 사실 상당히 달랐다.

8.「국제청산동맹」과 브레턴우즈 체제

케인스는 국제채무의 결제에 있어서 모든 가맹국에서 받아들여질 수 있는 새로운 형태의 준비금인「방코르」(bancor)[일종의 종이금(paper gold)]의 창설을 주장했다. 역사적으로 이 역할은 금 자체나 혹은 금의 보관 영수증격인 영국 스털링화에 의해 수행되어 왔었다. 귀금속의 양은 비교적 한정되어 있기 때문에 (증대하는 세계무역 규모에는 — 옮긴이) 적합하지 못하므로 케인스는 세계에는 초국가적인 은행이 발행하는 어떠한 관리되는 국제통화가 필요하다고 주장했다.

그런 경우 경제성장과 발전의 필요성에 따라 필요한 만큼 합리적으로 준비금은 발행될 수 있다. 그러나 이는 해결책의 일부에 불과했다. 수지상 흑자 국가가 지속적으로 외환보유고를 축적할 가능성도 있고, 반대로 적자 국가가 남의 외환보유고를 차입하면서 항구적으로 경상수지적자를 지속할 가능성도 존재했다. 따라서 이러한 가능성을 방지하는 것이 필요했다. 바꿔 말하면 외환보유고의 문제는 국제통화제도 전체의 본질과 결부되어 있던 것이었다.

각국이 국제적인 준비자산으로 금을 중시해 온 것은 각 국가의 통화와는 달리 금은 타국에 대한 채권이 아니기 때문에 주권 남용이나 혹은 적대적 사용에 취약하지 않기 때문이다. 곡물경제 모델에서는 자국의 곡물 창고는 단순히 밀의 보관 영수증을 보관할 뿐만 아니라 현물로서 필요에 따라 보리와 밀도 보관할 수 있는 것이다. 금은 쉽게 운송 가능하고 내구성이 있어 그 가치에 비해 수송 및 보관비용이 낮다.

케인스가 1942년 제안한 「국제청산동맹」(國際清算同盟, ICU: International Clearing Union)은 국가 간 신뢰 관계의 한계를 충분히 인식하고 있었기에 단기적으로만 국제수지불균형 문제를 제거하겠다는 시도였다. 이때 국제수지균형이 목표였음에는 변함이 없었다. 그 이름이 시사하는 것처럼 「국제청산동맹」이라는 것은 어떤 나라에 수출해 획득한 대금으로 제3국으로부터의 수입품 대금을 지불하기 위해 사용하는 일종의 청산소 역할을 하는 것이었다. 즉, 어떤 국가는 다른 나라에서 와인을 수입하기 위해 셔츠를 수출하는데, 그 다른 나라가 셔츠가 필요 없는 경우 제3국에 이를 수출해야 한다. 이때 이 세 나라 간 결제를 금을 이용하지 않고 청산할 수 있게 해 주는 것이었다.

「국제청산동맹」은 물물교환에 의한 교환을 극복하기 위한 화폐라는 매개의 교과서적 역할을 수행하게 된다. 그것은 농업 생산과 소비자 수요의 계절적 변동에 대처할 수 있으며, 수출을 위한 생산량을 늘리기 위해 필요한 각종 수입을 가능하게 해 준다. 또한 임금, 원자재, 기계 등 수입품 대금을 지불하기 위한 운전자금을 제공한다. 마지막으로 국내 은행들이 제공하는 당좌대월처럼 지불 시점 차이에 따른 현금 흐름 문제를 해결할 수 있다.

이때 당좌대월처럼 무역량에 따라 자동으로 국제통화의 양이 변화한다. 수출이 이루어지면 당좌대월분이 상환되고 국제통화는 소멸된다. 국제통화의 공급은 『화폐론』의 「산업순환」에 대응하며, 좀 더 많은 국제교역량, 그리고 더 높은 수준의 전 세계 고용을 유지하기 위해 필요한 「지불수단」을 제공하게 되는 것이다.

1944년 7월에 미국과 영국 간에 공감했던 바는 전후 세계무역을 재건설하고 전후 대공황을 피할 필요성이었다. 그 전제 조건은 환율의 안정성과 이를 유지하기에 충분한 외환보유고를 제공하는 금융 체제였다. 외환보유고 문제를 해결하지 않으면 영국은 미국이 요구했던 자유무역과 영연방 국가의 관세 철폐를 용인할 수 없었다. 그러나 미국은 자신이 금 대신 새로 창설된 지폐의 주요 보유자가 되는 제안에는 찬성하지 않았다.

IMF는 국제부흥개발은행(IBRD), 세계은행과 함께 브레턴우즈 체제에서 열린 회의에서 탄생한 케인스가 제시했던 「국제청산동맹」을 대체해 미국이 제안한 기구였다. IMF는 당초 화폐를 만들지 않고 회원국 각국이 그 기금에 이미 납입한 일정 할당된 자국 통화와 금을 담보로 외화를 빌리는 것만 회원들에게 허용했다. IMF는 중앙은행이라기보다 신용조합이었다. IMF가 처음으로 자체 통화인 「특별인출권」(SDR)을 창설한 것은 그로부터 25년 후의 일이었다.

「특별인출권」은 케인스의 「방코르」의 원칙을 대체로 충족시키고 있다. 각 가맹국에 대한 「특별인출권」 배분은 당좌대월 한도 부여와 같다. 「특별인출권」은 가맹국이 무조건적으로 사용할 수 있다. 또한 IMF에 의해 규정된 바 각국은 자국 통화와 교환해 「특별인출권」을 받아들여야만 하기 때문에 화폐인 것이다. 「특별인출권」의 가치는 주요국 통화 바스켓의 가치에 의해 결정되는데, 이는 결국 각국 명목화폐(fiat money)에 의해 결정되는 것이다. 그러나 금융위기 후인 2009년에는 10배로 「특별인출권」이 증가했음에도 불구하고, 「특별인출권」은 세계 전체 총외화준비고의 약 3%에 지나지 않았다.

화이트의 IMF의 가장 중대한 근본적 결함은 스털링을 대체해 미국 달러가 세계에서 금과 태환되는 기축통화가 되어야만 한다는 그의 정치적 목표에 내재해 있었다. 나중에 「트리핀의 딜레마」(The Triffin Dilemma)[12]라고도 불리게 된 이 근본적 결함은 국제 외환보유고 공급량은 미국의 국제수지에 의존하고 있다는 것이었다. 미국이 많은 흑자를 내면 국제 외환보유고가 감소해 세계 무역을 저해하게 된다. 거꾸로 말하면 미국의 국제수지적자가 계속될 경우에만 추가 외환보유고를 공급할 수 있다는 것이다. 그런데 조만간 다른 나라들이 자국이 보유하고 있던 달러를 금으로 교환해 줄 것을 미국에 요구할 수도 있을 것이고, 그러한 가능성은 달러의 발행량이 늘수록 커지는 것이었다. 이미 1959년에 비미국 거주자들이 보유하고 있던 달러의 총량은 미국이 가지고 있던 금 보유고를 초과하게 되었던 것이었다.

미국은 포트 녹스(Fort Knox)[13]가 비어 있는 상태를 기피했고, 또한 금에 대해 달러를 평가절하하는 것에도 소극적이었기 때문에 결국 달러 가치를 금에 고정시키는 것은 사람들이 그에 대해 의구심을 품지 않은 한에서만 유지될 수 있었던 것이었다. 아이러니하게도 IMF가 완전히 작동하는 순간 미국의 환율 시스템을 지탱하는 능력은 사라져 버렸다. 이 시스템은 1959~1971년까지만 처음에 의도했던 바대로 대체로 기능할 수 있었는데, 이때는 대부분의 유럽통화의 달러 태환성이 회복된 시점부터 1971년 리처드 닉슨(Richard Nixon) 대통령에 의해 달러의 금 태환이 정지될 때까지의 기간이었다.

대부분의 사람들에게 이 「특별인출권」이 이해하기 어려운 의미의 애매한 이름이 된 것은 우연이 아니다. 케인스가 그렇게 중요하게 생각하던 바인 초국가적 은행이 화폐를 창조해야만 한다는 생각은 대부분의 국가, 특히 미국

---

12 미국 예일대 교수 로버트 트리핀(Robert Triffin)이 1960년대 주장한 내용으로, 어떠한 한 통화가 국제 기축통화로 사용되는 경우 그 통화를 발행하는 국가는 기축통화를 국제 경제에 지속적으로 공급하기 위해 불가피하게 수지적자를 지속할 수밖에 없고, 따라서 그 국가의 단기적 목적과 장기적·국제적 목적 간에는 이해 상충이 존재할 수밖에 없는 상황을 지칭한다. —옮긴이 주

13 미국 켄터키주 루이빌 남쪽에 위치한 미 육군 기지인데, 미국 금 보유고의 상당량이 보관되어 있는 곳이다. —옮긴이 주

의회에서는 여전히 기피되고 있었다. 1944년의 정치적 역학은 반세기 후의 유로 창설 당시와 유사했다. 반세기 후 최강의 통화를 가진 독일이 유로화를 받아들이는 조건은 독일이 (적어도) 큰 영향력을 갖는 유럽이라는 차원에 다른 가맹국이 각기 국가의 금융 및 재정정책(fiscal policy)상의 주권을 양보하는 것이었다.

1999년에는 실질적으로 독일 마르크가 유로화로 대체되었다. 반면, 1944년에는 달러가 기존의 금 보관증으로서의 스털링을 대체했다. 1971년 이후 달러 자체가 세계의 종이금이 되었다. 세계는 이를 받아들일 수밖에 없었다. 만일 누군가가 6000달러를 빌려서 갚지 못할 때 그 사람은 심각한 문제에 당면할 것이지만, 어떤 한 나라가 6조 달러를 빌리고 있고 그 빚을 상환하기 위해서는 오로지 추가로 종이 달러를 발행하는 것이 유일할 경우 그 나라가 아니라 세계 전체가 문제에 직면하게 되는 것이다.

9. 경제학이 아닌 정치학의 대상으로서 국제화폐

케인스의 「국제청산동맹」 제안의 배후에 있는 직접적 동기는 전후 미국 밖에서는 금과 달러 모두가 부족할 것이 예상되었고, 영국은 긴급하게 외환보유고를 필요로 했던 상황이었다. 그러나 케인스의 더 큰 목적은 세계를 자유롭게 하고 또한 완전고용을 추구하고자 하는 것이었다. 국제수지 문제는 필히 주목해야만 하는 화폐적 문제임에는 변함이 없지만 소득과 고용을 희생시켜서는 안 된다는 것이었다.

케인스 계획의 가장 큰 걸림돌은 항상 국가의 주권 바로 그것이었다. 돈은 힘이고 국가들은 쉽게 (그 돈을 발행할 수 있는 힘으로서의 — 옮긴이) 주권을 양보하지 않는다. 전 세계에서 완전고용과 개인의 자유를 가장 잘 촉진할 수 있는 체제는 각 국민국가가 그들 자유의 일부를 국가들로 이루어진 세계 공동체에 양보하는 것이라고 말하는 것은 역설적일 수 있다.

필요한 일부 주권의 양보에는 다음과 같은 것이 포함되어 있다. 즉, 국제수지상 흑자국가가 적자국가에게 그 흑자분을 지출하거나 대여 혹은 이전할 필요성, 그리고 독립적인 전문가가 판단하는 바에 따라 장기적인 경상수지균형을 위해 필요한 수준의 환율 조정을 각국이 받아들일 필요성, 그 흑자를 장기적인 크로스보더 생산적 투자로 돌리기 위해 그러한 투자를 집행할 개발은행들에 적절한 자금을 공급할 필요성, 지속가능하기 위해서는 그러한 순 투자는 결국 투자 유치국의 순 수출의 증가라는 형태로 나타나게끔 할 필요성, 그리고 가난한 나라의 교육, 보건, 기타 인간의 기본적 필요를 위해 요구되는 자금을 공급하기 위해 그 흑자분을 이전하기 위한 일종의 과세적 수단의 필요성 등이다.

곡물경제 모델에서는 완전고용과 국제수지균형은 매해 연속된다. 좀 더 복잡한「고전학파」경제학 모델에서는 조정과 주기의 시차를 허용하지만 그래도 환율과 임금이 자동적으로 변화해 시장경제를 균형으로 이끌 수 있다고 가정하고 있다. 그와 대조적으로 화폐경제로 이루어진 세계에서는 미래에 전 세계 차원에서의 완전고용을 달성하기 위해서는 현저한 경상수지불균형을 극복할 수 있는 수단, 특히 선진국에서 개발도상국에로의 원조를 포함한 대규모의 크로스보더 자금의 흐름이 필요하다.

하지만 이러한 다국 간 협조적인 행동이나 제도가 존재하지 않는 가운데 이전과 같이 미국에 의해 지배되어 주도된 소위 금융자유화와 산업 국제화 등의 정책이 추진되어 왔던 것이다. 금융자유화라는 것은 현재까지 미국과 영국의 국제수지 문제를 해결해 왔다. 2008년에 발생한 미국 금융위기와 국가에 의한 대규모 구제금융의 도움을 받아서 그 위기를 극복했다는 사실은 망각한 채 금융자유화는 여전히 살아남아 맹위를 떨치고 있다. 자율화가 아닌 관리하는 체제가 있었더라면 희생이 덜 했을 것이라는 생각, 또는 누구를 위한 금융자유화인가에 대한 생각은 아무도 하지 않았다. 금융자유화 시대가 시작된 이래 세계를 덮쳐 온 일련의 은행 위기로 수백만 명의 사람들이 고통받아 온 것은 틀림없는 사실이다.

즉, 자본시장의 발달과 변동환율제에 힘입어 외국인이 미국 및 영국의 국내 채권과 기업 및 금융회사들의 주식을 사도록 함으로써 미국과 영국의 경상수지상 큰 폭의 적자를 메꿀 수 있게 해 준 것이었다. 일반적으로 볼 때 단순히 유가증권을 매각함으로써 국제수지적자를 전체 수지상 「균형상태」로 되돌릴 수 있으며, 이로써 신규 투자 없이도 수입품의 민간 소비와 공공지출을 지탱할 수 있게 해 주는 것이다. 단 이러한 방식은 그러한 유가증권을 외국인이 보유하기를 원하는 한에서만 유효할 것이다. 물론 긍정적으로 말하면 주식가치 상승과 채권 발행의 증가가 국내의 투자 증가와 수익성 향상을 반영한다면 이렇듯 '증권을 수출'하는 것은 재화의 수출을 대체하는 수단으로 생각될 수도 있다. 그러나 상술한 것처럼 어떠한 형태로든 장기적으로 순 수출을 창출할 수 있는 경우에만 그러한 외국으로부터의 차입이 지속가능하다.

환율의 안정성, 외환보유고, 세계무역의 성장에 대한 문제들은 화이트와 케인스가 브레턴우즈 체제에서의 접근법에 차이를 보임에도 불구하고 상호 밀접하게 연결되어 있다. 그 이후 역사가 보여 주듯이 변동환율제하에서의 세계무역과 고용은 주요 각국 통화가 필요한 외환보유고를 제공함으로써 성장할 수 있었던 것이었다. 1973년 이후의 변동환율제는 브레턴우즈 체제보다 훨씬 길게 계속되어 온 것을 인정하지 않으면 안 된다.

그런데 반대로 말하자면 변동환율제하의 환율의 불안정성 문제는 유럽연합(EU)의 대부분을 반대 방향으로 유도해 통화동맹을 형성하게 한 것이었다. 그리고 유로화는 「특별인출권」보다 훨씬 일반인이 이해하기 쉽다. 그러나 브레턴우즈 체제와는 달리 어느 쪽의 체제도 완전고용의 촉진을 제일의 목적으로 하지 않는 것이다. 현재의 체제는 지배적인 국가 혹은 국제적인 은행가에게는 유리할지 몰라도 실업 문제의 해결이나 불황 국가를 돕는다는 목적에는 소용이 없는 것이다.

7장과 8장에서는 케인스의 사상이 전후 세계의 형성에 어떻게 기여했는지, 그리고 그 전후 세계는 어떻게 변모하게 되었는지에 관해 고찰할 것이다.

부록 1*

보리와 밀로 이루어진 국제 무역에서 환율 형성에 관한 부연 설명

다음의 설명은 「고전학파」 경제 모델에서 시장의 힘의 작용으로 인해 어떻게 환율이 형성되는지에 관해 좀 더 관심 있는 독자들을 위해 정리한 것이다.

이 모델을 좀 더 쉽게 설명하기 위해 모든 노동자는 어떤 고정된 비율로 보리와 밀로 구성된 임금을 지불 받고 있다고 가정한다. 그리고 더 나아가 노동자의 양국 간 이동은 없다고 가정하면 두 국가에서 임금이 같을 필요는 없다.

또한 비노동자 계층의 소비를 위한 교역이 있는데 그에 의해서도 환율은 등락하며, 이러한 소비는 고용과 투자 수준에 의해 영향을 받지 않는다고 가정한다. 그런데 균형에 도달하게 하기 위해서는 고용과 투자가 더욱 중요한 변수들이다. 우리의 목적은 균형으로 이끄는 환율이 존재하는지 여부이며, 그 정확한 수준이 어떤 것인지 분석하는 것은 아니다. 따라서 비노동자 계층의 소득으로부터 야기되는 수요의 논의는 본 분석에서 제외하기로 한다.

이제 만일 환율이 균형 수준을 초과하는 경우를 생각해 보자. 이는 국내의

* 다음의 내용은 저자가 첨가한 아주 긴 각주를 독자의 편의를 위해 부록으로 옮긴 것이다. — 옮긴이 주

기업농이 보리와 교환해 밀을 더 싸게 얻을 수 있으며, 보리로 표시한 실질임금이 낮아지는 것을 의미한다(즉, 더 적은 양의 보리로 임금을 지불할 수 있다). 따라서 국내에서는 실질임금 하락으로 고용에 대한 수요가 증가할 것인데, 이렇게 되면 보리로 표시된 임금은 서서히 상승할 것이다. 만일 실질임금 상승으로 노동력 공급이 증가한다면 이로써 생산과 고용이 증가한다. 어떤 방식이든지 임금 상승으로 인해 밀에 대한 수요도 증가하고, 따라서 외환시장에서 밀과 교환하기 위해 더 많은 보리가 공급될 것이다. 반대로 외국 기업농들의 관점에서 봤을 때는 그들이 생산한 밀과 교환하는 보리가 더 비싸진 것을 발견하고, 동시에 밀로 표시된 실질임금이 높아졌음을 느끼게 된다. 따라서 외국에서는 노동에 대한 수요가 줄고, 그래서 임금은 감소할 것이며, 동시에 고용과 생산도 줄게 된다. 이러한 과정을 거치면 보리에 대한 수요도 줄게 되며, 따라서 외환시장에서 공급되는 밀의 양도 줄게 될 것이다. 이러한 두 나라의 조정 과정을 동시에 고려할 때 밀의 공급량보다 보리의 공급량이 외환시장에서 더 많아지게 됨에 따라 환율은 원상태로 복귀할 것이다. 만약 환율이 낮다면 경쟁의 힘에 의해 반대의 과정이 발생할 것이다.

그런데 국가 간 대출은 이러한 과정에 어떠한 영향을 미치는가. 이것을 분석하는 것은 다소 복잡하므로 몇 가지 단계별 설명이 필요하다.

첫 번째, 이제까지는 우리는 '임금의 지불 시점'에 대해서는 언급하지 않았는데, 왜냐하면 그것이 「고전학파」 경제학의 주요 핵심에는 영향을 미치지 않기 때문이었다. 그러나 한계생산물과 환율은 수확이 끝나면 결정되는 사항이다. 즉, 최초의 고용과 대출이 발생하고 나서 1년 뒤의 상황인 것이다. 따라서 노동자들은 1년 뒤 수확 후에서야 비로소 자신들의 한계생산물만큼의 임금을 받게 되는 것이다. 그런데 만약 그들이 선불을 받는 경우라면, 혹은 수확 전의 1년 중 분할해 임금을 받는 경우라면 그때 받게 되는 임금은 수확 후에 받게 되어 있는 한계생산물을 현행 이자율로 할인해 받을 것이다.

국가 간 대출을 고려하는 경우에는 편의상 노동자는 임금을 선불로 받는다고 가정하자. 따라서 이 경우에는 임금이나 종자의 파종은 수확이 있기 1년 전 농사를 시작하는 그 시점에서 발생한다. 좀 더 기술적으로 말하자면 노동과 자본은 현물시장에서 거래되며, 상품은 선물시장에서 거래되는 것이다. 그리고 현물시장과 선물시장 모두에는 각각의 환율이 존재하기 마련이다.

이러한 고려에 있어서는 기업농이 미리 임금과 종자에 대해 지불할 수 있는 보관 영수증이 당장 있는지 아니면 그것들을 차입해야 하는지는 계산상 중요하지 않다. 기업농은 차입한 보관 영수증에 대해 이자를 지불하거나 아니면 자기가 여유가 있는 경우에는 그것들을 남에게 빌려줌으로써 얻을 수 있는 이자를 고려해 투자를 하기 때문이다. 국내의 기업농이 보리나 밀 중에서 어떤 것을 대출해 주거나 혹은 차입하거나에 상관없이 결과는 대칭적인데, 좀 더 논의를 단순하게 하기 위해 기업농은 자기 국가 내에서 생산되는 곡물만을 빌린다고, 즉 그 종자를 빌려서 파종을 한다고 가정하자.

각국의 기업농은 임금 지불과 파종을 위해 필요한 보리와 밀의 양을 미리 계산할 것이다. 이때 빌리는 양은 각국에서의 향후의 수확 시 기대되는 노동과 자본의 한계생산물에 의존할 것이다. 그리고 그 한계생산물은 현물환시장과 선물환시장에서의 환율에 의해서도 영향을 받을 것이다. 기업농은 초기 4개의 시장(노동, 자본, 토지, 그리고 외환)에서 각각 협상을 해야 하는 다소 복잡한 과정을 통해 동시에 답을 구해야만 하는 상황에 놓여 있다.

만일 외국에의 대출에 어떠한 제한이 없다면 국내나 해외의 기업농 모두 보리나 밀의 영수증 어떤 것이든지 차입하거나 대출해 줄 수 있다. 자본시장과 외환시장에서의 경쟁으로 인해 이윤율은 어떠한 작물로 표시되든지 동일해 질 것이다. 국내에서 보리로 차입을 하는 기업농은 보리로 이자를 지급할 것이다.

그런데 만약 그가 밀로 대출을 하고 싶다면 먼저 현물환시장에서 보리 영수증을 밀 영수증으로 바꾸고, 그렇게 바꾼 밀 영수증을 대출한 다음 선물환시장에서 원금 상환과 이자로 받을 밀 영수증을 보리 영수증으로 바꾸는 거래를 할 것이다. 외국에 거주하는 외국인이 보리로 대출을 하고 싶은 경우에는 이와 반대로 하면 될 것이다.

그러나 보리는 국내에서만 생산되고 밀은 외국에서만 생산된다. 만일 국가 간 자본거래가 없다면 보리와 밀의 한계생산물이 같아질 이유는 없다. 그리고 지불되는 이자율은 단지 생산성과 검약에 의해 결정된다. 즉, 각 곡물의 한계생산물과 각국의 거주자들이 기업농들에게 대출하기 위해 저축하는 심리에 의해 결정되는 것이다.

만약 외국에서의 밀 대출 이자율이 국내에서의 보리 대출 이자율보다 높다고 가정하자. 만일 국가 간 자본 이동이 허용된다면 국내 대출자들은 외국에서 높은 이자율로 해 주기를 원할 것이다. 반면 외국 기업농도(자국 내 이자율보다는 다소 낮은 이자율로) 그들에게서 차입을 하려 할 것이다. 결국 경쟁에 의해 외국에서의 투자가 증가하며, 따라서 외국에서의 밀의 한계생산물은 감소하며, 반면 자국에서의 투자는 감소하고 국내에서 생산되는 보리의 한계생산물을 높일 것이다.

국내의 경상수지흑자는 저축과 투자의 차이만큼인데, 그 차이는 바로 대외금융계정상 순 채권 금액과 같아질 것이다. 반면 외국의 계정은 이와는 반대의 부호를 가질 것이다. 따라서 현물환시장에서의 환율은 경상수지상 흑자를 반영해 떨어질 것이고, 이것은 두 나라 모두의 임금과 고용에 영향을 미칠 것이다.

하지만 실제 현실에서는 이러한 외국에 대출해 주는 사람들이 향유하는 이득은 단지 이자 소득뿐만 아니라 현물환율과 선물환율 간 차이로 인한 외환손익이다. 예를 들면 보리 대출자들은 만약 밀의 이자율이 보리보다 높은 경우는 보리로 대출해 주는 사람들은 추가로 환율상 이익을 얻게 되는 것이다. 이러한 환차익은 우리가 제시하는 모델에서는 다루지 않는데, 양국의 자본과 노동을 이용한 생산과 소득은 1년 동안 전부 발생하기 때문이다. 우리는 각 기업농이 어떤 곡물로 표시하든지 그들의 기대 한계생산물을 고정시키는 선물환시장을 상정하고 있기에, 경쟁이 존재하는 한 두 가지 곡물로 표시된 이자율을 균등화시킬 것이며, 마찬가지로 현물환시장과 선물환시장의 환율도 경쟁에 의해 결정될 것이다.

7장

「케인지언시대」

1. 들어가기

「케인지언시대」는 서방 정부들이 완전고용을 약속했던 전후 30년이라는 기간, 즉 「영광의 30년」(letrente glorieuses)[1]으로 정의할 수 있다. 이 시대의 시작은 1944년 발간된 영국의 『고용정책백서(White Paper on Employment Policy)』와 1946년 미국의 '완전고용법(Full Employment Act)' 발간이 그 기점이라고 할 수 있다. 그 끝은 브레턴우즈 체제하의 환율제도의 붕괴와 1973년부터 4년에 걸친 석유파동 바로 직후라고 보면 된다.

케인스가 「케인지언시대」와 개인적으로 직접 얼마나 관계되었는지는 전혀 별개의 문제이다. 1943년 미국 경제학자들의 모임이 끝난 후 케인스가 그 자리에 있던 사람 중 케인지언이 아닌 유일한 사람은 케인스 자신뿐이라고

1 프랑스가 1945~1975년까지 30년간 누렸던 고도성장기이다. —옮긴이 주

언급한 것은 유명하다. 이 장에서는 「케인지언시대」가 그 바로 이전 시대와 그 후의 시대와는 어떻게 다른지를 밝히기 위해 일단 역사적인 통계를 재검토하는 것부터 시작한다. 다음으로 대답해야 할 질문은 케인스의 이름 아래 행해 진 것들에 대한 칭찬이나 비난이 어디까지 케인스 바로 자신의 탓인가 하는 것이다. 그리고 「케인지언시대」가 종언을 고하던 시대에 있어서의 문제점들을 검토하겠다. 마지막으로 케인스 경제학의 본질과 그것이 어떻게 변하게 되었는지를 고찰하면서 이 장을 마칠 것이다.

2. 역사적 기록

경제사가들은 19세기 3분기부터 일관된 국민소득 데이터를 만들어 내기 시작했다.[2] 그 자료들을 통해 저자는 「케인지언시대」를 그 역사적 맥락 속에 자리매김할 수 있다. 영국에서는 경제정책상 주요 변화들과 대응해 이 기간을 대략 5개의 구간으로 나눌 수 있는데, 이러한 구분은 미국에서의 구분과 대략적으로 일치한다. 이러한 구분이 지나치게 일반화된 것이라는 점을 충분히 고려하여 조심하는 한, 우리의 이해에 도움이 된다. 단, 정책 변경이라는 것은 훨씬 더 짧은 기간에 일어난 사건들로 인해 촉발되어 왔음을 충분히 감안해야 한다. 각각의 기간은 경제 주기상에서의 정점에서 다른 정점으로 이행하고 있기 때문에 그 각각의 주기 안에서의 단기적인 변동은 고려하고 있지 않은 점은 미리 밝히고자 한다.

1874~1913년은 빅토리아 대호황(Great Victorian Boom) 말기 시점부터 제1차 세계대전 전까지의 「금본위시대」이다. 영국에서는 1925~1937년을 「전간

---

2 7장에 나오는 그림 및 데이터의 출처는 7장 부록 1을 참고하라. —옮긴이 주

기」로 정의하는데, 그 기간은 영국이 금본위로 복귀했던 1925년에 시작된 것이다. 미국의 경우 1929~1937년은 대공황과 프랭클린 루스벨트(Franklin Roosevelt)의 뉴딜하에서의 회복기로 정의할 수 있다. 1951~1973년은 「케인지언시대」 그 자체라고 정의할 수 있다. 이어 1979~2007년까지는 소위 「신자유주의시대」인데, 그 시작은 마거릿 대처(Margaret Thatcher)의 집권[그리고 그 바로 직후인 1980년에 로널드 레이건(Ronald Reagan)의 당선]과 금융위기 사이의 기간이다. 마지막으로 2007~2015년까지는 영국의 「긴축재정시대」, 즉 브렉시트(Brexit)의 국민투표와 도널드 트럼프(Donald Trump)의 당선 바로 전 해이다. 버락 오바마(Barack Obama) 행정부 시절 미국의 정책은 영국의 정책과는 달리 긴축재정에 대한 확고한 의지를 가지고 있지는 않았지만 편의상 같은 시대로 취급하겠다.

세계대전과 그 후의 부흥기는 일종의 통제 경제 혹은 경제 혼란기이므로 논의상 배제하려고 한다. 동시에 고정환율제 붕괴 직후인 1970년대의 격동기와 그 후의 석유파동 위기와 같은 격동의 시대 또한 같은 이유로 배제하겠다. 물론 「케인지언시대」의 종말을 1976년이 아닌 1973년으로 하는 것에 대해서는 분명 이견의 여지가 존재한다. 그 반대 논리는 1973년이 주기의 정점이었다는 사실뿐만 아니라 1951~1973년까지는 모두 브레턴우즈 체제 환율제도의 작동 기간에 대응하고 있다는 사실에서도 알 수 있는데, 그 브레턴우즈 체제 환율제도는 「케인지언시대」 정책 체제의 중요한 일부였던 것이다. 그런데 앞으로 설명하겠지만 1973~1979년까지는 그 이전까지의 정책에 대한 혼란과 결렬의 시기였다.

〈그림 7.1〉은 영국의 총소득, 수출, 1인당 소득에 대해 앞의 5개 기간의 각각 연간 성장률을 나타낸 것이다(이때 마지막 지표가 통상적인 경제성장의 지표이다). 총소득과 1인당 소득성장률은 「케인지언시대」가 가장 높았고, 「긴축재정시대」에 가장 낮았다. 수출은 「전간기」에는 감소했지만 「케인지언시대」와 「신자유주의시대」에는 4.5%에 이르는 높은 성장세로 증가했다. 그 「전간

〈그림 7.1〉 영국의 소득, 수출, 1인당 소득증가

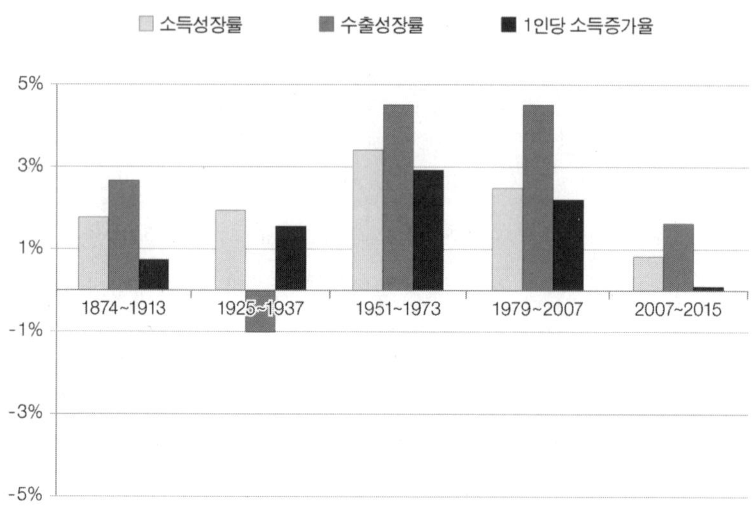

〈그림 7.2〉 G17의 소득, 수출, 1인당 소득증가

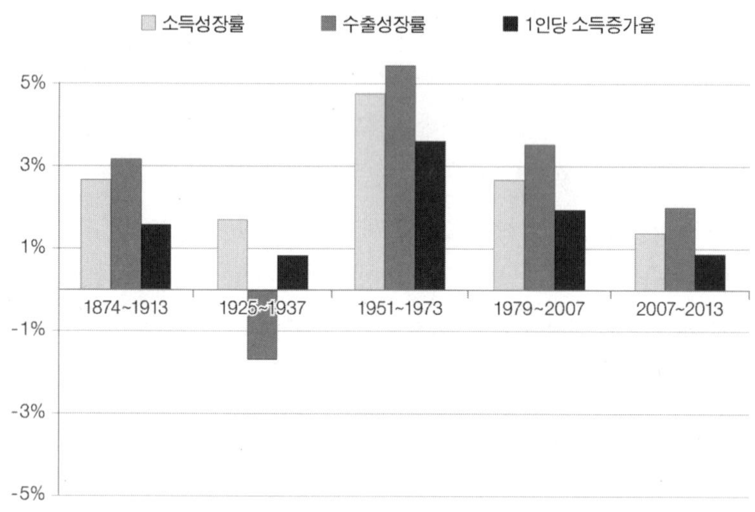

기」를 제외하면 수출은 소득보다 빨리 성장했다.

〈그림 7.2〉는 미국을 포함한 선진국 17개국(G17)의 도표를 나타낸 것이다. 그 형태는 영국과 아주 비슷하다. 소득성장률 면에서는 「케인지언시대」가 앞섰다. 「신자유주의시대」의 영국의 수출성장률은 G17 평균을 약간 웃돌았다. 영국의 소득성장률은 「긴축재정시대」에는 G17 평균보다 약간 낮았다(다만, G17의 데이터는 2013년까지인 것에 주의하라).

〈그림 7.3〉과 〈그림 7.4〉는 실업률, 인플레이션율, 이자율의 평균치에 대해서도 같은 비교를 실시하고 있다. 영국의 실업률의 패턴은 괄목할 만한 부분이 있다. 「전간기」에는 10% 이상까지 상승했고, 「케인지언시대」에는 3%를 밑돈 후 「신자유주의시대」와 「긴축재정시대」에는 7% 이상으로 다시 높아지는데, 이는 「금본위시대」의 5%보다 높은 값이다. G17에 대해서는 1955년 이전의 실업 자료는 없지만 「전간기」에는 역사적으로 볼 때 세계적으로 실업률이 높았다는 점에는 의문의 여지가 없다. 실업률은 「케인지언시대」의 4%에서 「긴축재정시대」의 약 8%로 꾸준히 상승하고 있는 것이 분명하다.

「금본위시대」에는 평균적으로 물가가 안정되어 있었지만, 「전간기」에는 영국과 G17 모두에서 약간의 디플레이션이 발생했다. 평균 인플레이션율은 영국이나 G17 모두 「케인지언시대」와 「신자유주의시대」에는 큰 차이가 없었다.[3] 하지만 영국이나 G17 모두 「긴축재정시대」에 있어서는 평균 인플레이션율은 2%대로 하락한 것이 보인다.

영국의 장기채 실질이자율은 「케인지언시대」와 「긴축재정시대」 모두에서 1%로 낮아졌고, 「전간기」와 「신자유주의시대」에서는 모두 4%를 넘었다. 이들 이자율은 「금본위시대」의 2.5%와 비교된다. G17의 이자율은 1973년까

3 저자가 정의한 「케인지언시대」에 대해 의문시하는 사람들을 위해 설명하자면 다음과 같다. 1951~2006년까지 영국의 연간 인플레이션율은 평균 6.2%(G17: 4.0%)였는데, 이는 1951~1973년까지 4.5%(G17: 3.2%)와 대비된다. 1979~2007년까지 영국의 연간 인플레이션율 평균은 3.9%(G17: 3.5%)였다.

〈그림 7.3〉 영국의 실업률, 인플레이션율, 이자율

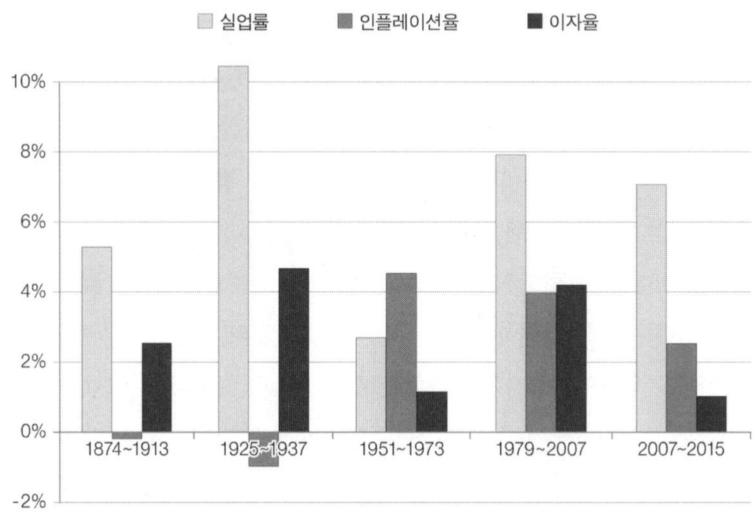

〈그림 7.4〉 G17의 실업률, 인플레이션율, 이자율

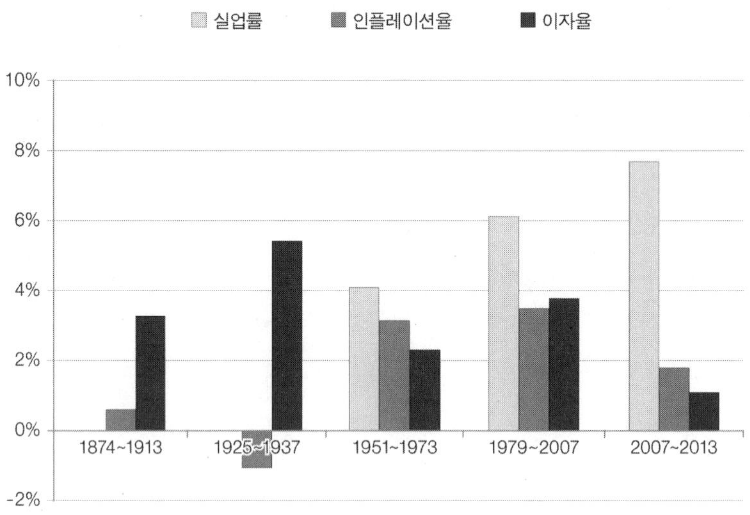

〈그림 7.5〉 미국의 소득, 수출, 1인당 소득증가

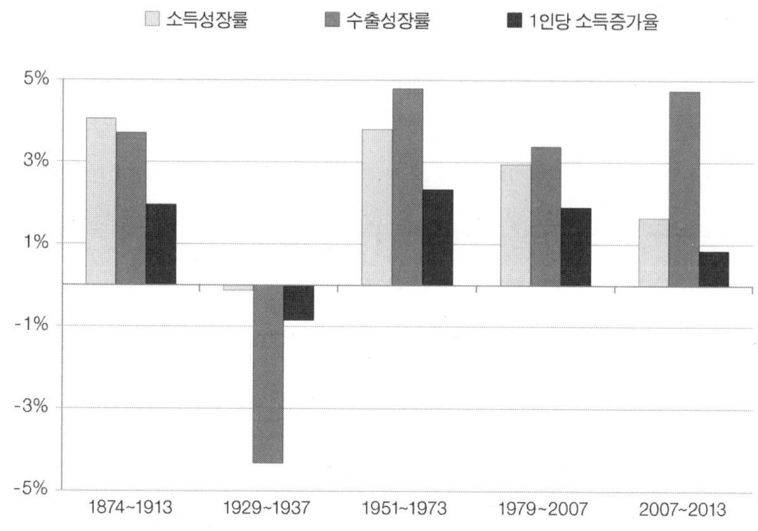

〈그림 7.6〉 미국의 실업률, 인플레이션율, 이자율

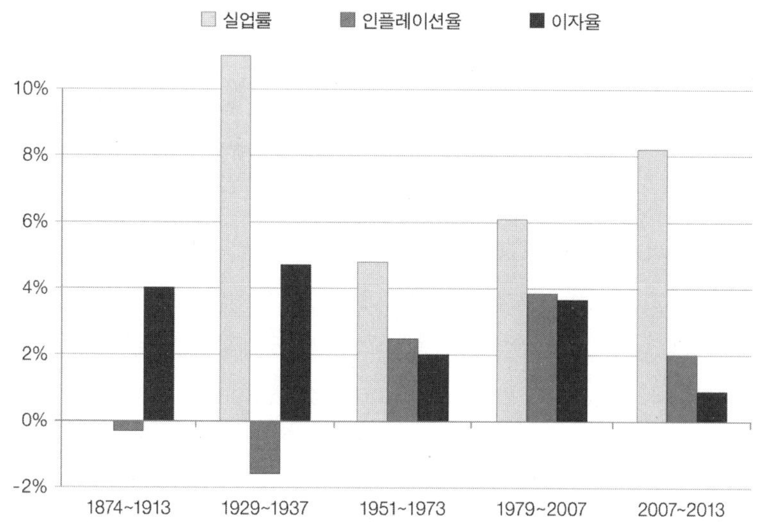

주: 1929~1937년의 실업률은 16.6%로 이 도표상의 범위를 벗어난다는 점에 주의하라.

지는 영국보다 약간 높았지만, 1979년 이후 비슷한 수준이었다.

〈그림 7.5〉와 〈그림 7.6〉은 미국에 있어서의 비교 가능한 데이터를 나타낸다. 〈그림 7.5〉와 같이 소득의 성장, 수출의 성장, 1인당 소득의 성장점에서는 「금본위시대」와 「케인지언시대」의 차이는 영국만큼 크지 않다. 「케인지언시대」는 1인당 소득성장률이 가장 높은 시대임에는 변함이 없다. 미국은 대공황의 영향이 훨씬 심각했는데, 1인당 소득은 실제로 감소해 수출성장은 심각한 마이너스가 되었다. 1945년 이후 자유무역을 실시하려는 미국의 결의는 이러한 관점에서도 이해할 수 있다. 「긴축재정시대」에는 미국은 세 지표 모두 영국에 비해 월등히 좋은 성과를 거두었다.

〈그림 7.6〉은 미국의 실업률, 인플레이션율, 이자율 패턴이 G17과 거의 유사한 것으로 나타내고 있다. 「전간기」 미국의 실업률은 평균 16.6%이며 이것은 비교 기간 중 가장 높은 수준이었다. 그러나 인플레이션율은 「케인지언시대」가 그 뒤를 잇는 「신자유주의시대」보다 낮았음을 보여 준다. 이 같은 사실은 G17이나 영국(그 차이는 비록 크지는 않았으나)에서도 볼 수 있는 유사한 현상이었다.

〈그림 7.7〉은 1925년 이후의 네 기간 동안 영국 정부의 차입과 투자를 국민소득 대비 비율로 나타낸 것이다. 영국의 공공투자는 처음 3개의 기간 동안 공공 차입을 크게 웃돌았다. 차입이 투자를 넘어선 것은 「긴축재정시대」뿐이다. 이러한 정부 차입과 투자 간 차이는 두 기간 모두에 있어서 정부의 저축(정부 투자가 차입을 초과하는 경우), 혹은 정부 소비를 위한 차입(정부 차입이 투자를 초과하는 경우)의 두 가지 경우 중 하나일 것이다. 정부 저축, 그리고 경상 수입이 경상지출을 초과하는 부분은 「케인지언시대」에 가장 높았다.

〈그림 7.8〉은 동일한 사항을 미국에 대해서도 분석한 것이다. 그런데 공공투자를 위한 자금 조달 시 차입 의존도가 현저히 높은 것이 전체적으로 보인다. 또한 1979~2007년간 평균치를 볼 때 공화당 대통령 당선자와 민주당 당선자 간에 현저한 차이를 보이고 있다. 전자의 경우는 대규모 감세 후에 정부

〈그림 7.7〉 영국의 공공 차입과 투자(GDP 대비 %)

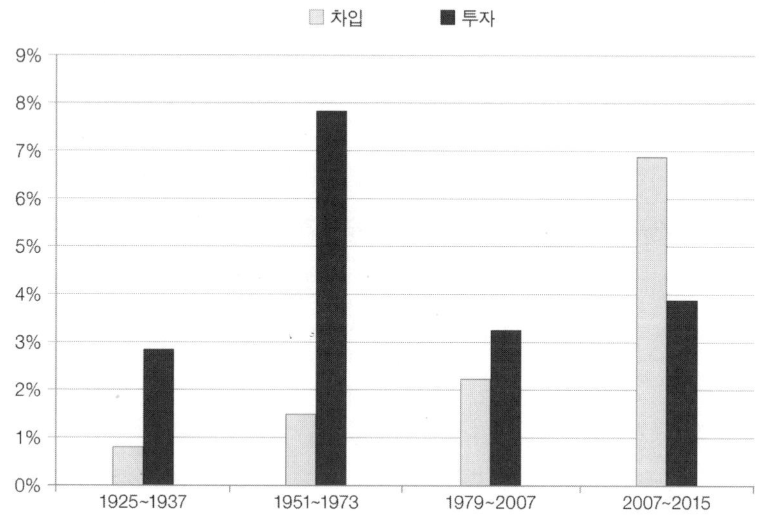

〈그림 7.8〉 미국의 공공 차입과 투자(GDP 대비 %)

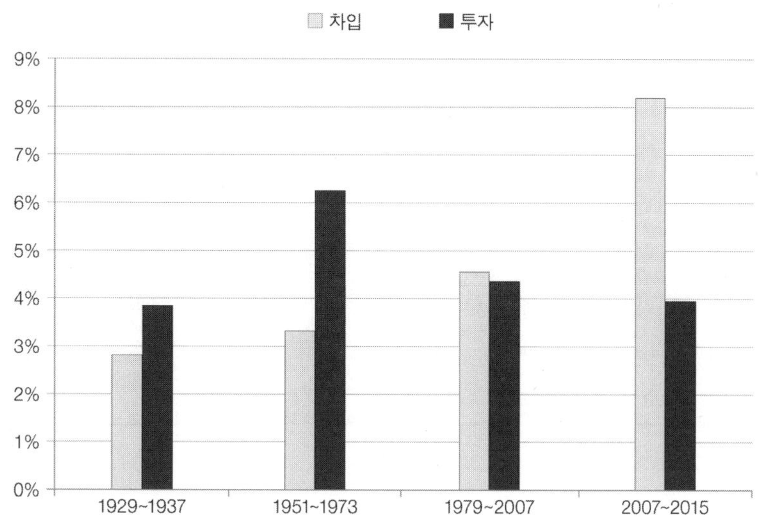

소비를 위해 부득이 대규모 차입에 의존할 수밖에 없었으나, 반대로 후자의 경우에는 소득에 비례해 정부 저축이 증가하는 것으로 나타난다. 이 후자의 경우에는 종래의 고정관념과 큰 차이가 있음이 드러난다.

〈그림 7.8〉은 「케인지언시대」가 다른 140년간의 시대와는 현저하게 달랐던 것을 명백히 보여 주고 있다. 「케인지언시대」의 특징은 다른 5개 시대와 비교할 때 최고 수준의 경제성장과 최저 수준의 실업률을 보인다. 또한 그 당시 실현된 저이자율 수준은 「긴축재정시대」에만 유사하게 근접할 수 있었는데, 그 「긴축재정시대」의 기간에는 금융정책을 이용해 의도적으로 저이자율을 유지하려고 했기에 가능한 것이었다.

물론 이 통계들은 아주 대략적인 것임을 염두에 두어야 한다. 하지만 이들 통계들은 다음과 같은 두 가지 점에서 통상적으로 믿고 있는 신화에 대해 경종을 울리고 있다. 첫 번째로, 이미 말한 것처럼 영국에서는 「케인지언시대」와 「신자유주의시대」의 평균 인플레이션율 간에 큰 차이가 없고, 미국에서는 오히려 「케인지언시대」가 인플레이션율이 낮았다는 점이다. 두 번째로, 평균적으로 영국과 미국 정부 모두는 2008년 이전에 있어서는 투자가 차입을 상회하고 있는데, 저축 수준은 「케인지언시대」에 가장 높았다는 점이다.

이처럼 「케인지언시대」에는 과도한 인플레이션이나 공공지출을 위한 채무를 증가시키지 않고도 케인스가 추구했던 고소득과 저실업을 평균적으로 실현했다는 것은 자명한 사실이다. 다음 절에서는 이 같은 성과가 케인스의 경제 이론이나 사상을 어느 정도까지 반영한 결과인지, 그리고 그것들을 반영하고 있다면 그러한 그의 유산이 후대 시대에까지 연장되고 있었던 것인지에 대해 언급할 것이다.

3. 완전고용과 안정화 정책

완전고용에 대한 확고한 의지를 견지한 주요 요인은 제2차 세계대전 중의 완전고용에 대한 경험 자체와 제2차 세계대전 전 미국 루스벨트 대통령의 뉴딜정책과 영국에서의 완전고용과 사회보장에 관한 2개의 「베버리지 보고서(Beveridge Reports)」[4] 등에서 이미 무르익었던 정치적 환경이었다. 케인스는 이렇듯 때가 무르익자 그를 위한 정책을 추구하기 위해 필요한 지적인 틀과 그에 대한 정당화를 제공했던 것이었다.

케인스 자신이 지대한 영향력을 가지고 있었던 1941년의 영국 최초의 '케인스적' 예산은 완전고용 상황하에서 발생 가능한 인플레이션을 방지하기 위해 수요를 억제하는 것을 목적으로 한 것이었다. 이는 어떻게 보면 『전비조달론』에서의 분석에 대한 후속이기는 했지만, 그럼에도 불구하고 「완전고용 산출」과 부합하도록 수요를 의도적으로 관리하기 위한 최초의 행보라고 볼 수 있다. 미드나 러너 등의 케인스 추종자들은 이후 소위 「수요관리」라는 틀을 개발해 평화 시 정부의 세금이나 지출 결정(재정정책)을 단순히 공공재정의 문제만이 아니라 경제 전체의 맥락에서 볼 수 있도록 했던 것이었다. 러너는 이 새로운 견해를 「기능적 재정」(機能的財政, functional finance)[5]이라는 말

---

4 제2차 세계대전 후의 영국이 가야 할 복지국가의 토대를 구상한 윌리엄 베버리지(William Henry Beveridge)가 작성한 사회보장 제도의 확대를 위한 보고서이다. —옮긴이 주

5 「기능적 재정」에 대한 러너의 관점은 크게 세 가지로 요약된다. 첫째, 재정적자나 흑자 그 자체는 옳거나 틀린 것이 아니며, 중요한 점은 어떤 재정적 적자나 흑자 등의 상황을 달성하는 것이 목표가 아니라 인플레이션 없는 완전고용을 달성하기 위한 것이다. 두 번째로 정부는 무력한 존재가 아니라 무한한 재정적 힘을 가지고 있으며, 화폐라는 것은 국가가 창조하는 것이다. 따라서, 외환시장에서 자국 통화가 평가절하될 위험이 없는 한 정부의 돈은 고갈되지 않는다는 것이다(그러나 예를 들어 남미의 국가들에는 타당하지 않는 말이다). 이 점은 러너의 후계자라고도 할 수 있는 「현대통화이론」의 견해와 일치한다. 세 번째로는 정부의 부채는 무한히 증가하는 것이 아니라 정부 지출로 인한 소득증가, 이자 지급 증가로 인한 소비의 증가, 그리고 세수의 증가 등으로 인해 결국은 어떤 수준으로 수렴될 것이라는 것이다. 즉, 정부 부

로 표현했다. 이러한 생각은 특히 한센이 주도하던 하버드대학 세미나 그룹 소속 구성원들과 그들의 정부 인맥을 통해 미국에서 급속히 퍼져 나갔다.

특히 「균형예산승수」(balanced budget multiplier)라는 개념은 「케인지언시대」의 높은 수준의 정부 지출을 유지하는 것을 정당화하는 데 도움이 되었다. 이것이 의미하는 바는 정부 지출이 증가하면 그 지출이 증세에 의해 전액 충당되고 결과적으로 예산의 균형이 유지된다고 하더라도 「총수요」는 그 증가된 정부 지출만큼 똑같이 증가하는 것으로 나타난다. 그 경우, 「균형예산승수」가 1이 된다는 것을 의미하는 것이다. 다시 말하자면 정부 지출 증가가 소위 민간 부분의 투자를 「구축」하는 부작용이 **나타나지 않는다**는 것이다. 그런데 영국 재무성은 그러한 「구축효과」에 의한 부작용이 있다고 주장하면서 1920년대나 1930년대에 실업률을 낮추기 위한 공공사업의 제안에 반대했던 것이었다.[6]

채는 '지속가능적(sustainable)'이다. (물론 이는 미국과 같은 대외 의존도가 낮은 경제에 적용되는 내용이다). 이 세 가지 중에서 처음의 2개는 비교적 일반적으로 수용되고 있으나, 세 번째 주장은 논쟁의 여지가 많다. 「기능적 재정」에 대한 요약에 대해 관심 있는 독자들은 라부아(Lavoie, 2014: 341~345)를 참고하라. 이에 대한 러너의 원 논문은 Lerner, "Functional finance and the federal debt," *Social Research*, 10(1)(February, 1943), pp. 38~51이다. —옮긴이 주

6 예를 들어, 정부의 지출이 늘어나면 그를 조달하기 위한 국채 발행이 증가하고, 그로 인해 국채 가격이 하락하고 국채 이자율이 상승해서 민간의 자금 조달 비용이 늘어나고 결국 민간투자가 감소한다는 것이다. 그런데 단순히 경제 이론을 떠나 현실 경험에서 보면 이자율이 직접적으로 투자에 미치는 영향은 물론 존재하지만 실제로 기업이 투자 결정을 하는 경우 경제학 이론이 주장하는 바처럼 그렇게 중대한 영향을 미치는 것은 절대로 아니다. 국채의 공급 증가로 예를 들어 장기이자율이 현재 3%에서 4%로 '엄청나게' 상승한다고 하자. 그것이 과연 얼마나 기업의 투자에 영향을 미치는가. 물론 그 이자율이 30%로 치솟는 것과는 다른 이야기이다. 기업은 새로운 투자를 함에 있어서 소위 투자의 내부 수익률(IRR)이라는 기준을 적용하는데, IRR과 장기이자율 사이에는 이미 상당한 버퍼(buffer)가 있고, 그 차이가 상당히 존재하지 않는 한 투자를 하지 않는다. 그리고 기업의 투자 결정 시 가장 중요한 요소는 이 책에서 계속 강조했듯이 결국 기업가의 「장기기대」이다. 만약 정부의 지출이 증가하고 그로 인해 「유효수요」가 진작되는 경우, 이자율 상승에도 불구하고 민간투자는 증가한다. 또한 참고로 기업들이 차입하는 이자율은 기준 장기이자율에 일정 마진을 가산해 결정되는데, 그 마진도 경기

〈그림 7.9〉 영국의 투자와 공공 부문의 소비(GDP 대비 %)

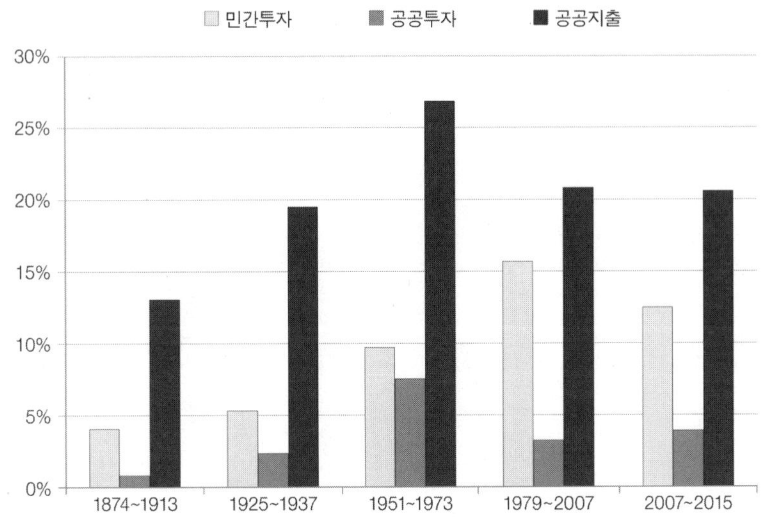

〈그림 7.9〉는 이 5개 기간 동안 영국의 민간투자와 공공투자, 그리고 공공지출을 소득에서 차지하는 비율로 비교한 것이다. 「케인지언시대」에는 「전간기」와 비교해 세 가지 모두 큰 폭으로 증가했다. 국유화와 그 후 재(再)민영화에 의해 민간투자와 공공투자 간 배분 구조가 영향을 받았는데, 「신자유주의시대」에는 민간투자의 증가로 인해 총투자액은 약간 증가하기는 했다. 이

에 따라 가변적일 수 있다. 정부 지출이 늘어서 경기 전망이 좋아지거나 혹은 기존의 유동성 부족 문제가 해결되는 경우 그 마진은 떨어져서 기업 입장에서 볼 때 정부채의 과잉공급에 의한 장기 기준 이자율 상승을 어느 정도 상쇄할 수 있다. 소위 「신고전학파」 경제학의 투자 이론은 이자율에 의한 영향을 과대평가하는 경향이 있는데, 이는 다른 요소들은 그들의 수학적 모델에 쉽게 도입하기 쉽지 않음에 기인하는 것일 수도 있다. 특히 투자라는 것은 케인스가 말한 「기대」 혹은 「확신도」의 문제인데, 특히 후자를 단순 계량적 확률과 혼동함에 기인하는 것이기도 하다. 그러나 대부분의 재무성이나 중앙은행의 관료들은 이러한 투자에 대한 이자의 영향을 교과서적으로 그리고 기계적으로 과대평가하는 경향이 있고, 따라서 「구축효과」가 중요하다고 강조하는 것이 일반적이다. —옮긴이 주

〈그림 7.10〉 미국의 투자와 공공 부문의 소비(GDP 대비 %)

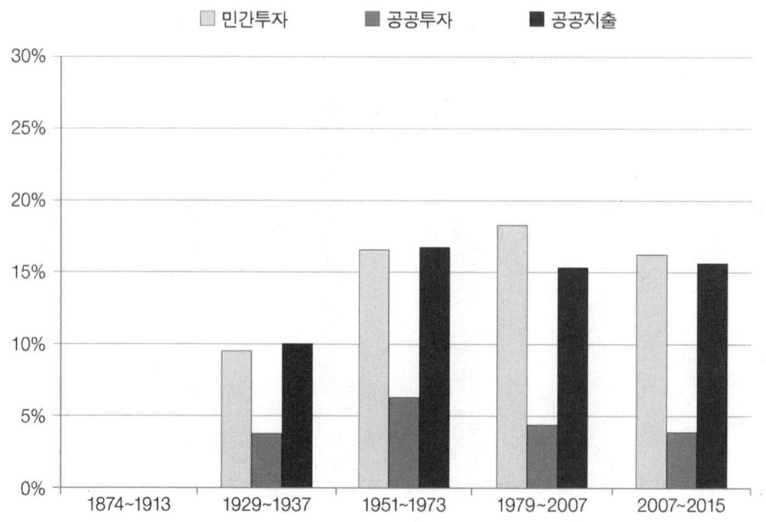

러한 관점에서 볼 때 「케인지언시대」의 현저한 특징은 공공지출이 약 6.5% 포인트 상승한 것이었다.

〈그림 7.10〉은 동일한 지표를 미국에 적용한 것이다. 여기에서도 「케인지언시대」에는 「전간기」와 비교해 3개 모두의 항목이 크게 증가하고 있다. 영국과 비교할 때 민간투자와 공공지출 간 상대적 크기 면에 있어서 비교적 민간투자가 공공지출보다 모두 크다. 또한 「케인지언시대」에는 민간투자가 공공지출과 상호 유사한 수준이었지만, 그 이후의 시기에는 민간투자가 공공지출에 비해 다소 커지고 있다. 미국의 공공투자는 「케인지언시대」에 가장 높았지만, 그 뒤에는 「전간기」와 같은 수준으로 떨어졌다.

이에 대해 비판적인 견해들에 의하면 「수요관리」는 경제의 변동을 줄이는 것이 아니라 오히려 증가시킨다고 주장한다. 즉, 실업률이 단기적 변동하는 것을 상쇄하기 위해 「수요관리」를 이용해 경제를 「미세조정」(微細調整, fine-tune)하려는 시도는, 그 효과가 발생하는 시간까지의 지체가 발생하기 때문에

(실제로 집행하는 시점의 경제 상황은 다를 수 있고, 따라서 — 옮긴이) 역효과를 낼 수 있다는 것이다. 이때 시간상 지체가 발생하는 이유는 일정 경제적 충격 그 자체와 그것들을 데이터로 관측하고 또한 그에 대해 정책 결정을 하며, 세금이나 지출 등의 정책 결정의 실행까지 소요되는 시간적 지체를 말한다. 이러한 시간적 지체의 존재는 「수요관리」를 하는 경우 경제를 안정화시키지 못하고 오히려 불안정하게 만들어서 사태를 악화시킬 가능성이 있다는 것을 의미한다고 주장하는 것이다. 이 문제는 영국보다 미국에서 더 심각했는데, 그 이유는 미국의 경우 재정 예산을 확정하기 위한 법적 절차에 따르는 규정과 지체되는 시간이 다르기 때문이었다.

이렇듯 집행까지의 시간적 지체의 문제는 당시 충분히 인식되고 이해되었기 때문에 실제 사태가 발생하면 그때부터 시작하는 것이 아니라 사전적 예측에 따라 이루어졌다. 따라서 문제의 요점은 그러한 사전적 예측이 충분히 신뢰할 만해 「수요관리」가 경기 변동 폭을 확대시키는 것이 아니라 줄일 수 있는지 여부였다. 그런데 이러한 문제는 경제체제 내에 어떤 적절한 「자동안정화 장치」(automatic stabilisers)(즉, 소득세율을 소득에 따라 차등 적용하거나 혹은 실업급여의 지불 등을 통한 소득의 감소와 반대로 움직이는 변수들의 도입)를 설계하는 것에 의해서도 줄어들 수 있는데, 이러한 장치는 경기 변동과 역으로 작용하고, 그래서 어떤 시간적인 지체 없이도 수요를 조정할 수 있는 것이었다.

실제 자료들은 이러한 생각들을 어느 정도 입증해 주는 것인가? 앞에 설명한 도표들은 매년의 변동은 고려하지 않고 단지 전 기간의 평균에 기초해 그린 것들이다. 반면 〈그림 7.11〉은 각 기간에 있어서의 영국 자료들의 변동성의 표준 편차를 이용해 간단히 보여 주고 있다. 〈그림 7.12〉는 미국의 경우에 적용한 것이다. 참고로 「전간기」의 소득 변동률은 8.7%, 실업률은 6.7%로 도표의 표시 영역을 벗어날 정도로 크다. 그리고 「전간기」 수출의 변동성은 다른 변수들과의 차이가 너무 커서 편의상 제외했다(영국에서는 9.2%, 미국에서는 19.5%).

〈그림 7.11〉 영국 자료상의 변동성

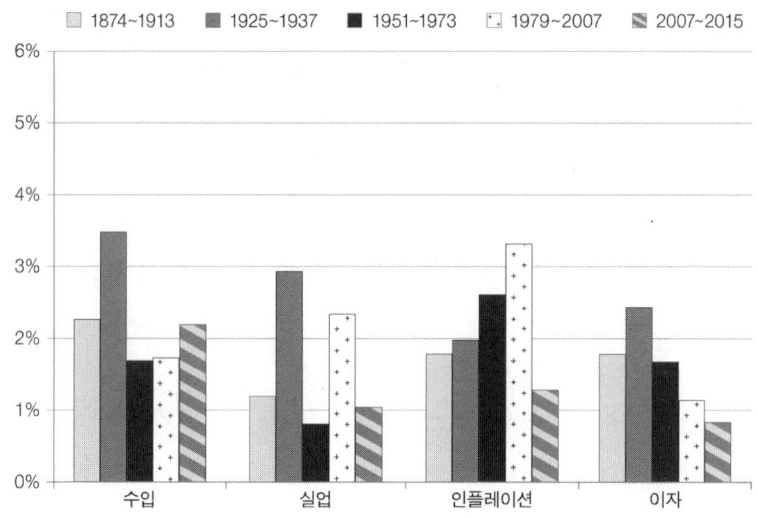

〈그림 7.12〉 미국 자료상의 변동성

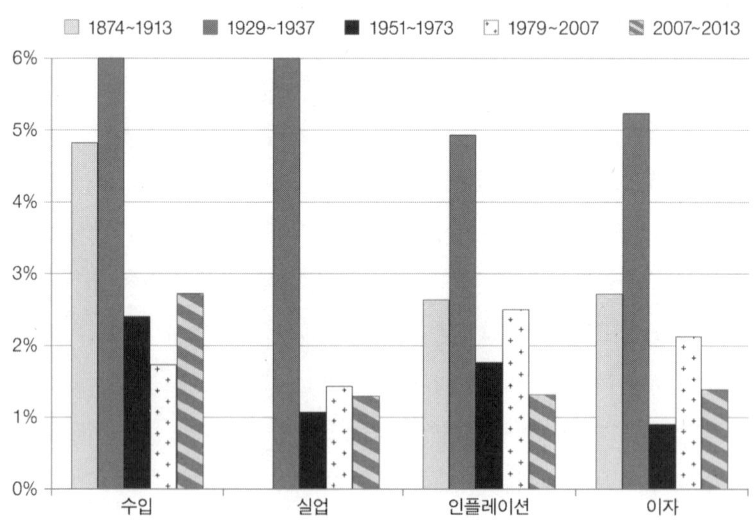

그런데 「전간기」가 모든 면에서 가장 불안정한 것으로 확인되고 있다.[7] 두 나라 모두의 경우에서 「케인지언시대」가 실업률 면에서 가장 안정적이었으며, 인플레이션 증가율이라는 측면에서 볼 때도 소위 「신자유주의시대」보다 더 안정적임을 보여 주는 것이다. 그러나 「수요관리」가 불안정성을 증대시킨다는 비판은 「케인지언시대」가 막바지로 접어들던 시점에 좀 더 강한 힘을 갖게 된다.[8] 이에 대해서는 이후에 설명하겠다.

4. 「케인지언시대」는 어느 정도 케인스적이었나?

정부가 소비를 위해 부채를 영구적으로 계속 늘릴 것을 케인스가 옹호했다는 세간의 근거 없는 믿음은 아마도 다음과 같은 그의 장난스러운 유머를 오해한 데서 기인할 것이다.

> 만약 재무성이 낡은 병에 지폐를 집어넣고, 그것을 폐광에 적당한 깊이로 묻고, 그 위를 거리의 쓰레기로 메운다면, 그리고 자유방임주의라는 잘 알려진 원칙에 따라 운영하는 민간기업에 그 지폐를 다시 캐내게 한다면 더 이상의 실업이라는 것은 있을 수 없다. (물론, 이때 그 권리를 확보하기 위해서는 기업은 그 지폐가 묻혀 있는 지역의 토지 사용권을 적절한 경매를 통해 획득해야만 한다). 그리고 그러한 정책의 여파로 그 공동체의 실질소득과 중요한 부는 아마 지금의 실제보다 훨씬 커질 것이다(CW 7: 129).

---

7 1918~1925년을 포함하면 영국에서는 「전간기」가 가장 인플레이션이 불안정한 시기였다.

8 인플레이션의 변동성(영국 5.2%, 미국 2.7%)은 「케인지언시대」를 1974~1976년을 포함해 확장하는 경우 더 높아진다.

다른 어떤 것보다도 이 구절로 인해 아마 보수적인 경제 이론가들 사이에서의 케인스의 평판은 큰 손상을 입었을 것이다. 그런데 애석하게도 그 문장의 전후 맥락을 사람들은 기억하지 않고 있는 것이다. 그 전후 문맥은 충분히 읽을 가치가 있다. 케인스가 말하고자 한 바는 남아프리카에서 금을 찾아 내 뉴욕의 은행 금고 아래에 묻는 것은 다른 종류의 구멍을 파는 것처럼 사회적으로 낭비라는 것이다. 그런데 그럼에도 불구하고 사람들은 그것을 건전한 투자로 착각하고 있다는 것이다. 그가 주장하는 바는 기대되는 수익이 이자율에도 미치지 못하는 신규 공공 주택 사업에 투자하는 것은 옳지 않다는 것이며, 반면 전쟁이나 실업급여 지급금 등의 조달을 위해 차입을 하는 것은 어쩔 수 없다는 것이다.

케인스가 인플레이션주의자라는 미국에서의 광범위한 인식은 아마도 러너 혹은 현대에서는 레이로 대표되는 미국의 케인스 지지자의 견해에 대한 미국 내 시각을 반영하고 있다. 그들의 입장은 소위 「현대통화이론」이라고 불리는데, 최근 미국 민주당 내에서 영향력을 늘려 온 것이다. 이 「현대통화이론」을 주장하는 학자들은 케인스의 생각을 계승해 화폐의 원천은 국가 주권이 가진 권력에 기반하고 있으며 정부 지출은 자율적인 성격을 갖고 있음을 인식하고 있다. 그들의 주장은 정부는 자국 통화를 이용하는 경우 예산상 제한이 없고, 완전고용을 확보하기 위해서는 필요한 화폐를 인쇄해 적자 재정을 운영할 수 있다는 것이다.[9] 그러한 정책의 현대적인 형태는, 정부가 「최후의 고용자」(ELR: employer of last resort) 라는 생각과 결부된다. 즉, 국가는 일할 의사가 있지만 실업 상태로 있는 사람들을 최저임금으로 고용해야 한다는 생각이다.[10]

그런데 이러한 「현대통화이론」이 주로 미국적 현상을 다루고 있는 것은

---

9 7장 각주 5를 참고하라. —옮긴이 주

10 자세한 사항은 레이(Wray, 1998)와 그에 대한 소이어(Sawyer, 2003)의 비판을 참조하라.

우연이 아니다. 이 이론에서는 외국 통화를 차입하는 상황은 배제하고 있는데, 이는 경상수지가 항상 「균형상태」라고 가정하거나, 혹은 외국인이나 국내 투자자들이 내국 통화나 증권을 보유할 의사가 충분히 있는 상황을 상정하고 있는 것이다. 반면 이들의 가정에 있어서는 환율은 어떠한 정해진 외부적인 기준으로 고정될 수는 없고 스스로 적정한 수준으로 수렴하는 것은 허용된다. 그리고 환율이 평가절하되어 있을수록 더 국내 생산과 고용에 유리하다고 상정되어 있다.

그런데 이러한 정책은 매우 탄력성 있는 공급 능력을 갖추고 있어서 「총수요」에 따라 「유효수요」가 쉽게 증가할 수 있는 나라가 아니면 유지할 수 없는 것이다. 또한 천연자원이라는 측면에서 어느 정도 자급자족이 가능하기 때문에 환율 평가절하에 기인하는 원자재 수입가격에 대한 부담이 없고 반면 환율이 충분히 떨어지면 항상 그만큼 경상수지흑자를 낼 수 있는 나라의 경우에만 해당한다고 할 것이다. 따라서 독일 바이마르 공화국, 짐바브웨, 그리고 최근 베네수엘라의 경험이 시사하는 것은, 비록 미국은 그러한 정책을 이용해 일시적으로 어려움을 벗어날 수 있다고 해도 이 정책을 다른 나라들에까지 적용 가능한 일반적인 방식으로 채택할 수는 없다는 것이다.

케인스는 1943년 워싱턴 세미나에서 러너의 제안을 '협잡이나 그 이하의 것'이라고 불렀고, 그 후 자신은 케인스주의자가 아니라고 말했다(Colander and Landreth, 1996). 그리고 그 이전에 케인스는 미드에게 보낸 편지에서 다음과 같이 썼다. "러너의 주장은 나무랄 데가 없다. 하지만 현재와 같은 정도 수준까지만 우리의 사고가 진화되어 있기 때문에 그의 생각을 평범한 인간에게 전달하고자 하는 자를 부디 하늘이 도와주기를 바랄 뿐이다"(CW 27: 320). '무기대여법', 브레턴우즈 체제, 그리고 1945년의 융자를 둘러싼 미국과의 교섭이 난항을 겪고 있는 가운데 케인스가 외환보유고의 필요성을 부정하고 환율의 중요성에 무관심을 보이는 러너가 제시하는 것과 같은 정책을 일축했던 이유는 쉽게 짐작할 수 있다.

케인스 자신이 제안한 국민경제 운영을 위한 가장 우선적인 정책 제언은 금융정책을 이용해 장기이자율을 인하해 이를 통해 민간투자와 공공투자 모두를 자극한다는 것이었다.[11] 〈그림 7.3〉과 〈그림 7.6〉은 이 정책이 「케인지언시대」뿐만 아니라 「긴축재정시대」에도 대서양의 양안에서 실시되었음을 나타내고 있다. 이와 같이 2008년은 로버트 스키델스키(Robert Skidelsky, 2009)가 그의 책 제목에서 말하고 있는 것처럼 『거장의 귀환(the return of the master)』이 있었다고 말할 수 있을 것이다. 〈그림 7.9〉와 〈그림 7.10〉은 「케인지언시대」에는 「전간기」와 비교했을 때 투자가 대폭 증가되었음을 보여주고, 따라서 이 같은 케인스의 정책은 「케인지언시대」에서는 투자를 현저히 증가시키는 데 성공적이었음을 시사한다. 그리고 또한 「긴축재정시대」에도 적어도 투자가 소득에서 차지하는 비율은 유지하게끔 했던 것이다.

금융정책과는 별도로 케인스는 1935년에 투자의 증가에는 어느 정도의 제도적 개혁이 필요하다고 예상했다. 상세한 제언은 하지 않았지만 케인스는 "투자를 직접 조직화하기 위해 더 많은 (국가의) 책임"과 "어느 정도 포괄적인 사회화(socialisation)"를 기대하고 있었다. 그는 주로 건물, 도로, 그리고 전기 및 수도 등의 기본 사회 시설 사업에 대해서만 언급한 것처럼 보이는데, 사실 그것은 공공투자 전반에 대한 것이었다. 그러나 그는 "이 같은 영역을 넘어서는 인간 집단의 경제생활 대부분을 포함하는 국가사회주의(State Socialism) 체제를 지지하는 어떠한 명백한 이유도 발견하기 어렵다"(CW 7: 164, 378)라고 고심스럽게 말하고 있다.

「케인지언시대」에는 공공투자가 큰 폭으로 증가했다. 영국에서 공공투자는 민간투자의 규모에 거의 필적하는 것이었다(〈그림 7.9〉). 그 일부는 산업의 국유화를 통해 이루어졌지만, 그와 동시에 건강, 교육, 주택 공급 등에서의

11 하지만 장기이자율 하락의 결과 투자가 증가한다는 케인스의 이야기는 「신고전학파」 경제학 이론과 같이 기계적으로 달성되는 것은 결코 아니다. —옮긴이 주

대규모 자본 투자도 행해졌다. 케인스는 복지국가에 대해서는 명시적으로 언급하지 않았지만, 소득세와 상속세를 인상해서 그를 이용해 공공지출의 증가를 유도해도 완전고용이 똑같이 달성될 가능성이 있음을 인정했다. 〈그림 7.9〉는 「케인지언시대」의 공공지출의 증가를 보여 준다. 반면 소득세나 상속세를 감면하는 것이 「신자유주의시대」에서는 가장 우선적인 정책 사항이 되었다. 케인스는 또한 예술에 대한 공적 지원을 크게 지지했다. 그는 '케임브리지 예술극장(the Cambridge Arts Theatre)'을 창단했고, '로열 발레단(the Royal Ballet)' 창단을 지원했으며, '예술 협의회(the Arts Council)'의 초대 의장을 맡았다. 참고로 이때의 공공 소비라는 것은 복지나 사회보장에 대한 지급은 포함되지 않는 것으로, 정부에 의한 직접 고용과 지출만 나타내는 것이다.

미국에서 공공지출은 영국만큼은 상승하지 않았지만(〈그림 7.10〉), 반면에 「케인지언시대」 이후에 있어서의 영국처럼 심하게 하강하고 있지도 않다. 양국의 경제 구조에는 중요한 차이가 있으며, 특히 의료나 군사 분야에 대한 확고한 의지 면에서는 큰 차이가 있다. 거듭 말하지만 이들 숫자에는 사회보장기금을 통한 지출은 포함되지 않았다. 그렇다고는 해도 이 〈그림 7.10〉을 보면 미국에서는 「케인지언시대」 이후 소위 「큰 정부」(big government)가 영국만큼 크게 후퇴하고 있지 않다는 것이 분명히 보인다.

케인스는 고용 수준을 높이는 것과 그 변동을 억제하는 것을 별개로 구별하지 않았다. 그는 경기 변동 주기에 관한 이론은 제시했지만, 그 경기 변동에 대한 해결책으로서 「수요관리」를 명시적으로 제시한 것은 아니다. 오히려 다음과 같이 주장하고 있다. "경기 변동 주기에 대한 올바른 구제책은 호황을 폐지해 경제를 준(準)불황 상태 수준으로 항구적으로 유지하는 것이 아니라 불황을 폐지해 준호황 상태를 항구적으로 유지하는 것이다"(CW 7: 322).

「저금리정책」, 즉, 저렴한 이자율과 그로 인한 투자 증가를 추구하는 정책에 의해 완전고용이 달성되면 물리적 자본의 희소성이 줄어들고 따라서 이윤율이 낮아질 것이다. 케인스는 이를 완전고용 상태에서 달성할 수 있는 부가적인 이익으로 간주했으며, 이렇듯 금리소득자(rentier)의 수익을 없애는 것은 한 세대 내로 끝낼 수 있을 것으로 생각했다. 이 같은 「금리소득자의 안락사」(安樂死, euthanasia)는 소득 불평등 감소를 유도할 수 있기 때문에 단순히 공공 소비를 늘리는 것보다는 「저금리정책」을 이용해 완전고용을 유도하는 정책을 선호했던 것이다. 물론 케인스는 이 두 가지 방법이 상호 배타적인 것이라고는 생각하지 않았다.

[토머스 피케티(Thomas Piketty)의 계산에 근거한] 〈그림 7.13〉은 영국의 이윤율이 「케인지언시대」에는 실제로 반으로 감소해 약 11%에서 5.5%가 된 것을 나타내고 있다. 이 같은 감소로 인해 그 수준은 과거 「금본위시대」의 수준으로 내려간 것이다. 이 낮은 이윤율은 「신자유주의시대」와 「긴축재정시대」를 통해서도 지속되었기에 그것이 단지 이자율을 따라 결정되는 것 같지는 않다. 단, 피케티의 계산은 미국의 비교 가능한 숫자를 제공하지 않고 있어서 미국에 대한 비교는 생략하겠다.

「케인지언시대」의 영국 투자의 높은 투자율을 지탱하고 있던 것은 저이자율과 높은 수준의 정부 지출뿐만 아니라 수출의 고성장률이었다(〈그림 7.1〉,

〈그림 7.13〉 영국의 이윤율

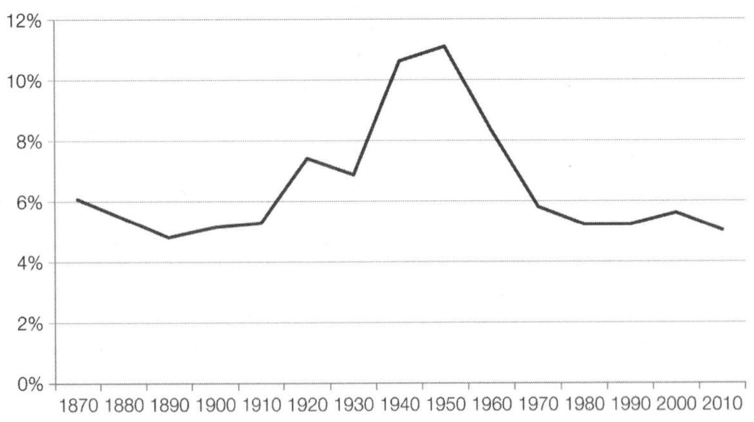

〈그림 7.2〉, 〈그림 7.5〉 참고). 이때의 수출성장률은 「전간기」나 「금본위시대」보다 훨씬 높았다. 〈그림 6.3〉과 같이 영국의 소득성장은 이 같은 수출성장에 의해 투영된 그림자라고 할 수 있다. 케인스의 이론에서는 투자와 수출 사이에는 복잡한 양방향의 관계가 있지만, 이 기간 동안에는 이 두 요소 중 수출이 주도적 역할을 하면서 소득을 견인하고 있는 것을 시사하고 있는 것이다(즉, 수출 시장은 투자 기회를 창출하며 투자를 함으로써 수출이 좀 더 경쟁력 있도록 상승작용을 하는 것이다).

따라서 우리가 내리는 전체적인 판결은 다음과 같다. 「케인지언시대」에는 단순히 소비를 위한 정부의 차입은 없었고 오로지 투자를 위해서만 이루어졌다. 그리고 지금 케인스의 이름하에 그의 유산이라고 세간에서 말하는 것들 중 어떤 것들은 (특히 「기능적 재정」과 같은 것들 — 옮긴이) 근거 없이 케인스 이름을 남용한 것이며, 케인스가 아니라 일부 케인스 추종자의 생각을 반영한 것일 뿐이다. 그 대신 케인스는 주로 금융정책을 통해 장기이자율을 내리고 투자를 자극해 완전고용을 달성하고, 이로써 금리소득 자본(rentier capital)의 이윤이 사라질 것을 원했다. 그러나 만약 민간투자가 어려울 경우 국가는 채무를 지더라도 투자를 늘려야 한다고 주장했던 것이다.

그의 금융정책은 「케인지언시대」, 그리고 「긴축재정시대」에도 또 다시 실시되었다. 이윤율은 「케인지언시대」에는 떨어졌지만, 그것은 단지 역사적으로 유래 없이 높은 수준에 비해 저하된 것에 불과하며 그것이 아예 소멸한 기색은 없었다. 「케인지언시대」의 완전고용과 높은 투자율은 공공지출과 수출성장에 의지하고 있었다(케인스는 이러한 공공지출에는 중립적이었지만, 장기적으로 볼 때는 반대하는 입장이 아니었다).

수출성장은 브레턴우즈 체제에 의해서 허용된 자유무역에의 회귀를 반영한 것이며, 케인스는 그것을 실현하는 바에 분명히 공헌했다. 자유무역은 특별히 케인스적인 정책이 아니었고, 브레턴우즈 체제의 환율제도가 붕괴되었음에도 불구하고 「신자유주의시대」와 그 이후에도 계속되었다. 브레턴우즈 체제의 환율제도가 붕괴되었음에도 불구하고 적어도 현재로서는 국제무역은 케인스 등이 제창한 것과 같은 종류의 일종의 다자간 무역 규칙에 의거해 행해지고 있다.

5. 「케인지언시대」의 종언

케인스 시절이 막을 내리게 된 계기는 일련의 불운한 사건들에 의했다. 그로 인해 브레턴우즈 체제 초기에는 숨겨져 있던 설계적 결함이 드러나게 되었고, 완전고용을 실현하고자 하는 정부의 능력에 대한 신뢰가 훼손되었던 것이었다.

브레턴우즈 체제의 가장 큰 우려는, 미국이 금 태환성에 대한 확고한 의지를 고수하기 위해서는 경상수지흑자 기조를 유지해야만 하는데, 그로 인해 반대로 국제결제 보유고가 부족할 것이라는 전망이었다. 그런데 미국의 경상수지는 1968년 초에 적자로 돌아섰는데, 이는 베트남 참전 비용이 증가했기 때문이다. 그럼에도 불구하고 미국의 국제수지는 1968~1969년에 걸쳐 흑자를 유지했는데, 이것은 긴축 금융정책과 그로 인한 이자율 상승에 기인해 단기적인 자본 유입이 증가했기 때문이었다. 1969년에는 IMF는 「특별인출권」이라는 형태로 자신의 독자적인 화폐를 창출하는 것을 인정받았는데, 이는 예상했던 달러의 부족 현상을 해소하기 위해 달러와 스털링 등을 보완하기 위해 고려된 것이었다(스털링은 1967년의 평가절하 후 국제결제 통화로서의 명예에 금이 가게 되었다). 1970년 경기 침체가 시작되자 미국은 이자율 인하를 단행했고, 이로써 단기 자금이 대거 해외로 유출되기 시작했다. 이는 미국의 비거주자들이 미국의 금융자산을 매각하고 대신 외국의 자산을 취득하기 시작한 것을 의미했고, 미국의 달러를 팔고 다른 통화를 취득한 것이다.

이러한 단기 자본의 유출은 다른 중앙은행들의 달러 보유고를 현저히 증가시켰는데, 그러한 달러는 단지 미국 내에서만 보유하고 있던 것이 아니라 소위 유로시장(the Eurocurrency market)[12]이라고 불리게 된 당시 빠르게 성장하고 있던 미국 역외 런던의 국제금융시장에서도 보유하고 있게 되었다. 이러한 외환보유고의 증가는 (자금의 대출을 통해 — 옮긴이) 당시 많은 나라를 속박하고 있던 국제수지상 제약을 완화해 주었고, 불황에 대처하기 위해 1971년부터 시작된 수요 부양 정책과 시점상 맞아떨어질 수 있게 된 것이었다. 하지만 돌이켜 보면 이 타이밍은 최악이라고 생각될 수 있다.

유럽의 몇몇 중앙은행은 보유한 달러를 금으로 교환하기로 결정했고, 프랑스는 군함을 뉴욕으로 보내 금을 수송하도록 했다. 따라서 닉슨은 1971년 8월 15일 부로 금 태환을 정지시켜 브레턴우즈 체제는 사실상 종언을 고한 것이었다. 그 후 1971년 12월 '스미스소니언(Smithsonian)'에서는 새로운 고정환율이 합의되었으나 1973년 2월까지만 짧게 존속했다. 그 이후 세계는 변동환율제로 회귀했다. 달러 가치가 의문시되자 석유 생산자들은 석유 가격을 달러가 아닌 금 자체에 고정하기 시작했다.

1972~1973년은 거의 폭풍 수준의 격동기였다. 세계의 소득은 급속히 성장했다. 1970~1973년에 실질소득은 미국과 영국 모두에서 14% 이상 성장했다. 1973년 영국의 성장률은 6.5%로 1941년 이래 가장 높은 수준이었다. 그런데 이러한 국제 간 적용되는 소위 「승수」는 양국 간 상호 상승작용에 힘입어 일국의 그것보다 훨씬 높은 수준을 보이는데, 예를 들어 어느 한 나라의 수입 증가는 다른 나라의 수출 수요를 자극하고, 그로 인해 그 나라의 수입이 늘어 다시 첫 번째 국가의 수요를 자극하는 등의 피드백이 거듭되기 때문이다. 세계 시장에서의 수출 가격은 원자재 상품과 제조품 모두 수요의 급격한 증가

12 유로시장이라고 함은 현재와 같은 유로화 화폐 연맹이 아니라 자국 통화가 자국의 권역 밖에서 거래되는 시장을 의미한다. 예를 들어, 유로 달러라고 함은 미국 권역 밖에서 미국 달러 거래를 하는 시장을 의미하는 것이다. —옮긴이 주

에 대응해 인상되기 시작했다.

한편 소련 등지에서의 극심한 흉작으로 세계 곡물 재고는 바닥 수준으로 떨어졌다. 앞 다퉈 공급을 확보하기 위한 경쟁으로 인해 공업에서의 원재료 가격은 2배로 증가했다. 그런데 1973년 10월 이스라엘과 아랍 이웃 국가 사이에 다시 전쟁이 벌어졌다. 아랍 주도의 석유수출국기구(OPEC)는 미국에 석유 금수조치를 부과했고, 감산을 실시해 유가는 4배가 되었다. 중동인의 관점에서 보면 땅속에 있는 석유는 금과 같은 가치 저장의 수단으로서, 석유 가치의 상승은 기존 달러 등의 통화가치의 하락을 의미했다.

완전고용정책에 상응하는 것으로 대서양 양안에서 소위 「소득정책」[13]을 채용하기 시작했다. 원유를 비롯한 원자재 상품 가격의 급등으로 인해 「상품인플레이션」 등의 큰 충격을 야기했다. 미국에서는 달러를 「금본위제도」에서 이탈시키면서 닉슨은 1971년 8월 동시에 대규모 임금 및 물가 통제를 도입했다. 이러한 규제는 인플레이션율을 1970년의 5.9%에서 1972년에는 3.3%까지 저하시키는 데 매우 효과적이었지만, 원자재 상품 가격의 상승에는 충분히 대응할 수 없었고, 결국 인플레이션율이 12%까지 치솟은 1974년 4월에 사멸되었다. 영국에서는 석유 위기와 겹쳐 1973년 11월의 「소득정책」상 「인덱스제도」(Indexation)[14]가 도입되었는데, 이는 화폐임금의 상승률이 낮아지는 경우

---

13 「소득정책」이라는 것은 「임금정책」(wages policy)이라고도 불린다. 이는 경제 전반적으로 임금과 가격을 낮게 통제하는 것을 의미한다. 이 같은 정책은 인플레이션은 기본적으로 노동자의 임금 인상 요구에 의해 발발하는 것이라는, 로빈슨 등이 주장한 전술했던 비용압박(cost push) 인플레이션 이론에 근거한다(로빈슨은 자신의 이름 가운데 글자가 '소득정책'이라고 말했다는 일화도 있다). 그 같은 견해에 의하면 화폐 및 금융정책만으로는 인플레이션을 감소시킬 수 없고, 「소득정책」이 수반되어야만 한다. 이 같은 「비용압박 인플레이션」의 견해에 대해서는 이 책 5장 각주 2를 참고하라. 그런데 이러한 「소득정책」은 1970년대의 원자재 가격 급상승으로 인한 소위 스태그플레이션 발생으로 무너져 버렸다. 현대에서 이 용어는 다소 다른 맥락으로 사용되는데, 경기 침체와 노동이 국민소득에서 차지하는 비율이 감소하게 됨에 따라 단순히 실질임금을 억제하는 것이나 또는 생산성 향상과 연동시켜야만 실질임금을 인상시키는 것을 의미한다. —옮긴이 주

실질임금을 보호하려는 의도였다. 그런데 유가가 상승하자 「인덱스제도」는 부작용을 낳기 시작했고 (즉, 임금은 그에 따라 수직 상승하게 되었고 — 옮긴이), 임금인플레이션율은 1975년에 30%를 넘어 정점에 달했다.

영국 노조는 조합원의 실질임금을 유지하기 위해 정부와 서로 싸웠기 때문에 가장 강력한 전국 광산 노동자 조합은 이때 야근 금지 및 35%의 임금 인상을 요구하며 석탄 생산을 줄였다. 전기 생산이 대부분 석탄 화력발전에 의존하던 당시, 정부는 전시와 같은 전력 사용 규제를 도입해 일주일간 전력을 3일만 공급함으로써 대응했다. 광부들이 파업으로까지 치닫자 당시 보수당 에드워드 히스(Edward Heath) 총리는 총선을 소집했다. 결국 보수당 정부는 선거에서 패했고, 노동당 정부가 들어서자마자 광부들이 주장했던 35%의 임금 인상안을 승인했다.

따라서 1973년에는 대부분의 나라에서는 인플레이션을 억제하는 유일한 방법으로 「수요관리」를 택해 성장률을 둔화시켰다. 유가 상승은 선진 산업 경제에서부터 모든 수요를 고갈시켜 버렸고, 산유국과의 전대미문의 수지상 불균형을 낳았는데, 산유국은 이렇게 벌어들인 돈의 사용처를 쉽게 찾지 못했다. 1974년 상반기에는 산유국들은 이러한 유가 상승으로 인해 벌어들인 돈을 지출하면서 성장이 지속되었다. 석유 위기에 의한 디플레이션 효과는 1974년 중반부터 1975년 중반에 걸쳐 발생했으며, 「전간기」 이래의 평화 시 중에서는 가장 심각한 불황을 야기했다.

영국에서는 신뢰가 깨지면서 주식시장은 1972~1974년에 실질적인 가치의 80%를 잃었다. 1971년 이래 신용 제한이 완화된 후 과다하게 대출을 확장시킨 많은 영국의 소규모 은행들은 위기에 처했고 정부의 구제금융에 의존할 수밖에 없었다. 다른 나라들 중에서도 특히 영국은 유가 상승에 의해 유발된

---

14 화폐임금 상승률을 정해진 소비자물가지수 등을 반영해 자동적으로 인상시킬 수 있도록 명시적으로 정해 놓는 제도로서 법령에 의해 강제적일 수도, 자발적일 수도 있다. —옮긴이 주

심각한 국제수지적자를 조달하기 위해 차입을 할 수밖에 없었는데, 이때의 차입은 마침 북해 유전이 개발되어 석유가 공급되기 시작했기에 다행스럽게 이후 상환될 수 있었다. 하지만 환율은 금융시장에서의 전망에 의해 결정되었는데, 1973~1977년에 걸쳐 스털링은 달러 대비 30% 평가절하되었고, 그 후 1980년에서야 급격하게 원래 수준으로 돌아왔다. 따라서 1976년에는 영국은 IMF로부터의 신용 공여 한도를 구하지 않을 수 없게 되었다. 물론 이 한도는 한 번도 이용되지 않았지만, 그럼에도 불구하고 근거가 없는 심리이기는 했지만 당시에는 국가 파산의 위기감마저 생겼다.

미국에서는 1974년 8월에 경기가 하락한 직후 제럴드 포드(Gerald Ford)가 대통령으로 취임했고, 그의 경우 인플레이션 대책이 최우선적 과제가 되었다. 어설픈 형태의 자발적 「소득정책」의 시도 중 하나는 「WIN」이라고 적힌, 옷깃에 다는 배지를 발행한 것이었다. 그 의미는 '인플레이션을 채찍으로 쫓아버리자(「WIN」: Whip Inflation Now)'였다. 실업률은 1969년의 3.5%와 비교해 1975년에 9.2%의 정점에 이르렀고, 인플레이션율은 반면 12.3%에서 4.9%로 저하되었다.

1977년 대통령으로 당선된 카터는 완전고용이라는 목표를 다시 부활시켰는데, 그 상태는 5%의 실업률로 정의되었고 이를 달성하기 위해 대규모 재정 확대를 실시했다. 그에 힘입어 실질소득은 1976~1979년에 13% 이상 급속히 증가했다. 반면 인플레이션율도 동시에 가파르게 상승했다. 하지만 정부 입장에서는 세수가 증가하는 이점이 있었기 때문에 정부의 저축은 플러스로 돌아섰고, 따라서 그 기간에 있어서 정부 재정은 개선될 수 있었다. 반면 「소득정책」은 효과가 없는 것으로 나타났다. 1979년 말에는 이란에서 혁명이 일어나 제2차 석유 위기가 발생했다. 미국의 인플레이션율은 전후의 최고 수준인 14.8%에 이르렀고, 세계적인 수요는 위축되었으며 동시에 미국의 소득도 0.5% 감소했다.

영국의 실업률은 1977년까지 5.5%로 상승했다. 이 수치는 절대적으로는 높은 수준은 아니지만, 지난 20년간의 평균 2.5%와 비교할 때, 그리고 150만 명의 실업자가 존재한다는 것을 의미했던 것이기에 만족스럽지 못한 결과였다. 1977~1978년에 인플레이션율은 10% 포인트 떨어진 7.5%를 기록했고 실업률은 근소하게 떨어졌다. 문제는 「수요관리」로서는 더 이상 실업률을 이전 수준으로 낮출 수 없을 것처럼 보이기 시작했다는 점이다. 1976년 9월에는 짐 캘러헌(Jim Callaghan) 총리가 노동당 전당 대회에서 연설했다. "우리는 감세와 정부 지출 증가로 고용을 늘림으로써 불황에서 탈출하고, 고용을 늘릴 수 있다고 생각했습니다. 그런데 솔직한 심정으로 말하건데, 우리에게는 더 이상 그런 선택지는 존재하지 않습니다"(Callaghan, 1976). 과연 이 같은 발언이 「수요관리」라는 것의 유효성에 관한 올바른 평가로서의 가치가 있는지 여부는 차치하고라도, 캘러헌의 발언은 영국에서의 완전고용을 향한 확고한 의지의 종언을 보여 준 것이었다. 미국에서는 카터가 몇 년 더 버티기는 했지만, 그럼에도 불구하고 그러한 신호는 이미 모든 벽에 써 있었던 것이다.[15]

1970년대 말까지만 해도 전체적으로 혼란과 방향성의 상실을 느끼고 있었다. 국제 차원에서는 각국 정부의 글로벌 체제에 대한 의지는(물론 그 의지는 그다지 강하지 못했지만) 환율제 붕괴 이후 아직도 회복되지 않은 상태였다. 민주적인 정부의 경제 운영 능력에 대한 유권자의 신뢰는 이미 상실되어 있는 상태였다.

정치 상황은 불안정해지고, 중동에서는 분쟁이 발발했고, 영국에서는 산업 분쟁이 끊이지 않았다. '다우닝 10번가에서의 맥주와 샌드위치(Beer and sandwiches at 10 Downing Street)'[16]라는 표현을 통해 느낄 수 있는 분위기는 1978

---

15 영어로 "the writing was on the wall"이라는 표현이다. 어떤 것이 어렵게 되거나 파멸할 징조가 명확히 나타남을 의미한다. —옮긴이 주

16 당시는 노동조합이 힘이 강해 정부 각료들과 노조 간부들이 비공식적 협상을 계속하면서 정책을 수립했는데, 이를 빗대는 말이다. 다우닝 10번가는 총리관저의 주소이다. —옮긴이 주

년 인플레이션이 재발하자 영국을 통치하는 것은 영국 여왕이 임명한 각료가 아니라 노동조합이라는 것이다. 미국에서는 휘발유 가격 통제와 위기 심리에 의한 구매가 주유소의 휘발유 부족을 초래했다. 미국 국민은 카터 정권하에서 실질소득 면에서는 훨씬 풍족했음에도 불구하고 그렇게 느끼지 못했다. 중산층은 인플레이션이 심하더라도 세액공제액은 상승하지 않았기 때문에 실질적으로 세액 부담이 증가한 것이고 그로 인해 압박 받았다[이를 소위 「재정장애」(fiscal drag)라고 부른다].[17] 이란 인질극 사태는 대통령의 무능과 무력함만을 각인시켰다. 이러한 실망감에 기인해 대서양 양안에서는 정치적으로 우경화가 진행되고 있었다.

6. 케인스 경제학의 종언?

이 책 2장은 1980년 미국의 어떤 연구 세미나에서 케인스의 이론에 대해 비웃던 사람들에 대한 인용으로부터 시작했다. 케인스 경제학의 무엇이 그렇게 잘못되었는가, 그리고 왜 주류 경제학자(그들은 대부분 케인스를 포기했다)와 「포스트 케인지언」 경제학자(그들은 포기하지 않았다고 느끼는가?) 양쪽 모두 케인스 경제학을 포기했을까.

지금까지 본 것처럼 케인스 경제학 시대는 경제적이라기보다 정치의 문제가 대부분의 중요성을 차지했다. 정치가들로서는 완전고용을 향한 그들의 확고한 의지에는 이유가 있었던 것이다. 케인스 같은 저명한 경제학자라도 자신의 이론이 훌륭하다는 이유만으로 지지를 얻을 수 있다고 자만해서는 안

17 물가가 상승하면 납세자를 더 높은 세금 구간으로 끌어올려서 결과적으로 더 높은 세금이 부과되는 결과를 초래한다. 예를 들어 연 소득이 5000만 원 이하이면 세율이 10%이고 그 이상 초과분에 대해서는 20%라고 할 때 물가상승으로 인해 명목 소득이 높아지면 자연히 소득세는 평균적으로 높아지는 것이다. —옮긴이 주

되는 것이다. 즉, 정치적 기상(氣象)의 부침에 따라 어떠한 경제사상의 조류가 번성하거나 혹은 시들게 되는 것이기 때문이다.

예를 들어, 케인스가 창설한 케임브리지대학 응용경제학과(the Department of Applied Economics at Cambridge) 내 '케임브리지 경제정책 그룹(CEPG: Cambridge Economic Policy Group)'은 1982년에 갑작스럽게 폐쇄되었다. 당시 윈 고들리(Wynne Godley) 통솔하에 있던 CEPG는 수입을 관리하고 북해 유전에서 창출되는 수익을 제조업에 투자하기 위한 일련의 조치가 없다면 영국의 실업자는 1980년대에는 300만 명을 넘을 것이라고 1977년에 정확하게 전망했다. 그 CEPG가 문을 닫았던 이유는 그들이 제시한 예측의 기술적인 정확성과는 아무런 관계도 없고, 단지 그들의 예측으로 말미암은 정치적 함의가 갖는 문제들만이 관련되어 있었다.

소위 「케인지언 경제학」은 단지 『일반이론』을 단순화한 것으로서, 가격은 주어진 변수로 고정되어 있는 것으로 취급했다. 그런데 이렇게 가격을 고정된 것으로 가정하는 경우 「단기기대」의 형성과 생산에 있어서의 수익성 등을 포함하는 케인스가 제시한 「유효수요」라는 개념의 복잡성을 아예 제거해 버리는 결과를 초래했던 것이다. 「유효수요」는 「총수요」로 환원되고 그 「총수요」는 총지출로 된다. 그리고 지출은 생산을 자극하고 이미 이 책 3장에서 설명한 것처럼 이 지출과 생산은 「중개상」을 통한 재고조정을 통해 상호 「균형」을 달성하게 된다. 공급은 완전고용이 될 때까지 수요에 대응해 증가할 수 있고, 그 이상으로 지출을 더 늘리는 것은 생산량 증가가 아니라 인플레이션으로 전환된다. 상이한 수준의 산출에 대응해 발생할 수 있는 수익률의 인상이나, 혹은 또한 모든 종류의 공급자가 수요 증가에 반응해 가격 인상을 하는 수준 등은 그 자체로서는 이에 어떠한 역할도 하지 않는 것이다.

그렇다고는 해도 사실 소위 「케인지언 경제학」이 제시한 단순화가 매우 유용한 것은 사실이었다. 그에 따라 지출과 「완전고용산출」 간 갭을 추정하고, 그를 줄이기 위한 정부 예산을 책정할 수 있게 되었다. 인플레이션율이 낮은 환경하에서는 추가적 지출이 추가적 산출로 연결된다고 하는 단순화는 결코 공상적인 것이 아니다. 게다가 대기업이 생산비에 일종의 이윤을 더해 가격을 정하는 방식의 소위 「마크 업」(mark-up) 가격 설정에 대한 실증적인 증거는 충분히 설득력이 있었고 또한 지금도 그렇다.[18] 「케인지언 경제학」은 지난 약 40년간 「수요관리」를 위해 꾸준히 노력해 왔던 것이다.

「케인지언 경제학」은 정부의 균형예산을 달성하는 최선의 방법은 지출을 삭감하는 것이라는 세간에서 '상식적'이라고 믿고 있는 사고방식을 타파하려고 노력했고, 또한 가계와 달리 정부의 지출로 인해 소득이 증가되고, 따라서 세수에도 영향을 미친다는 것을 주장했다. 지금까지 본 것처럼 「케인지언시대」의 높은 수준의 정부 지출은 소득증가, 세수 증가, 그리고 정부 재정의 흑자화로 이어졌던 것이다. 케인스는 "재무성의 긴축재정이 필요한 시기는 불황기가 아니라 호황기이다"라고 쓰고 있다(CW 21: 390). 하지만 「긴축재정시대」를 맞이해 영국에서는 다시 이전의 '상식'으로 회귀하게 되었고, 균형예산이 달성될 것으로 예측되었던 시기는 매년 뒤로 후퇴하고 있고, 재정적자는 지속되어 왔다.[19]

---

18 「마크 업」은 「이윤 가산 가격 결정」으로도 번역된다. 기본적으로 경제는 불완전경쟁에 의해 지배되고, 유효한 공급 여력이 있는 한 제조업에서의 가격은 비용에 적정한 이윤을 가산해 결정된다는 「포스트 케인지언」의 효시라고 불리는 칼레츠키의 생각을 반영하고 있다. 이에 대한 자세한 논의는 칼레츠키(Kalecki, 1971: 5장)를 참고하라. ─옮긴이 주

19 (다음은 저자의 주인데, 비전공자들은 뛰어넘어도 무관한 내용이다. ─옮긴이)
표준적인 케인스 모델상 「비교정태분석」은 정부 지출의 삭감(소득세 tY와 정액세 T로 조달되는 G)이 재정적자(F)를 어떻게 개선하는지 정확하게 나타내고 있다. 소득이 주어지는 경우 소비, 그리고 총 최종 지출의 관점에서 본 수입을 나타내는 「균형상태」의 방정식에서 출발할 때,

$$Y = C + I + G + X - M$$

$$C = C_0 + C[(1-t)Y - T]$$

$$M = M_0 + m(C + I + G + X)$$

$$F = G - tY - T$$

따라서 다음의 결과가 도출된다. $\frac{\partial F}{\partial G} = 1 - \frac{[c(1-t)+t](1-m)}{1-c(1-t)(1-m)}$. 만일, $c=0.8$, $m=0.2$,

「케인지언시대」에 들어와서는 경제 분석과 분석 모델은 점점 막강해지는 계산 능력의 힘에 도움을 받아 더욱 세련되어 졌다. 예를 들어, 1980년 영국 재무성이 사용하던 경제 분석 모델은 대략 700여 개의 연립 방정식으로 구성되었는데, 이는 우리가 이 책 3장에서 다루었던 2~3개의 방정식과는 현저한 차이가 있는 것이다. 그리고 「총수요」에 대한 분석도 아주 상세하게 구성되었다. 국제무역에 대한 충분한 고려가 제시되었으며, 각 수요의 구성 인자들을 모델화하기 위해 조밀한 「산업연관표」(Input-output tables)[20]가 만들어졌다. 이때 가격은 고정적인 것으로 가정되는 것이 아니라 산출과는 독립적으로 결정되는 것으로 상정되었고 비용에 의해 결정되는데, 궁극적으로는 임금, 세계 상품 가격, 그리고 환율이 주요 결정 인자로 가정되었다.[21]

경제 모델은 향후의 사태를 예측하는 목적으로는 신뢰도가 항상 결여되어 있었다. 따라서, 변화하는 상황에 대처하기 위한 다양한 대안 정책들을 비교하기 위한 일관된 틀을 제공하고자 하는 그 모델의 원래적인 주요 역할이 의문시된다. 대규모 케인지언 경제 모델은 과거 자료에 대한 통계적(계량경제학적) 분석에 기초하고 있었다. 하지만 이러한 접근법은 어떠한 역사적인 구조적 관계를 반영하는 정책적 변화가 그러한 구조적 관계를 지배하는 인간의 행위 자체를 변화시킬 수 있는 가능성에 대해서는 어떠한 직접적인 고려를 하지 않고 있다. 예를 들어 어느 지역의 범죄율이 낮다고 해서 경찰력을 안전

---

t=0.25로 하면 이 「승수」의 값은 62%가 된다. 즉, 적자를 100파운드 삭감하려면 162파운드(100파운드÷62%)의 정부 지출 삭감이 필요하다. 이는 적자는 세수에 의존하며 세수는 소득에 의존해 지출 삭감은 소득에 「승수효과」(이 경우는 약 1.5)를 초래하기 때문이다. 지출 삭감에 의해 예산을 균형시킬 수는 있지만, 국민소득이 줄어드는 것에 의해서만 가능하다. 이 경우 소득 감소는 적자액의 2.5배(250파운드=162파운드×1.54)가 된다.

20 러시아 경제학자 바실리 레온티에프(Wassily Leontief)가 개발한 도구이다. 경제 전체 부분을 투입과 산출로 구성된 거대한 「산업연관표」로 만들고, 각 투입과 산출을 연결하는 수많은 선형 방정식으로 표현한다. —옮긴이 주

21 이 「산업연관표」에 대한 논의는 비전공자는 무시해도 좋다. —옮긴이 주

하게 줄일 수 있는 것은 결코 아니기 때문이다.

찰스 굿하트(Charles Goodhart)는 금융정책과 관련해 이러한 문제를 지적했다. 화폐수량이나 혹은 은행 대출을 규제하려는 어떤 조치가 있다고 하더라도 은행들은 그러한 조치를 회피할 수 있는 방법을 찾아내기 마련이라는 것이다. 루카스[22]는 이러한 「케인지언 경제학」 모델에 대한 비판을 남용해 그러한 모델은 정책 지침으로는 무용하다고 주장하기도 했다. 예를 들어 정부가 소비자 수요를 늘리기 위해 일시적으로 감세를 할 경우 사람들은 그 감세로 얻게 된 뜻하지 않은 추가 가처분소득을 그냥 은행에 예금하고 소비하지 않는다는 것이다. 왜냐하면 결국 그 감세는 다시 미래에 증세로 이어져서 미래의 소득이 감소할 것이므로 사람들이 그것을 미리 예상해 소비를 늘리지 않는다는 것이다.[23] 그가 주장하는 바는 결국 케인지언들이 주장하는 소비함수는 안정적인 것이 아니라는 것이다.

순수 이론 차원에서 볼 때 주류 경제학은 「신고전학파 종합」이라고 알려진 일종의 불편한 타협을 통해 케인스를 자신 쪽으로 동화시키려 시도해 왔다. 케인스 경제학은 거시경제학에 있어서는 「화폐수량설」과 경기순환론을 대체했지만 「고전학파」 경제학은 여전히 개별 기업과 가계의 미시경제 차원에서 사용되어 소득분배, 과세 및 관세, 그리고 경제 복지 등의 문제에 대한 답을 제공하게끔 남아 있는 것이다. 그 대표적인 예로는 새뮤얼슨이 발행한 교과서 『경제원론(Economics)』(1948/1989)이 기존의 영국에서 출판된 마셜의

---

22 인간은 합리적으로 예측한다는, 소위 「합리적기대가설」을 기반으로 해 거시경제학 모델을 수립해야 한다고 주장해 「뉴고전학파」 거시경제학의 길을 열었다. 그 같은 「합리적기대」라는 가정은 케인스의 「불확실성」이라는 개념을 철저히 도외시했다. —옮긴이 주

23 이는 소위 「리카도의 등가정리」(리카도의 等價定理, Ricardian equivalence)라고 불리는데, 정부의 재정적자는 소비를 진작시키지 못한다는 것이다. 이 정리는 주로 중앙은행이나 각국의 재무성 관료들이 전가의 보도처럼 사용하는 논리인데, 그 이론적 기반은 아주 취약하다. 즉, 그 이론은 인간의 결정 과정과 예측 능력에 대한 비현실적인 합리성의 가정에 근거하는 것이다. —옮긴이 주

『경제원론(Principles of Economics)』(1920) 그리고 미국에서 출판된 프랭크 윌리엄 타우식(Frank William Taussig)의 『경제원론(Principles of Economics)』(1911/1939)을 대체해 주류 경제학 교과서의 바이블이 된 것이다.

케인스의 말을 빌리자면 "경제학자들은 어떤 때에는 우리가 달의 한 면에 있다고 생각하고 다른 때는 달의 반대편에 있다고도 생각하는데, 그때 달의 그 두 면을 연결하는 경로나 여정에 대해서는 무지하다. 그런데 그 두 면은 우리가 깨어 있을 때와 꿈을 꾸고 있는 것이 관련되어 있는 방식으로 연관되어 있어 보인다"(CW 7: 292).[24] 이러한 모순은 서로 반대적인 자세를 취하는 두 가지 강력한 조류를 탄생시켰다. 어떤 이들은 거시경제학은 미시경제학적 기초, 즉 「고전학파」 경제학적인 「균형」 모델에 기초해야 한다고 주장했다. 반면, 다른 일파는 전통적인 수요와 공급에 대한 분석은 완전히 포기해야 한다고 주장한다. 주목해야 할 것은 케인스는 이 두 가지를 서로 화해시켰다고 생각하고 있었지만 과거의 그의 목소리는 이제는 더 이상 들리지 않게 되었고, 그는 더 이상 우리 곁에 존재하지 않기에 그 자신의 주장을 스스로 대변할 수 없는 것이다.

「케인지언시대」 말기에 케인스는 거시경제학에서의 두 가지 주요 흐름으로 나뉘어져 영향을 미치고 있었는데, 그 두 가지 흐름은 소위 「신고전학파 종합」이 갖는 결함을 대체하는 양상에 따라 구분되었다. 첫 번째 흐름은 「고전학파」 이론의 형태로 수정되어 회귀함을 나타낸다. 그런데 이러한 흐름은 이후 정치적으로도 학술적으로도 헤게모니를 장악하게 되었다. 물론 이 부류에 속하는 많은 경제학자 간에는 그 강조점에 있어서 많은 다양성을 내포하고는 있지만, 아주 대체적으로 그 안에서의 주류를 소위 「뉴 케인지언 경제학」

---

24 이 맥락의 의미는 경제학은 가치론(즉, 수요와 공급에 관한 상대가격의 결정 이론)과 화폐와 물가수준에 대한 이론(즉, 「화폐수량설」)으로 구분되어 있는데, 둘 사이가 어떻게 연관되어 있는가는 등한시한다는 것이다. 기껏해야 마치 연결되어 있다는 비현실적인 환상만이 있을 뿐이라는 이야기이다. —옮긴이 주

(New Keynesian economics)이라고 지칭한다.[25] 이 이론에서는 케인스의 통찰력은 단지 가격이 고정되어 있는 「단기적」인 것에 국한되어 있고, 반면 「장기」에는 「고전학파」 경제학이 다시 부활해 가격은 신축적으로 움직이고, 경쟁 작용에 의해 경제는 「완전고용균형」에 이르게 된다는 것이다. 이러한 「뉴 케인지언 경제학」에서 유일하게 케인지언적인 것은 「수요관리」, 특히 금융정책의 측면인데, 그것은 균형에로의 복귀를 앞당기기 위한 일시적 역할만이 있을 수도 있음을 시사하는 것이다.[26]

또 하나의 조류는 바로 「포스트 케인지언」 경제학이다. 현재 이 주류는 어떻게 보면 주류에서 외면 받는 황무지에서 방황하고 있는데, 그 주류에 속하는 학자들은 대체로 대학의 상아탑 밖에서 다양한 직업에 종사하고 있고, 정책 입안자들에게 어느 정도 영향을 미치고는 있다. 「포스트 케인지언」은 일자리와 실업은 경제체제 전체의 문제이지 노동시장만의 문제가 아니라는 케인스의 기본적인 생각에 기초한다. 또한 아무리 「노동시장의 유연성」이 크다고 하더라도 경쟁만으로는 경제체제를 완전고용으로 이끌 수 없다는 것이다. 그리고 수요와 화폐는 「장기적」으로뿐만 아니라 「단기적」으로도 중요하다는 것이다.

모든 「포스트 케인지언」은 케인스의 네 가지 중요한 명제를 모두 받아들

---

25 대표적인 학자로는 키요타키, 스티글리츠, 크루그먼, 맨큐 등을 들 수 있다. 참고로, 힉스, 모딜리아니, 새뮤얼슨으로 대표되는 소위 「신고전학파 종합」을 주도한 경제학자들을 지칭하는 「올드 케인지언」과는 구분해야 한다(22쪽 거시경제학 계보도를 참고하라). —옮긴이 주

26 [고급] 참고로 이러한 「뉴 케인지언」 경제학에서도 대부분 화폐는 실종되어 있다. 이러한 난점을 극복하기 위해 키요타키 같은 학자는 '탐색 모델(search model)'에 기반해 화폐를 명시적으로 모델에 도입했다는 점에서 큰 평가를 받는다. 그가 말하는 화폐의 근본적 출발점인 '탐색'은 물물교환의 불편을 극복하기 위한 것이며, 그의 화폐 모델은 멩거의 화폐 발생 이론에 근거하기에 신멩거주의자(neo-Mengerian)이라고도 불린다. 이에 대한 가장 중요한 논문은 키요타키와 라이트(Kiyotaki and Wright, 1989: 927~954)이다. Kiyotaki and Wright (1991: 215~235)와 이 책 5장 각주 5도 참고하라. 키요타키의 화폐에 대한 주요 비판을 정리한 것으로는 Cartelier(2018: 2장)를 참고하라. —옮긴이 주

이고 있다. 즉, ① 투자가 소득과 저축을 결정하는 것이며, 그 역이 성립하는 것은 아니다. 투자에 따라 고용이 결정된다. ② 투자는 미래에 대한 어떤 다른 것으로 환원될 수 없는 「불확실성」과 「확신」[27]에 의존하고 있으며, 어떠한 (이미 확실히 존재하는 ― 옮긴이) 내재가치에는 근거하지 않는다. ③ 이자율은 저축이 아니라 화폐수요와 공급에 관련된 것이다.[28] ④ 수출(그리고 정부지출)과 수입(그리고 과세)은 수요에 영향을 미치며, 그 영향은 투자와 저축이 미치는 영향과 유사하다.

그러나 「포스트 케인지언」의 대부분은 경쟁 시장에서의 수요와 공급이라는 케인스의 마셜적 기반은 외면하고 있다. 대다수의 「포스트 케인지언」들은 「유효수요」에 있어서 당시 케임브리지대학에서 케인스의 동료였던 칼레츠키의 정식화를 따르고 있다. 참고로 칼레츠키가 케인스와는 독자적으로 이미 전에 「유효수요의 원리」를 개발했다는 증거도 있다. 칼레츠키의 모델에서의 이윤율은 투자에 의해 결정되는 것이고, 그로 인해 저축이 결정되는 것이다. 이는 다음과 같은 명제에 의해 대변된다. 즉, "노동자는 자신들이 번 것을 소비하고, 자본가는 그들이 소비함으로써 이윤을 번다"(Robinson and Eatwell, 1973: 109).[29] 독점 자본과 계급 분석에 기초한 칼레츠키언들의 소득분배 이론은 마르크스적 전통에 기반하며, 필연적으로 정치적인 의미를 가지

27 이 「확신」의 의미에 대해서는 4장 각주 9를 참고하라. ―옮긴이 주

28 [고급] 「포스트 케인지언」 내에서는 이 같은 견해들이 통일적인 것은 아니다. 이자율은 다분 외생적으로 결정된다는 학자들도 있고 그들을 소위 수평주의자(水平主義者, horizontalist)(이자율이 그래프상에서 수평으로 그려져 있다는 의미에서)라고도 불린다. 그들의 견해에 의하면 이자율은 결국 정책 당국이 결정하는 숫자이며, 종래의 화폐수요 및 공급에 의해 결정되는 것이 아니라는 것이다. 문제는 단기적으로는 그러한 견해가 수긍될 수 있다고 하더라도 단기이자율이 장기이자율로 어떻게 전이될 것인가 하는 것은 문제로 남으며, 실증적으로도 양자의 상관이 명확한 것인가 하는 논쟁이 존재한다. 그 실증 자료 분석에서도 이견은 존재한다. 참고로 관심 있는 독자들은 라부아(Lavoie, 2014: 182~192, 232~234)를 참고하라. ―옮긴이 주

29 5장 각주 33을 참고하라. ―옮긴이 주

고 있다.[30]

케인스의 또 다른 동료인 케임브리지대학의 스라파는 그의 경력의 초기에 「고전학파」 경제학적 분석에서의 핵심적인 명제 중 하나인 수확체감의 법칙에 대해 결정적인 타격을 가했다.[31] 케인스는 이러한 비판에서 부분적으로 자유롭기 위해 그의 「총공급곡선」을 다른 방식으로 구축했으나,[32] 이러한 스라파의 비판에 영향을 받아 그 문제를 피해 가기 위해 「고전학파」 경제 모델은 점점 마셜류의 「부분균형이론」에서 벗어나 발라스로, 즉 소위 고급 수학기법을 사용하는 「일반균형이론」으로 경도되었던 것이다.[33] 그의 경력의 말기에 스라파는 리카도의 가치론(즉, 상대 가치론)을 발전시킨 한 권의 얇은 저서[34]를 발간했는데, 그 책에서는 마르크스가 고민했던 「전형문제」(轉形問題, transformation problem)[35](즉, 가격과 노동가치 간 상호 관계)의 답을 제공하고 있다. 스라파에게 있어서의 「고전학파」라는 용어는 소위 「신고전학파」 혹은 19세기 후반부의 한계혁명(marginal revolution)을 받아들이던 경제학자들, 즉 일찍이 마르크스가 '속물 경제학자'라고 지칭한 학자들의 이전 세대 경제학자에만 한정되어 사용되었다. 「포스트 케인지언」들 중 칼레츠키와 스라파는

30 참고로 대부분의 소위 「임금 주도 성장」(wage-led growth)(한국에서는 정체불명의 이름인 '소득 주도 성장'으로 알려져 있음)은 이 칼레츠키가 기존 케인스 이론에 계급 구분과 계급 간 서로 상이한 「소비성향」을 가미함으로써 개발된 것이다. —옮긴이 주

31 4장 부록 1을 참고하라. —옮긴이 주

32 2장 각주 16 및 4장 각주 4를 참고하라. —옮긴이 주

33 4장 부록 1을 참고하라. —옮긴이 주

34 Sraffa(1960) —옮긴이 주

35 [고급] 간단히 말하자면 노동가치론에서 가치의 근원이라고 여겨지는 사회적·추상적 노동의 양(量)과 시장에서 우리가 보는 가격 간에 어떠한 관계가 있는지에 관한 탐구이다. 스라파가 과연 이 「전형문제」를 해결했는지에 대해서는 교조 마르크스 경제학자들은 부정적인 입장이며, 일단의 제도학적인 접근을 시도하는 마르크스주의자들은 기본적으로 노동가치론을 부정하기에 「전형문제」는 문제가 아닌 것이다. 관심 있는 독자들은 이채언(2007)을 참고하라. —옮긴이 주

이전에 마르크스가 해결하지 못한 난제들을 해결하는 모델을 제공했던 것이었다.

그렇다고 「포스트 케인지언」이 모두 마르크스주의자인 것은 아니며 마르크스적 분석에 동조하는 것도 아니다.[36] 「케인지언시대」에는 「포스트 케인지언」들의 연구의 상당수는 「신고전학파」 경제학적 분석이 시대에 뒤떨어져 있다고 해 단순히 무시하고, 좀 더 흥미로운 기술적인 문제에 몰두하고 있었다. 케인스가 조언한 것처럼 「포스트 케인지언」들은 경쟁적균형이라는 기존의 관행적 사고에 얽매이지 않고 현실적 문제에 대한 다양한 모델을 개발하면서 진보해 왔다.

케임브리지대학에서는 로빈슨, 칼도 및 그 주위의 많은 학자들이 케인스가 직접 다루었던 문제를 훨씬 뛰어넘는 많은 분야에서 이론을 개발시켜 나갔고, 제프리 하코트(Geoff Harcourt)는 이러한 케임브리지대학의 케인스의 전통이 성문화되고 동시에 신세대 학생들에게 구전으로 전달되는 데 주요한 통로가 되었다.[37] 또한 ≪케임브리지 경제 저널(The Cambridge Journal of Econo-

---

36 「포스트 케인지언」을 분류하는 것은 그렇게 명확한 것은 아니다. 스라파 경제학자들을 「포스트 케인지언」이라고 분류할 수 있는지에 대해서는 사람마다 견해가 다르다. 하지만 스라파주의자들은 자신들을 「포스트 케인지언」이라고 부른다. 일부 프랑스 마르크스주의자[예를 들어, 조절 이론을 창시한 마르크스주의자인 로버트 부아예(Robert Boyer)와 같은 학자]는 자신을 「포스트 케인지언」이라고 부른다. 그리고 3장 부록 3과 케인스의 「기본방정식」에 대한 5장 부록 1에서 옮긴이가 언급했듯이 케인스 이론 체계와 마르크스의 이론 체계는 상당한 유사성이 있다. 또한 많은 제도학파 학자들은 스스로를 「포스트 케인지언」에 속한다고 분류한다(22쪽 거시경제학 계보도를 참고하라). 케인스가 가지고 있는 풍부한 내용과 직관은 단순히 인간을 뛰어난 합리성을 가진 로봇으로 취급하는 주류 경제학에서 묘사하는 인간의 모습에 반대하는 어떠한 경제학적 조류와도 융화가 가능하다. 심지어는 프랑스에서 금세기 최고의 사회학자라고 여겨지는 피에르 부르디외(Pierre Bourdieu)와 케인스를 연결시키려는 시도도 있다. 후자에 대해 관심 있는 독자들은 Lainé(2014)를 참고하라. —옮긴이 주

37 현재는 켄 쿠츠(Ken Coutts), 필립 아레스티스(Philip Arestis)나 존 맥콤비(John McCombie) 같은 학자들을 중심으로 케임브리지대학에서 명맥을 잇고 있다. 현재 구순의 하코트 교수는 은퇴해 호주에 거주하고 있는데 건강 상태가 그다지 좋은 것 같지 않아 이제는 그러한 구전 전통이 사라질 위기에 처해 있다. —옮긴이 주

mics)≫이 1977년에 창간되어 케인스학파 사상의 계승 및 발전에 중심적인 역할을 하게 되었다. 반면 다른 모든 주요한 경제 저널은 「고전학파」 경제학 중심으로 회귀했다.

미국에서의 「포스트 케인지언」 경제학은 영국의 그것과는 보완적이기는 하지만 다소 다른 방향으로 발전되어 나갔다. 대표적인 학자인 민스키는 월가의 관점에서 부채가 갖는 중요도에 대해 조망하는 실로 강력한 이론을 전개했는데, 그는 『일반이론』에 암시되어 있는 몇 가지 중요한 단서들에서 출발해 개별 기업이 금융을 조달하는 방식에 대해 케인스가 과다하게 추상화한 것을 완화시켜 좀 더 현실적인 분석을 전개했다. 민스키는 부채 금융을 몇 가지 단계로 구분했는데, 「헤지 금융」(hedge finance), 「투기적 금융」(speculative finance) 그리고 「폰지 금융」(Ponzi finance)이라는 단계가 그에 해당하는 것이다.[38] 이는 결국 「확신도」와 「장기기대」의 변화에 따라 이행되는 것이다. 그런데 이러한 과정 중에 가장 핵심적인 통찰은 '안정이 불안정을 잉태'한다는 명제이다. 현재도 그와 다름없다. 엄격한 금융 규제가 없다면 금융위기는 계

38 민스키는 케인스뿐만 아니라 마르크스 및 슘페터의 영향을 강하게 받았다. 소위 「금융 불안정성 가설」(financial instability hypothesis)의 핵심을 간단히 설명하면 다음과 같다. 대출 기준은 경기 주기를 따라 변동된다. 경기 상승 초기 단계는 「헤지금융」이라고 불리는데, 이 경우 대출자의 입장에서는 향후 필요한 이자 지급과 원금 상환을 충분히 실현 가능한 차입자에게만 대출을 승인한다. 그런데 경기가 더 상승하는 경우 「투기적금융」의 단계에 접어들고, 이때 대출자는 덜 신중하게 되고, 원금 상환 가능성 여부보다는 이자 지급 능력 여부만을 좀 더 고려해 대출을 집행하게 된다. 마지막으로 경기 상승의 정점에서는 「폰지금융」이 나타나는데, 이때는 대출 기준이 더욱 느슨해져서 단순히 미래에 자산가치가 상승해 채무를 상환할 수 있다는 믿음에 근거해, 이자를 지불하기 위한 추가적 대출도 받을 수도 있게 되는 것이다. 결국 어느 순간 대출자들의 신뢰도가 붕괴되는 시점이 도래하고, — 소위 '「민스키 모먼트」(Minsky Moment)' — 그로 인해 금융위기를 피할 수 없게 되며, 신용 공급은 제한되고 대출 상환을 위해 염가로 자산 매각을 종용 받게 되며, 투자는 바닥을 치고, 결국 생산과 고용은 급강하된다. 좀 더 자세한 내용에 관심 있는 독자는 민스키(Minsky, 1986; 1992)를 참고하라. 또한 민스키의 가장 중요한 저작(Minsky, 1974) 중 하나는 번역되어 있다(민스키, 2014). — 옮긴이 주

속 재발하는데, 반면 금융계는 그러한 금융 규제를 완화하고자 지속적으로 로비를 하는 것이다. 민스키의 분석은 2008년의 금융위기를 이미 사전에 예견하고 있었다.

반면 데이빗슨은 많은 측면에서 오리지널 케인스의 목소리를 유지하려고 시도해 왔다.[39] 그는 1960년대에는 「총공급」이라는 개념을 복구하려고 했으며, 지속적으로 마셜류의 분석을 고집해 왔고, 「불확실성」과 「유동성」이라는 개념의 중요성과 또한 케인스가 주장했던 바와 같이 국제화폐 제도의 필요성에 대해서도 공감을 표시해 왔다. 그는 1978년에 ≪포스트 케인지언 저널(the Journal of Post Keynesian Economics)≫을 발간하기 시작했는데, 그 저널은 현재에도 동 분야에서 미국 내 가장 권위 있는 저널이다.

「포스트 케인지언」 경제학은 이처럼 최초의 학파 설립자들의 사상과 이론 체계를 넘어서서 현저한 발전을 이루고 있으며, 최근 계속적으로 새로운 저널들이 발간되기 시작했다. 이에 대한 종합적인 평가는 이 책의 범위 밖이므로 관심 있는 독자는 개괄서로서 킹(King, 2015)의 책을 참고하기 바라며,[40] 대학원 수준의 고급 수준의 독자는 라부아(Lavoie, 2014)[41]의 책을 참고할 것을 권한다.

---

39 그는 칙 및 이 책의 저자와 함께 「근본주의 케인지언」으로 알려져 있다. —옮긴이 주

40 옮긴이가 이 책의 번역에 이어 번역 출판을 기획하고 있다. —옮긴이 주

41 라부아 교수에 의하면 현재 기존 2014년 판을 개정하는 작업 중이며, 곧 2판이 나올 것이라고 한다. 참고로 이 저서는 대학원 수준 이상의 학생을 대상으로 하므로 학부 학생이나 혹은 비전공자에게는 적합하지 않으니 라부아 교수가 출판한 개론을 참고하기 바란다(라부아, 2016). —옮긴이 주

7. 이 장의 정리

확실히 「케인지언시대」는 존재했다. 전 세계는 수량적 데이터가 존재하는 이래 그 시대에서는 가장 높은 지속적인 경제성장과 최저 수준의 실업률을 기록했다. 정부는 장기 실질 이자율을 낮추기 위한 금융정책을 사용했고, 그로써 완전고용이라는 정치적으로 확고한 의지를 실현하고자 민간투자를 진작시키고자 했다. 이것들은 케인지언들의 정통적인 처방이었던 것이다. 하지만 동시에 공공 부문의 지출과 투자 또한 역사적으로 높은 수준에 달했던 것도 사실이다. 이러한 완전고용과 높은 투자율은 브레턴우즈 체제에 의해 성립된 자유무역 기조에 힘입은 수출 성장의 영향을 받은 바가 크다. 물론 그 브레턴우즈 체제에 케인스가 기여한 바 또한 크다. 그리고 세간의 잘못된 믿음과는 달리 「케인지언시대」에서의 인플레이션은 그 이후의 「신자유주의시대」와 비교했을 때 절대로 높지 않았던 것이다. 정부의 예산은 항상 흑자였고(즉, 정부 저축은 플러스였다) 국가의 부채는 소득이 상승함에 따라 감소했다.

역사적인 사건은 어떤 한 가지의 단일 원인으로만 야기되는 것은 절대 아니지만 그럼에도 불구하고 어떤 결정들은 지대한 역할을 미칠 수 있다. 「케인지언시대」에는 브레턴우즈 체제의 환율체제가 작동하고 있었다는 것은 결코 우연이 아닌 것이다. 단지 그렇게 기획된 환율체제가 갖는 결함이 가시화되기까지는 시차가 존재했던 것이다. 미국은 1971년에 자신의 국익을 위해 이전에 금과 달러를 고정시키겠다는 국제사회를 향한 의지를 저버렸다. 이는 마치 영국이 이미 1931년에 경험했던 바와 같다고 볼 수 있다.

그런데 이러한 결정은 그 이후 일련의 연쇄반응을 촉발하는 계기가 되었다. 그 일련의 사태라는 것은 시기적으로 부적절하게도 세계의 수요는 팽창하고 있었다는 것, 그리고 마침 동시에 발생한 흉작과 석유파동에 의해 국제상품 가격이 폭등하게 되는 것과 맞물려 있었다. 그로 인해 인플레이션은 유래 없이 치솟게 되었으며, 소위 「소득정책」은 높은 인플레이션을 저지하기에는 역부족이었던 것이었다. 그로 말미암아 실업과 물가상승의 동시적 발생이라는 스태그플레이션 현상이 나타나게 되었고, 결국 「수요관리」 정책으로는 완전고용을 달성할 수 없는 것으로 여겨지기 시작된 것이었다. 1976년 영국에서는 노동당 정부가 완전고용을 추구하려는 확고한 의지를 포기했다. 그러한 의지는 물론 미국에서는 카터 행정부에 의해 조금 더 지속되기는 했지만 정치적 혼란 속에 결국 포기되었고, 이로써 「케인지언시대」는 결국 종언을 고하게 되었다.

거시경제 이론에 있어서 그 이후의 케인스의 영향은 크게 2개의 조류로 나뉘어졌다. 그것은 케인스의 사상을 주류 경제학 내로 융화시키려 했던 소위 「신고전학파 종합」이라고 하는 시도가 갖는 내적인 모순성에 대한 두 가지 상이한 대안들이라고 할 수 있다. 소위 「뉴 케인지언 경제학」은 결국 경쟁적 균형이라는 개념으로 복귀했고, 그에 의해 케인스가 가지고 있었던 통찰을 포기하고 케인스 이론을 「고전학파」 경제학의 특수한 이론으로 전락시켰다. 그런데 이는 케인스가 가지고 있던 생각과는 정반대였던 것이다. 반면, 「포스트 케인지언」들은 「고전학파」 경제학의 경쟁적균형이라는 개념을 대체로 포기하고 동시에 케인스가 가지고 있던 통찰과 전개 방법은 계승해 지속적으로 새롭고 현실 경제에 타당한 모델들을 개발해왔다. 그러나 그럼으로써 케인스가 원래 가지고 있던 마셜적인 체계로부터는 현저히 멀어지기 시작했던 것이다.

그렇다면 도대체 케인스의 경제학에는 남은 것이 무엇인가? 「포스트 케인지언」들의 그것과는 구분되는 케인스 자신의 통찰들은 현대의 당면 과제들을 해결하기 위해 어떠한 단서들을 제공할 수 있을 것인가? 이러한 문제에 대한 답은 이 책의 마지막 장에서 제시할 것이다.

부록 1*

7장 데이터의 출처

• 7장에 나온 영국의 데이터는 영란은행의 데이터 자료인 '거시경제 데이터의 밀레니엄 버전 3.1(A Millennium of Macroeconomic Dataversion version 3.1)'에 의존하고 있다.

• G17에 포함된 17개국은 호주, 벨기에, 캐나다, 덴마크, 핀란드, 프랑스, 독일, 이탈리아, 일본, 네덜란드, 노르웨이, 포르투갈, 스페인, 스웨덴, 스위스, 영국, 미국이다. 이들 국가에 대한 데이터는 대부분 JST 데이터 세트[1]에 의지하고 있다.

• 미국의 데이터 또한 이 JST 데이터 세트에 의존하는데, 미국 상무부 경제분석국(US Bureau of Economic Analysis)이 발행하는 정보통신산업진흥원

* 다음의 내용은 저자의 긴 각주를 독자의 편의를 위해 부록으로 옮긴 것이다. —옮긴이 주

1 이는 The Macrohistory Lab(Bonn)에서 제공하는 JST DatasetR2, Release 2(November 2016)을 지칭하는데, 다음에서 발췌했다. Òscar Jordà, Moritz Schularick and Alan M. Taylor, "Macrofinancial History and the New Business Cycle Facts"(2017), Martin Eichenbaum and Jonathan A. Parker(eds.), *NBER Macroeconomics Annual 2016* 31(1)(Chicago, IL: University of Chicago Press), pp. 213~263.

(NIPA)이 집계한 표상의 정부 수입과 지출 숫자를 추가했다.

• 2000~2013년의 실업률은 국제노동기구(the International Labour Organisation)의 ILOSTAT 데이터세트(The ILOSTAT dataset)에 의존하는데, 단 이탈리아의 경우만 예외이다.

• 영국의 데이터 외의 1955~1999년의 실업 데이터에는 미국, 캐나다, 일본의 OECD 데이터만이 포함되어 있다(실업률 지표 doi: 10.1787/997 c8750-en). 1929~1954년의 경우 미국의 추가 실업 데이터는 노동 통계국의 것이다. 이러한 데이터에 근거한 7장에 나오는 도표는 저자가 계산한 것이다.

• 실질소득과 수출의 성장률은 그 이전 4개의 기간의 정점 간에 계산되고 있다(2015년은 피크가 아니다). G17 평균은 「구매력평가」 기준의 환율을 이용해 실질 GDP로 가중해 구한 것이다. 실업률, 인플레이션율, 이자율 등 기간 평균은 산술적으로 산출했다.

• 통상 빅토리아시대 대호황은 1873년에 끝난 것으로 정의되지만 물가가 급락했음에도 불구하고 실질 생산량은 다음 해에 절정을 맞이했다.

• 이 책을 쓰는 시점에는 G17 자료는 최대 2013년까지만 구할 수 있었다.

• 인플레이션은 소비자물가를 의미하며, 이자율은 실질 장기이자율이다. 영국에서의 실질이자율의 사전 수치(기대치에 기초한 수치)는 앞의 데이터 세트에서 제공되는데, 반면 G17의 수치는 명목이자율과 인플레이션율로 계산된 사후수치이다.

• 여기서 정부의 저축은 공공투자와 순 차입의 차액을 줄여서 표현한 것이다. 이것은 소비되지 않은 「순산출」의 가치로서의 거시경제학적 저축의 정의와 일치하지 않는 점을 유념하기 바란다.

• 〈그림 7.7〉의 데이터는 현재 가격 기준, 〈그림 7.9〉의 데이터는 불변 가격 기준이다. 그 이전 기간의 공공투자와는 계산 방식상 차이가 있다.

• 〈그림 7.13〉은 피케티(Piketty, 2014)에서 인용한 〈그림 6.3〉에 근거해 관측된 이윤율의 데이터를 사용하고 있다.

8장

현대에 있어서의 케인스

1. 들어가기

케인스는 오늘날 우리에게 어떻게 말할 것인가? 역사가 피터 클라크(Peter Clarke)는 2010년에 이 질문 자체가 부질없는 것이라고 답했다. 만약 케인스가 126세로 아직 생존해 있다면 현재 벌어지고 있는 일련의 일들에 다소 당황했을까? 아니면 그 절반의 나이를 상상한다면, 그래서 그가 사망한 해인 1946년에 태어났다고 가정하면 그는 경제학자로서 그와 그의 사상을 실제로 형성했던 그 모든 경험을 하지 못했을 수도 있다. 클라크는 "케인스가 오늘 살아 있다면 이러저러한 말을 할 것이라고 자신 있게 말하는 사람들에게 '복화술사(ventriloquist)'라는 이름을 붙여 주고 싶다"라고 말하고 있다.

우리가 경제사상사를 연구하는 것은 우리들 시대를 위한 교훈을 얻기 위해서인데, 이것은 전적으로 타당하다. 우리가 쉽게 빠지는 유혹은 아군이든 적군이든 간에 케인스의 이름을 들먹이면서 우리 자신의 견해를 정당화하려고 하고, 그래서 그것들을 케인스의 입을 통해 말하게 하려는 것이다. 그가 살아 있었을 때 그는 미국에서도 그리고 케임브리지대학에서도 그는 소위 케인지언이라는 사람들과 어느 정도의 거리는 항상 유지하고 있었다. 그런데 지금 수십 년이 지난 후에 케인지언들과 그의 목소리를 구별하는 일은 쉬운 일은 아니며, 더욱이 그의 사상들을 현대의 상황에 적용하는 것은 더 어려운 일일 것이다. 따라서 그렇듯이 케인스의 이름을 남용하는 것은 단순히 오류를 떠나 더 심각한 것일 수 있으나, 그럼에도 불구하고 그럼으로써 사람들은 그 자신들의 견해를 정당화하려고 하는 것이다.

케인스가 지극히 미약하게만 다루었던 경제 이론과 정책들은 실로 아주 많다. 그는 무엇보다도 화폐경제학자였다. 그는 필요한 최소한의 형식적인 논의를 진행하기 위해서 마셜, 피구와 같은 교조적「고전학파」경제학도 수용했으며, 특히 그들의 소비자 이론, 기업이론, 후생경제 이론, 그리고 소득분배 이론을 받아들였다. 또한 아마도 그는 완전고용하에서의 국제무역 이론도 수용했을 것 같다. 하지만 그들과 마찬가지로 케인스는 경제성장과 발전에 대해서는 거의 쓰지 않았다.

케인스는 절대로 전지전능하지 않았다. 그의 소득분배의 장기적인 전망은 크게 잘못된 부분이 있다. 물론 1930년의 비관론을 불식시키고자 다소 재미로 쓴 글이라는 점은 평가해 주어야만 하지만, 그의 책『우리 손자 세대의 경제적 가능성(Economic Possibilities for Our Grandchildren)』에 등장하는 '주 3일 노동'이라는 생각은 여전히 현실과의 괴리가 존재한다(CW 9: 321~332). 저인플레이션하에서 실질 이자율은 0에 가깝게 저하되고 있지만, 케인스가『일반론』에서 예상했던 금리소득자가 안락사할 조짐은 보이지 않는다. 1926년 케인스는『자유방임주의의 종언(The End of Laissz-Faire)』에서 후에 나타날「케인지언시대」의「경영자 자본주의」(managerial capitalism)를 올바르게 예견했으나「신자유주의시대」에 들어서면서 주주의 힘이 다시 부활해 발휘하는 능력들을 과소평가했다. 이 책의 7장에서 기술한 바와 같이 영국에서는 토지의 임대 가치는 말할 것도 없고, 이러한 금리소득 자본(rentier capital)의 이윤율은 이자율이 저하됨에도 불구하고 떨어지지 않았던 것이다.

케인스는 어떠한 종류의 만병통치적 수단도 제시하지 않았다. 그는 유토피아주의자도 사회주의자도 아니었다. 정치적으로 그는 자유주의자였고, 1925년에는 노동당의 민주주의 좌파를 '재난을 초래하는 당(the party of catastrophe)'으로 묘사했으며(CW 9: 299), 반면, 1944년에는 프리드리히 하이에크(F. A. Hayek)의 『예종에의 길(The Road to Serfdom)』에 대한 호의적인 평가를 보내기도 했다(CW 27: 385~388).[1] 그는 소득과 부의 재분배에 대해 신중한 견해를 보이고 있었다. 케인스의 사회정의상 관심은 높은 실업률이나 인플레이션 등에서 볼 수 있는 시장 체제의 기능 부전에 대한 비판에서 여실히 나타났지만, 그럼에도 불구하고 이러한 관심은 체제 자체를 근본적으로 의문시하는 점까지는 미치지 못했다. 그는 지배층의 일원으로 정부 사안에 익숙했고, 또한 화이트홀(Whitehall)[2]과 국내외 정치 현안에 정통했다. 그는 정치란 '가능하도록 하는 기술(the art of the possible)'이란 점을 이해하고 있었으며, "인간의 본성을 변용하는 작업을 인간의 본성을 관리하는 작업과 혼동해서는 안 된다"(CW 7: 374)라고 기술했다.

이 장에서는 먼저 케인스의 주요 통찰 가운데 불후의 이론적 타당성을 가진 두 가지 주요 통찰을 제시하려고 한다. 그것은 시장경제에서의 「균형」의 본질과 장기적으로 수요가 갖는 중요성이다. 그다음으로 고용정책, 재정금융정책, 환율정책, 무역정책 등의 각 분야에 관한 거시경제정책을 케인스의 사상적 관점에서 하나하나 짚어 볼 것이다. 마지막으로 우리가 케인스의 태도

---

1 하지만 케인스 사상을 연구하는 로드 오도넬(R. M. O'Donnell) 교수에게 옮긴이가 들은 바에 의하면 정치 감각이 탁월한 케인스는 불필요한 정치적 논쟁에 휘말리지 않기 위해 자신의 이데올로기적 입장을 표명하지 않았으나 실제로는 좌파적인 시각이 강했다고 한다. ―옮긴이 주

2 영국 런던 웨스트민스터시(the City of Westminster) 내의 정부 청사들이 위치한 곳이다. ―옮긴이 주

에 대해 알고 있는 지식에 근거해 케인스의 사상과 부합하고, 또한 그의 지지를 얻을 수 있을 것으로 생각되는 유럽 화폐 제도 개혁을 위한 정책을 그려볼 것이다.

2. 케인스 이론의 지속적인 현대적 타당성

『일반이론』 1장 1쪽에는 케인스의 핵심 이론적 주장이 기술되어 있다. 즉, 「고전학파」 경제 이론은 이 책의 2장에서 이미 설명했듯이 완전고용이라는 특수한 경우만을 다루고 있는 이론이라는 것이 기술되어 있다. 좀 더 정확하게 말하자면 「고전학파」 경제 이론은 완전고용의 관점으로서 「균형」을 정의하고, 실업은 존재할 수 있지만 그것은 「불균형상태」에서만 존재할 수 있다고 주장하고 있는 것이다. 케인스가 경제 이론상 이바지한 가장 중요하고 영속적인 공헌은 바로 이러한 「균형」의 개념에 도전했던 것이었다. 그러나 이상하게도 「유효수요의 원리」(이 책의 3장에 기술되어 있다)의 관점에서 본 케인스 자신의 「균형」의 정의는 대부분의 경제학 전문가들이 오해하고 있고 또한 무시된 상태로 방치되고 있는 것이다.

로저 백하우스(Roger Backhouse)는 다음과 같이 서술했다. "「균형」이라는 용어는 매우 많은 다른 방식으로 사용되고 있기 때문에 상당한 혼란을 야기한다"(Backhouse, 2004: 296). 이 혼란의 대부분은 「균형」에서 「시간」을 다루는 방식과 관련되어 있다. 케인스는 마셜 자신이 "「시간」이라고 하는 요소는 거의 모든 경제적 문제들이 가진 난제들의 중심에 놓여 있다"라고 쓴 것을 지적하고 있다(CW 10: 207). 「유효수요의 원리」는 다름 아닌 이 문제에 대한 케인스 자신의 해결책이다.

「고전학파」 경제학에 있어서의 「균형」의 개념은 오늘날 이해되고 있듯이 스미스의 보이지 않는 손의 현대적 적용이라고 볼 수 있다. 「균형」은 완전고용을 의미할 뿐 아니라 만약 「균형」을 벗어나면 시장의 경쟁력에 의해 경제가 완전고용으로 다시 복귀하는 것을 뜻한다. 정부는 시장의 유연성을 유지시키고, 또한 경쟁상 장애가 되는 것을 제거하거나 극복하는 등의 지원은 할 수 있지만, 완전고용을 확보하기 위해서는 그 이상의 일을 할 필요가 없다는 것이다.

이와 대조적으로 케인스의 「유효수요의 원리」는 완전고용에 미치지 못하는 고용 수준에서도 「균형」이 성립하는 것이 가능함을 보여 주는 것이다. 또한 일반적으로 사람들이 간과하고 있는 점은 『일반이론』에서 보여지는 기업들은 매일매일 연속적으로 「균형상태」에서 운영된다는 사실이다. 이 책의 3장에서 설명했듯이 「유효수요」란 「고용주」인 기업의 입장에서 자신이 가장 유익하다고 생각하는 수준의 고용을 제공했을 때 「고용주」 전체가 「기대」하는 소득인 것이다.

『일반이론』에서 묘사된 이러한 「기대」되는 수입은 완전히 마셜적인 방법으로 수요와 공급이 매일 「균형」을 이루는 상태에 의해서 결정되는 것이다. 이것은 수요와 공급에 의해 매일 새로운 주문이 발주되어 기업의 「주문장부」에 기재되고, 이전의 주문이 달성되면 새로운 주문이 기재됨에 따라 매일 그 「주문장부」가 갱신되는 모습인 것이다. 이러한 「균형」의 개념은 실업과 유휴 자본 설비의 존재와 양립 가능한 것이며, 「고전학파」 경제학적인 모델이 주장하는 것과 달리 실업은 「불균형」의 징후가 아닌 것이다.

루카스는 「균형」은 관측 가능해야 하며, 또한 역으로 「균형」이 경제학에 유용하기 위해서는 관측 가능한 값은 「균형값」으로 취급되어야 한다고 주장하고 있다. 이 말 자체로만 보면 케인스도 완전히 동의하겠지만 사실 케인스의 「균형」의 개념은 루카스의 그것과는 아주 다르다. 케인스가 자신의 이론이 우위에 있다고 주장하는 배경에는 소득, 임금, 이자가 본질적으로 모두 화폐적인 것이라는 인식이 깔려 있기 때문이다. 노동자가 어떤 상품의 묶음을 소비할 때 그에 대해 노동자는 화폐로 지불하지 않으면 안 된다. 만일 소득이 화폐가 아닌 실물로서의 「순산출」의 가치로 이해되면, 이때는 총저축은 화폐 형태를 취하는 것이 아닌 것이다. 실물에 근거한 이자율 이론과 케인스의 이자율 이론과의 차이는 명확하다.[3]

「신고전학파」 이론은 소위 「합리적기대」라는 개념을 주장하면서 「시간」이라는 문제에 답해 왔는데, 이는 「고전학파」 경제학에 있어서의 「균형」이라는 개념과 대응하는 것이다. 그런데 케인스도 「단기적」으로는 「고용주」의 「기대」가 '합리적'인 「균형상태」에 있다고 간주될 수 있지만, 「중기」나 「장기적」으로는 그럴 수 없다고 주장하는 것이다. 이러한 합리적인 「단기기대 상태」는 실업 상태의 「균형」과 공존 가능하다. 이와는 대조적으로 「신고전학파」 이론에서는 「시간」이라는 것의 성격상 「단기기대」와 「장기기대」를 구분해 다르게 취급할 필요가 없다고 생각한다.

실상 현대의 「고전학파」 경제학의 해결책은 너무 천진난만하고도 동시에 야심적이다. 케인스는 경쟁적균형 분석이 분명히 장점을 갖고 있다고는 인식하고 있었지만, 그 적용은 현재의 '바로 오늘 「하루」'로 제한하고 있다. 왜냐하면 「기대상태」라는 것은 매 순간 변화하는 것이며, 따라서 수학적 모델을 구성해 계산할 때 가장 치명적일 수 있는 소위 「불연속성」의 문제[4]에 봉착할 수 있는 것이다. 따라서 「균형」이라는 것은 경기순환이나 혹은 경제성장 이론처럼 현실 세계에서의 경제동학을 분석하기 위해 적합한 도구는 아닌 것이다. 케인스의 비판이 의미하는 바는 이러한 주제들은 다원론적 관점(pluralist perspective)에서 연구되어야 할 필요가 있으며, 이는 역사나 제도를 고려해야만 한다는 것이다. 또한 상이한 맥락의 질문들에 답하기 위해서는 그 질문에 적합한 상이한 모델을 신중히 선택해 사용해야만 한다는 것이다.

---

3 앞의 논의에서 저축과 투자가 이자율을 매개로 해 균형을 달성하는 것이 아니며 이자율은 화폐의 수요와 관계있다고 한 내용을 상기하라. —옮긴이 주

4 불연속성이 존재하면 수학적으로 방정식의 해를 구하기 힘들어진다. —옮긴이 주

두 번째로 중요한 케인스의 통찰은 수요는 「단기적」으로도 「장기적」으로도 중요하다는 것이다. 현대적 「고전학파」 경제학의 일종인 「뉴 케인지언」은 「단기적」으로는 수요가 중요하다는 것을 인정하지만 상대가격이 조정될 시간이 충분하면 경쟁에 의해 고전학파적균형이 회복된다고 주장한다. 하지만 대조적으로 케인스에 의하면 「유효수요」는 항상 완전고용을 밑도는 상태로 지속될 가능성이 있다. 따라서 「총수요」의 결정요인을 연구하는 것이 중요하다.

이 책 1장의 〈그림 1.1〉과 〈그림 1.2〉는 「고전학파」 경제학적 모델과 케인스 모델에 있어서의 각각의 인과관계의 차이를 나타내고 있다. 3장에서는 『일반이론』에서는 투자가 「유효수요」의 주요 동인임을 설명하고 있으며, 6장에서는 수출과 정부 지출이 동일한 역할을 할 수 있음을 설명했다. 여기서 공통적인 것은 이 세 가지 유형의 지출은 모두 국내 소득과는 어느 정도 독립적이라는 것이다.

이들 세 가지 지출 중 투자가 『일반이론』에서는 가장 중요한 역할을 하게 된다. 이에 대한 부분적 이유는 「고전학파」 경제학에서는 일반적으로 실질이자율이 저축과 투자를 균형시키고 그에 따라 완전고용이 달성되는 것과 마찬가지로 명목 화폐이자율도 저축과 투자를 일치시키는 가격이라고 생각하는데, 이를 케인스가 부정할 필요가 있었기 때문이다. 이 책의 4장에서 「대부자금설」의 교리와 「세의 법칙」에 대한 케인스의 반론을 설명한 바 있다. 이 책의 목적상 케인스의 가장 중요한 결론을 말하자면 투자는 독립된 변수이며 저축에 의해 결정되는 것이 아니라 저축이 투자를 따르는 것이며, 또한 투자라는 것은 이자율 이외의 힘에 의해 주로 지배된다는 것이다. 그리고 투자는 고용과 실업을 결정한다는 것이다.

〈그림 8.1〉과 〈그림 8.2〉는 영국과 미국의 투자와 실업을 같이 표현한 것이다. 단, 양자 사이의 관계를 더 명확하게 표시하기 위해 실업의 경우는 오른쪽 축의 부호를 바꿔 표시했다.[5] 이 수치는 각국 정부가 완전고용에 대한

〈그림 8.1〉 영국의 투자와 실업률(%)의 추이(이용 가능한 노동자 1인당)

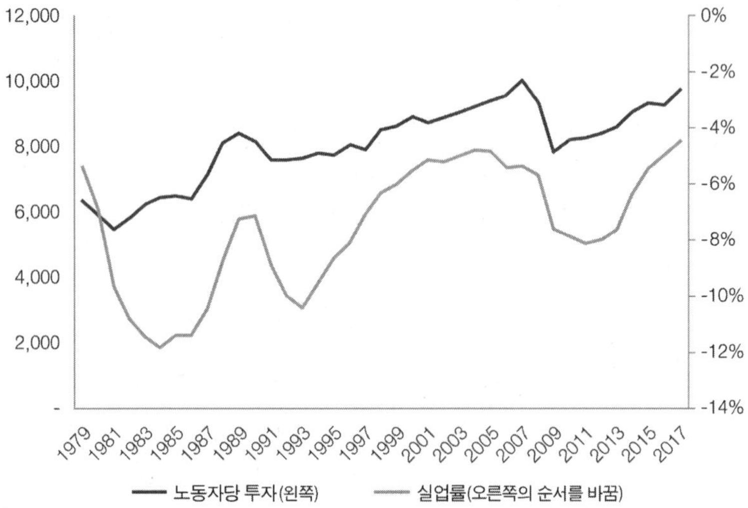

〈그림 8.2〉 미국의 투자와 실업률(%)의 추이(이용 가능한 노동자 1인당)

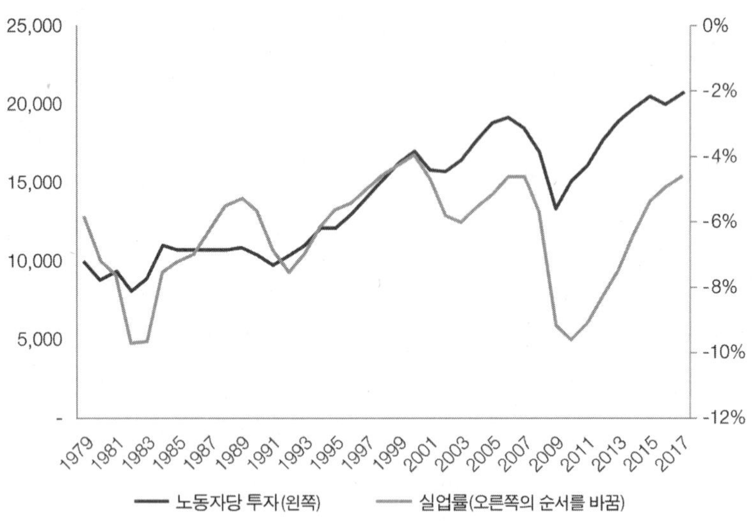

---

5 즉, 실업이 1%인 경우 -1%로 표시했다. —옮긴이 주

의지를 포기했던 1979~2017년까지의 연간 수치이다. 여러 가지 다양한 요인이 작용하고 있음에도 불구하고, 특히 개방 경제인 영국에서는 양자의 상관관계가 놀라울 정도로 높게 나타난다. 즉, 순수 「고전학파」 경제학 이론이 주장하듯 실업과 투자가 무관하다는 주장은 이 도표상으로 볼 때 전혀 근거 없는 것이라고 할 수 있다.

민간투자는 기업, 그리고 기업가의 「동물적 본능」 그리고 「확신도」[6]의 상태에 크게 의존하고 있는 것이다. 투자는 위기 때에는 불안정해지고, 따라서 「기대상태」가 침체될 때는 그러한 침체가 장기간 지속될 수 있다. 저투자는 저소득, 고실업, 저소비를 의미하기 때문에 회복까지는 상당히 오랜 시간이 걸릴 수도 있다. 이미 이 책의 4장에서 설명한 것처럼 투자를 자극하기 위해 저축을 늘리고, 그럼으로써 차입 비용을 줄여야 한다는 생각은 금물인 것이다. 물론 투자 자금 조달을 위한 비용을 줄일 수 있게 하고 그럼으로써 투자를 가로막는 장해를 제거하는 것은 중요하지만, 그렇다고 해서 저축을 늘리는 것은 방법이 아니며 자금 조달 비용을 줄이게 하기 위해서는 오히려 사람들에게 증권 구입을 장려하는 것이 더 효율적인 것이다.

케인스의 저술 내에는 대기업이나 금융기관의 주요한 특징에 대해서 말하는 부분이 많지 않다. 그는 그러한 모든 자세한 면들을 단순화했는데, 사실 그의 생존 시에도 그러한 기관들은 현재와 그다지 차이가 있는 것은 아니다. 케인스 이후의 경제학자들이 특히 민스키의 「금융의 취약성」(金融脆弱性, financial fragility)에 관한 이론이나 칙의 은행에 대한 연구 등과 같이 금융기관이나 시장을 연구하려고 할 때는 케인스의 「유동성」이라는 개념을 유익하게 이용해 왔지만 케인스 자신은 금융기관의 특수성에 대해서는 거의 서술하지 않았다. 따라서 이 장에서는 그 중요성에도 불구하고 금융개혁이라는 지극히

6　4장 각주 9를 참고하라. —옮긴이 주

중요한 주제에 대해서는 언급을 생략하겠다. 그러나 케인스는 완전고용에 충분한 수준의 투자를 민간기업이 유지할 능력이 있는지에 대해서는 의문을 제기했다. 그는 정부가 적어도 어떤 중요한 역할을 할 수 있는 새로운 유형의 제도가 필요하다고 느끼고 있었다.

마찬가지로 케인스가 「국제청산동맹」을 제안한 이유는 어느 한 국가의 국제수지상 경상수지가 지속적으로 흑자가 되는 경향이 있으면 세계 전체적으로 봤을 때는 수요를 감소시킬 수 있으며, 이는 일국의 국가 경제에 있어서 저축이 과잉상태이면 수요가 감소하는 것과 같은 원리라고 볼 수 있기 때문이었다. 자유기업 체제는 중상주의(mercantilism)로 변할 성향이 아주 강하며, 또한 경쟁적인 외환보유고의 비축으로 이어질 가능성이 크다고 본 것이다. 이는 자국 내 고용 창출에는 좋을지 몰라도 세계적으로 볼 때 고용을 악화시킬 수 있다. 「금본위제도」하에서는 국내 경제정책이나 고용보다 외환보유액의 보호가 최우선시되었다.

3. 케인스의 정책적 연관성

여기서 구체적인 정책의 문제로 넘어가겠다. 케인스의 이론적 연구의 중요한 의미는 「장기적」으로 완전고용을 실현하기 위해서는 시장을 신뢰할 수 없다는 것이다. 또한 우리가 진정으로 공동의 선을 지향한다면 단순히 자유방임에 모든 것을 맡길 수 없다는 것이다. 우리는 장기적으로 민간기업들을 그러한 목표로 향하게 하기 위해 동인을 제공할 만큼 충분한 「유효수요」를 창출할 수 있는 정책과 제도를 필요로 하는 것이다. 이것은 결국 국가의 역할을 시사하는 것이다. 그렇다면 케인스의 견해에서 그 국가의 역할이란 구체적으로 어떤 것인가.

케인스는 현대에 거시경제정책(재정금융정책, 환율정책, 무역정책)으로 분류

되는 것을 중심으로 집필했는데, 그러한 저술은 모두 고용정책과도 관련이 깊다. 왜냐하면 케인스에게 있어서 완전고용이라는 것은 결국 다른 정책들이 궁극적으로 추구하는 목적을 나타내는 것이며, 또한 올바른 사회를 확립하기 위해 필요한 조건이기 때문이다. 고용정책이라는 것은 완전고용에의 확고한 의지, 「소득정책」, 그리고 고용수당(working-age benefits)[7] 등을 망라한다.

4. 완전고용과 실업

이 책 7장에서는 1945년 이후의 완전고용에의 확고한 의지는 전시 중 실제 경험한 완전고용을 평화 시까지 연장해 확대하려는 정치적 결의를 반영한 것이라고 지적한 바 있다. 베버리지[8]와 같이 케인스는 완전고용이라는 문제를 실업률이 낮다는 관점으로부터 생각했지, 단순히 완전고용을 노동 인구상 취업자 비율이 높다는 관점으로 보지는 않았다. 케인스는1942년 집필 당시 평시의 완전고용 상태는 대략 5%의 실업을 의미한다고 예상했는데, 이는 변화하는 경제의 마찰적실업이거나 구조적실업 요인을 반영한 것이다. 그는 분명 「케인지언시대」에 달성했던 2% 실업률 수준에는 놀랐을지 모르지만, 2018년 8월에 영란은행이 소위 「균형실업률」이라고 생각했던 4.25%에는 놀라지 않았을 것이다.

케인스의 신봉자인 미국의 시드니 웨인트롭(Sidney Weintraub)이나 영국의 미드와 달리 케인스 자신은 「소득정책」의 옹호자는 아니었다. 이 책 5장에서 말한 것처럼 케인스는 「소득인플레이션」을 인플레이션의 주요 원인이라기보

---

7 영국에서 16세 이상, 그리고 연금을 받기 전의 연령을 대상으로 지급하는 각종 수당이다. 예를 들어 직업 탐색 시의 수당, 소득 보조 등이 있다. —옮긴이 주

8 7장 각주 4를 참고하라. —옮긴이 주

다 오히려 결과로 보고 있었다. 『처칠의 경제적 귀결』에서는 디플레이션의 고통을 덜기 위해 임금을 삭감하고, 또한 『전비조달론』에서는 임금 인상을 제약하는 등의 집단행동을 호소했지만, 그는 일반적이고도 항구적인 「소득정책」을 현실적인 정치의 정책 수단으로 생각하지 않았다. 1945년에 그는 다음과 같이 썼다. "사람은 단지 그가 해결책을 모르기 때문에 완전고용 경제 상태에 야기되는 임금문제를 외면하기 쉽다"(Skidelsky, 2003: 722에서 인용). 이 말이 의미하는 바는 그가 오늘날의 「완전고용실업률」에 대한 '실용적'인 정의를 받아들였을 것이라는 것이다. 즉, 그것은 임금인플레이션율(좀 더 정확하게는 단위노동비용의 상승률)을 일정하게 유지하는 비율, 이른바 영란은행의 「균형실업률」을 그가 인정했을 가능성도 있었다는 것이다.

케인스는 이러한 실업률을 이미 주어진 어떤 '자연적 상수'로 여기지 않았으며, 화폐임금과 실업을 연결 짓는 '사회학적 고려'를 강조했다. 독일 및 스웨덴 같이 임금 협상을 효율적으로 조정할 수 있는 기관이 존재한다면 임금안정 및 물가안정과 양립할 수 있는 낮은 실업률을 유지할 수도 있는 것이다. 그는 마찰적실업과 구조적실업에 대처함으로써 실업률을 낮추기 위한 조치 또한 지지했다. 마찰적실업이란 이용 가능한 일자리를 찾고 있는 취업 가능한 사람들의 존재를 말하며, 그러한 것은 단기적 현상일 수 있다. 구조적실업은 노동자와 일 간에 존재하는 상호 불일치의 결과인데, 물론 이는 필요로 하는 기술과 노동자의 기술이 다름에 연원할 수도 있지만, 특히 취업 장소상의 불일치가 이유일 수도 있고 따라서 장기실업의 원인이 될 수 있다.

구조적실업은 일반적인 실업의 뒤에 시차를 두고 수반되며, 이는 「이력현상」(履歷現象, hysteresis)[9]인 것이다. 구조적실업을 줄이기 위해서는 일반적으

---

9 과거가 현재 상태에 영향을 주는 현상이다. 이를 「경로의존성」(經路依存性, path dependency)이라고도 부른다. 사실 일반적인 경제 현상은 물리학에서의 운동처럼 조건이 입력되면 답이 나오는 형태가 아니라 그 이전의 역사적·문화적 배경에 깊게 의존적일 수밖에 없다. 케인스는 「관행」의 중요성을 강조했다. 이러한 「경로의존성」이라는 것은 모든 것에 있어서 선

로 높은 수준의 고용 상태의 유지와 적절한 투자 이 두 가지 모두가 필요하다. 또한 실직 근로자를 재훈련하거나 재배치하기 위한 「고전학파」적 대처 방법도 필요하다. 마찬가지로 현재 4% 실업률이라는 것은 일종의 위장실업(disguised unemployment)을 은폐하고 있다는 것에도 주목해야 한다. 이는 풀타임 노동을 희망하지만 어쩔 수 없이 파트타임으로 노동을 하는 인구를 말하는데, 영국에서는 2018년 4분기에 그 비율이 2.6%에 달했다. 이 모두에 대한 유일한 구제책은 더 높은 수준의 「유효수요」인 것이다.

실업자 지원 문제에 있어서는 케인스는 조지 오스본(George Osborne, 2010~2016년 영국 재무장관)이 복지 삭감이나 제재를 정당화하기 위해 사용한 현란한 수사에 대해 분명히 비난했을 것이다. 당시 오스본의 정치적 목적은 아주 명확했다. 즉, 그것은 작은 정부를 추구하는 것이었다. 극심한 불황기에 이러한 의도를 실행하려고 하면 복지제도에 대한 정면 공격이 필요했는데, 그것

행의 역사가 중요하다는 명제이다. 즉, 다양한 종류의 우연한 선택들은 결국 장기적인 결과를 가져오는 것이다. 많이 예로 드는 사례는 QWERTY로 대표되는 현재의 키보드인데, 이렇게 불편한 키보드 배열은 어떤 우연적인 결정의 결과이고, 한 번 결정되는 경우 그러한 방식으로 비효율성이 고착되고 표준이 되는 것이 좋은 예이다(David, 1985: 332~337). 이와 관련되어 중요한 개념은 소위 「순환적 누적적인과성」(循環的累積的因果性, PCCC: principle of circular and cumulative causation)이다. 이는 시장이 움직이는 방식에 대한 한 가지 가설인데, 시장에는 단순히 정태적인 「균형」이 존재하고 그 「균형」을 이탈하면 다시 그 「균형」으로 돌아오는 식의 안정성을 갖는 것이 아니라 어떠한 변화가 생겼을 때 그 변화는 다른 요소와 지속적인 상호관계에 서로 영향을 주고, 그 초기 변화로 인해 어떤 한 방향으로 경제가 움직이게 되는 경우, 그로 인해 다른 요소들도 영향을 받아 변화하게 되면서 최초 출발점으로부터 경제를 계속 멀어지게 하고 그러한 움직임이 지속적으로 누적되는 성향이 있다는 것이다. 이것은 군나르 뮈르달(Gunnar Myrdal)이 1956년 불균형 성장을 분석하면서 사용했던 핵심적인 개념이다. 뮈르달은 이러한 개념을 그가 유엔(UN)에 재직할 무렵 칼도와 같이 개발했는데, 그는 이 개념을 주로 사회 제도적 관계에 적용시켰다. 즉, 어떤 한 제도의 변화는 연속적으로 다른 사회 제도의 변화를 유발하게 되고, 이러한 변화는 결국 다시 처음의 환경에 변화를 유발하는 일종의 나선형적인 누적적 순환을 보여 준다는 것이다. 반면 칼도는 이 개념을 제조업에서의 수요 공급 관계에 적용시켰다. 이 개념은 사실 앨린 영(Allyn Young)이 이미 1928년에 발표했던 규모의 경제에 대한 중요한 논문에서 맹아적인 형태를 찾아볼 수 있다(Young, 1928: 527~542). —옮긴이 주

은 '땀 흘리는 자'와 (사회보장에 따른 구호 연금을 받으면서 — 옮긴이) 노는 자(strivers and skiver)'[10]와 같은 증오 섞인 표현을 동반한다.

케인스가 인센티브의 중요성을 인식하지 않았던 것은 아니다. 1930년 조사이아 스탬프 경(Sir Josiah Stamp)과의 라디오 인터뷰에서 그는 다음과 같이 말했다. "실업수당이 존재하는 경우 사람들은 단순히 그가 싫거나 혹은 그가 익숙하지 않다는 이유로 임금이나 혹은 고용을 거부하더라도 그들을 일하게끔 떠미는 압력이 없어지게 된다는 것은 분명한 사실이다"(Keynes and Moggridge, 2010: 45). 당시 그는 『화폐론』에서 보여지는 「고전학파」 경제학적인 관점에서 쓰고 있었다. 후기의 그의 분석이 시사하는 바는 이러한 우려는 (자발적실업을 포함한) 마찰적실업과 관련 있을 수 있지만, 구조적실업이나 혹은 『일반이론』에서 설명하는 좀 더 광범위한 수요 부족으로 인한 비자발적실업의 경우에는 노동자를 비난할 수 없다는 것이다.

케인스에 있어서의 실업은 사회 전체의 문제이지, 개개인 노동자의 책임은 아닌 것이다. 영국의 고용수당 청구자에 대한 극히 적은 금액의 지원과 그들에 대한 일반적으로 적대적인 태도들에 대한 정당화의 구실은 「고전학파」 경제 이론에서 나타난 실업에 대한 관점에서 찾을 수 있다. 미국은 실업 비용을 납세자가 부담해야 한다는 것 자체를 결코 인정하지 않았다. '사회보장법(Social Security Act)'은 이론적으로는 각 주별 고용주의 부담금을 균등화하기 위한 일종의 통로로 연방정부가 행동하도록 규정하고 있음에도 불구하고, 실제로는 대불황 시 일시적으로만 연방정부의 보조금이 지급된다. 실업자의 2/3는 실업보험에 가입할 자격이 없는데, 그 실업보험이라는 것은 풀타임 조합원이 새로운 직장을 찾기 전까지 임시적으로 보조하는 목적으로 만들어진

10 Striver는 일을 하고 보수를 받는 사람, skiver는 일할 수 있지만 노는 사람을 의미한다. 이 표현은 인간을 두 분류로 구분하는데, 열심히 일하는 자와 앉아서 놀면서 사회보장 연금만을 챙기는 사람이 그것이다. 즉, 사회보장을 제공하면 사람들은 일을 하지 않고 논다는 것을 증오스럽게 표현하는 말이다. —옮긴이 주

것이었다.

케인스가 그의 이론의 성숙기에 제시한 바는 국가는 실업자들도 중요한 시민으로 취급해야만 하며, 그들이 적절한 직장을 찾을 수 있도록 국가는 건설적인 지원을 아끼지 말아야 하며, 또한 그들이 실업 상태에 있다는 것은 그들 자신뿐 아니라 사회에도 손실이라는 점을 강하게 시사한다. 만일 일반적인 불황이나 구조적실업으로 인해 민간 부문이 적절한 장소에서 적절한 종류의 충분한 일자리를 창출하지 못하고 있다는 것은 바로 국가가 평화와 번영을 유지하기 위해 행동할 의무를 게을리하는 것을 의미하며, 또한 사회를 위험에 빠뜨리게 하는 것이다. 그리고 그런 태만은 세입 증가로 인해 비용을 줄일 수 있는 기회까지도 상실하게 하는 것이다. 따라서 실업으로 인한 재정 비용을 절감하기 위한 최선의 방법은 실업 자체를 줄이는 것이다. 그는 "실업을 돌보고 예산을 돌보는 것이 바로 그 자신을 돌보는 것이다"라고 말했다(Keynes and Moggridge, 2010: 104).

케인스의 발언이 옳다는 것은 〈그림 8.3〉과 〈그림 8.4〉를 보면 명확히 드러난다. 이 그림들은 1979~2017년의 기간 동안 영국과 미국의 실업률과 소비를 위한 정부 차입(광의의 경상예산상 적자)을 매년 비교한 것이다. 이 기간은 「신자유주의시대」와 「긴축재정시대」에 걸쳐 있어 완전고용에 대한 확고한 의지와는 관련이 없었다. 소비를 위한 차입은 〈그림 7.7〉과 〈그림 7.8〉에 나타낸 정부 차입과 투자의 차액이다. 완전하지는 않지만 양자 간 상관관계는 강한 편이다.

이에 우리는 거시경제정책의 핵심이라고 할 수 있는 재정정책과 금융정책에 대해 논의할 필요가 있다. 실업률을 낮추기 위해 국가는 어떤 행동을 취해야 하는가. 「유효수요」를 완전고용 수준으로 끌어올리기 위해 정치인이나 공무원들에게 기대되는 바가 무엇인가.

〈그림 8.3〉 영국의 공공 차입(GDP 대비)과 실업률(%)의 추이

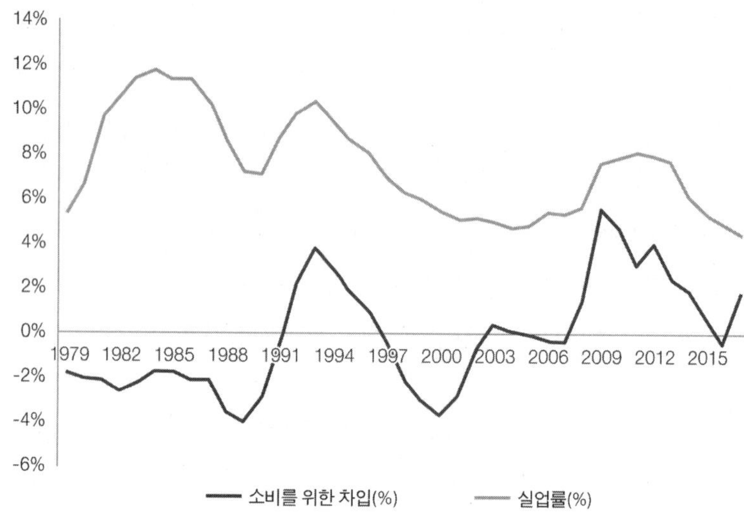

〈그림 8.4〉 미국의 공공 차입(GDP 대비)과 실업률(%)의 추이

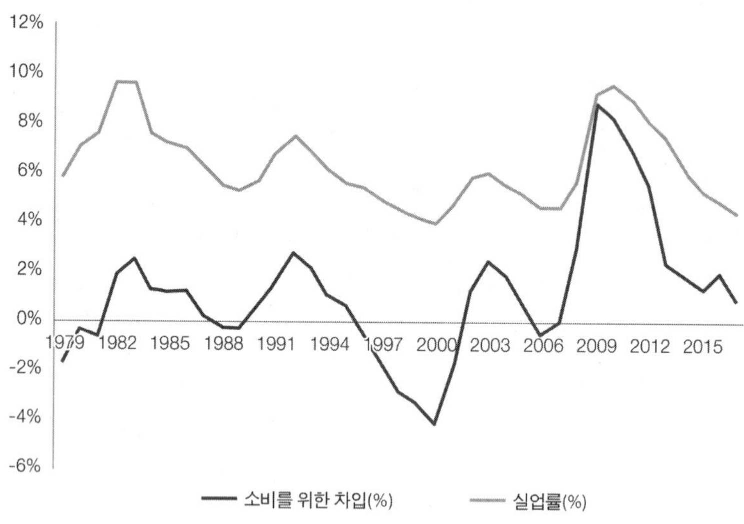

5. 재정정책과 금융정책

케인스의 가장 우선적인 제안은 소위 「저금리정책」, 즉 금융정책을 이용해 장기이자율을 내리고 그로 인해 민간투자와 공공투자 모두를 장려하는 것이었다. 우리는 7장에서 이러한 정책이 「케인지언시대」에도 그리고 「긴축재정시대」에도 실시되었고 현재까지 실시되고 있는 것을 보았다. 장기적으로 봤을 때 결국 케인스는 논쟁에서 승리한 것이라고 할 수 있다.

금융정책은 인플레이션에도 관련되어 있다. 오늘날의 「물가안정목표제」 정책은 이론상으로는 아닐지라도 실제적으로는 놀랄 만큼 케인스의 생각에 충실하다. 이미 이 책 5장에서 설명한 바와 같이 케인스는 외환 환율이나 금의 시세보다는 국내 통화의 「구매력」(오늘날 용어에서는 소비자물가지수)을 안정화시키는 바를 항상 찬성했다. 케인스의 인플레이션 분석은 『화폐개혁론』과 『전비조달론』 두 저술 사이에서 변화가 있기는 했다. 하지만 물론 높은 수준의 고용이 특정 유형의 노동력 부족으로 이어지고, 그 결과 임금격차에 압력이 가해져서 임금-임금으로 이어지는 「임금 인상의 상승작용」(wage-wage spiral)의 가능성이 있음을 케인스가 충분히 인식하고 있었음에도 불구하고, 그는 인플레이션을 주로 '수요 문제'로 인식하고 있었던 것은 명백하다. 저자는 최소한 영국에서는 「소득정책」이 이러한 임금 상승작용의 힘들을 충분히 상쇄시킬 능력이 있는가에 대해 케인스가 회의적이었음에 주목한 바 있다.

그렇다고는 해도 금융정책이라는 것은 「물가안정목표제」를 정당화하고 설명하기 위해 사용되는 현재의 모델을 따라서 단순히 은행 이자율이나 미국 연방준비제도이사회의 할인율을 조금 변화시킴으로써 실행 가능한 것은 아닐 것이다. 오히려 중앙은행은 제멋대로 (인플레이션을 통제한다는 유일한 목적 하에 — 옮긴이) 어떠한 정치적 간섭도 없이 대출이자율을 대폭 인상해 「인플레이션기대」를 떠받치고 있는 「소득인플레이션」의 싹을 없애도록 하는 힘을 행사하는 것이다. 이는 1980년대 초 폴 볼커(Paul Volcker, 1979~1987년 미국 연방준비제도이사회 의장)나 제프리 하우(Geoffrey Howe, 1979~1983년 영국 재무장관)하에서 바로 발생한 사태였다. 단기이자율은 미국에서는 21%, 영국은 17%로 폭등했다.

물론 중앙은행 독립성[11]과 「물가안정목표제」에 의해 케인스가 예상했던 것처럼 장기이자율을 인하할 수 있게끔 시장에 신뢰를 부여하고, 또한 2008년 이후에는 양적완화의 도움을 받아 은행이 민간 부문이나 은행 상호 간 대출이 정지하는 경우 긴급하게 필요한 화폐와 유동성 공급을 유지할 수 있게 되었던 것은 사실이다. 하지만 이런 조치가 완전고용에 필요한 투자를 유발하거나 은행의 대출이자율을 인하하기에 충분하다는 것을 의미하는 것은 아니다.

재정정책에 대해 논해 보자. 재정정책을 '투자를 위한 공공 차입'과 '소비를 위한 차입'의 두 가지로 분명히 구분해 논의하는 것이 도움이 될 것이다. 케인스는 분명 그렇게 하고 있었다. 그가 재정적자에 대해 말했을 때 그는 정부의 직접 세입과 소비를 위한 영국의 「정부 경상예산」(the Exchequer budget)[12]만을 의미했고 「자본투자사업」(capital projects)을 위한 차입금 지출과 대부분의 이전 지출은 제외했다. 그는 과거의 공공투자 비용을 경상예산에서 시간을 들여 회수하려 했고, 「감채기금」(減債基金 sinking fund)[13] 비용은 채무를 상환하는 용도로 쓰이지 말고 자본계정으로 이전되어 신규 투자에 쓰여야 한다고 주장했다. 그러나 케인스는 사회보장이나 국민보험기금(國民保險基金, National Insurance Fund)상의 일시적인 적자나 잉여도 자본계정에 포함했다[즉, 현재는 「자동 안정화 장치」라고 부르는 고용세(employment taxes)나 실업급여를 말한다]. 공공 회계에 대한 케인스의 독특한 접근은 그 후 고든 브라운(Gordon Brown,

---

11 영국에서는 1997년부터 시작되었다.

12 영국의 경우 통상적인 정부 지출을 위한 예산항목이다. —옮긴이 주

13 채무 상환을 위해 적립하는 기금이다. —옮긴이 주

1997~2007년 영국 재무장관)이 밝힌 재정의 「황금률」(golden rule)이라는 개념에 넓게 반영되었다. 이는 경기 변동 중 경상예산상에서는 균형을 취하되 그 외의 경우는 투자를 위해서만 차입하는 것이다.

이러한 「황금률」은 거의 완전히 케인지언적인 것이다. 케인스는 전쟁 이외에는 경상예산 적자에는 찬성하지 않았지만, 국민보험기금을 위한 단기 차입과 「감채기금」이 정부에 지불하는 비용을 삭감하는 것(즉, 경상예산 흑자를 줄이는 것)은 경기 침체 시에는 불가피한 조치이며, 또한 바람직한 것일 수 있음을 인정했다. 불황 때의 「감채기금」의 적자는 호황 때 흑자를 내면서 회복시켜야 한다. 케인스가 요구한 것은 「장기적」으로도 「단기적」으로도 민간투자의 부족분을 상쇄하기 위해 공공투자, 특히 주택이나 인프라에 대한 투자를 위한 차입을 하는 것이었다.

완전고용 상태가 아닌 한 공공투자가 민간투자를 「구축」할 이유는 전혀 없는 것이다. 「구축」하는 경우는 오로지 노동력, 토지, 기타 물리적 자원이 부족한 경우에만 발생하는 것이다. 그러한 후자의 경우에 있어서만 공공사업과 민간사업 중 어느 것이 상대적으로 유리한지 판단해 선택해야 하는 것이다. 공공투자는 현재 영국과 미국 모두에서 총투자액의 약 15%에 불과하다. 실제 공공투자의 중요한 역할은 민간투자를 '「유인」하는(crowd in)' 것이다. 전략적인 공공투자는 구조적실업에 대처하기 위해 불황에 빠진 지역에 민간자금을 「유인」하는 역할을 할 수 있는 것이다.

공공투자는 그 계획과 실행에 있어서 장기적인 것으로, 실제로는 단기적인 「수요관리」 목적으로는 적합하지 않다. 미국의 공공투자는 2002년 이후 매년 약 6000억 달러로 실질적으로는 거의 일정하며, 2009~2010년에만 일시적으로 증가했다. 영국에서는 2007~2010년에 실질적으로 50% 증가해 500억 파운드가 되어 현재의 경상지출예산이 대폭 삭감되었음에도 불구하고 그 수준을 유지하고 있다.

이러한 것들은 재정정책의 또 다른 단기적인 측면, 즉 경상예산을 적자로 만드는 것에 대한 검토를 필요로 하게 한다. 이는 소비를 위해 공공 차입을 하는 것이다. 〈그림 8.3〉과 〈그림 8.4〉는 소비를 위한 차입과 실업률의 관계를 나타낸 것이다. 이 그림은 순환적 변동을 보이는데, 이는 상환을 하는 기간과 차입을 하는 기간이 서로 상쇄됨을 보여 준다. 「황금률」은 실무적으로 지켜져 온 것처럼 보이는데, 이는 의도된 정책 사안이었거나, 혹은 정치 프로세스의 필연적인 결과일 수 있으며 대서양 양안에서 누가 권력을 잡고 있었는지에 상관없어 보인다.

그러나 단순한 차트로는 실업과 차입 간의 인과관계 방향을 파악할 수는 없다. 실제로는 적어도 2개의 경로가 작동한다. 좀 더 직접적이고 명백한 경로는 실업률 상승이 세수를 줄이고 복지 지출을 증가시킨다는 것이다. 이것들은 수요의 감소를 어느 정도 상쇄하는 「자동 안정화 장치」이다. 간접적인 채널은 정부가 실업률 상승에 대응해 그 실업률 상승을 더욱 억제하기 위해 복지 지출에 추가해 정부 소비를 증가시키거나 세율을 인하하는 경우 작동한다. 이들 2개 채널은 소득과 고용의 변동을 상쇄하기 위해 각각 재정정책을 사용한다는 것을 나타내는데, 전자는 「수동적 수요관리」, 후자는 「능동적 수요관리」에 해당한다.

능동적인 재정정책은 민간 지출의 일시적 감소를 상쇄하게 된다. 2008년의 금융위기는 신뢰도에 큰 충격을 주었고, 이로써 투자와 소비지출 모두 급격하게 감소했다. 급한 위기가 진정되면 하강 움직임은 반전될 것으로 예상되지만 반드시 이전 수준으로 돌아가지는 않는다. 재정정책은 일시적인 추가 수요를 제공해 경기 침체 규모를 축소시키고, 추가 차입은 소득이 회복된 뒤에 세수로 상환할 수 있는 것이다.

능동적인 재정정책에 대한 국민이나 정치적 인식상의 가장 큰 문제점은 그 평가 방법에 있어서 경제 모델을 이용한 「반사실적 조건분석」(反事實的條件分析, counterfactual analysis)[14]을 필요로 한다는 것이다. 국민은 실제 정부 지출과 채무가 계속되는 경우의 누적된 채무에 불안감을 느낄 수 있는 것이다. 이들은 그러한 정책으로 인해 실제로 '회피된(averted)'[15] 소득의 손실과 고용의 손실, 그리고 '회피된' 차입의 증가를 우리가 차트에서 볼 수 없듯이 그들은 더욱 더 볼 수 없는 것이다. 다행스럽게도 이 정치적 어려움에도 불구하고 미국과 영국이 2008년의 위기에 대응해 정통 케인스적인 경기부양책을 실시하는 것이 방해받지는 않았던 것이다. 그러나 정치적 고려와 채무의 증가는 곧바로 긴축재정으로의 전환을 가져왔다. 2010년에는 영국에서 노동당이 긴축재정의 의지를 표명한 보수 연립정권에 정권을 빼앗기고, 미국 대통령은 하원에서 과반수의 지지를 잃는 결과를 초래했던 것이다.

「능동적 수요관리」 중 가장 놀라운 경우는 2009년 오바마 대통령이 제안한 '미국 부흥 및 재투자 법안(American Recovery and Reinvestment Act)'으로 그것은 대략 8000억 달러 규모의 재정을 이용한 부양책이었다. 그 금액은 감세, 주정부 및 개인에 대한 지불, 그리고 사회간접자본 투자 간에 동일하게 분할되어 지출되었다. 이는 소득의 5.5%에 해당하는데, 〈그림 8.4〉에서 보이는 2009년 실제 소비를 위한 차입액이 소득의 8.8%에 해당했다는 사실과 비교된다(동시에 실시된 통화 및 금융 지원 패키지를 포함한다). 재정 부양책이 없었다면 소득은 4%가 감소가 아닌 12%만큼 저하되고, 실업률은 10%가 아닌 16%에 달할 수도 있었고, 따라서 제2의 대공황이 야기되었을지도 모르는 것이었다(Blinder and Zandi, 2010). 또한 소비를 위한 정부의 차입이 소득의 20%에 달할지도 모르는 형편이었다. 〈그림 8.4〉와 같이 경제가 회복됨에 따라 차입은 급속히 감소해 2017년에는 0을 향하고 있었다.

영국에서는 앨리스터 달링(Alistair Darling) 재무장관(2007~2010년)이 소득의

---

14 이 개념은 어떠한 간섭이나 통제가 있었을 경우의 결과와 그러한 간섭이 없었다면 얻어질 수 있을 것으로 예상되는 결과를 비교하는 것이다. —옮긴이 주

15 자동차를 유지하기 위한 비용을 계속 지출해 사고가 없다고 하자. 혹자는 사고가 나지 않았기 때문에 그 이전에 지출한 비용을 낭비라고 생각할 수 있지만, 실제로는 그것으로 인해 사고가 '회피된' 것이고 손실을 줄일 수 있었던 것이다. —옮긴이 주

약 2%에 상당하는 소규모의 재정 부양책을 사용했는데, 이는 〈그림 8.3〉에 나타나 있는 2009년 전체 소비를 위한 실제 총차입 금액이 5.6%인 것과 비교된다. 300억 파운드의 경기부양책의 대부분은 간단하게 실시 가능하고 또한 쉽게 역전시킬 수 있는 감세 형태로 조달되었다. 나머지는 이미 계획된 공공투자를 앞당기는 것으로 달성되었다. 하지만 금융위기는 영국의 장기적인 세수에 큰 영향을 끼치게 되었는데, 세수는 금융 서비스와 활발한 부동산시장에 크게 의존하고 있었다. 오스본은 그 후 긴축재정을 자신의 표어로 삼았고, 달링의 2008~2010년도 예산에도 그와 같은 공공지출 삭감 전망이 포함되어 있었다. 2010년의 정권 교체에 의해서는 단지 증세와 세출 삭감의 구성만 영향을 받은 것에 불과했으며, 공공 채무가 폭발적으로 증가하는 것을 막기 위해 다년간 필요하다고 생각했던 재정 긴축의 기조 자체는 영향을 받지 않았던 것이다.

이러한 것들을 살펴볼 때 결국 국가가 얼마까지 안전하게 부채를 늘릴 수 있는가 하는 문제가 제기된다. 단기적으로는 자국 통화를 가진 국가에서 차입할 수 있는 신용 한도라는 것은 없다. 2009년 미국 정부는 천문학적인 2조 달러의 세입 초과액을 무난히 지출할 수 있었는데, 그것을 위해 자금을 구하려고 애쓸 필요가 없었다. 역시 영국도 이자율이 사상 최저치를 기록하는 동안 1750억 파운드의 적자를 조달할 수 있었다. 문제는 추가 통화나 국채는 단기 혹은 장기 등의 기간을 불문하고 국민이(혹은 외국인 투자자가) 그것들을 보유할 의지가 있는지 여부에 의존하는 것이며, 이때 국채는 단지 국내 통화에 대한 대체 수단으로, 자국 통화로 표시된 이자를 지불하는 형태일뿐이다. 이런 의지가 없어지면 대체 투자 수단은 단지 외국 자산이 되고 내국인들은 국내 유가증권이나 자국 통화를 팔고 외환을 구입하기 때문에 환율은 평가절하되기 마련이다. 7장에서 설명한 것처럼 환율이 크게 평가절하되었을 경우 미국과 같은 상당히 폐쇄적이고 자급자족적인 경제와 영국과 같은 개방적인 작은 섬나라 경제 간에는 그에 따른 반향에 있어서 상호 간 큰 차이가 있다.

국가가 얼마까지 안전하게 채무를 늘릴 수 있는지를 이해하려면 소비와 투자를 구별하는 가장 중요한 원리를 다시 생각해야 할 필요가 있다. 소비는 그 자체가 목적인데 반해 투자는 향후 금전적인 수익을 필요로 한다. 만약 경제에 유휴 노동력이 있는 경우 물론 어느 유형의 지출이든 현재의 소득을 창출할 수는 있다. 하지만 투자의 경우는 그에 더해 투자자를 위해 미래의 소득을 창출하는 것도 기대된다. 단순히 소비를 위해 빌리는 것은 빌리는 자의 미래 소득을 늘려주지는 않고, 단지 빌리는 자의 미래 수입을 저당 잡히는 것뿐이다. 반면 투자를 위해 빌리는 것은 예상되는 추가 장래 소득으로 그 투자가 상환될 수 있는 것이다.

공공투자의 경우의 경제성에 대한 판단은 고용이나 사회적 편익에 대한 직접적인 효과에 추가해 경제 전체에 대한 경제적 편익을 고려한 후 그 투자 사업 자체의 소득에 의해 소요된 비용을 상환할 수 있어야 한다는 것이다. 그러나 정부가 집행한 투자에 대한 금전적 보상은 통상 세수 증가라는 형태에 의존한다. 예를 들어, 새로운 도로가 건설되면 건설자에게 수입이 주어지고 이용자에게는 추가 편익이 발생된다(교통비 절약이나 그러한 편의를 통해 새로운 소득을 얻을 수 있는 새로운 기회가 창출되므로). 통행료가 청구되지 않는 한 추가 편익은 이용자만 누릴 수 있으며, 정부에게서 발생하지는 않는 것이다. 「승수」가 매우 높지 않은 한(높은 「승수」는 미국에서는 가능할 수 있지만 영국과 같은 소규모 개방경제로는 생각하기 어렵다) 공공투자에서 생기는 추가적 세입만으로는 필요한 채무를 변제하기 충분하지 않을지도 모른다.

많은 「포스트 케인지언」들은 이 같은 중요한 점을 무시하고 있는 것이다. 투자라는 개는 저축이라는 꼬리를 끌어당기는 것, 그래서 투자는 자동적으로 저축을 창출해 내고, 더 이상 추가적인 저축이 필요하다는 것을 인식은 하고 있지만, 그럼으로써 「금융」의 문제를 간과하기 쉬운 것이다. 예를 들어 공공지출은 경상수지적자에 의존해 조달할 수는 없는 것이다. 이는 외국에 보유한 저축을 사용하는 경우도 마찬가지이다. 그 적자는 결국은 외환보유고의 감소로 조달될 수밖에 없기 때문이다.

이 맥락에서는 칙이 구별한 「금융」과 「사업조달」(事業調達, funding)[16]의 차이를 주목하는 것이 도움이 된다. 그녀는 「금융」을 신용, 즉 초기 비용 지출에 필요한 「지불수단」을 얻는 것만을 의미하는 것으로 한정하고 있다. 「사업조달」이란 증권을 발행해 지출을 조달하고 그 증권의 상환은 장래 소득에서 회수할 수 있도록 하는 것을 의미한다. 7장에서 서술했듯이 「현대통화이론」을 주창한 케인지언들이 자국 통화 주권을 보유한 국가는 무제한의 신용을 갖는다고 주장했는데, 그 점은 맞다. 그렇다고 무제한 신용이 무제한적 예산을 의미하는 것은 아니다. 저자의 아메리칸 익스프레스 카드에는 신용 한도가 없지만, 그렇다고 해서 내가 살 수 있는 모든 것을 살 수 있는 것은 아니다. 살 수 있는지 여부는 월말 카드 청구 대금을 갚기 위해 어떻게 지불금을 조달하는지에 달려 있다.

케인스는 돈을 찍어내 공공 적자에 대한 자금을 마련하는 것에 반대했는데, 이는 정부도 화폐라는 일종의 증권을 발행해야 함을 의미하는 것이었다. 공공 채무를 처리하기 위한 유일한 수입원이 세금일 경우 세율은 국민소득 대비 일정 %로 이미 정해졌다고 할 때 소득 대비 공공 채무 비율에는 적절한 수준의 제약이 있다[이것을 「국가채무비율」(the public sector debt ratio)이라고 한다]. 그런데 자국 통화로 표시된 채무의 절대 규모 자체가 중요한 것은 절대로 아니다. 안전성을 유지하면서도 가능한 이 비율의 최대치는 과세율, 인플레이션율, 이자율, 경제성장률 등에 의존한다. 특히 경제성장률은 공공 채무의 실질 세후 이자율과 일치하거나 그 이상이어야 한다.

이러한 「국가채무비율」의 적절한 상한은 영국의 경우 브라운의 「황금률」

---

16 적절한 번역어가 없어 부득이 「사업조달」로 번역했는데, 그 의미는 투자 대금을 투자한 대상 사업에서 발생하는 소득을 통해서만 회수한다는 것이다. 그 대표적인 방법은 증권 등을 발행하고 그 변제는 사업의 소득으로 하는 것인데, 이에는 통상적인 증권뿐 아니라 장기 은행 차입도 포함된다. —옮긴이 주

하에서는 40%이며, 유럽의 「재정협정」(Fiscal Compact)[17]하에서는 60%이다(2018년에 영국은 그 비율이 90% 가까이 되었으므로 탈퇴했다). 2018년 미국의 「국가채무비율」은 100%를 조금 넘었으며, 오바마 정권 말기에는 안정되어 가고 있었다. 이 수치는 제2차 세계대전 말기 이 비율 최대 정점이었던 112%에 조금 못 미쳤다. 영국과 미국의 국가 채무의 1/4에서 1/3은 외국인 투자자가 보유하고 있다. 일본은 대략 240%의 비율을 보이지만, 그 비율을 문제없이 유지하고 있는데, 일본의 경우 그중 외국인 투자자가 보유하고 있는 국채의 규모는 전체의 불과 1/10 이하이다.[18] 자본시장은 이러한 국가 채무의 절대적 양에 대해서는 그다지 중요하게 생각하지 않는 듯 보이며, 더 중요한 것은 그러한 국가 채무가 어떤 방식으로 관리 통제되는가 하는 것이다. 즉, 그 금액이 폭발적으로 증가하는 추세인지 아니면 안정적인지 여부이다.

어떠한 적정 수준의 한계에 부딪힌 국가는 그 제한된 여력을 최대로 활용할 수 있는 좀 더 건설적인 방법을 모색해야만 하는데, 자본 투자가 부족한 곳, 특히 단순히 주기적이 아닌 좀 더 영속적인 구조적실업이 심각한 지역 등에 우선적으로 배분해야만 하는 것이다. 케인스의 다음 발언은 유명하다.

> 나는 … 어느 정도 투자의 포괄적인 사회화가 완전고용에 가까운 상태를 확보하는 유일한 수단임이 입증된다고 생각한다. 물론 이러한 (사회화의 – 옮긴이) 요구는

---

17 유럽 내 국가 간 협약이다. 이 협정의 가입 국가는 재정수지의 균형 또는 흑자 상태를 유지해야 한다. 이에는 만일 협약 체결국의 「국가채무비율」(GDP 대비)이 그 상한인 60%를 초과할 경우 국가 채무 규모 축소를 위한 방안을 제시하는 것도 포함되어 있다. —옮긴이 주

18 그런데 그나마도 대부분 단기채권인데, 투자를 목적으로 보유하는 것이 아니라 환 위험 헤지 혹은 각국 중앙정부가 불가피하게 일정 통화를 엔으로 가지고 있어야 할 때 단기국채를 구매해 가지고 있는 경우뿐이며, 투자를 위한 실질적인 외국인 소유 장기 국채는 아주 경미하다(7.2%). 또한 전체 국채의 44.7%를 중앙은행이 보유하고 있으며, 내국 은행이 16.3%, 그리고 내국 보험과 연기금(연금+기금)이 23.6%를 각각 보유하고 있다(2020년 말 기준 일본 재무성 자료). —옮긴이 주

공공 기관이 민간의 의지와 협조하도록 하는 모든 방식의 타협 및 장치들과도 공존할 수 있다. 그러나 이러한 한도를 넘어서는 사회의 경제생활 대부분을 포괄하는 국가사회주의체제가 정당화될 수는 없다. 생산수단의 소유권 자체를 국가가 접수하는 것이 중요한 것은 아니다. 국가가 생산수단을 증가시킬 수 있는 자원의 총량과 그 생산수단을 소유한 사람에 대한 '기본적인 보수율(the basic rate of reward)'을 결정할 수만 있다면 국가는 필요한 모든 것을 한 셈이다. 나아가 이러한 사회화에 필요한 조치들은 점진적으로 그리고 사회의 일반적인 전통을 무너뜨리지 않고도 도입될 수 있다(CW 7: 378).

국가가 투자로부터 현금 수익을 창출하기 위한 한 가지 방법은 해당 산업 자체를 국가가 운영하는 것이다. 케인스는 전후 영국의 주요 산업의 대부분이 국유화되기 전에 이미 그와 같이 기술한 바 있다. 이 책의 7장에서는 「케인지언시대」의 총투자액(공공과 민간 모두 포함)이 소득에서 차지하는 비율이 「금본위시대」에 비해 3배 이상에 도달했다고 말한 바 있다. 1979년 이후의 민영화에 의해서 이 구성 비율은 변화했지만, 그 이후도 국가가 총투자에 차지하는 비율은 이러한 높은 수준(소득에서 차지하는 비율은 약 17.5%)을 계속 유지하고 있다.

케인스의 투자에 대한 생각은 어떻게 국가가 투자에 관여하는 것이 최선인가에 관한 폭넓은 정치적 견해를 모두 수용할 수 있다. 영국의 2017년 가을 예산은 영국의 개혁된 산업 전략의 맥락하에 공공기관이 민간의 주도력과 어떻게 협력할 수 있을지에 대한 참신한 아이디어로 가득 차 있었다. 이에는 '국가생산성투자기금(國家生産性投資基金, NPIF: National Productivity Investment Fund)'은 대규모 투자를 지원하고, '영국기업은행(英國企業銀行, BBB: the British Business Bank)'은 중소기업을 위한 자금 조달 창구 역할을 하는 영국의 산업 전략이 포함되어 있었다. 케인스 자신은 '공공의 목적을 가진 민간기업'이라는 개념을 선호했는데, 이것은 협동조합이나 상호 부조적 기관을 모두 포함하는 것이었다. 하지만 이러한 기관들이 정부 정책에서 핵심적인 역할을 한 적은 없었다. 한편, 2017년 영국 노동당 선언에서는 투자를 위해 5000억 파운드(국민소득의 약 25%)를 추가로 차입할 것을 제안했다. 만일 단순히 과세의 방법을 통한 간접적인 방법에만 의존하는 것이 아니라, 이러한 투자를 통한 수익을 직접 정부가 수령할 수 있다면 이 같은 거대한 투자 안이 반드시 무모한 것은 절대로 아니다.

노동당의 5000억 파운드는 '국가변화기금(國家變化基金, National Transformation Fund)', 주택 사업, 교통 및 전력이나 수도 등의 유틸리티 사업 등의 인프라 투자를 위한 자금 조달, 그리고 '국가투자은행(NIB: The National Investment Bank)'[19] 등에 동등하게 배분되었다. 노동당은 철도와 유틸리티 사업 등을 재국유화(再國有化)할 것을 제안하면서, 이때 추가로 소요되는 자금 충당을 위한 채무는 해당 서비스를 제공하는 것 자체에 근거한 수익에서 상환할 수 있도록 했는데, 아직 이 같은 정책이 충분히 가시화된 것은 아니다. 공공주택 및 '국가투자은행'에 투자된 자본은 정부 차입 이자율보다는 높은 수익률을 유지하는 것이 원칙이다.

이러한 국유화된 기업들에 의한 공공 차입은 국채와는 구별되는 별도의 차입으로 간주된다. 즉, 일반적 과세로서 조달할 수 있는 적절한 국가 채무 한도의 일부로서는 계상되지 않는 것이다. 사실 가장 중요한 문제는 이러한 국영 기업이나 지방 자치단체가 투자한 후 그에 상응하는 충분한 수익을 얻을 수 있을지 여부다. 이것은 결국 그 기업들의 적절한 경영과 통제의 문제인 것이다. 비단 민간기업만이 경영의 우수 사례를 독점적으로 시현하는 것은 아니다. 민간 부문이 충분한 투자를 하지 않은 경우, 특히 구조적실업에 대처하기 위해 충분한 투자를 하지 않은 경우에도 국가는 절대로 개입해서는 안 된

19 노동당에 의해 제안된, 종래의 민간 금융기관들로서는 수행하기 어려운 경제의 구조적 문제 개선을 위한 투자를 집행하기 위한 은행이다. —옮긴이 주

다는 어떠한 재정상의 이유라는 것은 본질적으로 존재하지 않는 것이다. 이에 대한 반대 의견들은 다분히 실무적인 차원의 내용이거나 혹은 단순히 정치적인 것이다.

케인스가 의식하고 있었다는 증거는 없지만, 1891년에 교황 레오 13세가 정한 「보충성 원리」(補充性原理, the principle of subsidiarity)[20]를 그는 부지불식간에 받아들이고 있던 것처럼 보인다. 그 「보충성 원리」는 1세기 후 마스트리흐트(Maastricht)에서의 유럽 공동체 법에 포함되어 있다. 국가라는 차원에서 보충성이란 개인이나 민간기관이 효과적으로 달성하지 못하는 것만을 국가가 수행해야 하며, 그 이상도 그 이하도 아닌 것이다. 케인스는 개인의 자유와 의회 민주주의의 유지를 중시 여겼다. 그가 구상한 국가 계획은 소비에트식 명령 경제는 아니었다. 그는 1932년에 다음과 같이 말했다.

> 국가 계획의 본질이라는 것은 그 성격에 있어서 개인의 역량의 범위를 넘어서는 것을 국가가 하는 것이다. 그것은 사회주의나 공산주의와는 다른데, 왜냐하면 그 자체의 목적만을 위해 국가의 영역을 강화하는 것을 추구하는 것이 아니기 때문이다. 그것은 개인에게 좀 더 적합한 영역에 있어서까지 국가가 개인을 대체하려는 것이 아니며, 혹은 임금 체계를 변혁하거나 이윤을 추구하는 동기를 말살하는 것을 목표로 하지도 않는다. 그것의 목적은 신중한 예상을 바탕으로 개인의 역량 범위 밖의 것

---

20 교황 레오 13세는 1891년 무조건적인 자유방임주의와 여러 가지 형태의 공산주의를 절충하는 형태를 주장했다. 이 원칙은 이후 1931년 교황 피오 11세가 사회문제에 대한 선언문인 「노동헌장 반포 40주년을 기념해(Quadragesimo Anno)」를 공표하는 것으로 이어졌다. 이 원리는 "개인들이 자신 스스로의 기획이나 근면으로 달성할 수 있는 바를 (국가가 — 옮긴이) 빼앗거나, 혹은 그에 대해 국가가 의지를 표명해서는 안 된다는 것이 사회 철학에 있어서 고정불변의 원칙이다"라는 것이다. 즉, "높은 수준의 정부가 개입하는 것은 작은 공동체로부터 모든 권한을 박탈하는 것이 아니라 좀 더 지원하는 것이어야 한다"라는 것이다. 이는 소극적으로는 상위 정부가 해서는 안 될 것을 정하는 것이며, 적극적으로는 국가에 하위의 작은 구성단위가 일차적으로 할 수 있는 조건을 마련해 줄 것을 요구하는 것이다"(김석태, 2004) —옮긴이 주

들을 조정하고 관리함으로써 각 개인이 자유롭게 서로 간에 경쟁하며 활동하는 환경을 수정하고 또한 규정짓는 것이다(Keynes and Moggridge, 2010: 81).

현재의 영미 거시경제정책의 각종 틀 — 즉 「황금률」(그것이 우연인지 혹은 의도적 설계인지와는 상관없다), 「저금리정책」, 「물가안정목표제」, 2008년의 금융위기에 대한 재정적 대응 등 — 은 모두 대체적으로 '케인스적'이라고 불릴 수 있는 것이다. 물론 이때 '케인스적'이라고 함은 케인지언의 생각이 아니라 케인스 자신의 생각을 지칭하는 것이다. 케인스 자신과 그 이후 다양한 세대의 케인지언 사이에는 큰 차이가 있다. 또한 영국과 미국 사이에는 특히 예산에 대한 책임 분야에 있어서 구조적으로 큰 차이가 있다. 그런데 반면에 유로권 내의 정책은 여전히 좀 더 「고전학파」적인 것으로 남아 있다.

영국과 미국의 재정정책과 금융정책은 그간 발발했던 각종 사태들에 기인한 압력하에 있던 '정치라는 솥'에서 출현한 각종 시행착오에 힘입어 실용적으로 진화해 왔다. 물론 레이건이나 대처, 혹은 나중의 오스본 등이 전혀 케인스적인 의도와는 상관없는 정책을 추구해 왔던 것은 너무도 자명하다. 하지만 결국 "경제학자나 철학자의 생각은 그들이 실제로 옳을 때나 틀릴 때나 상관없이 일반적으로 사람들이 생각하는 것 이상으로 강하다"(CW 7: 383). 재정정책 및 금융정책에 대한 케인스의 영향력은 「케인지언시대」에 완전히 종지부를 찍은 것은 절대로 아니다.

6. 환율과 무역정책

케인스의 이름은 브레턴우즈 체제와 결부되어 있다. 그러나 정치 감각이 탁월했던 케인스가 생존해 있다고 한다면 2020년의 지정학적 상황에서 전 세계적으로 관리환율체제로 복귀한다는 것은 유토피아적인 환상으로 여길 것이 틀림없다. 케인스는 유럽통화동맹이라는 것을 출발점은 선의에 기반했더라도 「고전학파」 경제학 이론에 의해 위험한 방향으로 인도된 완전히 엉망진창인 프로젝트로 간주했을 것이다.

케인스의 명확한 정책적 목표는 국내 경제의 안정이라는 목표를 국제수지라는 문제에 종속시켜서는 안 된다는 것이었다. 그런데 그러한 종속은 「전간기」에 「금본위제도」로 회귀했을 때 발생했고, 「케인지언시대」에 있어서의 영국에서는 스톱-고 주기(stop-go cycle)[21]하에서 다시 발생했다. 그리고 이것이 최근 그리스나 다른 유로통화권의 적자국가에서 일어난 일이다. 케인스는 1925년에 「금본위제도」로의 복귀에 반대했으며, 1931년에는 보호무역을 심각한 정책 옵션으로 검토하게끔 했다(이때는 물론 「금본위제도」에 입각한 것이었다). 이 책의 6장에서 말한 것처럼 케인스가 후에 브레턴우즈 체제를 지지한 것은 「전간기」 중의 보호주의적 정책, 경쟁적인 환율 평가절하, 그리고 은행위기를 회피하기 위해서였다.

케인스는 미국이 자유무역을 주장하면서 사실상 대영제국을 해체하려고 주장했음을 감안할 때 브레턴우즈 체제는 오히려 영국에 이익이 될 것이라고 생각했다. 이 협정은 영국과 다른 나라들로 하여금 확실히 외환보유를 확보할 수 있도록 하는 것으로, 만일 이것이 없으면 자유무역은 위험에 당면할 수 있다고 생각했다. 동시에 이로 인해 영국은 생존하기 위해 세계 수출시장에 용이하게 진출할 수 있었다. 이와는 대조적으로 1973년 이후의 경험을 통해 볼 때, 세계무역은 변동환율제하에서도 성장할 수 있다는 것을 알 수 있다.

환율이 변동해도 세계무역이 성장한 이유는 크게 두 가지였다. 첫 번째로는 국제금융시장의 성장인데, 이로써 단기적인 환 위험은 선물 계약으로 헤지할 수 있게끔 된 것이다. 두 번째로는 다국적 기업의 성장에 따른 현지 생

---

21 경제가 빠른 속도로 성장하다가 속도가 현저히 저하되거나 혹은 멈추는 상태가 주기적으로 반복되는 것을 말한다. —옮긴이 주

산이다. 즉, 다국적 생산은 장기적으로 볼 때 그 나라에서의 비용 인상 요인이 있더라도 현지 판매로 인해 환 위험을 회피할 수 있게 된 것이다. 증권 시장의 국제화에 힘입어 투자 포트폴리오 규모는 각국의 경상수지를 무색하게 할 정도로 성장했다. 이에 따라 주요 통화의 가치는 무역이나 소득의 흐름뿐 아니라 자산의 평가를 반영하게 되었다. 이와 같이 제2차 글로벌화의 물결의 시대는 「금본위제도」나 그와 유사한 관리환율체제에 의존하고 있지 않다.

1962년에 로버트 먼델(Robert Mundell)과 마커스 플레밍(Marcus Fleming)은 국민국가는 고정환율, 자본의 자유로운 이동, 금융정책의 자율성이라는 세 가지 선택지 중 최대 2개밖에 선택할 수 없다는, 소위 「트릴레마」(trilemma)에 직면할 수밖에 없다는 것을 분명히 입증해 보였다. 1973년 이후 세계의 국가들은 두 부류로 나뉘었다. 주요 기축통화 국가는 변동환율제하에 기능하며 자본 이동의 자유와 동시에 금융정책의 자율성을 누리고 있다. 반면 다른 나라들의 경우 자국 통화를 주요 기축통화에 연동 고정시키고, 동시에 금융정책상 자율성을 포기하든지(사우디아라비아) 혹은 자유로운 자본의 이동을 제약시켰다(중국).

그런데 변동환율제의 경제적 성공은 다른 종류의 자율성을 잃는 대가로 초래된 것이다. 세계무역의 지속적인 성장을 가능하게 한 금융시장의 발전과 다국적 생산은 한 나라의 주권을 침해하기 시작했다. 외화 채무를 지게 됨으로써 그 채무국들은 채무가 자신들의 다른 국가에 대해 가지고 있는 채권이나 혹은 순 수출액에 의해 상쇄되지 않는 경우 결국 대출자들의 입김에서 자유롭지 못하게 되었다. 또한 국내 기업의 소유권을 비거주자에게 허락함으로써 주주와 자국인 노동자 간 이해상충 문제는 더욱 첨예화되기 시작했다. 과거 영국 제국주의는 이제 테이블의 반대편에 앉게 되었고, 이제야 외국 투자자들을 위해서 일하는 현실이 어떠한지를 경험하고 있는 것이다. 투자의 형태가 채무형식이든 주식투자이든 상관없이 이제는 국가 주권을 금융시장에 양보하게 된 것이다.

케인스는 관리환율체제하에서는 자본의 자유로운 이동은 허용되지 않을 수 있다고 1941년에 다음과 같이 분명히 밝힌 바 있다.

선택 가능한 것들 중 나은 것은 어떤 것인가 … 그것은 마법 양탄자의 속도[22]에 따라 변할 것이다. 고삐 풀린 돈은 세계를 휩쓸고, 그래서 모든 건실한 사업들을 혼란시킬 것이다. 자본이라는 자금의 이동을 규제해야 한다는 것만큼 더 자명한 사실은 없는데, 이것은 소위 자유방임이라는 설정으로부터의 광범위한 작별을 의미하는 것이다(CW 25: 31).

1933년, 그는 글로벌화에 반대하는 강한 감정을 표명했다.

따라서 나는 국가들이 경제적으로 서로 실타래처럼 얽혀 있는 것을 극대화하자고 주장하는 사람보다는 오히려 최소화하려는 사람의 편에 서 있다. 사상, 지식, 예술, 서비스업, 여행 등은 원래 국제적인 것이어야 한다. 그런데 상품들은 합리적이고 또한 편리할 수 있는 한 가급적 자국에서 만들자. 그리고 금융은 무엇보다도 자국주의적(national)이어야만 한다. 제1차 세계대전 이후 우리가 처하게 되었던 퇴폐적으로 국제화되고 개인주의화된 자본주의는 결코 성공적인 것이 아니다. 그것은 지적인 것도 아니고 아름다운 것도 아니고, 정의롭지도 않고 더욱이 미덕도 아니다. 그리고 그것은 상품을 제대로 생산하지도 않는다. 즉, 요컨대 우리는 그러한 자본주의를 싫어하고 경멸하기 시작한다. 하지만 그것의 대안이 무엇인가에 대해 고민하기 시작할 때 우리는 매우 혼란스럽기만 할 것이다(CW 21: 236~239).

브렉시트의 불확실성이나 미국에서의 보호주의의 재연에도 불구하고 생

22 자본의 움직임은 마법 양탄자를 타고 움직이는 것처럼 빠르다는 의미이다. —옮긴이 주

산의 글로벌화로부터 자발적으로 후퇴하는 것은 지금은 생각하기 어렵다. 분명 인정하지 않을 수 없는 것은 1914년 6월 글로벌화의 첫 시대가 끝났을 때도 상황은 마찬가지였다는 점이다. 그럼에도 불구하고 현대 기술의 성격을 감안할 때 2019년에는 적어도 영국의 산업과 금융 구조는 좋든 나쁘든 상관없이 세계 다른 나라들의 산업 및 금융 구조와 돌이킬 수 없을 정도로 얽혀 있는 것처럼 보인다.

결론적으로 글로벌화에 대한 그의 견해는 현재 현실과 동떨어져 보이나, 반면 국내 거시경제정책 운영에 대한 그의 견해는 이미 실제로 받아들여지고 있다. 그렇다면 케인스는 지금 우리에게 그 무엇을 더 제공할 것이 있을까? 단, 분명하게 해 두고 싶은 것은 이 질문은 케인스로부터 파생된 현재의「포스트 케인지언」경제학이 제공할 수 있는 것에 대한 질문이 아니라는 것이다.「포스트 케인지언」이 답변할 수 있는 바에 관한 것은 이 책이 다룰 수 있는 범위를 넘어 다른 별도의 책을 필요로 할 것이다.[23] 이 질문은 다시 말하자면 케인스 자신의 저작 중에 오늘날 적용할 수 있음에도 불구하고 아직 사용되지 않은 것이 남아 있는가 하는 것이다.

저자는 이것은 국제통화 체제의 개혁에 있다고 생각한다. 현재로서는 이러한 세계적인 개혁은 쉽게 손에 잡히지 않는 것임에도 불구하고, 이 책의 분석은 케인스가 제안한「국제청산동맹」이라는 개념에서 유럽통화체제의 구체적이고 실현 가능한 개혁을 이끌어낼 수 있음을 시사한다. 그 목적은 유로 체제의「정치적 일체성」(political unity)은 유지하면서도 동시에 그 체제하의 수지적자국가에서 고용을 촉진하는 것일 것이다.

---

23 국내에 번역된 책으로는 라부아(2016)를 권한다. 원 저서가 출판된 것은 다소 오래되기는 했지만(2006년) 그럼에도 불구하고 이론적인 측면에서 볼 때 훌륭한 안내서이다. 가급적 쉽게 쓰여 있다. 또한 옮긴이가 2021년 하반기에 번역 출판 예정인 킹 교수의 책(『포스트 케인지언 경제학에의 초대(Advanced Introduction to Post Keynesian)』) 및 라부아 교수의 책과 상호 보완적이다. —옮긴이 주

7. 유로화의 복구

1999년의 통화동맹 창설 이후 구독일 마르크화권(독일, 오스트리아, 베네룩스 등)과 다른 가맹국(특히 그리스, 아일랜드, 이탈리아, 포르투갈, 스페인) 사이에 경상수지불균형이 지속적으로 발생하게 되었다. 이러한 불균형은 각국의 생산 구성이 상이하고, 또한 각국마다 임금을 협상하는 제도나 기구들이 상이하기 때문에 빚어진 결과이다. 이로 인해 소위 흑자국가에 있어서는 적자국가에 비교했을 때 단위 임금 비용은 덜 상승하고 반면 경쟁력은 더 빠르게 상승하게 된 것이다. 그런데 2008년까지 적자는 주로 민간 은행들로부터의 단기 차입으로 조달되어 온 것이었다. 당시는 국가 간 자금 대출에는 어떠한 제약도 없었으며, 따라서 그리스와 같은 나라의 경우 그 같은 차입으로 예산상의 적자를 보전했으며, 동시에 스페인이나 아일랜드의 경우에도 투기적인 건설 붐을 위한 자금 조달이 가능했다. 그런데 이러한 두 가지 형태의 금융 모두 실제로 순 수출의 증가와는 무관한 것이었다.

2008년 국제 금융위기는 유로존 내에서도 금융위기를 촉발하게 되었다. 물론 그러한 위기 촉발의 계기가 경상수지불균형 그 자체인 것인지 혹은 그러한 수지불균형이 조달된 방식에 문제가 있었던 것인지에 대해서는 다양한 견해가 있는 것이 사실이다. 예를 들어, 아일랜드의 경우 은행들이 공여한 크로스보더 대출은 국민소득 대비 수배를 초과했다. 어찌되었든 이러한 단기 은행 대출이 취소됨으로써 이미 축적된 경상수지불균형은 결국 유로 체제 내의 각 중앙은행 간 불균형으로 이어지게 되었다. 금액으로는 2018년의 경우 1조 3000억 유로화에 달하는 거액이었다.

저자가 이 절에서 논의하고자 하는 것은 만약 케인스라면 이 같은 막대한 채무 초과액과 그 근원인 경상수지불균형에 대해 어떻게 반응할 것인가 하는 것이다. 케인스라면 이러한 통화동맹을 아마도 「금본위제도」가 가졌던 나쁜 점 중에서도 최악의 것들만 골고루 지니고 있는 것이며, 더욱이 「금본위제도」

가 그나마도 가지고 있던 평가절하의 옵션마저도 없는 것이라고 했을 것이다. 1914년 이전의 「금본위제도」는 영국이 흑자를 외국에 재투자했기에 안정적일 수 있었던 것이었다.

영국의 공공투자 범위와 한계에 대해 앞서 언급한 바는 여기서도 해당된다. '유럽투자은행(EIB: European Investment Bank)'이나 '유럽부흥개발은행(EBRD: European Bank for Reconstruction and Development)' 등 큰 가능성을 가진 강력한 기관은 이미 존재하고 있다. 하지만 그러한 기관들에 의한 투자가 가능하기 위해서는 궁극적으로는 현재 흑자 기조인 독일 마르크화권 내의 국가들이 어떤 일정 필요 기간 동안에는 경상수지적자를 감수하고 이전에 적자를 기록하던 다른 여타의 나라들로 하여금 수지상 흑자를 달성하게 하는 일종의 수지균형을 역전시키는 것이 필요하다. 그런데 세계의 다른 모든 나라들이(특히 미국을 포함) 전부 수지상 적자를 기록해야지만 현재 모든 유로존 내의 국가들이 독일과 같은 금액의 흑자를 기록할 수 있는 것이 불가피한 현실이다. 따라서 그러한 비현실적인 가능성이 정말로 실현 가능하다고 하더라도 그것은 현명한 방법은 아니며 또한 지속가능할 수도 없다. 더욱이 대규모의 크로스보더 공공투자가 아마도 개념적으로는 불균형을 어느 정도는 역전시킬 수 있을지 몰라도, 현재 존재하는 소위 「재정협정」과는 부합하지 못할 것이다.

유로화의 설계자와 총재들은 보수적인 「고전학파」 경제 모델에 경도되어 있다. 그들이 승인하는 불균형을 시정하기 위한 경제 조정의 유일한 형태는 이 책 6장에서 설명한 바와 같이 「단기적」으로는 긴축재정이며, 「장기적」으로는 임금 삭감과 「노동시장의 유연성」이다. 그런데 이러한 안들은 정치적 불만을 키우는 것으로, 통화동맹뿐 아니라 유럽연합 자체를 위험에 빠뜨리는 것이다.

이 문제는 이론적으로는 국경을 넘어 세수를 이전함으로써 해결 가능한데, 예를 들어 건강, 교육, 연금, 사회보장제도 등을 구비한 복지 시스템 면에서의 '유럽 통합 복지국가' 체제에 자금을 공급하는 것이다. 이는 더욱 긴밀한 유럽연합을 만들고, 개인에게 유럽의 시민으로서의 새로운 정체성을 부여할 것이다. 하지만 이를 위해서는 각국은 국가예산의 많은 부분을 유럽연합으로 이전하고 흑자국가에는 적어도 경상수지불균형과 같은 금액 정도의 추가 과세를 할 필요가 있다. 케인스는 이런 제안을 현재로선 단지 막연한 희망에 불과하다고 믿을 것임에 틀림없다.

마찬가지로 가능성이 없는 방안으로는 독일이나 다른 흑자국가가 내부 평가를 통해 화폐임금을 상승시켜, 그로 인해 수출 경쟁력이 저하되고 따라서 흑자가 해소되게 하는 등을 받아들이게 하는 것이다. 이를 위해서는 수출을 위하던 생산 시설을 국내 수요를 위해 상당수 재배치해야 하며, 또한 공공투자를 늘려 이행기 동안 예상되는 높은 실업률을 피하게끔 해야 한다. 그러나 독일 내 산업들의 이해득실 관계와 재정적 보수성으로 인해 이러한 제안은 결코 선호되지 않을 것인데, 이러한 어려움은 1971년에 프랑스와 독일이 달러 대비 자국의 통화를 재평가하는 것에 이견을 좁히지 못하고 갈등을 일으켜 결국 브레턴우즈 체제 시대의 종언을 앞당기는 데 일조한 바를 상기하면 충분히 이해될 것이다. 또한 독일이 미국이나 혹은 영국에 수출시장을 빼앗기게 되는 것은 그리스나 이탈리아를 위해 결코 도움이 되지 않는다. 따라서 남는 대안은 흑자국가가 그 흑자를 적자국가의 수출산업에 투자해 생산성을 높이고 동시에 적자국가의 평가절하를 통해 그 적자국가의 순 수출을 늘리는 방법밖에 없다.

유럽통화동맹은 어떤 면에서는 재앙적인 결과를 초래했지만, 다른 면에서는 전례 없는 성과를 거두었다. 회원 국가들이 그들의 주권을 한곳으로 결집시킨 결과, 유로화는 「특별인출권」과 같은 위상을 부여 받을 수 있었다. 그리고 각국은 소위 「재정협정」이라는 규준을 받아들였으며, 이로써 과거 독일 바이마르 공화국 시절의 하이퍼인플레이션이라는 망령으로부터 '유럽중앙은행'을 해방시켜 주었다. 그래서 이렇게 이미 달성된 국가 화폐 주권의 일원화는 어쩌면 너무 시기상조로 도입된 단일통화 체제에서 겪은 실수로부터 배우고 그러한 실수를 극복할 수 있는 통화 체제의 개혁을 위한 기회가 될 수도 있는 것이다.

케인스의 「국제청산동맹」은 국가 간 조약에 의해 새로운 초국가적 통화(supranational currency)의 창설을 구상한 것이었는데, 그것이 바로 현재의 유로화라고 볼 수 있다. 하지만 케인스는 각국 통화를 폐지할 것을 주장한 것은 절대 아니었다. 그의 구상에 의하면 「방코르」 통화는 각 국가의 중앙은행 간의 상호 결제를 위해서만 사용되는 것이고, 이는 「특별인출권」과 유사하다고 볼 수 있다. 케인스는 유럽통화제도의 성공적인 개혁을 위해 필요한 바로 세 가지 요소를 제안했다. 즉, 각 회원국은 언제든지 자국 통화로 복귀할 수 있는 자유를 부여 받게 함과 동시에, 그러한 조치가 유럽 프로젝트의 실패로 간주되지 않게 할 것, 그리고 자국 통화에 대한 자본거래 규제(capital control)가 필요하다는 것을 인정할 것, 그리고 마지막으로 소위 「황금률」과 상응해 「재정협정」을 개혁하는 것이다.

유로화에 대한 자국 통화의 환율은 최초에는 현재 유로화 채무 잔고를 상환하기에 충분한 만큼의 경상수지흑자를 시현할 수 있도록 적절한 수준으로 설정할 수 있을 것이다. 그리고 그 환율은 이후 매달 적절히 조정되는데, 그 원칙은 각국별 인플레이션율 차이를 고려함으로써 그 환율이 실질 가치를 반영할 수 있도록 하는 것이다. 이러한 소위 「크롤링펙」(crawling peg)[24]은 회원국 간에 의무적으로 적용되고 또한 유로화 체제에 의해 자동적으로 관리되게 하는 것이다. 지불 부족금이 생기는 경우 유로화 차입으로 보전하고, 적자국가는 현재와 같이, 그리고 케인스의 「국제청산동맹」과 같이 무제한적인 단기자금을 공여 받을 수 있게 한다. 이러한 약속이 존재하는 경우 1992년 스털링

24 환율을 어떤 기준이 되는 환율을 중심으로 한 일정한 변동폭 안에서 정하고, 필요에 따라 그 기준 환율을 변화시키는 제도로 「고정환율제」와 「변동환율제」의 절충 형태이다. —옮긴이 주

의 [유럽 환율 메커니즘(ERM: European Exchange Rate Mechanism)에서의 — 옮긴이] 불명예스러운 추방 시[25]에서 볼 수 있었던 어떤 투기적 위기가 발생하는 위험을 배제할 수 있을 것이다. 하지만 현재로서는 적자국가는 장기 융자를 지원받는 경우 일종의 조건들을 수락해야만 하는데, 그것들에는 올바른 산업 정책의 수립과 만약 구조적인 경상수지적자가 재발하는 경우에는 실질 가치 기준으로 통화를 더욱 평가절하할 수 있는 가능성도 포함시키는 것이다.

이 같은 조건들은 자본거래 규제 체제와 연관되어 있다. 특히 어떠한 일정 원칙이 정립되어야만 한다. 예를 들어, 외화로 차입하는 경우에는 그 차입 주체가 은행인 경우 당연히 외화 대출과 연결되어야만 하며, 혹은 차입자가 일반 기업인 경우에는 그 차입 기간 중 향후 추가적인 순 수출로 차입이 상환될 수 있어야만 한다. 이러한 크로스보더 대출은 그 자금이 사용되는 용처를 따져서 허가제로 운영되어야 한다. 예를 들어 스페인 은행이 네덜란드의 은행으로부터 유로화 자금을 빌려서 단지 스페인 국내 통화만을 벌기 위한 국내 사업에 대출하는 것은 대출승인상 부적절하다는 것이다.

이러한 개혁으로부터 얻을 수 있는 이득은 적자국가에 있어서 수출 경쟁력을 회복하기 위해 필요한 **보편적** 임금 인하를 가능하게 해 주는 것인데, 동시에 여타 비용, 즉 임대료나 세금, 혹은 국내 채무 상환 등도 실제 가격 기준으로 감소시키는 것이다. 물론 실질임금도 하락하기 마련이다. 하지만 그 같은 실질임금 하락은 만일 불균형적인 디플레이션이 지속되는 경우에 비해서는 훨씬 덜 고통스럽고, 덜 불공평하게 국민들에게 배분되는 것이라고 할 수 있다. 통화 주권의 회복은 각 국가로 하여금 자신의 통화를 이용해 자본 투자를 요하는 주요 사업의 금융 조달이 용이하도록 해 주고, 필요한 경우 잠시 동안

25 검은 수요일이라고 불리는 사태로서 1992년 'ERM'으로부터 영국의 파운드 스털링이 추방된 상황이다. 이는 영국이 ERM이 규정한 범위에서 환율을 유지하는 것에 번번이 실패한 것에 기인한다. —옮긴이 주

경상수지적자를 감수할 수 있게 해 준다. 그리고 「크롤링펙」 제도는 회의론자들에게도 어떤 일국이 적자 금융을 함으로써 발생하는 인플레이션은 오로지 그 나라에만 제한되고 나머지 유로존에 확산되지 않는다는 것을 충분히 납득시킬 것이다.

이러한 제안은 만일 이러한 개혁을 위한 협상 과정 중 자본의 도피라는 문제를 충분히 감안하지 않는다면 몽상에 그칠 수도 있다. 케인스가 제시할 만한 하나의 가능한 해답은 평가절하와 채무 감면(debt relief)의 문제를 별개로 취급하는 것이다. 국가 통화가 새로이 창설되는 날 「역자본과세」(reverse capital levy)라는 형태로 일종의 자본에 대한 보증을 부여하는 것이다. 이 「역자본과세」는 자국 통화가 창설된 바로 그날부터 평가절하로 인한 손해를 자동적으로 보상해 주는 것을 말한다.

예를 들어, 어떤 나라에서 새로 창설된 국가 통화[그것을 듀캣(ducat)[26]이라고 부르자]는 법에 의해 유로화와 1대1로 정의된다. 이 통화를 사용하는 날 모든 국내 소득, 물가 그리고 채무는 듀캣 단위로 표시되기 시작한다. 이때 명목 숫자는 당연히 이전의 유로 금액과 같을 것이다. 그런데 만약 25%의 평가절하가 필요한 경우에는 이 360듀캣이라는 금액은 단지 270유로화만큼의 가치가 있을 것이다. 이때 「역자본과세」가 적용되어 듀캣으로 표시된 모든 채무의 금액은 33% 인상되게 되는 것이다. 즉, 최초에 270유로화의 은행예금을 가지고 있던 사람은 듀캣으로 통화가 표시됨으로써 그 이후 270듀캣을 가지게 되는데, 이러한 평가절하 이후에는 그 예금은 360듀캣으로 변경되고 따라서 그는 여전히 270유로화 상당의 듀캣을 보유하는 셈이 되는 것이다. 반대로 이전에 270듀캣만큼의 채무를 지고 있던 사람은 그 채무 금액이 360듀캣으로 상승하게 되지만, 유로화로 환산하는 경우 여전히 270유로화만큼의 채

26 중세 후반부터 유럽에서 교역을 위해 사용되던 금화와 은화이다. 20세기 초까지 통용되었다. —옮긴이 주

무를 지고 있는 것이다. 따라서 이러한 제도를 도입한다면 통상적으로 인플레이션이나 평가절하 시 생길 수 있는 채권자로부터 채무자로의 부의 이전은 없앨 수 있게 된다.

그렇다면 이렇게 국가 통화가 도입 시의 평가절하를 예상해 자본을 도피시키려는 시도는 없어질 것이고, 따라서 국내 생산물 가격에 우려를 갖는 국내 거주자들에게는 최소한 그러한 염려는 불식될 것이다. 한편, 비거주자 외국인들은 물론 이러한 평가절하에 대한 위험으로부터는 해방되겠지만, 이러한 보호적인 자본 이동 규제를 벗어나고자 하는 동기는 존재할 수 있다. 하지만 이러한 자본 통제는 위기 시와 같이 그 자체로 필수적으로 여겨지는 시점에서만 실행될 수 있게끔 하는 것은 가능할 것이다.

이것은 유로화를 폐기하자는 것이 아니라 그것을 구제하자는 제안이다. 유로 체제는 일국 통화 이상의 것이 될 수 있다. 물론 금융의 이해관계는 어떠한 자본 규제에도 반대하기 마련이다. 하지만 현재 유럽연합의 민주적 정당성에 대한 의구심은 존재한다. 즉, 대중, 특히 적자 국가에 거주하는 많은 사람들의 이해가 국제자본의 이해를 위해 희생되었던 것은 아닌가?

국가 통화를 재도입하는 것은 유로화 자체에 의해 지지되는 다자간 협정의 일환으로 행해지며, 그 협정은 유로를 탈퇴한 국가에 대해서도 계속적으로 일종의 규율로서 부과될 것이다. 만약 시간이 지나서 결국 유럽연합이 어느 때보다 긴밀한 통합을 달성하고 연방제라는 현실로 좀 더 근접할 경우 자국 통화를 가진 회원국들이 적절한 환율로 유로에 재가입하기는 충분히 쉬워질 것이다. 화폐라는 것은 언제든지 국경을 넘나들 수 있기 때문에 유로화 자체를 국가 통화로 채택하는 것은 장기적 자본 통제를 위해서는 비현실적이다. 그럼에도 불구하고 국제수지상 경상수지는 여전히 정책적 중요성을 갖는데, 이는 유로를 설립할 때 염두에 둔 「고전학파」 경제 모델에서도 그리고 가입을 위한 자격 조건에서도 완전히 도외시되었던 것이다. 만약 단일통화하에서도 상이한 산업구조와 제도적 구조들로 인해 불균형 발생이 필연적이라면 어떠한 재정 이전과 같은 일련의 추가적인 조치가 없는 한 그 단일통화는 채택되어서는 안 되는 것이다.

케인스가 살아 있다면 평화, 번영, 그리고 문명의 이익을 위해 유럽연합을 보전해야 할 필요성을 여전히 중시 여길 것이다. 그의 저술『평화의 경제적 귀결』이후의 그의 자취로 보건대 케인스가 유럽연합의 실패와 그가 살았던 당시처럼 유럽이 분열된 다국가로 회귀하는 것을 대재앙으로 간주할 것임은 틀림없다. 케인스가 살아 있다면 그는「고전학파」경제학자들로부터 유럽연합을 지켜내고, 평화와 민주적 자유를 위한 힘으로서의 유럽연합을 더욱 발전시키기 위해 필요한 개혁안들을 고안하고 또 실행하기 위해 정력적으로 활동하고 있을 것임에 틀림없다.

8. 결론

이 책에서 저자는 복화술적인 서술을 피하려고 해 왔다. 이 책에서 묘사한 케인스 사상의 이미지는 아마도 생소한 것으로 보일지도 모르겠고, 또한 저자가 속한「포스트 케인지언」학파의 동료들 중에는 이 마지막 장에 들어 있는 보수적인 어조에 놀랄 수도 있을 것이다. 저자의 개인적 견해로는 케인스가 추구한 좋은 사회가 실현되기 위해서는 기업의 통제 체계(corporate governance)와 노동자의 권리를 개혁해, 힘의 균형 관계 및 책임을 자본으로부터 좀 더 노동의 방향으로 기울게 하고, 또한 경상예산상 공공 수입과 지출을 늘리는 것이 필요하다. 그러나 그러한 정책에 대한 정당화는 케인스 자신의 고유 사상 속에서는 드러나 있지 않다.

경제 이론들이 케인스와 일종의 애증관계에 놓여 있는 것에는 많은 이유가 있다. 이 책의 목적은 케인스에 대한 잘못된 신화를 불식시키고 진정한 문제점을 검토하는 데 있는데, 그것은 바로 시장경제에서「균형」이 갖는 성격에 대한 것이다. 경제학자들은 수학을 광범위하게 사용하고 있음에도 불구하고 케인스가 제기한 비판들에 대해 충분히 깨닫지 못하는 한 비과학적으로 남을 수밖에 없을 것이다. 경제학자들은 논리적으로 봤을 때 임노동을 통한 다양한 재화의 생산, 소득, 임금 그리고 이자율 등의 모든 것이 본질적으로 화폐적이라는 사실을 직시해야만 한다. 화폐경제에 있어서는 가격이 완전하게 신축적인 경쟁 체제라고 가정하더라도, 소위 보이지 않는 손으로 하여금 경제를 완전고용으로 자동적으로 유도하게 할 수 없다. 이러한 가장 핵심적인 문제에 대한 합의가 없는 한, 정책에 대한 지속되는 논쟁들은 단지 혼란만 야기하고 그저 논란만이 가중될 것이다.

대부분의 케인스의 정책적 주장은 현재의 거시경제정책의 틀 안에 이미 편입되어 있다. 재정정책의 황금률은 권력자의 의도가 어떻든 간에 영국과 미국의 정부 차입의 장기적 움직임을 상당히 잘 설명하고 있다. 변동환율제와 결부된 「물가안정목표제」는 케인스가 제안했던 바와 거의 동일하며 「저금리정책」을 뒷받침한다. 그가 가장 관심을 보였던 바인 민간투자의 증가 및 지속은 그가 생각하던 것 이상으로 달성되었고, 공공투자는 지속적으로 경제에 안정성을 제공하면서 민간투자를 유인하는 역할을 하고 있다. 마찬가지로 그는 영국 노동당의 2017년 선언에서 나타난 추가적 공공투자를 촉구하는 일종의 사회주의적 제안을 배제하자는 바에는 원칙적으로 동의하지 않을 것이라 생각한다. 영란은행의 균형실업률이라는 개념은 케인스가 실현 가능하다고 생각한 것과 일치한다. 물론 케인스가 생각한 바와 일치한다고 해서 그 개념이 흡족하다는 것은 아니다.

자유무역에 관해서만은 케인스는 지금은 마치 상식이라고 여겨지는 것들에 관해 심각한 의문을 제기했다. 그럼에도 불구하고 케인스는 브레턴우즈 체제가 자유무역에 대해 가진 확고한 의지를 지지했는데, 브레턴우즈 체제를 계기로 결국 세계무역기구가 설립되었던 것이다. 케인스가 이전에 선호했던 변동환율제와는 대조적으로 브레턴우즈 체제 환율제의 주된 이점은 경쟁적인 평가절하와 보호주의를 회피함으로써 무역을 촉진할 수 있다는 점이다.

오늘날 유럽연합은 국민국가 위에 존재하는 가장 큰 단일 시장이다. 케인스가 살아 있다면 유럽연합을 현 상태로 유지하기 위해 노력하고 특히 단일 통화의 시기상조적 도입에 기인한 오류를 바로잡기 위해 노력했을 것이다. 이 장에서는 케인스가 살아 있다면 제시할 수 있는 제안들을 그려 보았다. 유로화와 연계된 관리환율제도를 포함하는 개혁된 유럽의 통화제도하에서 자국 통화에의 회귀를 구상하는 것은 가능한 일이다. 이러한 개혁은 고용, 민주주의, 그리고 유럽연합의 장래를 위해서도 이익이 될 것이다.

정책적 측면에서 볼 때 케인스가 목표로 한 것들의 상당수는 달성되었다고는 하지만 경제 이론들 자체는 좀 더 완고하다. 「고전학파」 경제 이론들이 긴축을 불황과 무역수지불균형에 대한 해결책으로 정당화하고 실업자에 대한 증오적인 태도를 당연시했다는 점에서 그 이론들이 사태를 잘못된 길로 인도하고 재난적 결과를 야기해 온 바는 꾸준히 증명되는 바이다.

케인스는 자신이 추구한 사고의 혁명은 「고전학파」 경제 이론을 완전히 무시하고 버린 것이 아니라 그것을 특수한 이론으로 수용하는 좀 더 일반적인 이론을 제시한 것이라고 생각했다. 그는 우리가 지금 살고 있는 세계를 설명하고자 할 때 올바른 모델을 선택하는 것의 중요성과 그러한 모델을 선택하는 기술을 보여 준 것이었다. 그의 생애에서 거의 마지막에 발표된 글에서 그는 이전의 그의 모든 저작에 공히 적용될 만한 말을 남겼다. "이것은 우리가 현대에서의 경험과 현대적 분석에서 배운 바를 사용하는 시도이며, 동시에 스미스의 지혜와 싸워 이기는 것이 아니라 그것을 구현하는 것이다"(CW 27: 445).

추가 도서 목록*

이 책에서 취급한 경제 모델이나 순수한 경제학 이론에서 벗어나 공부하고 싶은 독자들을 위해 유용한 최근에 발간된 몇 권의 케인스에 관한 전기가 있다. 이에는 다양한 서적들이 있는데, 각자의 스타일은 서로 다르지만 모두 쉽게 읽을 수 있을 것이라고 생각된다.

그 좋은 출발점은 스키델스키의 『케인스: 아주 짧은 안내서(Keynes: a Very Short Introduction)』(2010)이다. 이 책은 그가 이전에 발간한 1000쪽을 넘는 분량의 『존 메이너드 케인스(John Maynard Keynes)』(2009)라는 대작의 요약판이다. 또한 로버트 코드(Robert Cord)의 『케인스(Keynes)』(2007)는 훌륭한 설명과 도해가 포함된 간결한 입문서이다.

클라크의 『케인스를 위한 변명: 20세기 가장 뜨거웠던 경제학자에 대한 경의(Keynes: The Rise, Fall, and Return of the Twentieth Century's Most Influential Economist)』(2010)와 스키델스키의 『흔들리는 자본주의 대안은 있는가: 케인스에게 다시 경제를 묻다』(2014)는 2008년 금융위기를 계기로 케인스가 대중의 관심에 재등장했을 때 출판된 저작이다. 백하우스와 브래들리 베이트먼(Bradley Bateman)의 『자본주의 혁명(Capitalist Revolutionary)』(2011)은 긴축재정이 정책적으로 선호되기 시작한 몇 년 후에 출판된 것이다.

리처드 데이븐포트-하인(Richard Davenport-Hines)의 『만능적 인간(Universal Man)』(2015)은 경제학이라는 측면을 벗어난 케인스라는 남자의 선명한 초상을 그렸다. 벤 스틸(Benn Steil)의 『브레턴우즈에서의 결투(Battle of Bretton Woods)』(2013)는 케인스와 화이트의 싸움을 그린 드라마로 케인스가 미국과의 협상 중 직면한 어려움을 보여 준다.

이 책을 읽고 나서 좀 더 깊이 살펴보고 싶은 경제학 전공 학생에게는 민스키(2014), Chick(1983), Trevithick(1992), Sheehan(2006), Temin and Vines(2014) 등을 추천하고 싶다.

---

* 이 본문에 나오는 저서 중 국내 번역서가 있는 것은 번역서 기준으로 정리했다. —옮긴이 주

참고문헌

_1차 문헌

이 책의 인용은 총 30권으로 구성된 케인스 전집에 의거한다[Keynes, 1971~1989. *The Collected Writings of John Maynard Keynes*(CW). Elizabeth Johnson/Donald Moggridge(eds.)]. 런던 맥밀런(Macmillan)이 왕립경제학회(the Royal Economic Society)를 위해 출판했다. 케임브리지 대학 출판부(Cambridge University Press)가 2012년 디지털 판을 출판(doi.org/10. 1017/CBO9781139524308)했다. 이 문헌이 본문 괄호주로 쓰일 경우 이를 CW로 표기했고, 그 뒤에 권 수와 해당 페이지를 표시했다(예: CW 27: 445).

CW 2: *The Economic Consequences of the Peace*

CW 4: *A Tract on Monetary Reform*

CW 5: *A Treatise on Money: The Pure Theory of Money*

CW 6: *A Treatise on Money: The Applied Theory of Money*

CW 7: *The General Theory of Employment, Interest and Money*

CW 8: *A Treatise on Probability*

CW 9: *Essays in Persuasion*

CW 10: *Essays in Biography*

CW 13: *The General Theory and After. Part 1: Preparation*

CW 14: *The General Theory and After. Part 2: Defence and Development*

CW 20: *Activities 1929-1931: Rethinking Employment and Unemployment Policies*

CW 21: *Activities 1931-1939: World Crises and Policies in Britain and America*

CW 25: *Activities 1940-1944: Shaping the Post-War World: The Clearing Union*

CW 27: *Activities 1940-1946: Employment and Commodities*

_2차 문헌

Backhouse, R. E. 2004. "History and equilibrium: A partial defense of equilibrium economics." *Journal of Economic Methodology*, 11(3): 291-305.

_____ and B. W. Bateman. 2011. *Capitalist Revolutionary: John Maynard Keynes*. Cambridge, MA: Harvard University Press.

Barro, R. J. 1997. *Macroeconomics*(5th ed.). Cambridge, MA: MIT Press.

Blinder, A. S. and M. Zandi. 2010. "How the great recession was brought to an end." https://www.economy.com/mark-zandi/documents/End-of-Great-Recession.pdf.

Callaghan, J. 1976. Leader's speech, Labour Party Conference, Blackpool, 28 September. http://www.britishpoliticalspeech.org/speech-archive.htm?speech=174.

Chick, V. 1983. *Macroeconomics after Keynes: A Reconsideration of the General Theory*. Cambridge, MA: MIT Press.

Clarke, P. 2009. *Keynes*. London: Bloomsbury.

_____. 2010. "Pragmatic and dogmatic Keynesianism: The relevance of Keynes's thinking today." Podcast (talk only). Robinson College, Cambridge. http://www.robinson.cam.ac.uk/postkeynesian/keynes.html.

Coddington, A. 1976. "Keynesian economics: The search for first principles." *Journal of Economic Literature* 14(4): 1258-73.

Colander, D. C. and H. Landreth. 1996. *The Coming of Keynesianism to America: Conversations with the Founders of Keynesian Economics*. Cheltenham: Edward Elgar.

Collins, J. 2017. *An Analysis of John Maynard Keynes's The General Theory of Employment, Interest and Money*. London: Routledge.

Cord, R. 2007. *Keynes*. London: Haus.

Davenport-Hines, R. P. T. 2015. *Universal Man: The Seven Lives of John Maynard Keynes*. London: William Collins.

Davidson, P. 2017. *Who's Afraid of John Maynard Keynes? Challenging Economic Governance in an Age of Growing Inequality*. Basingstoke: Palgrave Macmillan.

Dillard, D. 1948. *The Economics of John Maynard Keynes: The Theory of a Monetary Economy*. New York: Prentice Hall.

Fox, J. 2008. "The comeback Keynes." *Time*, 3 November(as corrected by Lucas on 28 October). Published online on 23 October.

Hansen, A. H. 1953. *A Guide to Keynes*. New York: McGraw-Hill.

Hartwig, J. 2017. "The comparative statics of effective demand." *Review of Political Economy* 29(3): 360-75.

Hayes, M. G. 2006a. *The Economics of Keynes: A New Guide to The General Theory*. Cheltenham: Edward Elgar.

_____. 2006b. "Value and probability." *Journal of Post Keynesian Economics* 28(3): 527-38.

_____. 2007a. "Keynes's Z function, heterogeneous output and marginal productivity". *Cambridge Journal of Economics* 31(5): 741-53.

_____. 2007b. "The point of effective demand." *Review of Political Economy* 19(1): 55-80.

_____. 2008. "Keynes's degree of competition." *European Journal of the History of Economic Thought* 15(2): 275-91.

_____. 2010. "The loanable funds fallacy: Saving, finance and equilibrium." *Cambridge Journal of Economics* 34(4): 807-20.

_____. 2013. "The state of short-term expectation." *Review of Political Economy* 25(2): 205-24.

_____. 2018. "The liquidity of money." *Cambridge Journal of Economics* 42(5): 1205-18.

Hicks, J. R. 1939. *Value and Capital.* Oxford: Oxford University Press.

Keynes, J. M. and D. E. Moggridge. 2010. *Keynes on the Wireless.* Basingstoke: Palgrave Macmillan.

King, J. E. 2015. *Advanced Introduction to Post Keynesian Economics.* Cheltenham: Edward Elgar.

_____. 2002. *A History of Post Keynesian Economics Since 1936.* Elgar.

Lavoie, M. 2014. *Post-Keynesian Economics.* Cheltenham: Edward Elgar.

Lucas, R. E. 1980. "The death of Keynesian economics." *Issues and Ideas.* Winter.

Mankiw, N. G. and M. P. Taylor. 2014. *Macroeconomics*(2nd European edn). New York: Worth Publishers.

Marshall, A. 1920. *Principles of Economics: An Introductory Volume*(8th edn). London: Macmillan.

Meade, J. E. 1975. "The Keynesian revolution." in M. Keynes(ed.). *Essays on John Maynard Keynes.* Cambridge: Cambridge University Press, 82-8.

Minsky, H. P. 1975. *John Maynard Keynes.* New York: Columbia University Press.

O'Donnell, R. M. and C. Rogers. 2016. "TYLM: A General Theory-compatible replacement for ISLM." Cambridge Journal of Economics 40(1): 349-64.

Pigou, A. C. 1936. "Mr. J. M. Keynes' General Theory of Employment, Interest and Money." *Economica* 3: 115-32.

Piketty, T. 2014. *Capital in the Twenty-First Century.* Cambridge, MA: Harvard University Press.

Robinson, J. 1937. *Introduction to the Theory of Employment.* London: Macmillan.

Robinson, J. and J. Eatwell. 1973. *An Introduction to Modern Economics*. Maidenhead: Mc Graw-Hill.

Samuelson, P. A. and W. D. Nordhaus. 1989. *Economics*(13th edn). New York: McGraw-Hill.

Sawyer, M. C. 2003. "Employer of last resort: Could it deliver full employment and price stability?." *Journal of Economic Issues* 37(4): 881-907.

Schumpeter, J. A. 1911/1934. *The Theory of Economic Development: An Inquiry into Profits, Capital, Credit, Interest and the Business Cycle*. Cambridge, MA: Harvard University Press.

Sheehan, B. 2006. *Understanding Keynes' General Theory*. Basingstoke: Palgrave Macmillan.

Skidelsky, R. J. A. 2003. *John Maynard Keynes, 1883-1946: Economist, Philosopher, Statesman*. New York: Penguin.

_____. 2009. Keynes: The Return of the Master. London: Allen Lane.

_____. 2010. Keynes: A Very Short Introduction. Oxford: Oxford University Press.

Steil, B. 2013. *The Battle of Bretton Woods: John Maynard Keynes, Harry Dexter White, and the Making of a New World Order*. Princeton, NJ: Princeton University Press.

Stewart, M. 1967. *Keynes and After*. Harmondsworth: Penguin Books.

Taussig, F. 1939. *Principles of Economics*(4th edn). New York: Macmillan.

Temin, P. and D. Vines. 2014. *Keynes: Useful Economics for the World Economy*. Cambridge, MA: MIT Press.

Trevithick, J. A. 1992. *Involuntary Unemployment: Macroeconomics from a Keynesian Perspective*. Hemel Hempstead: Harvester Wheatsheaf.

Wray, L. R. 1998. *Understanding Modern Money*. Cheltenham: Edward Elgar.

_한국 내 번역 출판 문헌

케인스의 명성에도 불구하고 케인스나 혹은 '「포스트 케인지언」' 경제학에 대해서는 국내에 제대로 번역 소개된 책이 거의 없다. 옮긴이가 한글로 번역된 책을 확인한 바는 없기 때문에 원문의 중요성을 기준으로 정리하자면 다음과 같다(아마도 다음의 책이 권장 가능한 유일한 책들이라고 여겨진다). 케인스의 저작으로는 우선 케인스(2012)가 필수적이다. 케인스에 대한 전기로는 저명한 경제사학자 스키델스키(2009; 2014)의 케인스에 관한 평전들이 번역되어 있다. 특히 스키델스키(2009)는 케인스에 관한 평전의 백미격인 저서이며 번역서는 1600쪽을 넘는 방대한 분량이다. 또한 케인스에 정통한 경제사학자인 클라크(2010)도 추천하고 싶다. 스키델스키와 클라크의 책이 전기적임에 비해 딜라드(1999)는 좀 더 이론적이며 1948년에 출판된 책임에도 불구하고 아직도

널리 읽히는 고전이다. 반면 케인스를 계승한 포스트케인지언 저작의 번역본은 많지 않다. 독자를 위해 입문서격으로 가장 먼저 추천할 책은 라부아(2016)이다. 다소 오래된 책이기는 하지만 포스트케인지언 경제학에 관심 있는 독자들을 위해 입문서로 강력히 추천하고 싶은 책이다. 쉽게 쓰여 있기 때문에 학부 학생 수준에 적합하다. 킹(2021)은 라부아(2016)와 크게 상호보완적이다. 전자가 좀 더 분석적인 면을 강조했다면 킹(2021)은 사상적 맥락과 기타 경제학 분야와의 차이점에 주목하고 있다는 점에서 좀 더 넓은 시야를 제공한다. 추가적으로 포스트케인지언에 관심 있는 독자들에게는 박만섭(2016), 민스키(2014)를 우선 권한다. 화폐이론에서는 잉햄(2011)은 포스트케인지언과 네오차탈리스트(Neo-Chartalist)적 화폐이론의 집대성격인 고전이다. 포스트케인지언의 분파로서 최근 각광 받는 현대통화이론에 대해서는 레이(2017)를 추천한다. 그 밖에 칼레츠키(2010; 2014), 칼도(2019)는 전공자가 아니면 다루기 어려운 책들이다. 따라서 최소한 앞에서 언급한 라부아(2016)와 킹(2021)을 읽은 후에 접하기 바란다.

라부아, 마크(Marc Lavoie). 2016. 『포스트 케인스학파 경제학 입문: 대안적 경제 이론』. 김정훈 옮김. 후마니타스.

레이, 랜덜(Randall Ray). 2017. 『균형재정론은 틀렸다: 화폐의 비밀과 현대화폐이론』. 홍기빈 옮김. 책담.

민스키, 하이만(Hyman Minsky). 2014. 『케인스 혁명 다시 읽기』. 신희영 옮김.

박만섭. 2016. 『케인스의 경제학』. 다산출판사.

스키델스키, 로버트(Robert Skidelsky). 2009. 『존 메이너드 케인스: 경제학자, 철학자, 정치가』. 고세훈 옮김. 후마니티스.

_____. 2014. 『흔들리는 자본주의 대안은 있는가: 케인스에게 다시 경제를 묻다』. 곽수종 옮김. 한국경제신문 한경BP.

잉햄, 제프리(Geoffrey Ingham). 2011. 『돈의 본성』. 홍기빈 옮김. 삼천리.

칼도, 니콜라스(Nicholas Kaldor). 2019. 『경제정책론』. 강두용 옮김. 지식을 만드는 지식(지만지). (원서발췌)

칼레츠키, 미할(Michal Kalecki). 2014. 『경제동학이론: 자본주의 경제에서 순환 및 장기 변화에 관한 에세이』. 강기춘 옮김. 한국문화사.

_____. 2010. 『자본주의 경제동학 에세이(1933~1970)』. 조복현 옮김. 지식을 만드는 지식(지만지).

케인스, 존 메이너드(John Maynard Keynes). 2012. 『고용, 이자 및 화폐에 관한 일반이론』. 박만섭 옮김. 지식을 만드는 지식.

_____. 1992. 『화폐론(상, 하)』. 신태환·이석윤 옮김. 비봉출판사.

_____. 2016. 『평화의 경제적 결과』. 정명진 옮김. 부글북스.

클라크, 피터(Peter Clarke). 2010.『케인스를 위한 변명 : 20세기 가장 뜨거웠던 경세학자에 대한 경의』. 이주만 옮김, 랜덤하우스코리아.

_옮긴이 주 참고문헌

김석태. 2004.「지방분권의 근거로서 보충성원리의 한국적 적용」. 경북대학교

이채언. 2007.「1990년대 이후『노동가치론』에서의 새로운 인식」. ≪마르크스주의 연구≫, 제4권 제1호(통권 제7호).

잉햄, 제프리(Geoffrey Ingham). 2004.『돈의 본성』. 홍기빈 옮김. 삼천리.

Aspromourgos, Tony. 2018. "Keynes, Public Debt and the Complex of Interest Rates" *Journal of the History of Economic Thought* 40, Issue 4.

Akerlof, G. and R. Shiller. 2009. *Animal Spirits: How Human Psychology Drives the Economy, and Why It Matters for Global Capitalism.* Princeton, NJ: Princeton University Press.

Baddeley, M. C. 2003. *Investment: Theories and Analyses.* Macmillan Education.

Boyer, Marie-Therese., Ghislain Deleplace and Lucien Gillard. 1994/1986. "Private money and public currencies: the 16th century challenge", M.E. Sharpe, Inc. *Monnaie privee et pouvoir des princes. L'economie des relations monetaires a la Renaissance.* Presses de la Fondation Nationale des Sciences Politiques/Editions du CNRS, Paris.

Cammarosano, Joseph R. 2016. *A Wider View of John Maynard Keynes: Beyond the General Theory of Employment.* Lexington Books, p. 112.

Cartelier, Jean. 2018. *Money, Markets and Capital.* Routledge.

Cohen, Avi J. and G. C. Harcourt. 2003. "Retrospectives: Whatever Happened to the Cambridge Capital Theory Controversies?." *Journal of Economic Perspectives* 17(Number 1-Winter 2003): 199-214.

_____ and Kenneth R. French. 2004. "The Capital Asset Pricing Model: Theory and Evidence." *Journal of Economic Perspectives* 18(3)(Summer 2004): 25-46.

David, P. 1985. *Clio and the economics of QWERTY American Economic Review,* 75: 332-337

Fama, Eugene F. 1991. "Efficient Capital Markets: II," *The Journal of Finance*, 46(5): 1575-1617, December.

Fan-Hung. 1939. "Keynes and Marx on the Theory of Capital Accumulation, Money and Interest." *The Review of Economic Studies* 7(1)(Oct., 1939): 28-41.

Felipe, Jesus and John S. L. McCombie. 2013, "The Aggregate Production Function and the Measurement of Technical Change." Edward Elgar.

Ganssmann, Heiner. 2012. *Doing Money: Elementary monetary theory from a sociological standpoint.* Routledge.

_____. 2015. *Geld als Fiktion.* Verlag Westfälisches Dampfboot, Heft 179, 45. Jg. 2015, Nr. 2.

Graeber, David. 2011. "Debt: The First 5,000 Years." Melville House. 정명진 옮김. 『부채, 첫 5,000년의 역사』. 부글북스(2021).

Green, Roy. 1981. "Real Bills Doctrine in Money." in John Eatwell, Murray Milgate and Peter Newman(eds.). *The New Palgrave: A Dictionary of Economics.*

Hayes, Mark. 2006. *The Economics of Keynes A New Guide to The General Theory.* Edward Elgar.

Hirschman, Albert O. 1958. *The Strategy of Economic Development.* Yale University Press.

Ingham, Geoffrey. 2000. "Babylonian Madness: on the history and sociological origins of money." in John Smithin. *What is money?*. London: Routledge.

_____. 2004. "The Nature of Money." *Economic Sociology: European Electronic Newsletter.* ISSN 1871-3351, Max Planck Institute for the Study of Societies(MPIfG), Cologne, 5(2): 18-28.

Jefferson, T. and J. E. King. "Can Post Keynesians make better use of behavioral economics?." *Journal of Post Keynesian Economics*, 33:2(2010): 211-234.

Kaldor, N. 1956. "Alternative theories of distribution." *Review of Economic Studies* 23(2): 96.

Kalecki, M. 1971. *Selected Essays in the Dynamics of the Capitalist Economy.* Cambridge: Cambridge University Press.

Kiyotaki, Nobuhiro and Randall Wright. 1989. "On money as a medium of exchange." *Journal of Political Economy* 97(4): 927-54.

_____. 1991. "A Contribution to the Pure Theory of Money." *Journal of Economic Theory* 53(2): 215-35.

Laidler, David. 1981. "The Bullionist Controversy, In Money." in John Eatwell, Murray Milgate and Peter Newman(eds.). *The New Palgrave: A Dictionary of Economics.*

Lainé, Michael. 2014. "Animal spirits and habitus Towards a convergence between Keynes and Bourdieu?" in Asimina Christoforou and Michael Lainé(eds.). *Re-Thinking Economics: Exploring the work of Pierre Bourdieu.* Routledge.

Lavoie, Marc. 2014. *Post-Keynesian Economics: New Foundations.* Edward Elgar.

Lerner, Abba P. 1943. "User Cost and Prime User Cost". *The American Economic Review* 33(1) (Part 1, Mar.,1943): 131-2.

_____. 1952. *The economics of control.* Macmillan, chapter 15, 16.

Menger, Carl. 2002/1909. "Money." translated by Leland B. Yeager and Monika Streissler. in Michael Latzer and W. Stefan(eds.). *Carl Menger and the Evolution of Payments Systems From Barter to Electronic Money,* Edward Elgar.

Minsky, Hyman P. 1975. *John Maynard Keynes.* Columbia University Press, New York.

_____. 1986. *Stabilizing an Unstable Economy.* Yale University Press.

_____. 1992. *The Financial Instability Hypothesis.* Levy Economics Institute. Working Paper No. 74.

Müller-Kademann, Christian. 2019. *Uncertainty and Economics A Paradigmatic Perspective.* Routledge.

O'Donnell, R. M. 1989. *Keynes: Philosophy, Economics and Politics: The Philosophical Foundations of Keynes's Thought and their Influence on his Economics and Politics.* Palgrave Macmillan.

Ogler, Tim and Rugman, John. 2004. "The Real Cost of Capital: A Business Field Guide to Better Financial Decisions." *Financial Times Press.*

Patinkin, Don. 1976. "The Theoretical framework of the Treatise: the fundamental equations." *History of Political Economy* 8(1): 33-43, 34.

Peacock, Mark. 2013. *Introducing Money.* Routledge.

Radford, R. A. 1945. "The Economic Organisation of a P.O.W." *Camp, Economica New Series* 12(48)(Nov., 1945): 189-201.

Randall, Wray, L. 1999. *Theories of Value and the Monetary Theory of Production.* Working Paper, No. 261, Levy Economics Institute of Bard College, Annandale-on- Hudson, NY.

Rogers, Colin. 1989. *Money, Interest And Capital: A Study in The Foundations of Monetary Theory.* Cambridge University Press.

Rowthorn, R. E. 1977. "Conflict, Inflation and money." *Cambridge Journal of Economics* 1(3) (September): 215-39.

Schwartz, Anna J. 1981. "Banking School, Currency School, Free Banking School, In Money." in John Eatwell, Murray Milgate and Peter Newman(eds.). *The New Palgrave: A Dictionary of Economics.*

Searle, John R. 2017. "Money: Ontology and Deception." *Cambridge Journal of Economics* 41:

1453~70.

Scitovsky, Tibor. 1954. "Two Concepts of External Economies." *Journal of Political Economy* 63(5)(Oct., 1955): 450-51.

Sraffa, P. 1960. *Production of Commodities by Means of Commodities: Prelude to a Critique of Economic Theory*. Cambridge: Cambridge University Press.

Young, Allyn A. 1928. "Increasing Returns and Economic Progress." *The Economic Journal* 38 (152)(Dec., 1928): 527-42.

찾아보기

인명

용어

ㅇ

ㅊ

ㅋ

ㅌ

영문

저작

지은이

마크 G. 헤이스(Mark G. Hayes)

영국 케임브리지대학의 포스트 케인지언 경제학자로서, 정통 케인스 경제학 이론의 명맥을 이어 가는 가장 권위 있는 학회인 포스트 케인지언 경제학회(PKES: The Post-Keynesian Economics Society, 이전 명칭은 PKSG)에서 2006~2016년간 의장을 역임했다. 2019년 암으로 서거하기 전까지 케임브리지대학의 로빈슨 칼리지에서 경제학 퀀덤 펠로우(Quondam Fellow in Economics)로 근무했고 동 대학 경제학과에서 강의했으며, 학계에 투신하기 전에는 은행가로서 경력을 가지고 있었다.

그는 일생 동안 케인스 경제학을 연구했는데, 포스트 케인지언 학파의 다양한 분파 중 데이빗슨, 칙 등과 같이 근본주의 케인지언(Fundamental Keynesian)으로 분류되며, 그들은 모든 중요한 통찰은 케인스의 저서에 이미 제시되어 있기에 좀 더 충실히 케인스를 연구할 것에 강조점을 두고 있다. 2006년에 그가 출판한 저서 *The Economics of Keynes: A New Guide to The General Theory*는 포스트 케인지언 학파의 거장 중 한 사람인 킹 교수에 의하면 "케인스를 마셜의 관점에서 재해석하려는 시도"라고 평가된 바 있다. 그는 또한 가톨릭교회의 사회사상이 경제학에 미친 영향을 분석했고, 영국 듀람(Durham)대학에서 동 분야 석좌교수직도 겸하고 있었다. 그 외에도 케인스 경제학에 관한 다수의 논문을 발표했다.

이 책은 그가 사망하기 바로 직전에 출판되었다. 그는 암으로 서거한 2019년 12월 15일로부터 불과 10여 일 전인 12월 5일에도 이 책의 출판을 앞두고 토론회를 개최하는 등 활동을 멈추지 않았다. 2020년 1월 말 런던대학(SOAS)에서 얀 토폴로프스키(Jan Toporowski), 칙 교수 등 포스트 케인지언 학파의 거장들이 참석한 가운데 그의 서거를 애도하며 이 책에 대한 토론 세미나가 개최되었다.

옮긴이

현동균

현재 일본, 태국, 인도네시아 등에서 사무소를 운영하는 금융 자문회사 Emerging Asia Capital Partners의 파트너로 근무하고 있으며, 과거 약 30년간 해외 대형 투자은행에서 인프라, 에너지, 전력 및 자원 사업의 사업 개발 및 금융 자문에 종사했다. 최근에는 러시아 및 동구권 최대 투자은행인 러시아 국영 대외무역은행(VTB Capital)의 싱가포르 지점에서 아시아 지역 투자은행 부문 대표를 역임하면서 아시아와 러시아/CIS 지역 간 인프라, 에너지 등의 합작 대형 사업의 개발 금융, 프로젝트 금융 및 직접투자 등을 자문했고, 그 이전에는 ABN 암로(AMRO) 은행 홍콩 지점에서 동북아시아 에너지 및 광물 자원 분야 대표 및 씨티그룹(Citigroup-Salomon Smith Barney) 홍콩의 아시아 지역 본부에서 투자은행 부문 부사장을 역임하며, 프로젝트 금융, 개발 금융, 기업인수합병, 직접투자 및 장기 자본조달 분야를 자문했다. 또한 러시아 정부 소유 극동개발펀드의 고문과, 금융 이외의 실물 분야에서는 세계 최대의 철도 회사인 러시아국영철도(RZD)의 아시아 지역 철도 및 항만 개발 사업의 고문을 역임한 바 있다.

서울대학교 경제학과를 졸업한 후 영국 런던 정치경제대학 및 케임브리지대학의 메그나드 데사이 경, 로손 교수, 그리고 하코트 교수 문하에서 정치경제학 및 포스트 케인지언 경제학을 수학했으며, 포스트 케인지언 및 제도학파의 시각에서 투자이론, 화폐이론 등에 대한 다수의 논문을 썼다. 가장 최근 논문으로는 포스트 케인지언 시각에서 투자의 금융 제약을 다룬 “A Model of Financial Constraint on Investment under Post Keynesian Perspective”(2021), 화폐와 권력의 문제에 대한 사회 철학적 분석을 담은 “A Theoretical Socio-economic Investigation into the Nature of Power in Money”(2021)가 있으며, 기타 논문으로는 “A Theory of the determination of Interest Mark-Up”(2020), “Bank's Lending and Bank's Profit Frontier”(2020) 등이 있다. 2021년 출판 예정인 번역서로는 프레드릭 로르동(Frédéric Lordon)의 사회철학 분야의 명저 *Willing Slaves of Capital*, 이 책을 마친 독자들을 위한 후속 참고서격인 킹 교수의 *Advanced Introduction to Post Keynesian Economics*, 국가화폐론을 창시한 게오르그 크납(Georg Friedrich Knapp)의 제자인 라움의 1924년판 고전 *Sacred Money*(공역)가 있다.

한울아카데미 2328

케인스 경제학을 찾아서

주류 경제학이 가르치지 않는 정통 케인스 경제학 입문

지은이 **마크 G. 헤이스** | 옮긴이 **현동균**
펴낸이 **김종수** | 펴낸곳 **한울엠플러스(주)** | 편집책임 **배소영**
초판 1쇄 인쇄 **2021년 12월 3일** | 초판 1쇄 발행 **2021년 12월 10일**

주소 **10881 경기도 파주시 광인사길 153 한울시소빌딩 3층**
전화 **031-955-0655** | 팩스 **031-955-0656** | 홈페이지 **www.hanulmplus.kr**
등록번호 **제406-2015-000143호**

ISBN **978-89-460-7328-9 93320 (양장)**
978-89-460-8121-5 93320 (무선)
Printed in Korea.

※ 책값은 겉표지에 표시되어 있습니다.
※ 무선제본 책을 교재로 사용하시려면 본사로 연락해 주시기 바랍니다.
※ 표지그림 설명: 멕시코의 위대한 사회주의 예술가인 디에고 리베라(Diego Rivera, 1886~1957)가 그린 프레스코 벽화. 제목은 '디트로이트 산업(Detroit Industry Mural, 1932~1933)'. 미국 디트로이트 미술관(Detroit Institute of Art) 내 리베라 코트(Rivera Court)의 북면에 위치.